# A TRISTEZA PERDIDA

Dados Internacionais de Catalogação na Publicação (CIP)
(Câmara Brasileira do Livro, SP, Brasil)

Horwitz, Allan V.
   A tristeza perdida : como a psiquiatria transformou a depressão em moda / Allan V. Horwitz, Jerome C. Wakefield ; [tradução Janaína Marcoantônio]. — São Paulo : Summus, 2010.

   Título original: The loss of sadness.
   ISBN 978-85-323-0647-0

   1. Depressão 2. Depressão mental 3. Manual diagnóstico e estatístico de transtornos mentais 4. Psiquiatria 5. Transtornos depressivos I. Wakefield, Jerome C. II. Título.

10-02079

CDD-616.895
NLM-WM 207

Índice para catálogo sistemático:

1. Depressão : Psiquiatria : Medicina     616.895

Compre em lugar de fotocopiar.
Cada real que você dá por um livro recompensa seus autores
e os convida a produzir mais sobre o tema;
incentiva seus editores a encomendar, traduzir e publicar
outras obras sobre o assunto;
e paga aos livreiros por estocar e levar até você livros
para a sua informação e o seu entretenimento.
Cada real que você dá pela fotocópia não autorizada de um livro
financia um crime
e ajuda a matar a produção intelectual em todo o mundo.

# A TRISTEZA PERDIDA

Como a psiquiatria transformou a depressão em moda

Allan V. Horwitz
Jerome C. Wakefield

summus editorial

Do original em língua inglesa
*THE LOSS OF SADNESS*
*how psychiatry transformed normal sorrow into depressive disorder*

Copyright © 2007 by Allan V. Horwitz e Jerome C. Wakefield
Esta tradução, cujos direitos foram reservados pela Summus Editorial,
foi publicada mediante acordo com a Oxford University Press.

Editora executiva: **Soraia Bini Cury**
Editoras assistentes: **Andressa Bezerra e Bibiana Leme**
Tradução: **Janaína Marcoantônio**
Revisão técnica: **Dr. Sergio Perazzo**
Capa: **Mayumi Okuyama**
Projeto gráfico e diagramação: **Acqua Estúdio Gráfico**
Impressão: **Sumago Gráfica Editorial Ltda.**

## Summus Editorial
Departamento editorial:
Rua Itapicuru, 613 – 7º andar
05006-000 – São Paulo – SP
Fone: (11) 3872-3322
Fax: (11) 3872-7476
http://www.summus.com.br
e-mail: summus@summus.com.br

Atendimento ao consumidor:
Summus Editorial
Fone: (11) 3865-9890

Vendas por atacado:
Fone: (11) 3873-8638
Fax: (11) 3873-7085
e-mail: vendas@summus.com.br

Impresso no Brasil

# SUMÁRIO

*Prefácio*................................................................................ 7

*Apresentação*.......................................................................... 11

1. O conceito de depressão........................................................ 15

2. A anatomia da tristeza normal................................................ 41

3. Tristeza com e sem motivo – A depressão da Antiguidade ao século XIX....... 70

4. A depressão no século XX...................................................... 91

5. A depressão no *DSM-IV*........................................................ 126

6. A importação da patologia para a comunidade............................ 147

7. A tristeza vigiada.............................................................. 170

8. O *DSM* e as pesquisas biológicas sobre depressão...................... 194

9. O crescimento dos tratamentos com antidepressivos..................... 209

10. O fracasso das ciências sociais em distinguir tristeza de transtorno
    depressivo..................................................................... 226

11. Conclusão....................................................................... 245

*Notas*................................................................................. 260

*Referências bibliográficas*......................................................... 269

# PREFÁCIO

O livro que você está prestes a ler é um brilhante esforço de pesquisa e análise de dois de nossos mais importantes pensadores sobre o diagnóstico psiquiátrico e a natureza dos transtornos mentais. *A tristeza perdida*, de Allan Horwitz e Jerome Wakefield, representa o mais convincente e conclusivo desafio surgido até hoje, no interior da própria psiquiatria, à revolução diagnóstica que teve início nessa área há quase trinta anos. Os autores começam defendendo a existência de uma compreensão intuitiva universal de que ser humano significa reagir naturalmente com sentimentos de tristeza aos acontecimentos negativos da vida. Ao contrário, quando os sintomas de tristeza (por exemplo, melancolia, dificuldade para dormir, falta de concentração, redução do apetite) não têm causa aparente ou são absolutamente desproporcionais a ela, a compreensão intuitiva é de que algo está errado, indicando a presença de um transtorno depressivo. Assim, Horwitz e Wakefield argumentam de maneira persuasiva, como a tese central deste livro, que a psiquiatria contemporânea confunde tristeza normal com transtorno mental depressivo porque ignora a relação entre os sintomas e o contexto em que eles aparecem. O diagnóstico psiquiátrico de depressão maior baseia-se na suposição de que os sintomas, isoladamente, indicam a existência de um transtorno; essa suposição faz que as reações normais aos agentes estressores sejam equivocadamente caracterizadas como sintomas de transtorno depressivo. Os autores demonstram que essa confusão tem implicações significativas não só para a psiquiatria e seus pacientes, como também para a sociedade como um todo.

A tese do livro é de especial interesse para mim, pois fui o líder da força-tarefa da Associação Americana de Psiquiatria que, em 1980, criou o *DSM-III* (isto é, a terceira edição do *Diagnostic and Statistical Manual of Mental Disorders* [Manual Diagnóstico e Estatístico de Transtornos Mentais], a lista oficial de transtornos mentais reconhecidos e dos critérios pelos quais eles são diagnosticados, de acordo com a Associação). Essa foi a primeira edição do *Manual* a oferecer critérios sintomáticos explícitos para o diagnóstico de cada transtorno mental. O *DSM*, agora na quarta edição, é considerado por muitos uma revolução na psiquiatria. Serve para definir como os pesquisadores coletam amostras, que casos serão cobertos pelos planos de saúde, que casos os tribunais e os organismos sociais tratam como enfermidades, e como os próprios indivíduos interpretam suas experiências emocionais. A padronização do diagnóstico psiquiátrico proposta pelo *DSM*, usando regras explícitas para fazer um diagnóstico, foi de extrema importância para a explosão de pesquisa e conhecimento na área de saúde mental. Permitiu que clínicos e pesquisadores com diferentes perspectivas teóricas – e, portanto, diferentes linguagens – comuniquem-se uns com os outros. Também levantou dúvidas sobre o status científico da psiquiatria, como a acuidade de seus diagnósticos.

Mas o próprio sucesso do *DSM* e de seus critérios descritivos num nível prático permitiu à psiquiatria ignorar algumas questões conceituais básicas que têm estado à espreita desde o início da elaboração do *Manual*, especialmente como distinguir um transtorno do sofrimento normal. Este livro chama a atenção para esses problemas conceituais.

Meu envolvimento num debate anterior – sobre se a homossexualidade deveria ser excluída do *DSM-II*, em 1973 – permitiu que eu me aprofundasse sobre a questão de como definir transtorno mental. Formulei as definições de transtorno mental nas introduções do *DSM-III*, do *DSM-III-R* (a terceira edição revisada do *DSM*) e do *DSM-IV*, que tenta explicar as razões pelas quais certos casos foram incluídos e outros excluídos do *Manual*. Desde então, o Dr. Wakefield tem criticado meus esforços, e estou quase convencido de que seus argumentos são válidos. Sua análise do conceito de transtorno mental como "disfunção prejudicial", de uma ótica evolutiva, levanta questões sutis e matizadas sobre transtornos mentais que desafiam nosso pensamento, independentemente de como nos posicionamos diante delas. É, sem dúvida, a análise mais mencionada e provocativa do conceito de transtorno mental na atualidade, ao mesmo tempo defendendo o conceito como legítimo e apresentando uma crítica aos atuais padrões de diagnóstico, considerados demasiado amplos. Além disso, Horwitz e Wakefield apontam que o *DSM* não é consistente nem mesmo ao aplicar sua própria definição de transtorno mental aos conjuntos de critérios diagnósticos para transtornos específicos. Embora a definição de transtorno mental do *DSM*, assim como a abordagem de disfunção prejudicial, especifique claramente que um transtorno envolve uma disfunção no indivíduo e não é uma reação esperada a um estressor, isso raramente foi levado em consideração na formulação dos conjuntos de critérios diagnósticos do *DSM*. Em outras palavras, seus critérios especificam os sintomas que devem estar presentes para justificar determinado diagnóstico, mas ignoram qualquer referência ao contexto em que esses sintomas aparecem. Ao fazê-lo, permitem que reações normais a estressores sejam caracterizadas como sintomas de um transtorno.

Muitas críticas ao *DSM* vêm de "fora", pois suspeitam da própria noção de transtorno mental e, por isso, rejeitam a ideia de um manual de diagnóstico psiquiátrico, considerando-o uma medicalização indevida de problemas sociais. Horwitz e Wakefield, ao contrário, reconhecem as contribuições do *DSM* e aceitam sua pressuposição de que há transtornos mentais genuínos num sentido estritamente médico. Ironicamente, é por levar a sério a reivindicação do *DSM* de ser um manual de transtornos mentais (e, portanto, estar dentro do escopo da medicina) que os autores são capazes de apresentar uma crítica devastadora da forma pela qual o *DSM* operacionaliza o diagnóstico da depressão (e, por conseguinte, também outras categorias de diagnóstico) sem levar em conta o contexto. Uma vez que sua análise está ancorada nos próprios pressupostos da psiquiatria, aqueles que estão hoje construindo o *DSM-V* (com publicação prevista para 2011) dificilmente poderão ignorá-la.

Horwitz e Wakefield traçam a história do diagnóstico da depressão, de Hipócrates até hoje, e mostram com um estudo impressionante e persuasivo até que ponto sua visão – e não a abordagem do *DSM* em que os sintomas podem, por si sós, indicar um transtorno – reflete-se na tradição histórica da medicina e da psiquiatria, incluindo até mesmo o trabalho de Emil Kraepelin, o psiquiatra frequentemente considerado a inspiração para o *DSM-III*. Deve-se notar que, quando os critérios para o diagnóstico de depressão foram originalmente desenvolvidos, a intenção era aplicá-los a amostras de pesquisa nas quais supostamente havia um número razoável de pacientes com transtorno mental. Os autores argumentam que, quando aqueles mesmos critérios de diagnóstico, que não contêm nenhuma referência ao contexto, são usados em estudos epidemiológicos de comunidades e na detecção da população geral, um grande número de pessoas que estão tendo reações humanas normais a vários estressores são erroneamente diagnosticadas como padecendo de um transtorno. Os pesquisadores que realizaram os principais estudos epidemiológicos nas duas últimas décadas ignoraram totalmente esse problema. O resultado tem sido taxas de prevalência semioficiais que muitos consideram inacreditáveis.

A análise que os autores fazem do transtorno em si não determina exatamente onde deve ser traçada a linha entre disfunção e normalidade e sugere que a fronteira é pouco nítida. Tenho de admitir que eu estaria inclinado a traçar essa linha incluindo mais casos sob o rótulo de "transtorno mental" do que eles. Francamente, permaneço cauteloso sobre a possibilidade de incorporar o contexto aos critérios de diagnóstico e sobre a imprecisão e os falsos-negativos que podem resultar dessa medida. Mas isso ainda tem de ser experimentado de maneira séria. Este livro colocará a questão em pauta na psiquiatria, tornando-a um dos principais tópicos a ser considerados nas futuras revisões que produzirão o *DSM-V*. Como quer que o problema venha a ser solucionado, graças a este livro ele terá de ser debatido; já não se pode ignorá-lo.

Com sua lógica implacável, o livro de Horwitz e Wakefield força-nos a confrontar pontos básicos centrais à psiquiatria. Fez que eu repensasse minha posição e pensasse na melhor forma de lidar com as preocupações dos autores. Determinará discussões e pesquisas futuras sobre depressão e será um guia indispensável àqueles que estão repensando os critérios de diagnóstico da psiquiatria na preparação do *DSM-V*. Seria interessante olhar para os últimos cem anos e ver se o contexto é tão importante para os critérios de diagnóstico como os autores acreditam que seja ou se a abordagem mais estrita, com base nos sintomas, pode, de alguma maneira, reerguer-se de sua crítica. Mas, de uma forma ou de outra, a psiquiatria se apoiará em fundamentos lógicos mais firmes em consequência dessa crítica, e este livro será o divisor de águas no desenvolvimento conceitual da área.

ROBERT L. SPITZER
Doutor em Medicina e professor de Psiquiatria do
Instituto Psiquiátrico do Estado de Nova York

# APRESENTAÇÃO

Este livro é fruto de um raro esforço cooperativo. A ordem dos autores é alfabética; ambos somos total e igualmente responsáveis pelo conteúdo intelectual de todo o livro, que resultou de um incansável e estimulante processo mútuo de feedback, aperfeiçoamento e debate em todas as etapas. Nossa coautoria, no entanto, ocorreu por casualidade. Cada um de nós planejava, isoladamente, livros sobre depressão com a mesma mensagem. Quando descobrimos isso durante uma conversa, decidimos unir forças. Entretanto, as formas pelas quais cada um de nós chegou à ideia original de escrever um livro como este foram bem diferentes.

Jerome Wakefield, tendo escrito extensamente sobre o conceito de transtorno mental, foi convidado a publicar um artigo num periódico especializado criticando o ataque feito pelo psicólogo Neil Jacobson, de uma perspectiva comportamental, ao modelo médico de depressão. O mote do artigo era o seguinte: nem aqueles que acreditam na abordagem da depressão como transtorno, expressa no *DSM*, nem aqueles que, como Jacobson, negam que a depressão seja um transtorno patológico estão corretos. Em vez disso, eles, sem escutar uns aos outros, falam sobre casos diferentes. Wakefield pretendia argumentar que, em vez de tentar decidir entre esses pontos de vista rivais, a psiquiatria deveria traçar uma distinção entre aqueles que de fato padeciam de um transtorno e aqueles com uma reação normal a infortúnios que haviam sido classificados erroneamente pelo *DSM*.

Após a morte prematura de Jacobson, o periódico decidiu não prosseguir com a publicação do artigo, visto que o psicólogo não poderia respondê-lo. Nesse meio-tempo, Wakefield percebeu que o tema era muito mais amplo do que havia concebido a princípio e que uma análise ponderada da depressão e da tristeza – tanto em suas manifestações normais quanto patológicas – daria um livro. A questão pareceu urgente porque, se os profissionais de saúde mental estavam falando sobre ela sem ouvir uns aos outros em vez de reconhecer sua complexidade, eles inevitavelmente estariam falando, também, sem ouvir alguns de seus pacientes. Esperamos que este livro encoraje verdadeiramente essas distintas facções a dialogar entre si e a perceber as diferenças entre aqueles que estão deprimidos e aqueles que padecem de tristeza normal.

Allan Horwitz havia acabado de concluir um livro sobre o novo paradigma da "psiquiatria diagnóstica" introduzido pelo *DSM-III* em 1980. Naquela época, o *DSM* tinha se expandido para diversas centenas de diagnósticos, e a depressão se tornou o diagnóstico emblemático da psiquiatria contemporânea. O estudo cuidadoso dessa doença em particular prometia, assim, iluminar questões mais amplas com as quais a área deparava. O trabalho de Horwitz na sociologia do estresse o havia convencido de que muitos dos problemas que os sociólogos estudavam eram similares aos que a psiquiatria classificava como Depressão Maior, e também de que aquelas não eram reações patológicas, mas sim reações humanas normais a circunstâncias sociais estressantes. Assim como Wakefield, ele estava convencido de que havia estados de saúde depressivos que eram verdadeiramente patológicos. Um livro sobre depressão lhe parecia uma forma de examinar os sucessos e as limitações do novo paradigma da psiquiatria e, ao mesmo tempo, de identificar problemas conceituais na sociologia da medicina, tudo através da lente de uma análise detalhada dessa única categoria diagnóstica central.

Parecia, também, que unir forças com Wakefield poderia ajudar a navegar entre a Cila do construtivismo social e a Caríbdis* do essencialismo biológico e produzir uma análise capaz de distinguir a normalidade do transtorno com base em fatores biológicos e, ao mesmo tempo, sustentar o importante papel dos fatores sociais ao fazer essa distinção. Esperamos que o resultado de nossa colaboração seja um livro que de fato consiga retomar um caminho equilibrado entre o biológico e o social e entre sofrimento normal e transtorno mental.

Todos os livros são produto não só de autores mas também do ambiente em que são escritos. Tivemos a grande sorte de escrever esta obra em circunstâncias excelentes. Para Horwitz, o Institute for Health, Health Care Policy and Aging Research [Instituto de Pesquisa de Saúde, Políticas de Saúde e Envelhecimento] e o Departamento de Sociologia da Universidade Rutgers proporcionaram estímulo intelectual, colegas extraordinários e condições de trabalho ideais. Em particular, David Mechanic, o diretor do Instituto, tem sido uma constante fonte de inspiração, sabedoria e encorajamento. Deborah Carr, Gerald Grob, Ellen Idler, Sarah Rosenfield e Eviatar Zerubavel, além de amigos especiais, foram leitores atentos. Para Wakefield, essas ideias também germinaram no Instituto de Pesquisa de Saúde da Universidade de Rutgers, mas foram desenvolvidas para publicação na Escola de Serviço Social da Universidade de Nova York, onde trabalha atualmente. A escola e sua diretora, Suzanne England, e o estímulo dos novos colegas, assim como a incrível atividade intelectual da Universidade de Nova York, sob a liderança de John Sexton e David McLaughlin, ofereceram apoio, oportunidade e ins-

---

\* Cila e Caríbdis: monstros marinhos presentes na mitologia grega. [N. E.]

piração excepcionais. Também somos gratos a Peter Conrad, Randolph Nesse, Sharon Schwartz e Robert Spitzer por seus comentários sobre capítulos específicos.

Num mundo ideal, todos os autores teriam editores com o extraordinário talento e a capacidade crítica de Marion Osmun, da Oxford University Press. Tivemos muitíssima sorte de tê-la como editora; tanto o livro como nós fomos enormemente beneficiados por seu apoio e sabedoria.

Finalmente, agradecemos, acima de tudo, a nossas famílias. A esposa de Wakefield, Lisa, forneceu não só apoio constante como também um ouvido atento e instigador; os filhos, Joshua e Zachary, permitiram uma alegre fuga do trabalho; os pais, Helen e Ted Sherman, sempre promoveram um ambiente acolhedor e amoroso. O pai de Horwitz, que morreu logo depois que o livro foi concluído, foi durante toda a vida um modelo de criatividade e êxito científicos; as filhas, Rebecca, Jessica e Stephanie, proporcionaram momentos de distração bem-vindos durante a preparação deste livro.

# 1 O CONCEITO DE DEPRESSÃO

O poeta W. H. Auden notadamente considerou o período após a Segunda Guerra Mundial a "era da ansiedade".[1] Para Auden, a intensa ansiedade daquela época era uma reação humana normal a circunstâncias atípicas, como a devastação do bem-estar moderno, os horrores dos campos de concentração, o desenvolvimento de armas nucleares e as tensões da Guerra Fria entre os Estados Unidos e a União Soviética. Se Auden estivesse vivo, ele poderia concluir que a era que compreende a virada do século XXI é a "era da depressão".[2] Haveria, entretanto, uma diferença crucial entre as duas caracterizações: enquanto a era da ansiedade era vista como uma reação natural a circunstâncias sociais que exigiam soluções coletivas e políticas, a nossa é vista como uma era de tristeza anormal – um tempo de transtorno psiquiátrico depressivo que requer tratamento profissional.

Considere-se Willy Loman, o protagonista de *A morte do caixeiro-viajante*, a clássica peça teatral de Arthur Miller, provavelmente o personagem fictício mais representativo da vida americana nas décadas que se seguiram à Segunda Guerra Mundial.[3] Aos 60 anos, apesar de sua crença fervorosa no sonho americano de que o trabalho duro levará ao sucesso, Willy Loman nunca fez grandes conquistas. Terrivelmente endividado, percebe que sua saúde está definhando, mal é capaz de continuar trabalhando como caixeiro-viajante e os filhos o desprezam. Quando finalmente é demitido, Willy é forçado a admitir a si mesmo que é um fracasso. Ele se mata num acidente de carro na esperança de conseguir da companhia de seguros algum dinheiro para a família. A enorme popularidade de *A morte do caixeiro-viajante* na ocasião de sua estreia na Broadway, em 1949, provinha do fato de que Willy Loman personificava o estereótipo da vida americana, que abraçava o objetivo de obter grande riqueza mas acabava destruído por ela.

*A morte do caixeiro-viajante* teve uma recepção muito diferente na ocasião de sua reestreia cinquenta anos mais tarde.[4] De acordo com um artigo do *The New York Times* intitulado "Get that man some Prozac" ["Deem Prozac àquele cara"], o diretor da nova versão enviou o roteiro a dois psiquiatras, que diagnosticaram em Loman um transtorno depressivo.[5] O autor da peça, Arthur Miller, discordou dessa caracterização, protestando: "Willy Loman não é depressivo... Ele é oprimido pela vida. Há razões sociais para ele estar onde está". A conclusão dos psiquiatras é um exemplo de nossa época assim como Loman era um exemplo da dele. O que nossa cultura um dia viu como reação a esperanças e aspirações frustradas é hoje considerado doença psiquiátrica. A transformação de Willy Loman de vítima social em psiquiátrica representa uma mudança fundamental na forma como vemos a tristeza.

## A onipresença da depressão

A predominância do transtorno depressivo é uma tendência social significativa, que se manifesta de várias maneiras:

*Quantidade de casos de depressão na comunidade.* Muitos pesquisadores afirmam que uma parte substancial e cada vez maior da população sofre de transtorno depressivo. Estimativas de estudos epidemiológicos indicam que o Transtorno Depressivo Maior atinge cerca de 10% dos adultos nos Estados Unidos a cada ano e aproximadamente um quinto da população em algum momento da vida.[6] Entre as mulheres, as taxas são ainda mais altas: cerca de duas vezes aquelas encontradas entre os homens.[7] Dependendo da definição empregada, a depressão pode chegar a afligir metade dos membros de alguns grupos, como meninas adolescentes e idosos.[8] Além disso, esses números parecem estar crescendo constantemente. Durante as últimas décadas, cada leva de nascimento sucessiva tem constituído mais casos de transtorno depressivo que os apresentados pelas gerações anteriores.[9] Embora o mais provável seja que essas taxas crescentes, em vez de refletir um aumento de fato, são consequência da forma como as pesquisas medem a doença[10], há uma percepção generalizada de que o transtorno depressivo está crescendo a um ritmo alarmante.

*Número de pacientes em tratamento de depressão.* Nos últimos anos, houve uma explosão no número de pacientes tratados com diagnóstico de depressão nos Estados Unidos. A maioria das pessoas deprimidas é tratada em ambulatórios, onde o tratamento da depressão cresceu 300% entre 1987 e 1997.[11] Em 1997, 40% de todos os pacientes de psicoterapia, o dobro do percentual da década anterior, tinham diagnóstico de transtorno do humor, a categoria mais geral que compreende principalmente a depressão.[12] O percentual total da população em tratamento de depressão em um ano em particular cresceu de 2,1% no início dos anos 1980 para 3,7% no início dos anos 2000, um aumento de 76% em apenas vinte anos.[13] Alguns grupos experimentaram um aumento muito maior; por exemplo, somente no período entre 1992 e 1998, o diagnóstico de idosos com depressão cresceu 107%.[14]

*Prescrição de medicamentos antidepressivos.* Embora a medicação tenha sido um tratamento comum para os problemas da vida desde os anos 1950, seu uso cresceu assombrosamente nos anos recentes. Os antidepressivos – como Prozac, Paxil, Zoloft e Efexor – estão hoje entre os mais vendidos entre todos os medicamentos que necessitam de prescrição médica.[15] O uso entre adultos praticamente triplicou de 1988 a 2000.[16] Sabe-se que 10% das mulheres e 4% dos homens usam essas drogas atualmente.[17] Durante os anos 1990, os gastos com antidepressivos cresceram 600% nos Estados Unidos e, no ano 2000, excediam US$ 7 bilhões anualmente.[18]

*Estimativas do custo social da depressão.* Acredita-se que a depressão seja a origem de enormes custos sociais. Segundo a Organização Mundial da Saúde (OMS), principal entidade internacional que lida com saúde, em 2020 a depressão terá se tornado a segunda maior causa de incapacidade* no mundo, ficando atrás apenas das doenças cardíacas. A OMS estima que a depressão já é a principal causa de incapacidade em pessoas entre 15 e 44 anos.[19] Nos Estados Unidos, os economistas calculam que a depressão é responsável por um custo de US$ 43 bilhões por ano.[20]

*Publicações científicas sobre depressão.* Pesquisas sobre depressão se tornaram um campo importante.[21] Em 1966, 703 artigos contendo no título a palavra "depressão" foram publicados em periódicos médicos. Em 1980, ano em que a Associação Americana de Psiquiatria (APA, sigla em inglês) lançou a terceira edição do *Manual Diagnóstico e Estatístico de Transtornos Mentais (DSM-III)* com novas definições de transtorno depressivo, 2.754 artigos sobre depressão foram publicados. Esse número aumentou regularmente durante os quinze anos seguintes, e então explodiu em meados de 1990. Em 2005, havia 8.677 artigos sobre depressão publicados, mais de doze vezes o número em 1966. O número de artigos sobre depressão é hoje muito maior que sobre qualquer outro diagnóstico psiquiátrico e cresceu muito mais rapidamente que a publicação de pesquisas psiquiátricas em geral.

*Atenção da mídia à depressão.* A depressão se tornou assunto de grande interesse. Programas de TV populares, best-sellers e importantes artigos em revistas americanas retratam com frequência essa enfermidade. Muitas memórias sobre experiências pessoais de depressão, incluindo *Visível escuridão*, de William Styron, *Uma mente inquieta*, de Kay Jamison, *Nação Prozac*, de Elizabeth Wurtzel, e *O demônio do meio-dia*, de Andrew Solomon, entraram para a lista dos mais vendidos. Uma olhada nos novos títulos das seções de psicologia nas livrarias revela uma enxurrada de livros sobre como prevenir ou lidar com os tipos mais variados de depressão. A aclamada série de TV *Os Sopranos*

---

\* "Incapacidade", no texto, corresponde ao termo "incapacitação", no sentido de perda de capacidade de desempenho das funções habituais do cotidiano. [N. R. T.]

tem como personagem principal um chefe da máfia que sofre – entre outras condições psiquiátricas – de depressão e cujo consumo de medicamentos antidepressivos é um tema importante. Várias personalidades públicas proeminentes, como Tipper Gore, Mike Wallace e Brooke Shields, receberam enorme publicidade depois de divulgar que sofriam de depressão.

## Tristeza normal *versus* patológica

Embora a crença de que a depressão é um fenômeno generalizado seja nova, os sintomas que hoje associamos a ela – como tristeza intensa e as várias experiências emocionais e sintomas físicos que normalmente acompanham tal tristeza – têm sido observados desde os primeiros registros da história da medicina.[22] Mas, na tentativa de compreender a recente explosão de diagnósticos de transtorno depressivo, é importante reconhecer que, até pouco tempo atrás, dois grandes tipos de caso que manifestavam os mesmos sintomas eram nitidamente distintos um do outro. O primeiro, a tristeza normal, ou tristeza "com causa", era associado a experiências de perda ou outras circunstâncias dolorosas que pareciam ser os motivos óbvios de aflição. Diante dessas reações normais, a atitude mais comum era oferecer apoio e ajudar o indivíduo a lidar com a situação e a seguir em frente apesar da perda, evitando confundir a tristeza da pessoa com doença.

O segundo tipo de caso, tradicionalmente conhecido como *melancolia*, ou depressão "sem causa", era um transtorno médico distinguido da tristeza normal pelo fato de que os sintomas surgiam apesar de não haver motivo para tanto na vida do paciente. Esses casos eram relativamente raros, mas tendiam a ser duradouros e recorrentes. Uma vez que eram reações desproporcionais a acontecimentos reais, assumia-se que derivavam de algum tipo de disfunção ou defeito interno, que requeria atenção profissional. Esses casos patológicos, porém, apresentam os mesmos sintomas – tristeza, insônia, reclusão social, perda de apetite, falta de interesse nas atividades cotidianas, e assim por diante – associados à tristeza normal intensa.

Essa separação entre tristeza normal e transtorno depressivo é sensata e legítima; é, de fato, crucial. É coerente não só com a distinção geral entre normalidade e patologia usada na medicina e na psiquiatria tradicional, mas também com o bom-senso, e tem relevância clínica e científica. No entanto, a psiquiatria contemporânea tem ignorado em grande parte tal distinção.

Argumentamos que, na verdade, a suposta explosão recente de casos de transtorno depressivo não deriva primordialmente de um aumento real no número de pessoas com a doença. Ao contrário, é, em grande medida, consequência da confusão entre essas duas categorias conceitualmente distintas – tristeza normal e transtorno depressivo – e, portanto, da classificação de muitos casos de tristeza normal como transtornos mentais. A atual "epidemia", embora seja resultado de muitos fatores sociais, tornou-se possível por uma modificação na definição psiquiátrica de transtorno depressivo, a qual frequentemente permite a classificação de tristeza como doença, mesmo quando não é.

## A "era da depressão" resulta de uma definição falha de transtorno depressivo

Diferentemente da "era da ansiedade" de Auden, que resultou de condições sociais identificáveis, não há circunstâncias óbvias que explicariam um incremento recente de transtorno depressivo. As sugestões ouvidas com mais frequência – como a de que a vida moderna está menos ancorada em laços sociais e mais alienada, ou de que a mídia nos expõe constantemente a extremos de riqueza e de beleza que nos fazem sentir inferiores – tenderiam a explicar apenas reações normais de tristeza (análogas às reações normais de ansiedade que Auden apontou), e não o crescimento vertiginoso de um transtorno mental. Não se identificou, ou sequer concebeu, nenhum patógeno externo que possa ter resultado num aumento real de disfunções cerebrais induzidas por fatores fisiológicos, psicológicos ou sociais. Certamente, o progresso obtido ao se cuidar efetivamente do transtorno depressivo com psicotrópicos levou a um aumento no número de tratamentos de uma situação a respeito da qual os médicos acreditam poder fazer ao menos alguma coisa e talvez tenha motivado, na esperança de oferecer tratamento eficaz, o diagnóstico de depressão para casos até então ambíguos. Mas isso, por si só, não explica o grande crescimento no número de pessoas que aparentemente sofrem e são tratadas desse transtorno. Tratamentos melhores não costumam levar a um aumento substancial na prevalência de uma enfermidade, tampouco explicariam os resultados de estudos epidemiológicos que passam por cima dos pacientes e entrevistam diretamente membros da comunidade que não estão em tratamento. Portanto, a suposta explosão de casos de transtorno depressivo é intrigante. O que aconteceu para criar essa aparência de epidemia?

Do nosso ponto de vista, houve um aumento contínuo no número de diagnósticos com base numa definição relativamente nova de transtorno depressivo que é falha – e, combinada com outros desdobramentos na sociedade, expandiu drasticamente o domínio do suposto transtorno. Para compreender como esse fenômeno ocorreu, convém situar as práticas psiquiátricas num contexto histórico e verificar como são estranhas as atuais definições diagnósticas de transtorno depressivo considerando-se os padrões históricos. Deve-se também confrontar o caráter obscuro da moderna classificação psiquiátrica apresentada em edições sucessivas do *DSM*. Frequentemente chamado "a bíblia da psiquiatria", o *DSM* fornece definições diagnósticas para todos os transtornos mentais.

Mas como algo tão simples e delimitado como uma definição pode ter tamanhas implicações para uma área como a psiquiatria – e, consequentemente, para os meios que popularizam suas declarações e descobertas e para o pensamento da sociedade em geral, que se apoia em sua expertise? Reagindo às críticas, surgidas durante os anos 1960 e 1970, de que diferentes psiquiatras não diagnosticariam da mesma maneira a mesma pessoa com os mesmos sintomas (esse problema ficou conhecido como a "ambiguidade" do diagnóstico), em 1980 o *DSM* começou a usar listas de sintomas para estabelecer definições claras para cada transtorno.[23] Hoje, quase todos os profissionais de saúde mental em todos os âmbitos, de clínicas hospitalares a consultórios particulares, usam essas definições formais para fazer o diagnóstico clínico. Além disso, essas definições ultrapassaram o contexto clínico da saúde mental e são usadas em estudos epidemiológicos de transtorno mental na comunidade, em pesquisas sobre os resultados de tratamentos, na promoção e comercialização de medicamentos antidepressivos, em esforços preventivos nas escolas, em detecções na prática médica geral, em procedimentos jurídicos e em muitos outros âmbitos. Com efeito, essas definições do *DSM* se tornaram o árbitro oficial daquilo que é e não é considerado transtorno mental em nossa sociedade. O que pode parecer questões abstratas, distantes e técnicas ligadas a essas definições tem, de fato, importantes consequências para os indivíduos e para a forma como seu sofrimento é compreendido e abordado.

O fato de que essas definições baseadas em sintomas são o fundamento de todos os tratamentos e pesquisas da saúde mental as torna ainda mais válidas. A pesquisa e o tratamento psiquiátricos são como uma pirâmide invertida, e as definições do *DSM* para cada um dos transtornos mentais que determinam quem é considerado doente são o único ponto sobre o qual repousa a estabilidade de toda a pirâmide. Por melhores que sejam, nenhum histórico clínico e entrevista diagnóstica, nenhuma seleção de amostras de pesquisa, projeto experimental e análise estatística de dados produzirão resultados significativos se usarem uma definição errônea de transtorno, que confunde características normais com anormais. Arquimedes brilhantemente alardeou: "Dê-me uma alavanca suficientemente comprida, e um ponto sobre o qual apoiá-la, e eu moverei o mundo". Na psiquiatria moderna, as definições movem o tratamento e a pesquisa, e os clínicos modernos com uma definição demasiado ampla podem deslocar um transtorno diagnosticado para praticamente qualquer nível que desejarem – especialmente ao lidar com uma doença como a depressão, que inclui entre os sintomas tristeza, insônia e fadiga, comuns entre pessoas não afetadas. Por isso se tem procurado validar, com certa dose de dificuldade, o recente foco da psiquiatria na precisão de diagnósticos feitos de acordo com os sintomas – ou seja, o fato de o diagnóstico representar ou não a correta designação do transtorno.[24] Os critérios do *DSM* para Transtorno Depressivo Maior são um caso em que o aumento da precisão do diagnóstico teve o efeito colateral de criar novos problemas fundamentais de validade.

## A definição do *DSM* de Transtorno Depressivo Maior

A atual definição psiquiátrica oficial de transtorno depressivo que é a base dos diagnósticos clínicos e das pesquisas desenvolvidas encontra-se na edição mais recente do *DSM* (quarta edição revisada)[25]. A definição de Transtorno Depressivo Maior do *DSM*, a categoria na qual se enquadra a maioria dos transtornos depressivos, é longa e tem vários atributos e exceções. Postergamos até o Capítulo 5 a análise completa e a crítica da abordagem do *DSM* ao transtorno depressivo. Para os propósitos desta discussão inicial, consideramos as características mais importantes da definição, que consiste em requisitos relativos a sintomas e duração e na exclusão da situação de luto.

O diagnóstico de Transtorno Depressivo Maior do *DSM* requer que cinco sintomas dentre os nove apresentados a seguir estejam presentes durante um período de duas semanas (os cinco sintomas devem incluir humor deprimido ou diminuição do interesse ou do prazer): (1) humor deprimido; (2) diminuição do interesse ou do prazer nas atividades cotidianas; (3) ganho ou perda de peso ou mudança no apetite; (4) insônia ou hipersônia (excesso de sono); (5) agitação ou retardamento (desaceleração) psicomotores; (6) fadiga ou perda de energia; (7) sentimentos de inutilidade ou culpa excessiva ou descabida; (8) diminuição da capacidade de pensar ou de se concentrar, ou indecisão; e (9) pensamentos recorrentes de morte, ideação suicida ou tentativa de suicídio.[26]

Esses critérios com base em sintomas formam o cerne da definição de Transtorno Depressivo Maior, mas há mais um tópico importante na definição: "Esses sintomas devem ser desconsiderados em caso de luto, isto é, depois da perda de um ente querido os sintomas persistem por mais de dois meses ou são caracterizados por uma incapacidade funcional bem definida, preocupação mórbida com inutilidade, ideação suicida, sintomas psicóticos ou retardamento psicomotor".[27] Em outras palavras, os pacientes estão isentos de diagnóstico se os sintomas se devem ao que o *DSM* define como o período normal de luto depois da morte de um ente querido, durando não mais que dois meses e não incluindo sintomas especialmente sérios, como psicose ou pensamentos sobre suicídio. Essa limitação imposta pela "exclusão de luto" é o único reconhecimento, na definição, de que alguns casos de tristeza intensa normal podem satisfazer os critérios sintomáticos.

A definição de transtorno depressivo do *DSM* é aceitável de vários ângulos. Seus critérios podem suscitar discussões sobre sintomas em particular, mas acredita-se ampla e consensualmente que cada um deles seja um indicador de transtorno depressivo, e antes da publicação do *DSM* a psiquiatria já os reconhecia como tais. Também se pode debater o número exato de sintomas necessários para o diagnóstico. Alguns defenderiam requisitos mais maleáveis com menos sintomas, outros defenderiam requisitos sintomáticos mais estritos para assegurar que o transtorno existe, e outros ainda insistiriam que não deveria haver um limite nítido, mas sim um continuum de gravidade.[28] Ainda se pode indagar se a duração de duas semanas é suficiente, mas às vezes fica claro depois desse período que uma pessoa sofre de transtorno depressivo – e os médicos não devem se abster de diagnosticar esses casos mesmo que a duração típica dos transtornos depressivos seja ainda mais longa. Igualmente, parece razoável excluir pessoas que vivenciaram recentemente a morte de um ente querido. Os critérios também são bastante claros e, na maioria dos casos, não mais difíceis de medir que os sintomas psiquiátricos típicos em outros transtornos. A racionalidade, clareza e eficiência da definição de Transtorno Depressivo Maior estabelecida pelo *DSM* explicam a adoção praticamente universal do *Manual*.

Qual é, então, o problema com essa definição? A essência da definição é que, salvo raras exceções, a presença de determinado grupo de sintomas é suficiente para diagnosticar a existência do transtorno. No entanto, sintomas como humor deprimido, perda de interesse nas atividades cotidianas, insônia, diminuição do apetite e incapacidade de concentração podem ocorrer naturalmente na ausência de qualquer transtorno, num período de duas semanas, em reação a uma ampla gama de acontecimentos negativos – como ser traído num relacionamento afetivo, não receber a promoção esperada, não passar num teste importante que tenha sérias implicações na carreira profissional, descobrir uma doença muito grave em si mesmo ou numa pessoa querida ou suportar a humilhação causada pela revelação de um comportamento vergonhoso. Essas reações, mesmo quando muito intensas devido à gravidade da experiência, são certamente parte da natureza humana. Assim como é fácil entender por que o *DSM* exclui do diagnóstico o período de luto, parece óbvio, por analogia, que o *Manual* também deveria excluir esses outros tipos de reação a circunstâncias negativas. No entanto, isso não acontece. Uma vez que os critérios são baseados exclusivamente nos sintomas, toda reação triste envolvendo um número suficiente dos sintomas especificados durante pelo menos duas semanas será erroneamente classificada como transtorno, ao lado de alterações psiquiátricas genuínas. Na tentativa de distinguir os tipos de sintoma presentes em transtornos depressivos sem referência ao contexto em que esses sintomas aparecem, a psiquiatria contemporânea tem também, inadvertidamente, caracterizado como doença o sofrimento normal intenso.

Considerem-se, por exemplo, os seguintes casos:

## Caso 1: Fim de um relacionamento amoroso

Uma professora universitária de 35 anos, solteira, procurou ajuda psiquiátrica a fim de obter medicação para insônia. Ela tem de apresentar um artigo como parte de uma entrevista de emprego e teme não ser capaz de fazê-lo. Ela relata que, nas últimas três semanas, tem manifestado humor deprimido e sentimentos extremos de tristeza e vazio, além de falta de interesse por suas atividades usuais (de fato, ela tem passado a maior parte do tempo na cama ou assistindo à TV). Seu apetite diminuiu e ela fica acordada até tarde, sem conseguir pegar no sono, devido à dor de sua tristeza. Durante o dia, sente-se cansada e sem energia e não consegue se concentrar no trabalho. Uma vez que os sentimentos dolorosos desviam sua atenção do trabalho, ela mal é capaz de cumprir com obrigações mínimas (por exemplo, comparece às aulas mal preparada, não tem participado das reuniões de docentes e sente dificuldade de se concentrar em sua pesquisa). Ela também tem evitado compromissos sociais.

Quando interrogada sobre o que pode ter causado esses sentimentos aflitivos, a professora relata que, cerca de um mês antes, um homem casado com quem tivera um caso amoroso durante cinco anos decidiu que não poderia deixar a esposa e terminou a relação. Ela havia considerado esse relacionamento um romance único, desses que só acontecem uma vez na vida, com uma combinação extraordinária de intimidade emocional e intelectual.

A mulher concorda em consultar o psiquiatra periodicamente. Com o passar das semanas, sua sensação de perda pouco a pouco diminui, sendo substituída por um sentimento de solidão e pela necessidade de tocar a vida e encontrar um novo companheiro. Enfim, ela começa a sair com outros homens novamente; depois de vários meses, encontra um novo amor e qualquer sintoma residual desaparece.

## Caso 2: Perda do emprego

Um homem casado de 64 anos não sente prazer nas atividades cotidianas, tem sentimentos de tristeza e vazio, insônia, fadiga, falta de energia e uma sensação de inutilidade. Não tem interesse em ver os amigos e parece incapaz de se concentrar em qualquer coisa. Grita com a esposa quando ela tenta consolá-lo e rejeita qualquer esforço de confortá-lo.

Os sentimentos começaram duas semanas antes, quando a empresa para a qual ele trabalhava o demitiu inesperadamente devido a uma redução do quadro de funcionários. A demissão ocorreu apenas seis meses antes de ele se qualificar para o plano de aposentadoria da empresa. Um dos principais motivos pelos quais o homem escolhera trabalhar para aquela empresa, onde, então, passou duas décadas, fora a possibilidade de benefícios generosos na aposentadoria. A perda desses benefícios significa que ele e a esposa podem esperar não muito mais que a renda garantida pela Previdência Social.

Posteriormente, o casal é forçado a vender a casa e se muda para um pequeno apartamento. O homem encontra um trabalho de meio período e, com o que recebe da Previdência Social, mal consegue recursos para sustentar a esposa e a si próprio. Ele continua rancoroso em relação à forma como foi tratado, mas os sintomas gradativamente diminuem com o tempo.

### Caso 3: Reação a um diagnóstico médico grave numa pessoa querida

Uma mulher divorciada de 60 anos, visitando uma clínica distante de casa, solicita que o médico lhe receite um medicamento para dormir. Sua única filha, uma advogada, de quem ela é muito próxima e que é o orgulho de sua vida, foi diagnosticada três semanas antes com uma doença hematológica rara e potencialmente fatal. Depois de receber a notícia, a mãe sentiu-se tomada por sentimentos de tristeza e angústia e incapaz de funcionar no trabalho ou socialmente. Embora se mostre forte para a filha e seja capaz de ajudá-la com os preparativos para a consulta médica, a mãe se encontra muito aflita desde o diagnóstico. Chora sem parar, é incapaz de dormir, não consegue se concentrar e sente-se fatigada e desinteressada por suas atividades usuais, enquanto tenta aceitar a notícia do estado de saúde da filha.

Esses sintomas diminuem gradativamente com o passar dos meses durante o tratamento e a luta da filha contra a doença – que finalmente se estabiliza, mas continua sendo uma ameaça. Periodicamente, a mulher volta a sentir-se triste pela situação da filha, mas os outros sintomas diminuem conforme ela se adapta às novas circunstâncias e limites da vida da filha.

Cada uma dessas pessoas facilmente atende aos requisitos sintomáticos para o diagnóstico de Transtorno Depressivo Maior e, portanto, seria classificada pelo *DSM* como padecendo de um transtorno psiquiátrico. Os sintomas persistem por um período superior ao critério de duas semanas, elas estão vivenciando incapacidade social ou sofrimento significativo, e a exclusão do luto não se aplica. Mas essas reações parecem se enquadrar no grupo normal de pessoas que sofreram com o fim repentino de um relacionamento amoroso, a perda de um emprego ou o diagnóstico de uma doença séria num filho amado. Os sintomas que essas pessoas relatam não são anormais nem descabidos se considerados à luz de cada situação em particular.

Que características tendem a sugerir que esses casos não são transtornos? Em cada um deles, os sintomas surgem somente depois que algo diferente ocorre na vida, relacionados com uma grande perda. Além disso, essas reações, embora muito intensas, são razoavelmente proporcionais à natureza das perdas vivenciadas. Finalmente, os sintomas cessam quando as circunstâncias mudam para melhor, perduram porque a situação estressante persiste ou finalmente desaparecem com o passar do tempo. Não acreditamos que a maioria dos clínicos atentos de hoje, ao fazer um julgamento independente, fora do domínio do *DSM*, classificaria essas reações como transtornos mais do que o fizeram seus predecessores.

Afirmar que a definição de transtorno depressivo do *DSM* abarca equivocadamente algumas reações emocionais normais não implica, de maneira alguma, que não existam transtornos depressivos genuínos. Eles existem, podem ser devastadores, e a definição do *DSM* os contempla. No entanto, eles parecem muito diferentes dos tipos de reação normal descritos aqui. As descrições populares da depressão apresentam, de maneira uniforme, um retrato de sofrimento profundo, imenso e imobilizador que é estranhamente dissociado das circunstâncias concretas da vida, e esse tipo de experiência implica um transtorno genuíno.

Por exemplo, considere-se o caso de Deanna Cole-Benjamin, retratado numa história da *New York Times Magazine* sobre um novo tratamento para depressão:

> Sua juventude não tinha traumas; sua vida adulta, conforme ela a descreve, era abençoada. Aos 22 anos, casou-se com Gary Benjamin, tesoureiro do Exército canadense, numa união que lhe trouxe felicidade e, nos anos 1990, três filhos. Eles moravam numa casa confortável em Kingston, uma agradável cidade universitária na costa norte do lago Ontário, e Deanna, enfermeira em um hospital público, adorava seu trabalho. Mas nos últimos meses do ano 2000, sem motivo algum – nenhuma mudança na vida, nenhuma perda –, ela caiu em depressão profunda e duradoura.
>
> "Começou com uma sensação de não me sentir ligada às coisas como normalmente", contou-me certa noite na mesa de jantar da família. "Então, foi como se essa parede caísse ao meu redor. Eu me sentia cada vez mais triste e simplesmente entorpecida."
>
> O médico lhe prescreveu antidepressivos progressivamente mais fortes, mas eles surtiram pouco efeito. Algumas semanas antes do Natal, ela parou de trabalhar. Os atos mais simples – decidir o que vestir, fazer o café da manhã – requeriam um esforço imenso. Certo dia, sozinha na casa depois que Gary levou as crianças à escola e foi trabalhar, ela sentiu tanta necessidade de livrar-se da dor que procurou o médico e disse-lhe que não acreditava ser capaz de continuar.
>
> "Ele me olhou", contou-me ela mais tarde, "e me disse para não sair do consultório. Então telefonou para Gary, que foi até lá, e nos disse que queria que ele me levasse direto ao hospital."[29]

Além da excepcional intensidade e duração dos sintomas, é importante notar que a gravidade dessa depressão não tem relação com quaisquer acontecimentos normalmente tidos como desencadeadores de episódios como esse.

Ou considere-se a impressionante descrição de Andrew Solomon sobre sua doença depressiva:

> [Minha depressão] tinha uma vida própria que, pouco a pouco, asfixiou minha vida por completo. No pior estágio do Transtorno Depressivo Maior, eu tinha comportamentos que sabia não serem meus: eles pertenciam à depressão... Eu me sentia sucumbindo a algo muito mais forte que eu. No começo, eu não conseguia usar os tornozelos, depois não conseguia controlar os joelhos, e então minha cintura começou a se dobrar com a pressão, meus ombros se voltaram para dentro, e no final eu estava compacto e fetal, reduzido por essa coisa que me esmagava sem me abraçar. Suas gavinhas ameaçavam pulverizar minha mente, minha coragem e meu estômago, quebrar meus ossos e dissecar meu corpo. Ela continuou empanturrando-se de mim quando parecia já não haver mais nada para alimentá-la.[30]

Novamente, a depressão profunda de Solomon tinha "uma vida própria", no sentido de que sua gravidade não estava relacionada com perdas específicas ou com outros acontecimentos negativos que normalmente podem levar a esses sentimentos.

Em *Visível escuridão*, talvez a mais elegante descrição de depressão, William Styron relata sua reação ao descobrir que havia ganhado um importante prêmio de literatura:

> A dor persistiu durante minha visita ao museu e atingiu um crescendo nas horas seguintes, quando, de volta ao hotel, eu caí na cama e fiquei deitado, olhando fixamente para o teto, praticamente imobilizado e num transe de desconforto supremo. Nessas horas, eu normalmente não tinha pensamentos racionais, daí o *transe*. Acredito que não haveria palavra mais adequada para esse estado de estupor e impotência no qual a cognição é substituída por aquela "angústia positiva e ativa".

A condição de Styron persiste independentemente de qualquer contexto social: "Na depressão... a dor é implacável, e o que torna a condição intolerável é saber de antemão que nenhum remédio virá – não em um dia, uma hora, um mês ou um minuto. Se há um alívio moderado, sabe-se que é apenas temporário; haverá mais sofrimento".[31] Os sintomas debilitantes de Styron não surgiram depois de nenhuma experiência traumática, mas sim depois do que normalmente seria motivo de celebração.

Em *Speaking of sadness* [Falando de tristeza], o sociólogo David Karp oferece outra descrição típica:

> Com base em qualquer parâmetro objetivo, eu deveria estar me sentindo muito bem. Eu tinha um sólido emprego acadêmico no Boston College, havia acabado de assinar um contrato para a publicação de meu primeiro livro e tinha uma ótima esposa, um filho lindo e uma nova filhinha em casa... A cada noite sem dormir, minha cabeça era preenchida com ruminações perturbadoras e durante o dia eu tinha uma sensação de tristeza insuportável, como se alguém próximo tivesse morrido. Eu estava agitado e sentia uma melancolia qualitativamente diferente de qualquer coisa no passado... Eu tinha certeza de que minha depressão tinha raízes em demandas cotidianas e de que, quando eu me tornasse professor titular e conquistasse estabilidade no emprego, elas desapareceriam. Fui promovido em 1977 e percebi que a depressão de fato piorou.[32]

Assim como a depressão de Styron se desenvolveu depois de uma experiência positiva, a grave situação de Karp não tinha nada que ver com as circunstâncias concretas de sua vida.

Conforme esses exemplos ilustram, os casos que a mídia e os textos psiquiátricos relatam são claramente transtornos depressivos. Mas essas descrições também comprovam que os sintomas em si não distinguem os transtornos depressivos da tristeza normal; os sintomas não são diferentes daquilo que um indivíduo pode experimentar naturalmente depois de uma perda devastadora, como nos casos anteriores de reação normal a infortúnios significativos. Em vez disso, é a ausência de um *contexto* apropriado para os sintomas que indica um transtorno. Esses casos surgiram na ausência de uma perda ou se desenvolveram depois de um acontecimento positivo, como ganhar um prêmio de prestígio ou conquistar estabilidade acadêmica. Sua gravidade era extremamente desproporcional às circunstâncias reais dos sofredores. Finalmente, os sintomas persistiam sem relação alguma com quaisquer contextos estressantes, ganhavam vida própria e eram imunes a mudanças em condições externas. A ênfase que a literatura confere a esses exemplos pode nos levar a desconsiderar, de maneira equivocada, o fato de que os critérios de diagnóstico do *DSM* em si mesmos não estão limitados a essas condições e abarcam indevidamente uma ampla gama de reações normais intensas.

A principal falha, portanto, da definição de Transtorno Depressivo Maior do *DSM*, assim como de todos os esforços que se apoiam nesse conceito, é simplesmente *não levar em consideração o contexto dos sintomas e, portanto, não excluir da categoria do transtorno a tristeza intensa, além daquela em reação à morte de um ente querido, que surge da forma como os seres humanos reagem naturalmente a grandes perdas.* A resultante indistinção entre sintomas não patológicos e aqueles causados por uma disfunção, e a classificação de ambos como *transtornos*, é um problema fundamental para a pesquisa, o tratamento e as políticas sociais atuais que contemplam a depressão. Além disso, conforme demonstramos, o problema tem piorado muito nos últimos anos; vem crescendo a pressão para que se use um número menor de sintomas, às vezes apenas dois, como critérios suficientes para diagnosticar um transtorno. O potencial de diagnósticos falsos-positivos – isto é, pessoas que atendem aos critérios do *DSM* mas não têm, de fato, um transtorno mental – aumenta exponencialmente conforme diminui o número de sintomas requerido para um diagnóstico.

Os critérios excessivamente abrangentes do *DSM* para o diagnóstico de transtorno depressivo comprometem, em última instância, os próprios objetivos e conceitos da psiquiatria. O *DSM* visa identificar condições psicológicas que podem ser consideradas transtornos genuínos e distingui-las de situações problemáticas, mas não patológicas.[33] Assim, o erro que estamos apontando em categorias de transtornos como o Transtorno Depressivo Maior diz respeito às próprias aspirações do *DSM*.

## A distinção entre o normal e o patológico

Nossa principal crítica à definição de transtorno depressivo do *DSM* parte do pressuposto de que a tristeza normal pode ser intensa; pode ser acompanhada de insônia, falta de concentração, alterações no apetite e assim por diante; pode causar sofrimento ou incapacidade; e pode durar duas semanas, conforme demandam os critérios. Mas qual é o entendimento implícito acerca de normalidade e transtorno por meio do qual é possível distinguir a tristeza profunda normal da patológica?

O funcionamento normal não é mera regularidade estatística. Algumas doenças podem ser estatisticamente "normais" numa população, como é o caso das afecções da gengiva e da aterosclerose na americana, mas ainda assim são doenças; e algumas variações normais podem ser muito raras. Também devemos distinguir transtorno de valores sociais. Até mesmo o *DSM* reconhece que um indivíduo socialmente desajustado ou cuja natureza está em conflito com os valores da sociedade não necessariamente tem um transtorno mental.[34] Explicações adequadas devem não só diferenciar transtorno de valores sociais, como também esclarecer de que maneira os transtornos são enfermidades reais que representam, ao menos em parte, algum problema objetivo no funcionamento do indivíduo.

Acreditamos que o ponto de demarcação mais plausível entre a normalidade e a patologia do ponto de vista médico é aquele entre o funcionamento "projetado" biologicamente (isto é, o resultado da seleção natural) e a falha em tal funcionamento, ou seja, a *disfunção*.[35] Essa visão é bem similar às intuições do senso comum e, provavelmente, a mais defensável e amplamente aceita entre aqueles que estão preocupados com os fundamentos conceituais da psiquiatria, assim como da medicina em geral.[36] Por exemplo, o critério para o funcionamento normal dos órgãos do corpo baseia-se no que eles são projetados biologicamente para fazer e como. Desse modo, o coração serve para bombear sangue, os rins para eliminar resíduos e os pulmões para permitir a respiração, e se essas funções são realizadas pelas estruturas projetadas para realizá-las o funcionamento está normal. O distúrbio existe quando o órgão é incapaz de realizar a função para a qual foi biologicamente projetado.

De maneira similar, os processos psicológicos que foram selecionados como parte da natureza humana têm funções naturais, isto é, efeitos para os quais foram naturalmente selecionados. Várias pesquisas neurobiológicas e psicológicas sugerem que a mente é formada por muitos módulos ou mecanismos específicos criados para reagir a determinados desafios externos.[37] Portanto, o *contexto* é um aspecto inerente de muitos mecanismos psicológicos; eles são projetados para entrar em ação em determinados contextos e não em outros. Reações de medo, por exemplo, são projetadas biologicamente para se manifestar em situações de perigo, mas não em situações seguras. Da mesma maneira, mecanismos inatos que regulam reações de tristeza, angústia e reclusão entram naturalmente em ação depois que os humanos sofrem determinados tipos de perda.[38] Ao contrário, disfunções em que os mecanismos de tristeza não operam conforme planejado constituem transtornos. Disso decorre que somente à luz de alguma explicação, ainda que provisória ou superficial, sobre como os mecanismos de reação agem e, portanto, sobre seu funcionamento normal temos embasamento para considerar *patológicas* certas reações à perda.

Como acontece com todas as características humanas, os indivíduos reagem à perda de formas muito distintas. A cultura também influencia essas tendências de diversas maneiras; portanto, avaliar se uma reação corresponde à gama escolhida naturalmente nem sempre é tarefa fácil. No entanto, em condições adequadas, praticamente todos os seres humanos têm a capacidade de sentir tristeza não patológica como uma adaptação selecionada biologicamente para lidar com a perda. Em princípio, essa capacidade biológica fornece um parâmetro para julgar alguns casos como claros exemplos de normalidade e transtorno.

Uma advertência importante: devido ao pouco conhecimento sobre o funcionamento da mente, nossa compreensão de como as emoções normais, incluindo a tristeza, são projetadas para funcionar permanece especulativa e aberta à revisão. Mas alguns princípios fundamentais, ao menos de maneira bastante provisória, parecem totalmente plausíveis e oferecem uma base suficiente para examinar criticamente a validade dos critérios para o diagnóstico de transtorno depressivo. Esses princípios permitem que façamos distinções gerais entre casos que parecem indicar claramente tristeza normal e casos de transtorno depressivo, embora reconheçamos um grande grupo de casos ambíguos, confusos e duvidosos. Enfatizamos três características essenciais da tristeza normal no Capítulo 2: ela surge devido a desencadeadores externos específicos, sobretudo a perda; é mais ou menos proporcional, em intensidade, à perda sofrida; e termina aproximadamente quando a situação de perda desaparece ou cessa gradativamente conforme os mecanismos naturais para lidar com ela permitem que o indivíduo se ajuste às novas circunstâncias e retorne ao equilíbrio psicológico e social.

Perguntas importantes se apresentam porque ainda não sabemos precisamente que mecanismos internos produzem reações à perda ou como, de fato, eles são. Se podemos inferir que esses mecanismos existem, mas não conhecemos sua natureza específica, como dizer que reações normais à perda são realmente parte de nossa herança biológica? E, sem conhecer tais mecanismos, como definir o que é normal e o que é patológico?

O fato é que, embora essa distinção ainda não possa ser determinada com precisão, na história da medicina e da biologia os cientistas têm feito inferências sobre o funcionamento normal e patológico do ser humano com base em evidências circunstanciais, sem conhecer os mecanismos subjacentes. Assim, por exemplo, Hipócrates sabia que a cegueira e a paralisia são transtornos e que há mecanismos que foram projetados para permitir que os seres humanos vejam com os olhos e se movimentem com o esforço muscular, mas ele pouco sabia dos mecanismos em si e, portanto, das causas específicas da maioria dos casos de cegueira e paralisia (além daqueles decorrentes de lesões graves). Levou milhares de anos para que se conhecessem esses mecanismos, mas naquela época era universalmente aceito, com base em evidências circunstanciais, que a visão e o movimento são partes do projeto biológico humano. Em princípio, o mesmo ocorre com as capacidades mentais humanas que são parte de nossa natureza biológica, tal como as emoções básicas.

Outra preocupação é que, uma vez que não compreendemos os mecanismos de reação à perda, não conseguimos descrever com certeza o funcionamento dessa reação e, portanto, não podemos saber o que é normal e o que é anormal. De fato, diferentemente das funções dos olhos e dos músculos, as funções de reação à perda não são aparentes e estão sujeitas a contestação.[39] Felizmente, em geral é possível, com base nas evidências disponíveis, inferir de maneira aproximada que reações de um mecanismo são normais, mesmo sem conhecer a razão de tais reações. Por exemplo, todos concordam que o sono é uma reação projetada de maneira elaborada e que alguns estados de sono são normais enquanto outros são transtornos, mas há pouco consenso científico sobre as funções que explicam por que dormimos. Sem uma compreensão adequada da função das reações à perda para nos guiar, também devemos nos dedicar a inferências reconhecidamente conjeturais, mas, acreditamos, ainda assim plausíveis.

Por transtornos depressivos, portanto, entendemos a tristeza que é causada por uma disfunção nociva dos mecanismos de reação à perda.[40] De acordo com a definição de disfunção nociva, um conjunto de sintomas indica um transtorno mental somente quando atende ao mesmo tempo dois critérios. O primeiro é a disfunção: algo não funciona direito na capacidade de algum mecanismo interno de realizar uma de suas funções biológicas. Em segundo lugar, a disfunção deve ser nociva. Os valores culturais, inevitavelmente, exercem o papel fundamental ao definir que tipos de disfunção são considerados nocivos. Em síntese, há um transtorno mental quando a falha nos mecanismos internos em desempenhar suas funções conforme projetadas pela natureza prejudica o bem-estar da pessoa conforme definido por valores e significados sociais.

A análise de transtorno da perspectiva da disfunção não tenta estabelecer uma fronteira conceitual exata, uma vez que os próprios conceitos de normalidade e transtorno, assim como a maioria dos conceitos, não têm fronteiras precisas e estão sujeitos a indeterminação, ambiguidade, confusão e imprecisão – e, portanto, resultam em muitos casos pouco claros. Apesar dessas fronteiras confusas, o conceito de transtorno da ótica da disfunção prejudicial é útil e coerente porque nos permite distinguir uma gama de casos claramente normais de outra gama de casos nitidamente patológicos. De maneira análoga, há distinções reais entre vermelho e azul, criança e adulto e vida e morte, embora não existam fronteiras nítidas entre esses pares. Cremos que os atuais critérios para o diagnóstico de transtorno depressivo, por sua vez, falham enormemente em distinguir até mesmo muitos casos claros de tristeza normal de casos de transtorno.

Os mecanismos biológicos de reação à perda podem, de inúmeras maneiras, falhar em desempenhar suas funções em determinados contextos.[41] Reações à perda podem surgir em situações para as quais elas não foram projetadas, podem ser de intensidade e duração desproporcional às situações que as evocaram e, em casos extremos, podem ocorrer de maneira espontânea, sem absolutamente nenhum acontecimento que as desencadeie. Por exemplo, casos de depressão como o de William Styron, que se manifestou depois que ele recebeu um prêmio de prestígio, ou o de David Karp, que surgiu depois que ele se tornou professor titular, indicam que os mecanismos de reação à perda não funcionavam da forma esperada. Disfunções em reações à perda também podem levar a percepções cognitivas distorcidas do eu, do mundo e do futuro, desencadeando uma tristeza fora do comum.[42] Essas distorções podem resultar em mecanismos suscetíveis que exageram a importância de pequenas perdas para além do âmbito normal de estímulos culturais. Alguém que fica profundamente deprimido depois da morte de um peixinho de estimação, ou ao perceber um pequeno deslize, por exemplo, tem mecanismos de reação supersensíveis e desproporcionais, a não ser que circunstâncias especiais confiram à perda uma importância acima da normal.

Mas não é apenas o surgimento da depressão na ausência de causas fundadas que define uma disfunção. Transtornos podem surgir depois de uma reação a princípio normal a perdas reais, mas a reação pode, então, desligar-se das circunstâncias de perda e persistir com intensidade desproporcional por muito tempo depois de cessadas as condições iniciais que a provocaram. Em indivíduos suscetíveis, a experiência de acontecimentos ligados à perda, às vezes, produz vulnerabilidades bioquímicas e anatômicas que aumentam a probabilidade de recorrência de episódios depressivos com motivos cada vez menores.[43] Mesmo que comecem como algo normal, as reações emocionais que se dissociam de tempo, lugar e circunstância específicos indicam mecanismos disfuncionais de reação à perda.

Finalmente, disfunções em reações à perda podem, às vezes, causar sintomas tão extremos que indicam disfunção em si mesmos. Reações depressivas que provocam a completa imobilização por tempo prolongado ou a perda de contato com a realidade – como alucinações, delírios e situações semelhantes – não costumam derivar de mecanismos de reação à perda saudáveis e sempre foram reconhecidas como transtornos. Essas reações exageradas são análogas a febres altas ou vômito incontrolado: trata-se de falhas em reações que deveriam ser adaptativas.

Observe-se que a distinção que fazemos entre a tristeza causada por uma disfunção interna e a tristeza que é uma reação biológica a acontecimentos externos difere em importantes aspectos da distinção tradicional feita pela psiquiatria entre a depressão que é *endógena* (isto é, causada espontaneamente por processos internos, sem nenhum desencadeador externo) e aquela que é *reativa* (isto é, causada por algum acontecimento externo).[44] A depressão endógena, por definição, surge na ausência de uma perda real e, portanto, deve-se quase sempre a disfunções internas. Já muitos casos de depressão reativa são proporcionais a acontecimentos externos e, por isso, são reações normais.

Contudo, nem todos os casos de depressão reativa são normais. Acontecimentos externos podem afetar indivíduos tão profundamente a ponto de desencadear disfunções internas. Por exemplo, experiências traumáticas, como sofrer a morte de uma pessoa amada, ter de mudar de casa ou ser vítima de um crime violento podem desestabilizar os mecanismos projetados para reagir à perda, levando a um transtorno duradouro.[45] Conforme observado, algumas reações emocionais podem ser tão desproporcionais aos acontecimentos que as desencadearam que indicam uma disfunção, ou os sintomas podem ganhar vida própria e não desaparecer quando o agente estressor deixa de existir. Assim, entre os casos de depressão reativa à perda, alguns são transtornos e outros não. A *presença* de uma disfunção interna, e não a *causa* dessa disfunção (que pode ser endógena ou reativa), define os transtornos depressivos. Consequentemente, não há uma simples relação unívoca entre a tradicional distinção entre depressão endógena e reativa e nossa distinção entre disfunção interna e reação biológica.

Devemos tratar, ainda, de um último ponto passível de confusão: a abordagem do projeto evolutivo para distinguir entre condições normais e patológicas não implica que todos os transtornos depressivos têm causas fisiológicas ou que sempre existe um problema cerebral quando há um transtorno depressivo. Embora causas fisiológicas possam, de fato, provocar transtornos, fatores psicológicos ou sociais também podem levar a disfunções. O projeto biológico utiliza vários mecanismos mentais (por exemplo, a crença, o desejo, a emoção e a percepção) que funcionam por meio dos significados que os seres humanos atribuem para representar a realidade, e as descrições fisiológicas podem não captar o modo como esses significados operam. Alguns transtornos mentais não podem ser descritos como avarias no maquinário fisiológico subjacente, mas sim como disfunções no nível mental dos significados. Isso não é tão misterioso quanto parece; basta pensar no fato de que um software de computador pode não funcionar num hardware que opera corretamente. É possível que o processamento de significados que a recente ciência cognitiva antevê como análogo ao "software" da mente também não funcione como esperado sem nenhum problema fisiológico subjacente. Nossa discussão é neutra sobre essas questões de etiologia, embora em geral acreditemos que pode haver uma gama de causas biológicas, psicológicas e sociais tanto da tristeza normal quanto do transtorno depressivo; pesquisas que tratem do choque de teorias sobre as causas da depressão devem decidir essa questão.

Uma grande vantagem de nossa crítica baseada na abordagem da disfunção prejudicial é que ela reconhece a existência do transtorno depressivo e proporciona fundamentos defensáveis para aprimorar os critérios de diagnóstico da psiquiatria. Há outras críticas, mais radicais, ao diagnóstico psiquiátrico que desconsideram o diagnóstico de maneira geral e não deixam espaço para um compromisso construtivo com a psiquiatria. Por exemplo, o argumento do psiquiatra Thomas Szasz de que não há doenças mentais porque doenças requerem lesão física; as ideias comportamentais de que todo comportamento é consequência de processos de aprendizado e, portanto, nenhum transtorno mental pode existir; ou as asserções de antropólogos de que as distinções entre o funcionamento normal e o patológico são puramente culturais e, portanto, arbitrárias; todos negam a possibilidade de fazer uma distinção diagnóstica coerente, em termos conceituais, entre transtorno depressivo e reações normais de tristeza intensa.[46]

Desse modo, eles subestimam os problemas reais e distintos apresentados por casos genuínos de transtorno depressivo, ao passo que excluem a possibilidade de criticar de maneira eficaz as definições demasiado amplas de transtorno.

## As vantagens de distinguir tristeza normal de transtorno depressivo

Mesmo que os critérios do *DSM* sejam falhos, levando à criação de uma quantidade exagerada de casos de transtorno depressivo, por que é tão importante corrigir esse erro? Há algumas vantagens consideráveis em fazê-lo:

*A transformação de casos normais em patológicos pode causar danos, e evitar tal transformação pode diminuí-los.* Não só os pacientes podem ser levados, de maneira equivocada, a considerar-se doentes e submeter-se a tratamentos desnecessários, como também as reações sociais a casos normais e disfuncionais costumam ser diferentes. Em geral, as redes sociais reagem com apoio e solidariedade à tristeza que se manifesta depois de acontecimentos estressantes.[47] Os casos de depressão disfuncional, ao contrário, tipicamente provocam hostilidade, estigma e rejeição e levam à perda do apoio social.[48] Submeter alguém com tristeza normal ao preconceito enfrentado por aqueles que têm uma doença mental não ajuda a combater o preconceito. Entretanto, continua sendo verdade que, para aqueles indivíduos que realmente sofrem de um transtorno mental genuíno, as desvantagens do estigma do diagnóstico devem ser ponderadas com o fato de que um rótulo oficial de sua condição anormal, oferecendo acesso a atendimento médico adequado, pode ser um alívio bem-vindo.

*A distinção entre tristeza normal e patológica deve melhorar as avaliações de prognóstico.* Um dos propósitos essenciais do diagnóstico é o prognóstico: predizer a futura trajetória de um transtorno.[49] Os prognósticos para pessoas cujos sintomas derivam de tristeza normal geralmente diferem daqueles para pessoas com transtornos. No caso de condições não patológicas, os sintomas tendem a diminuir sem intervenção com o passar do tempo, desaparecer se as circunstâncias que os precipitaram mudarem e melhorar diante de algum tipo de apoio social. Ao contrário, os sintomas que derivam de disfunções internas tendem a ser crônicos e recorrentes e a persistir independentemente de circunstâncias estressantes.[50] Uma distinção adequada entre normalidade e transtorno deve proporcionar melhores predições prognósticas.

*Diagnósticos precisos apontam tratamentos adequados.* Embora a medicação ou a terapia possam ajudar a aliviar a dor decorrente tanto da tristeza normal quanto do transtorno depressivo, elas são normalmente desnecessárias em casos de tristeza não patológica, que não esteja relacionada com disfunções internas. Em alguns casos, como o luto, tratar reações normais como doença pode até ser contraproducente, pois pode exacerbar e prolongar os sintomas.[51] Já o tratamento de transtornos depressivos normalmente inclui medicação, psicoterapia cognitiva e de outros tipos, ou uma combinação de modalidades. Uma distinção conceitual adequada entre disfunções e reações normais pode nos ajudar a especificar que soluções serão mais eficazes para casos sintomaticamente similares, mas, de fato, distintos.

*Separar a tristeza normal de transtornos depressivos pode ajudar a reconhecer a relação entre tristeza e condições sociais adversas e, assim, identificar intervenções sociais adequadas.* Hoje, a psiquiatria tende a ver a depressão como uma importante causa de muitos problemas sociais, incluindo a dependência de programas de assistência social, a dependência de drogas e a pobreza.[52] A primeira ação costuma ser tratar a doença e então ajudar os indivíduos deprimidos a superar os outros desafios. A tristeza normal, entretanto, tem muito mais probabilidade de ser a consequência, e não a causa, de problemas sociais. Reconhecer o impacto dos problemas sociais nas emoções humanas normais sugeriria que uma ação inicial adequada seria corrigi-los.

*A separação entre transtorno depressivo e tristeza intensa normal deve fornecer uma base para estimativas epidemiológicas mais precisas da prevalência de transtornos depressivos e do custo de tratá-la.* A falha em distinguir a tristeza normal da patológica resulta em estimativas exageradas de pessoas com transtornos mentais, levando as autoridades a formular políticas públicas equivocadas. As estimativas de prevalência consideram doentes todos os indivíduos que apresentam um número suficiente de sintomas intensos, padeçam ou não de um transtorno.[53] Elas chamam a atenção das autoridades e dos profissionais de saúde pública para casos que podem não necessitar de ajuda especializada intensiva e desviam sua atenção de problemas que podem se beneficiar imensamente da ajuda profissional. Confundir tristeza normal com transtorno depressivo também resulta em estimativas exageradas dos custos econômicos da depressão.[54] Esses exageros, por sua vez, têm implicações políticas potencialmente negativas, pois fazem que os representantes eleitos, os planos de saúde e outras autoridades relutem mais em elaborar soluções à depressão que busquem alcançar resultados satisfatórios a um baixo custo. Embora não se deva negar acesso ao sistema de saúde a ninguém que esteja sofrendo, separar condições normais de disfuncionais pode permitir que a expertise dos profissionais de saúde mental seja focada em transtornos mentais verdadeiros e a racionalizar os recursos destinados à saúde mental.

*Distinguir a tristeza normal da patológica permite estimar melhor as necessidades não atendidas pelos serviços de saúde mental.* Uma vez que falham em distinguir a tristeza normal do transtorno depressivo, e porque indivíduos normais tendem menos a buscar tratamento, as pesquisas populacionais fazem parecer que apenas uma minoria de pessoas com transtorno é tratada. Isso tem levado as políticas sociais a focar na suposta enorme quantidade de casos com necessidade de tratamento não atendida.[55] Essas políticas, hoje, enfatizam a ampla detecção de depressão entre pessoas que não buscaram tratamento de maneira voluntária. Os instrumentos de detecção revelam mais tristeza normal que transtorno depressivo, mas tratam ambos como transtornos. A redução desse número excessivo de diagnósticos poderia diminuir a desnecessária – e potencialmente prejudicial – prescrição exagerada de medicamentos.

*Estabelecer uma distinção mais cuidadosa entre tristeza normal e patológica permite que os pesquisadores selecionem amostras que reflitam com mais precisão os verdadeiros doentes.* Para uma investigação significativa das causas do transtorno depressivo e das melhores formas de tratamento, tanto para o transtorno depressivo quanto para a tristeza intensa normal, é necessário que os grupos estudados sejam de natureza mais ou menos homogênea, de modo que os resultados possam ser compreendidos e generalizados adequadamente. As causas dos sintomas depressivos que surgem da disfunção são geralmente diferentes das causas da tristeza normal; portanto, todo o campo de estudo sobre depressão permanecerá problemático até que se façam as devidas distinções.

*Distinguir reações normais de disfuncionais à perda evita a medicalização de nosso pensamento sobre a tristeza comum e, assim, mantém a integridade conceitual da psiquiatria.* Independentemente de quaisquer outras vantagens, a credibilidade da psiquiatria e dos diagnósticos psiquiátricos depende de distinguir precisamente o normal do patológico, rotulando como transtornos apenas casos psiquiátricos genuínos. Se não se distinguem corretamente disfunções internas de reações de tristeza normais, interpreta-se erroneamente como transtorno mental um aspecto básico e universal da condição humana e, assim, transforma-se em patologia uma ampla gama de comportamentos humanos, minando a credibilidade da psiquiatria.

Entender como a psiquiatria não tem sido capaz de fazer essa distinção fundamental e tende a classificar equivocadamente a tristeza intensa como transtorno também é útil para o cidadão comum. Sempre que as pessoas entram num consultório médico ou que seus filhos são submetidos a procedimentos rotineiros de detecção nas escolas, as confusões conceituais que identificamos neste livro podem levar a diagnósticos e tratamentos injustificados. Para que sejam consumidores de serviços médicos, os pacientes bem preparados devem entender como os profissionais chegam aos diagnósticos aos quais estão sujeitos e que perguntas fazer sobre os problemas que esses diagnósticos podem acarretar.

Por fim, deve-se ter em mente que saber se alguém apresenta tristeza normal ou algum transtorno tem, em geral, importância na prática, visto que os diagnósticos de transtorno mental influenciam muitas decisões. Por exemplo, esses diagnósticos podem tornar mais difícil adquirir planos de saúde ou seguros de vida ou aumentar o custo desses seguros; podem ser considerações negativas em procedimentos de divórcio que tratam da custódia de filhos; e podem frequentemente desqualificar indivíduos para participar de testes clínicos de novos medicamentos para doenças graves, como câncer. Devido ao papel que o diagnóstico tem em tantas áreas de nossa vida e ao pressuposto de que ele representa uma patologia genuína, confundir transtorno depressivo com tristeza normal não deve ser encarado com leviandade.

## Algumas advertências: quais as desvantagens dessa distinção?

Alguns podem objetar que estabelecer uma distinção entre a tristeza normal e a patológica, independentemente de seus méritos intelectuais, é prejudicial por vários motivos. Não podemos abordar todas as possíveis objeções, mas algumas delas merecem ser analisadas de forma sucinta.

Estamos, de algum modo, desconsiderando o sofrimento daqueles com tristeza normal? Ao chamar certas reações de "normais", nós, de forma alguma, pretendemos minimizar, muito menos menosprezar, seu sofrimento; de fato, a dor extrema da tristeza normal pode, com frequência, equivaler à do transtorno depressivo. Mas, assim como seria desejável distinguir uma dor intensa normal em consequência, por exemplo, de um parto ou de um osso quebrado (que poderia ser tratada) de um sofrimento igualmente intenso resultante de um transtorno em que a dor não é uma reação normal a uma lesão corporal (que teria importantes implicações para o tratamento), essas formas intensas de tristeza precisam ser diferenciadas para que se possam compreendê-las, abordá-las e tratá-las da melhor maneira.

Nossa análise poderia resultar em barreiras impostas pelos planos de saúde, que negariam tratamento a pessoas que o buscam mesmo que elas não tenham de fato um transtorno? Isso é possível, mas improvável. A realidade é que os médicos sempre encontraram, e sempre encontrarão, formas de atender às necessidades dos pacientes e de classificá-las coerentemente com as definições diagnósticas para que eles possam receber reembolso pelo tratamento. Além disso, assim como em outras áreas médicas, o reembolso do tratamento para reações emocionais intensas não patológicas pode ser encarado como medida preventiva, devido aos efeitos incapacitantes que elas podem ter. Uma distinção aceita entre tristeza intensa normal e patológica pode até facilitar a discussão sobre tais mudanças no sistema de reembolso.

Somos moralistas que pensam que as pessoas não têm de se apoiar em tratamento – e especificamente em medicação – mas devem, de alguma forma, ser forçadas a encontrar um modo de enfrentar suas dificuldades por conta própria? Não somos a favor nem contra o uso de medicamentos para tratar sentimentos normais de tristeza. Essa é uma questão que deve ser decidida pelos indivíduos juntamente com os médicos. Nossa tese é de que diagnósticos conceitualmente errôneos podem prejudicar essas decisões, fazendo parecer que existe uma disfunção interna para a qual a medicação é o melhor tratamento quando as evidências sugerem que outras intervenções podem oferecer alívio igual ou maior, além de evitar os possíveis efeitos colaterais da medicação. Estamos simplesmente dizendo que essas decisões de tratamento devem ser baseadas num entendimento correto de cada caso. De fato, uma vez que se tenha feito uma distinção conceitual adequada, estudos mais esclarecedores sobre os melhores tratamentos para a tristeza normal intensa podem avançar.

Se o diagnóstico de um transtorno médico reduz a culpa, não estamos, portanto, encorajando que se culpem indivíduos tristes por serem emocionalmente fracos? Por exemplo, se a tristeza intensa não for diagnosticada como transtorno, não se presumirá, então, que ter esses sentimentos é uma falha de caráter, e não serão as pessoas instadas a "se comportar" e ser fortes em vez de se permitir tais sentimentos? De fato, há escassas evidências científicas de que o diagnóstico realmente leva o indivíduo a sentir-se aliviado da culpa, ao contrário das vastas evidências de que leva a um estigma. Mas é preciso reconhecer que diagnosticar indivíduos com um transtorno médico, mesmo que injustificado, pode, às vezes, protegê-los de ser descabidamente culpados, por membros da família e por outras pessoas, de fraqueza de caráter. Entretanto, há outras formas de reagir a tal culpa descabida que não abusar dos recursos da medicina. Em particular, nossa análise enfatiza que a tristeza intensa é uma capacidade natural humana e não uma fraqueza de caráter; a tristeza normal provavelmente tem funções curativas e reparadoras que ainda não são compreendidas.[56] Por estranho que pareça, muitas culturas culpam os indivíduos se eles não ficam tão tristes diante de uma perda (como mostrar de maneira muito ínfima ou breve os sinais de luto após a morte de um parente) porque isso parece demonstrar falta de comprometimento ou cuidado. O fato de que a tristeza intensa pode ser relacionada, em termos caracterológicos, à profundidade de sentimento e pode, portanto, ser mais importante para lidar com a perda em alguns indivíduos que em outros dificilmente é uma fraqueza. Nossa análise sugere que é possível lidar com a culpa sem rotular o indivíduo de doente. Deve-se reconhecer, também, que o diagnóstico de um transtorno não protege ninguém do desprezo e da culpa.

Não é insensível focarmos em questões conceituais e não dedicarmos muito tempo a explorar a própria experiência dolorosa da depressão? Há uma porção de livros detalhando o enorme impacto da depressão e documentando ricamente essa experiência. Nosso foco é diferente porque nosso objetivo é outro: proporcionar uma perspectiva crítica sobre a conceituação dessa experiência, como ela veio a ser explorada por variados grupos e como sua classificação mudou, de forma questionável, com o passar do tempo.

## Uma observação sobre terminologia

Alguns esclarecimentos terminológicos neste momento podem evitar confusão mais adiante. Em primeiro lugar, embora usemos a palavra "tristeza" para descrever tanto a emoção humana normal quanto as experiências descritas em transtornos depressivos, as reações normais que consideramos vão, de fato, além da tristeza e acarretam vazio emocional, vergonha, humilhação e reações relacionadas com perdas de vários tipos, como perda de autoestima ou da reputação em determinado grupo. Por isso às vezes usamos uma linguagem mais ampla e mais abstrata, como "reações à perda", para nos referirmos a essas experiências. Mesmo quando usamos a palavra "tristeza", deve-se entendê-la como forma abreviada de um sentimento mais amplo.

Em segundo lugar, quando falamos de tristeza "normal", não queremos dizer que é normal em termos estatísticos, ou no sentido de que "está tudo bem". Ao contrário: a tristeza é funcionalmente normal ou não patológica, isto é, é o produto de processos mentais relevantes funcionando conforme foram biologicamente projetados para reagir à perda. Essas reações "normais" podem ser "anormais" de diversas maneiras: podem ser muito mais intensas em algumas pessoas que em outras, devido às variações no temperamento dos seres humanos ou a diferentes sistemas de significação cultural; podem ser muito pouco comuns estatisticamente, porque são reações a uma circunstância externa também pouco comum (por exemplo, alguém experimentando tristeza profunda em virtude da morte de vários membros da família num curto intervalo de tempo); e podem ser anormais porque constituem um grave desvio do funcionamento habitual do indivíduo. Nenhuma dessas formas de anormalidade estatística implica a existência de um transtorno.

Em terceiro lugar, muitos dos mesmos fenômenos psicológicos (por exemplo, humor deprimido) e fisiológicos (por exemplo, fadiga) ocorrem em reações de tristeza normal e patológica. Como não há um termo neutro convencional para descrever esses fenômenos, aceitamos a convenção geral e nos referimos a eles como "sintomas". No entanto, deve-se ter em mente que isso pode levar a um entendimento equivocado, devido à associação da palavra "sintomas" com um diagnóstico médico de transtorno. O uso dessa palavra, aqui, pretende ser neutro no que se refere ao fenômeno como manifestação de um transtorno ou reação normal.

Em quarto lugar, por ser esse um modo conveniente de nos referirmos a quaisquer estruturas mentais ainda desconhecidas, projetadas para produzir reações à perda, usamos a expressão "mecanismos de reação à perda". O termo "mecanismo" é comum em discussões evolutivas e não deve ser interpretado como reducionista ou literalmente "mecanicista" em relação à mente. Presumimos, por exemplo, que significados individuais e culturais complexos fazem parte das reações à perda. O termo "mecanismo" simplesmente indica que, considerando-se que as reações à perda são parte de nossa herança biológica, temos algumas estruturas projetadas biologicamente para produzir tais reações nos momentos certos.

Finalmente, uma vez que nos referimos com frequência a fenômenos similares quando discutimos transtornos e reações normais, usamos diversas convenções para tentar manter a clareza do que está em discussão em determinado momento. Quando discutimos uma categoria específica de transtorno segundo o *DSM* (que pode, segundo nosso ponto de vista, incluir equivocadamente casos normais e também patológicos), adotamos a convenção do *DSM* de indicar uma categoria usando iniciais maiúsculas. Assim, escrevemos, por exemplo, Transtorno Depressivo Maior, ou simplesmente Depressão Maior. Além disso, uma vez que o termo "depressão" é ambíguo quanto a condições normais ou patológicas, empregamos especificamente o termo "transtorno" ao discutir a patologia depressiva – e nos referimos a ela, normalmente, como "transtorno depressivo". Não usamos iniciais maiúsculas nessa expressão porque não estamos nos referindo à categoria do *DSM* – que, conforme argumentamos, confunde transtorno com normalidade –, mas apenas aos casos que configuram transtornos genuínos. (Evitamos usar a expressão comum "depressão clínica" para falar especificamente de transtornos porque muitos casos de tristeza normal são hoje tratados em clínicas.) Quando queremos nos referir a todo tipo de tristeza, seja normal ou patológica, empregamos expressões genéricas como "situação depressiva" ou, simplesmente, "depressão".

## O que esperamos alcançar

A depressão adquiriu um status icônico tanto nas profissões de saúde mental quanto na cultura contemporânea. Muitos especialistas alegam que é um grave problema de saúde pública que aflige grande parte da população. O caráter aparentemente massivo do problema ao mesmo tempo demanda respostas políticas urgentes e paralisa o desejo de chegar a uma resposta.

Embora reconheça a realidade do transtorno depressivo e o enorme sofrimento que causa, este livro se esforça por trazer perspectiva à discussão da depressão. Mostra que a distinção conceitual imprecisa entre transtorno e normalidade prejudica toda a indústria clínica e de pesquisa dedicada a essa doença. Também demonstra que o problema é amplificado conforme a definição errônea ecoa nas várias instituições sociais. Praticamente todas as discussões do tema deixam de debater quando os sintomas depressivos indicam um transtorno mental e quando eles são reações não patológicas à perda. Respostas a essa pergunta afetariam nossa compreensão de quantas pessoas têm transtornos mentais, de que forma podemos evitar a depressão, a quem devemos tratar e que políticas precisamos desenvolver. Explorar a atual definição equivocada de depressão é uma forma de mostrar como questões técnicas aparentemente herméticas podem influenciar inadvertidamente movimentos sociais mais amplos e como vários grupos são motivados a explorar e perpetuar erros conceituais uma vez que tenham sido cometidos.

# 2 A ANATOMIA DA TRISTEZA NORMAL

Tradicionalmente, a tristeza é vista como uma reação natural do ser humano à morte de um ente querido, ao fim de um relacionamento amoroso, aos revezes da sorte e a situações semelhantes. Manifesta-se, como diz Shelley, porque "o mundo está errado!"[1] E, quando as perdas e tensões que evocam a tristeza são profundas, as emoções resultantes também podem ser intensas, parecendo impossível explicá-las. Nas palavras de Samuel Coleridge:

Um pesar sem espasmo – escuro, sombrio e oco,
Sufocado, dormente, contido,
Que nem na palavra, nem na lágrima, nem no suspiro
Encontra expressão natural ou alívio.[2]

A intensidade do que parece ser tristeza normal impõe ao diagnóstico psiquiátrico algumas perguntas difíceis. Como separar experiências de tristeza normal de transtorno depressivo? Como, afinal, sabemos que a tristeza intensa é parte da natureza humana e, portanto, pode ser normal em termos psiquiátricos, conforme sugerem o senso comum e a literatura? Como as variações na expressão de tristeza das diversas culturas podem condizer com uma capacidade humana universal e projetada biologicamente para a tristeza? E, se a tristeza é, de fato, uma parte normal da natureza humana, para que serve? Isto é, para qual função essa emoção dolorosa – e muitas vezes debilitante – foi selecionada pela natureza? A fim de embasar a ideia de que a psiquiatria moderna confunde tristeza com transtorno depressivo, este capítulo aborda as características e a evolução enigmática da tristeza normal e apresenta evidências de que ela é um aspecto inerente à natureza humana.

## Componentes da tristeza normal

A tristeza normal, ou reação não patológica à perda, tem três componentes essenciais importantes para nossa tese: é específica ao contexto; tem intensidade mais ou menos proporcional à perda que a provocou; e tende a desaparecer quando a situação de perda termina, ou diminui pouco a pouco conforme os mecanismos disponíveis para lidar com ela permitem que o indivíduo se adapte às novas circunstâncias, trazendo-o de volta ao equilíbrio psicológico e social.

Em primeiro lugar, as reações à perda são inerentemente específicas ao contexto, uma vez que reagem a determinada gama de estímulos "certos" e não reagem a estímulos "errados" fora dessa gama[3]. Entretanto, os tipos de perda que se enquadram na gama de estímulos capazes de desencadear reações de tristeza normal variam consideravelmente. Alguns deles consistem em perdas de vínculos afetivos ligados à intimidade, ao amor e à amizade. Outros derivam dos aspectos hierárquicos das relações sociais, como a perda de poder, status, recursos, respeito ou prestígio. Um terceiro tipo de perda está relacionado com o fracasso em alcançar objetivos e ideais que dão sentido e propósito à vida.[4] Todos esses tipos de perda – inesperadas, humilhantes, que ameaçam o bem-estar em longo prazo e parecem não ter solução, e nas quais o objeto perdido não pode ser substituído com facilidade – são especialmente propensos a evocar reações intensas de tristeza.[5]

Embora muitas reações de tristeza surjam depois de perdas palpáveis, outras derivam de situações sociais persistentes e cronicamente estressantes, como dificuldades econômicas duradouras que parecem injustificadas, conflitos constantes nas relações interpessoais ou a contínua incapacidade de alcançar objetivos.[6] Conforme as perspectivas de mudança diminuem, essas tensões persistentes podem levar a estados de tristeza duradouros que talvez só desapareçam quando os estressores crônicos forem superados ou quando o indivíduo for capaz de mudar seus critérios de avaliação.

O fato de a tristeza surgir após uma perda grave ou na presença de tensões crônicas, entretanto, não significa por si só que os sintomas sejam normais. Estressores externos podem desencadear transtornos depressivos em indivíduos predispostos à depressão, ou podem ser tão graves que causam danos ao funcionamento normal dos mecanismos de reação à perda em indivíduos não predispostos. Por exemplo, muitos pilotos de combate, ao participar de certo número de batalhas, desenvolvem sintomas que indicam a existência de um transtorno.[7] Em outros casos, a presença de um transtorno precede e provoca o acontecimento estressante, que pode, equivocadamente, ser considerado sua causa: é o que se observa quando casos de depressão preexistentes levam o indivíduo a ser demitido do emprego ou rejeitado pelo parceiro amoroso.[8] O surgimento em circunstâncias propícias é uma condição necessária, mas não suficiente, para que se constate a presença de tristeza normal.

O segundo componente da tristeza não patológica é sua intensidade mais ou menos proporcional à magnitude e permanência da perda em si, o que se baseia em dois fatores. O primeiro é cognitivo: reações normais à perda implicam percepções razoavelmente *precisas* das circunstâncias negativas, em vez de distorções grosseiras.[9] Por exemplo, a crença de que o parceiro amoroso foi infiel pode levar à tristeza intensa, proporcional à perda percebida, mas se a crença for ilusória a tristeza não será normal. Tais percepções quanto à magnitude da perda só podem ser consideradas normais ou anormais em sua relação com o contexto da vida, dos valores e do sistema de significados do indivíduo.

O outro fator é afetivo: a reação deve ser de intensidade emotiva e sintomática mais ou menos proporcional à gravidade da perda sofrida. Em geral, contratempos de menor importância deveriam causar poucos transtornos, levando a reações relativamente moderadas em que as pessoas se sentem desapontadas, desencorajadas, abatidas ou desanimadas. Situações de perda moderada em geral desencadeiam reações de consternação, resignação e melancolia mediana, enquanto situações graves e muito ameaçadoras normalmente evocam reações mais severas, como estados intensos de tristeza profunda, impotência, angústia, dor, apatia e desânimo.[10] Convém enfatizar que, de acordo com o requisito da proporcionalidade, as reações projetadas para lidar com perdas graves também podem ser muito intensas – de fato, tão intensas quanto alguns transtornos depressivos – e possivelmente satisfazer os critérios para o diagnóstico de Transtorno Depressivo Maior, apesar de não serem reações patológicas. As diferenças de temperamento entre indivíduos, assim como a diversidade cultural na maneira de expressar sentimentos, também podem tornar as reações mais ou menos intensas. No entanto, o processo evolutivo deve limitar a intensidade dos humores deprimidos depois de uma perda, pois reações desproporcionadamente intensas e de longa duração não permitem que as pessoas se desvinculem da apatia e retomem atividades mais produtivas. Se um sistema psicológico elementar deve fazer que o indivíduo seja capaz de se adaptar a novas circunstâncias, crises nervosas flagrantes não podem constar entre as reações normais à perda contidas nesse sistema.

O terceiro e último componente das reações não patológicas à perda é que elas não só surgem, mas também persistem em conformidade com o contexto externo e com os processos internos de adaptação. A tristeza normal diminui quando o contexto muda para melhor ou quando o indivíduo se adapta à perda. Algumas situações de perda, como a morte de um ente querido, são irreversíveis, e a duração da tristeza normal depois dessas perdas, embora muito variável, diminui gradativamente com o passar do tempo. Outras situações de perda, como o fim de um relacionamento amoroso ou a perda do emprego, naturalmente levam a uma tristeza de duração determinada que apresenta rápida melhora após mudanças positivas, como iniciar um novo relacionamento depois do fim do casamento ou conseguir outro emprego após um período sem trabalho.[11]

O fato de as reações projetadas de tristeza serem sensíveis ao contexto externo não necessariamente significa que elas serão transitórias. Com a persistência dos agentes estressores, os sintomas podem continuar existindo. A tristeza perdura em contextos como casamentos problemáticos, empregos opressores, pobreza persistente ou doença crônica porque as circunstâncias estressantes que a provocaram permanecem inalteradas. A tristeza normal, portanto, não tem, necessariamente, duração mais curta que a depressão disfuncional.

## Exemplos de tristeza normal

### O pesar como um protótipo de tristeza normal

Desde que as emoções começaram a ser registradas, as experiências de pesar têm sido centrais às descrições da natureza humana. Poucos relatos se equiparam à intensidade da reação de Aquiles ao saber da morte do amigo Pátroclo:

> E a dor, nuvem-escura, eclipsou o herói [Aquiles].
> De ambas as mãos toma esfúmeas cinzas
> E as lança sobre a cabeça, encardindo o belo rosto;
> A túnica nectárea, tinta de fuligem, sujou-se.
> Jaz no pó, estendido, grande, grande e espaçoso,
> Arrancando os cabelos.*[12]

Essas descrições são comuns a diferentes culturas e épocas. O mais antigo relato literário do pesar ocorre no poema épico sobre o rei Gilgamesh, originalmente composto na Babilônia no terceiro milênio a.C., quase 1500 anos antes da *Ilíada* de Homero e numa cultura diferente. Mas o profundo pesar do rei Gilgamesh diante da morte do grande amigo Enkidu é retratado de forma muito parecida com os de Aquiles em relação a Pátroclo:

> Ouvi-me, homens ilustres de Uruk,
> Choro por Enkidu, meu amigo.
> Com as lágrimas pungentes da mulher aflita
> Choro por meu irmão.
> [...]

---

\* HOMERO. *Ilíada*. Volume 2. 3. ed. Tradução de Haroldo de Campos. São Paulo: Arx, 2002. [N. T.]

[Enkidu,] quando morreres, ele [Gilgamesh] deixará seus cabelos crescerem por tua causa; ele vestirá a pele de um leão e vaguejará pelo deserto.

[...]

E [Gilgamesh] pôs-se a urrar, a desabafar sua fúria como um leão, como uma leoa cujos filhotes lhe foram roubados. Vagueou em torno da cama, arrancou seus cabelos e os espalhou por toda parte. Arrancou seus magníficos mantos e atirou-os ao chão como se fossem abominações.*

Gilgamesh experimenta enorme tristeza, chora amargamente, é tomado por uma agitação incessante e sofre de um sentimento de inutilidade que o leva a deixar de lado a elegância e a submergir na imundície. Incapaz de tolerar as atividades sociais cotidianas, vaga sozinho pelo deserto. Em seus percursos chorando a morte de Enkidu e buscando a imortalidade (pensamentos sobre a própria morte são outro sintoma comum do pesar), Gilgamesh chega a uma taberna. Para afirmar sua identidade, ele se gaba de suas conquistas, mas o que mais chama a atenção da jovem taberneira são os visíveis sintomas de sua dor, e ela duvida de que ele seja realmente o rei. Numa tocante descrição dos efeitos esperados do pesar, Gilgamesh responde:

E por que meu rosto não haveria de estar encovado e abatido? Trago o desespero em meu coração; meu rosto lembra o de alguém que chega de uma longa jornada e foi queimado pelo calor e pelo frio. Por que não haveria de vagar pelos pastos à procura do vento? Meu amigo, meu irmão mais novo, que caçava o asno selvagem e a pantera das campinas, meu amigo, meu irmão mais novo, que capturou e matou o Touro do Céu e derrubou Humbaba na floresta de cedro, meu amigo, alguém que me era caríssimo e que enfrentou muitos perigos ao meu lado, Enkidu, meu irmão, a quem tanto amava, a morte o alcançou. Chorei por ele durante sete dias e sete noites, até os vermes tomarem-lhe o corpo.** [13]

Tal pesar pela morte de um ente querido é um modelo de como as reações de tristeza são projetadas para funcionar. O pesar surge em circunstâncias de perda, tem intensidade proporcional à importância e ao lugar que o falecido ocupava na vida do indivíduo, persiste por algum tempo e, então, diminui gradativamente conforme a pessoa se adapta às novas circunstâncias.

A definição de Transtorno Depressivo Maior do *DSM* exclui situações que se originam do luto porque essas reações normais costumam atender aos critérios sintomáti-

---

* Anônimo. *A epopeia de Gilgamesh*. 2. ed. Tradução de Carlos Daudt de Oliveira. São Paulo: Martins Fontes, 2001. [N. T.]

** Anônimo. *A epopeia de Gilgamesh*, *op. cit.* [N. T.]

cos e podem receber um diagnóstico incorreto de transtorno. Os enlutados normalmente apresentam sintomas – incluindo humor deprimido, incapacidade de sentir prazer, perda de apetite, dificuldade de concentração, insônia e assim por diante – que podem ser idênticos aos do transtorno depressivo.[14] Embora, em nossa cultura, indivíduos enlutados raramente apresentem alguns dos sintomas comuns de transtorno depressivo – como baixa autoestima –, em geral, eles relatam um número suficiente de sintomas depressivos para atender aos critérios do *DSM* para o diagnóstico de Transtorno Depressivo Maior, e praticamente todos apresentam ao menos alguns sintomas. Mais de três quartos dos enlutados relatam choro, distúrbios do sono e humor deprimido, e mais da metade também menciona perda de apetite durante o mês que se segue à perda.[15] Se o luto não fosse excluído do *DSM*, entre um terço e metade dos enlutados poderiam ser diagnosticados com transtorno depressivo no primeiro mês após a morte.[16] Entre aqueles que perderam o cônjuge, a maioria dos estudos indica que entre 20% e 40% – em alguns estudos, esse percentual é superior a 50% – experimentam sintomas tão intensos quanto os presentes no Transtorno Depressivo Maior durante os primeiros meses.[17] Considerando-se a reação de pais diante da morte dos filhos[18] ou a reação de adolescentes diante da morte dos pais[19], esses índices são ainda mais altos – e os sintomas depressivos são mais intensos e mais duradouros que aqueles que surgem com a morte do cônjuge.[20]

A intensidade do pesar geralmente varia de maneira mais ou menos proporcional ao contexto e às circunstâncias que determinam a magnitude da perda, e também varia muito de indivíduo para indivíduo, de acordo com o temperamento. Apesar da grande proporção de enlutados com sintomas comparáveis aos do transtorno depressivo, a maioria não apresenta esses sintomas, e um número considerável não vivencia nenhuma consternação após a perda.[21] Embora as diferenças individuais na sensibilidade à perda certamente exerçam papel importante, a natureza e o contexto da perda também determinam a intensidade da reação. Por exemplo, mortes esperadas que ocorrem depois de doenças crônicas geram menos sintomas similares aos da depressão que mortes repentinas e traumáticas ou de alguma forma inesperadas.[22] Como os mais jovens que perdem um ente querido têm maior probabilidade de vivenciar uma ou mais dessas circunstâncias no decorrer da vida, eles relatam mais sintomas que os mais velhos.[23]

A qualidade do relacionamento prévio com a pessoa falecida também afeta a intensidade do luto. A perda de relacionamentos duradouros, íntimos e intensos produz mais sofrimento que a perda de vínculos mais distantes.[24] Esse é o motivo pelo qual aqueles que tinham um bom relacionamento antes da morte do cônjuge apresentam mais sintomas depressivos.[25] Inversamente, aqueles que, antes da morte, tinham mais sentimentos negativos e ambivalentes em relação ao companheiro ou companheira experimentam, depois, menos sintomas depressivos.[26] Do mesmo modo, idosos enlutados que, antes da morte do cônjuge, estavam submetidos às tensões causadas pelos cuidados diários com o esposo ou esposa relatam menos sofrimento após a morte.[27] De fato, a morte pode trazer alívio e escape de situações estressantes para aqueles que se sentiam presos num casamento ruim com alguém muito doente.[28]

Assim como a intensidade da reação, sua persistência também depende da duração das circunstâncias que sucedem a perda. O pesar persiste ou não em função do grau de adversidade social e econômica que a perda provoca e dos recursos disponíveis para lidar com essa situação.[29] Em longo prazo, a intensidade da tristeza é mais fortemente associada com a privação econômica que se segue à morte de um marido que com a viuvez em si.[30] A presença ou ausência de apoio social que proporcione recursos para lidar com a perda também é um bom indício da duração da tristeza.[31] Portanto, uma reação à perda de maior duração não indica, necessariamente, a presença de um transtorno depressivo, mas pode assinalar a persistência da situação estressante que acompanha a perda e lhe confere significado ainda mais negativo.

O pesar normal também parece ser projetado pela natureza para diminuir com o passar do tempo. Um número relativamente pequeno de enlutados tem sintomas graves durante longos períodos, e a maioria deles pouco a pouco se adapta à perda e recupera os níveis de funcionamento anteriores.[32] Um importante estudo verificou que, um mês após a perda, 42% dos enlutados atendiam aos critérios para o diagnóstico de transtorno depressivo, mas apenas 16% permaneceram nesse estado depois de um ano.[33] Outras pesquisas confirmam que, um ano após a perda, entre 10% e 20% dos enlutados atendem aos critérios do *DSM* para o diagnóstico de transtorno depressivo; e, mesmo para muitos destes, em dois anos o funcionamento psicológico retorna aos níveis registrados antes da perda.[34] Desse modo, as evidências corroboram a conclusão de que, embora um grande número de reações de pesar satisfaça os critérios de diagnóstico do *DSM* – tanto em relação aos sintomas apresentados quanto à sua duração –, a grande maioria é composta por reações normais e temporárias à perda, e apenas uma pequena parte delas se torna crônica, constituindo provavelmente transtornos depressivos.

No entanto, o pesar pode, às vezes, desencadear uma disfunção mental de natureza mais grave ou persistente que aquela que condiria com uma reação normal. Quando o pesar está associado a imobilização extrema, ideação psicótica pronunciada ou sintomas graves que persistem mesmo com o passar do tempo e com alterações nas circunstâncias, pode-se presumir que a reação de um indivíduo diante da morte de uma pessoa muito próxima causou uma falha em seu funcionamento psicológico. Em geral, cerca de 10% dos enlutados vêm a sofrer de condições depressivas crônicas que podem muito bem ser transtornos.[35] Para alguns nesse grupo, a morte de um ente querido intensifica num nível patológico os sintomas depressivos que já existiam.[36] Para outros, a própria reação à morte provoca uma falha nas funções normais. Esses estados patológicos constituem o Luto Prolongado, que o *DSM* reconhece como transtorno depressivo, e tal transformação de luto em transtorno depressivo duradouro tem sido aceita desde a Antiguidade.[37]

Para a maioria das pessoas, entretanto, o luto, em vez de um transtorno mental, é uma característica normal da experiência humana que se dissipará naturalmente com o passar do tempo, como reconhece o *DSM*. Rotular essas reações normais como transtornos depressivos pode ter muitas consequências negativas. Intervenções como o aconselhamento psicológico e ações no sentido de forçar as pessoas a reconhecer o pesar não têm se mostrado muito eficientes e podem até ser prejudiciais.[38] De fato, um número alarmante de indivíduos nessa situação piora depois de receber tratamento.[39]

O problema é que o *DSM* não reconhece comparativamente as muitas circunstâncias além do luto que podem levar a tristeza intensa, mas normal. E, no caso dessas outras circunstâncias de perda, existe o mesmo tipo de evidência de que as reações de tristeza são normais, como ocorre na maioria dos casos de luto.

### Reações de tristeza a ameaças profundas em relacionamentos

Embora o caráter permanente da perda associada com o luto a distinga da maioria das outras perdas, o pesar diante da morte de alguém não precisa, em princípio, ser diferente da tristeza intensa que surge, por exemplo, após o fim indesejado de um caso amoroso, a revelação de que o parceiro foi infiel, o fim de um casamento, o fracasso em alcançar objetivos importantes na vida, prejuízos financeiros, a perda de apoio e de relações sociais ou o diagnóstico de uma doença séria em si mesmo ou num ente querido.[40] Até mesmo a morte de animais de estimação, ou de celebridades que o indivíduo não conhece pessoalmente, podem levar a períodos de humor deprimido, pouca iniciativa e pessimismo, como reações normais à perda.[41] A própria definição geral de transtorno mental presente na introdução do *DSM* exclui de todas as "reações esperadas e sancionadas culturalmente a um determinado acontecimento, *por exemplo*, a morte de uma pessoa querida", usando o pesar como o protótipo da categoria excluída.[42] Porém, reações emocionalmente dolorosas a outras situações de perda, como problemas conjugais, amorosos, de saúde ou financeiros, podem ser reações tão "esperadas e sancionadas culturalmente" quanto o luto e, portanto, também deveriam se enquadrar na categoria excluída da definição. Os critérios para Transtorno Depressivo Maior, entretanto, não seguem totalmente essa lógica nem contêm nenhuma exceção para outras reações à perda comparáveis com o luto.

O fim de um casamento é, possivelmente, o desencadeador mais comum de tristeza normal que pode ser intensa o suficiente para atender aos critérios sintomáticos de transtorno depressivo estabelecidos pelo *DSM*.[43] A tristeza intensa que se segue à perda de um vínculo amoroso tem sido, há muito tempo, tema central na literatura. O duplo suicídio de Romeu e Julieta, por exemplo, não resulta de um transtorno mental, mas de um trágico mal-entendido após a percepção da perda da pessoa amada. Outros suicídios presentes na literatura, como o de Emma Bovary ou o de Anna Karenina, derivam da percepção de que as consequências de um envolvimento amoroso estigmatizado são inevitáveis.

A pesquisa atual corrobora a ideia de que a perda de vínculos afetivos leva naturalmente a reações de tristeza: em muitos estudos, o fim de um casamento é mais fortemente associado com a depressão que qualquer outro acontecimento.[44] De fato, os índices de transtorno depressivo que atendem aos critérios do *DSM* são equivalentes entre pessoas que vivem uma separação e aquelas que vivenciam o luto.[45] Indivíduos que passam pela dissolução de um casamento têm muito mais probabilidade de desenvolver um primeiro episódio de Transtorno Depressivo Maior no período de um ano que aqueles que não passam por isso.[46] "Considerando-se as devidas proporções entre faixa etária, sexo e histórico de referência de outros transtornos depressivos", escreve a socióloga Martha Bruce, "o efeito da separação e do divórcio sobre o primeiro episódio de depressão maior é muito grande (coeficiente de probabilidade = 18,1)".[47] Estudos indicam que de 30% a 50% das pessoas que enfrentam a separação têm sintomas tão intensos quanto aqueles que sofrem de transtorno depressivo.[48] Considerando-se a estimativa de que cerca de 60% dos casamentos terminam em divórcio ou separação, grande parte da população deve, em algum momento da vida, experimentar tristeza não patológica com sintomas comparáveis aos do Transtorno Depressivo Maior devido a essa única causa.

Assim como com o luto, o desenvolvimento – ou não – de sintomas de tristeza intensa durante o fim de um casamento varia enormemente em função do contexto social antes e depois da separação. Num extremo, em casamentos marcados por muitas tensões, os sintomas podem diminuir com a separação.[49] Em alguns casos, a separação pode até mesmo levar a uma melhora no estado de ânimo, quando implica abandonar um casamento ruim e iniciar um novo relacionamento. No outro extremo, separações indesejadas ou ligadas a situações que causem degradação, vergonha, ameaça ao bem-estar futuro, embaraço ou menosprezo da pessoa que está experimentando a perda são especialmente propensas a provocar sintomas depressivos intensos.[50] Por exemplo, uma esposa humilhada devido à infidelidade do marido tem três vezes mais sintomas depressivos que aquela cuja perda não envolve tal humilhação.[51]

Assim como a intensidade da tristeza normal depois do fim de um casamento varia em função de circunstâncias sociais, sua persistência também depende do contexto. Em contraste com o período extremamente tenso da separação, o divórcio em si costuma indicar a resolução de uma situação estressante.[52] Nos dois primeiros anos após o divórcio, o índice de depressão entre indivíduos divorciados é similar ao dos casados.[53] Os altos índices de tristeza não patológica que surgem nos períodos de separação são associados a sintomas intensos que raramente persistem por muito tempo depois do divórcio.[54]

Além da perda do parceiro íntimo, muitas vezes o fim de um casamento afeta vários aspectos da vida, incluindo status social, identidade pessoal, recursos financeiros, grupos de amigos, moradia e relacionamento com os filhos, de maneira que podem intensificar a reação à perda. Indivíduos em processo de separação que lidam com estressores secundários – como padrão de vida mais baixo, enfraquecimento das redes de apoio, queda no padrão de moradia e problemas ao lidar com os filhos – relatam mais sintomas de sofrimento que aqueles que não têm de encarar esses estressores adicionais.[55] Inversamente, a tristeza depois de uma separação tem mais probabilidade de diminuir diante de mudanças externas positivas ou "recomeços", como um novo casamento ou novos relacionamentos.[56]

Na minoria dos casos, um transtorno depressivo pode ter precedido e ter sido uma das causas da separação.[57] Em outro pequeno grupo de pessoas, a experiência do fim de um casamento é suficientemente intensa para provocar disfunções nos mecanismos de reação à perda que são patologicamente imobilizadoras ou persistem por muito tempo depois da separação. As evidências anteriores sugerem, no entanto, que a maioria dos que apresentam sintomas comparáveis aos do transtorno depressivo durante a dissolução do casamento não sofre de transtornos depressivos. Eles estão reagindo a situações que, naturalmente, deixam as pessoas muito tristes.

## Outros exemplos: perda de emprego ou de status, estresse crônico, infortúnios

Além da perda de vínculos afetivos, a perda de status e de recursos geralmente evoca tristeza normal. A perda de um emprego considerado importante costuma produzir índices elevados de tristeza intensa. Essas perdas, assim como tensões financeiras, subemprego, rebaixamentos e tentativas frustradas de conseguir uma promoção, são associadas a perda de status, prestígio e recursos e, consequentemente, a uma tristeza que não pode ser explicada por um estado depressivo que existia antes da adversidade econômica.[58] O desemprego tem uma relação particularmente forte com índices elevados de sintomas similares aos da depressão; de fato, cerca de um quarto das pessoas que ficam desempregadas apresentam sintomas graves que lembram os critérios clínicos do *DSM*.[59] Mas qualquer prejuízo financeiro significativo ou estado contínuo de tensão econômica pode produzir essas experiências.[60] Por exemplo, cerca de um terço das pessoas que perderam grande parte das economias em consequência de uma fraude bancária apresentaram sintomas comparáveis aos do Transtorno Depressivo Maior.[61]

O contexto em que ocorre a perda do emprego – e, portanto, seu sentido para o indivíduo – indica o perfil dos desempregados que têm mais probabilidade de desenvolver sintomas equivalentes aos de transtorno depressivo do *DSM*. Pessoas que perdem empregos valorizados e recompensadores são mais propensas a apresentar sintomas, ao passo que aqueles que tinham empregos muito estressantes têm menos tendência a ficar tristes.[62] Além disso, é mais provável que a tristeza surja quando as pessoas perdem o emprego inesperadamente do que quando a demissão era esperada.[63] A tristeza normal tende a surgir principalmente quando a perda do emprego está associada a muitos estressores secundários, como problemas econômicos e interpessoais.[64]

Assim como o sofrimento causado pela perda de vínculos afetivos cessa quando surgem novos relacionamentos, estudos indicam que os níveis de sofrimento aumentam logo antes ou logo depois de a pessoa ser demitida, mas diminuem drasticamente quando ela obtém um novo emprego, o que indica que a reação à perda tem funcionamento normal.[65] Esse é o motivo pelo qual os trabalhadores que perdem o emprego durante períodos prósperos, quando as oportunidades de recolocação são muitas, têm menos probabilidade de ficar angustiados.[66]

Às vezes, a perda de status pode estar associada a tamanha humilhação que tem consequências extremas – como o suicídio –, mesmo para indivíduos que, antes da perda, eram normais em todos os aspectos. Entre os exemplos estão executivos responsáveis pela falência de um negócio ou pessoas indiciadas em escândalos de corrupção.[67] Considere-se o caso de Hajimu Asada e sua esposa, Chisako: "O presidente de um frigorífico japonês acusado de não ter alertado as autoridades sobre um surto de gripe aviária cometeu suicídio com a esposa quando a doença mostrou sinais de estar se espalhando no Japão."[68] A incapacidade de cumprir normas sociais, especialmente em contextos coletivos, pode gerar vergonha de intensidade suficiente para levar ao suicídio.[69] Por exemplo, os índices de suicídio eram muito altos durante a Revolução Cultural da China, principalmente entre indivíduos acusados de ser arrendatários, camponeses ricos, intelectuais e dissidentes.[70]

Outras perdas que levam a tristeza não patológica surgem quando há uma grande discrepância entre as aspirações de um indivíduo e o que ele de fato realiza.[71] Estudantes que não são aceitos em universidades há muito almejadas, ou não conseguem encontrar emprego em sua área acadêmica, apresentam sinais de tristeza com frequência.[72] Na verdade, o fracasso na realização de objetivos é um forte indício de humor deprimido entre estudantes universitários.[73] Da mesma forma, adultos que não atingem as metas que estabeleceram para si próprios num momento anterior da vida relatam mais sofrimento que aqueles cujas conquistas se aproximam de suas aspirações.[74] De maneira similar, mulheres que desejam muito ter filhos mas são inférteis normalmente experimentam sofrimento intenso.[75] Esses sintomas desaparecem quando a discrepância entre as aspirações e as conquistas diminui: por exemplo, os sintomas depressivos de mulheres que sofreram aborto espontâneo não persistem quando elas ficam grávidas de novo e dão à luz.[76]

Em populações que vivenciam catástrofes em massa, grande parte dos indivíduos apresenta sentimentos depressivos. Por exemplo, entre 40% e 70% dos refugiados civis desalojados devido à violência em massa apresentam sintomas de Depressão Maior.[77] Na maioria dos casos, entretanto, os sintomas não perduram. Cinco semanas depois do ataque terrorista de 11 de setembro de 2001, um de cinco habitantes da cidade de Nova York relatava sintomas suficientes para receber um diagnóstico de Transtorno Depressivo Maior. Durante esse período, cerca de três quartos dos habitantes de Nova York choravam, mais de 60% sentiam-se muito nervosos ou tensos, cerca de 60% tinham dificuldade de pegar no sono e aproximadamente 50% sentiam-se mais cansados que de costume e não tinham vontade de comer. Entretanto, pouquíssimos daqueles que, compreensivelmente, apresentaram esses sintomas depressivos logo após o ataque continuavam deprimidos seis meses mais tarde, embora não muitos tenham sido tratados.[78] Do mesmo modo, imediatamente depois de desastres naturais, como terremotos, tornados ou enchentes, quase todos os indivíduos afetados relatam algum sofrimento, que logo se dissipa quando as condições de vida voltam ao normal.[79]

Algumas das associações mais consistentes entre contexto social e tristeza não derivam de tais situações agudas de perda, mas de estressores sociais crônicos – como desemprego por período prolongado, dívidas persistentes, vizinhança violenta, doenças físicas crônicas, casamentos problemáticos ou condições de trabalho opressivas. Ao contrário de um episódio típico de tristeza projetada, que diminui quando as condições que deram origem a ela terminam, os estressores contínuos podem levar a estados persistentes de tristeza que, entretanto, são reações normais a circunstâncias problemáticas crônicas. Essas tensões recorrentes e duradouras podem estar ainda mais fortemente relacionadas com sintomas depressivos que os acontecimentos estressantes de duração limitada.[80] A relação entre prejuízos financeiros e sociais de longo prazo e experiências de tristeza é tão forte que os indivíduos no quintil socioeconômico mais baixo têm até sete vezes mais probabilidade de satisfazer os critérios sintomáticos para Transtorno Depressivo Maior que aqueles no quintil mais alto.[81] Alguns alegam que esses indivíduos sofrem de transtornos depressivos, o que os levou a afundar nas condições em que se encontram, mas muitos estudos cuidadosos demonstram que é muito mais provável que condições sociais adversas precedam o desenvolvimento de sintomas de depressão que sejam a consequência de condições depressivas preexistentes.[82]

Corroborando a ideia de que grande parte desse sofrimento é tristeza normal, algumas evidências mostram que quando as pessoas passam da pobreza crônica para uma condição relativamente mais próspera o sofrimento diminui. Durante um amplo estudo com crianças do campo, um cassino foi inaugurado, proporcionando a um quarto da amostra, composta de índios americanos, uma renda complementar considerável. Os sintomas similares aos da depressão em crianças cujas famílias saíram da pobreza caíram em cerca de 30% comparando-se os períodos de quatro anos antes e depois da inauguração do cassino, ao passo que o nível dos sintomas dos que continuavam pobres permaneceu estável.[83] Os índices de sintomas entre o grupo que experimentou uma melhora nas condições financeiras não eram diferentes daqueles entre os participantes que nunca haviam sido pobres. Outros estudos mostram que o aumento na renda leva a uma queda nas condições depressivas entre indivíduos empobrecidos.[84] Essas descobertas sugerem que muitos supostos casos de transtorno depressivo entre indigentes não são disfunções internas e não persistiriam se as condições de privação melhorassem.

Isso nos faz lembrar de uma história contada por um colega. Um eminente pesquisador apresentou um trabalho sobre mulheres que, segundo ele, estavam sofrendo de transtorno depressivo crônico. Uma mulher com filhos havia sido abandonada pelo marido e estava enfrentando um enorme desafio ao lidar com as circunstâncias de pobreza. Os sintomas que apresentava, como tristeza, preocupação e falta de sono, eram realmente graves. Então, a mulher ganhou na loteria e recebeu uma quantia considerável. Surpreendentemente, seus sintomas crônicos desapareceram, levando nosso colega a questionar se ela tivera um transtorno genuíno ou se, em vez disso, sentira-se consternada com os desafios esmagadores que tinha de enfrentar.

Concluímos que as reações de pesar são, de fato, um modelo para as reações a numerosos tipos de situação de perda. Uma grande quantidade de pessoas apresenta sintomas em reação a várias perdas, incluindo sintomas suficientes quanto a tipo, número, intensidade e duração para satisfazer os critérios do *DSM* para Transtorno Depressivo Maior; esses sintomas têm intensidade proporcional ao significado da situação que os evocou; e sua persistência deriva da persistência do estressor original ou de estressores adicionais que se seguem à perda. Com exceção da morte de um ente querido, os tipos de perda aguda e crônica que levam a tristeza intensa entre algumas pessoas não afetadas – fim de um relacionamento amoroso, perda de emprego, tentativa frustrada de receber uma promoção, catástrofes, doenças e assim por diante – são comuns. Quando essas perdas são graves, os indivíduos que as sofrem relatam, compreensivelmente, sintomas depressivos relacionados com a tristeza. Nem a psiquiatria tradicional (como mostraremos nos Capítulos 3 e 4) nem o senso comum consideram essas reações transtornos depressivos, e elas de fato parecem ser normais por todas as mesmas razões pelas quais o pesar intenso é tido como normal. Tendo em vista o número de pessoas que vivenciam os tipos de perda descritos, é de esperar que uma quantidade considerável de pessoas com tristeza normal satisfaça aos critérios do *DSM* para o diagnóstico de transtorno depressivo em algum momento da vida, produzindo, assim, um número potencialmente significativo de diagnósticos falsos-positivos.

## Evidências de que a tristeza é uma reação normal e projetada

Como sabemos que o tipo de tristeza descrito neste capítulo é realmente normal, isto é, resultado de um projeto biológico típico da espécie humana? Embora possa parecer óbvio que emoções negativas como a tristeza, a raiva e o medo em reação a certas situações sejam resultado da seleção natural, alguns cientistas sociais acreditam que essas reações emocionais refletem normas construídas socialmente.[85] Para saber se a tristeza e os sintomas associados a ela resultam fundamentalmente de mecanismos inatos ou de normas culturais, consideramos relevantes três tipos de evidência: as reações à perda em primatas humanos e não humanos; as reações à perda em bebês humanos, ocorridas antes de a criança ser socializada e se desenvolver dentro das normas emocionais da cultura em que está inserida; e o caráter universal das reações à perda nas diversas culturas.

### *Continuidade entre as espécies*

Primatas não humanos mostram uma clara semelhança com humanos na forma como reagem à perda – isto é, em suas características observáveis de expressão, comportamento e funcionamento do cérebro. Conforme apontou Darwin, macacos e humanos apresentam expressões faciais similares em situações que são associadas com tristeza, incluindo sobrancelhas erguidas, pálpebras caídas, rugas horizontais na testa e lábios voltados para baixo e estendidos para fora.[86] Além disso, as demonstrações de tristeza em macacos, assim como as reações humanas, incluem diminuição de atividade locomotora, agitação, postura curvada ou fetal, desaparecimento do comportamento brincalhão e reclusão social.[87] E, mais importante, as situações de perda que normalmente levam a reações depressivas são similares em primatas e em humanos. Primatas não humanos reagem à separação de um ente próximo – por exemplo, um filhote de macaco separado da mãe – com comportamentos fisiológicos similares àqueles relacionados, com a tristeza em humanos, incluindo níveis elevados de cortisol e de hormônios ACTH e disfunções do eixo hipotalâmico-hipofisário-adrenal (HHA).[88] Primatas adultos não humanos que são separados de seu parceiro sexual ou companheiro têm reações similares.[89]

Os estudos com primatas também demonstram que os sintomas de depressão que surgem depois de uma separação desaparecem assim que a situação de perda é resolvida, como quando um filhote de macaco é devolvido à mãe.[90] Além disso, em ambientes que contam com mães substitutas, os primatas não costumam apresentar reações intensas ou duradouras diante da separação materna.[91] Essas reações temporárias à separação são, em muitas espécies, parte de mecanismos inatos para lidar com situações adversas.[92] No entanto, separações prolongadas ou marcadas por profundo isolamento podem produzir mudanças neuroanatômicas que afetam permanentemente o funcionamento cerebral dos primatas não humanos, de modo análogo ao desencadeamento de transtornos depressivos genuínos em humanos.[93]

Os macacos também compartilham com os humanos uma hierarquia social com posições de maior ou menor status e situações de subordinação social crônica que levam a reações comportamentais e cerebrais similares às reações depressivas não patológicas em sua contraparte humana.[94] Os primatas não humanos que ocupam posição subordinada têm, em comparação com os dominadores, níveis mais altos de hormônios estressores e níveis mais baixos de serotonina – neurotransmissor cuja falta está associada à depressão em humanos – no sangue.[95] A perda de status na hierarquia social de primatas não humanos também desencadeia a produção dos neurotransmissores correlatos da depressão.[96]

Estudos experimentais com macacos mostram como sintomas depressivos normais podem surgir em função de situações sociais. O psiquiatra Michael McGuire e seus colegas estudaram macacos-verdes, que têm relações hierárquicas fortes e duradouras com um macho dominante em cada grupo.[97] Os machos que ocupam posições mais elevadas na hierarquia têm níveis de serotonina duas vezes mais altos que os de outros machos no grupo. Quando os pesquisadores retiraram os macacos dominantes do grupo, seus níveis de serotonina caíram, e eles se recusaram a comer, mostraram menor atividade e, aos olhos dos observadores humanos, pareciam deprimidos. Inversamente, nos macacos até então subordinados que passaram a ocupar posições mais altas após a remoção dos machos dominantes, o nível de serotonina subiu, alcançando valores que caracterizavam machos dominantes. Resultados similares foram obtidos com fêmeas.[98]

Estudos de primatas não humanos em situações naturais confirmam as descobertas das pesquisas em laboratório.[99] Em um estudo com babuínos selvagens que viviam livremente no leste da África, o neuroendocrinologista Robert Sapolsky demonstrou que a subordinação social crônica é associada a um alto nível de hormônios estressores, similar a sintomas depressivos em humanos, e que quando ocorre uma mudança na posição hierárquica esses perfis psicológicos também mudam.[100] Além disso, eles dependem do contexto social; as vantagens comportamentais e neuroquímicas de um alto posto só são encontradas em hierarquias de dominância estável, ao passo que em hierarquias instáveis, em que a posição de dominância é precária, uma posição elevada não está associada a um nível mais baixo de hormônios estressores.[101] Assim, os humanos parecem ter herdado de seus ancestrais primatas uma tendência natural a ficar tristes em determinados contextos de perda de status e de vínculos afetivos.

### Reações de perda em bebês pré-socializados

A tendência humana a ficar triste em certos contextos se manifesta cedo – na tenra infância. De fato, surge antes que o bebê tenha sequer aprendido, culturalmente, formas adequadas de expressar a tristeza. O britânico John Bowlby, psiquiatra infantil, realizou importantes estudos demonstrando como a perda de vínculos afetivos leva a reações depressivas em bebês.[102] Bowlby argumentou, de maneira persuasiva, que os bebês humanos são projetados para necessitar de fortes vínculos afetivos e, ao ser separados de seus principais provedores, desenvolvem certos tipos de reação triste como mecanismo de adaptação. Ele observou que bebês saudáveis que eram separados da mãe reagiam, inicialmente, chorando e manifestando outras expressões de sofrimento. Eles protestavam contra a separação e buscavam a mãe. Essas reações normalmente sensibilizavam a mãe, que reagia atendendo ao bebê. Quando as separações eram prolongadas, entretanto, os bebês se retraíam e ficavam inativos e apáticos, sintomas similares aos de uma reação intensa à perda em adultos. Separações prolongadas resultavam num estado de indiferença em que os bebês paravam de reagir à mãe mesmo depois que esta retornava.

O trabalho de Bowlby indica que a tristeza surge naturalmente em bebês pré-socializados após a perda de vínculos afetivos próximos. Envolver-se em relacionamentos ternos e profundos acarreta a desvantagem de vivenciar a ansiedade e a dor de uma separação. A tristeza que surge após a perda desses relacionamentos parece ser um aspecto normal da natureza humana pré-socializada. Entretanto, quando essas perdas são prolongadas e sem soluções compensadoras, podem levar a reações que vão além da tristeza normal e se tornam transtornos depressivos.[103]

## Uniformidade intercultural

A capacidade de ficar triste diante da perda parece ser um traço universal de todos os grupos humanos. As reações à perda com as características que descrevemos são encontradas não só em toda a história ocidental (veja o Capítulo 3), como também no Oriente. Charles Darwin foi, talvez, o primeiro a comentar a universalidade das reações de tristeza: "A expressão de pesar devido à contração de certos músculos da face não está, de forma alguma, confinada aos europeus, mas parece ser comum a todas as raças da humanidade".[104] Darwin descreveu o pesar entre os aborígenes australianos que pode ser comparado à expressão dessa emoção entre europeus:

> Depois do sofrimento prolongado, os olhos perdem o brilho e a expressividade, e muitas vezes são ligeiramente cobertos de lágrimas. As sobrancelhas, não raro, ficam oblíquas, devido à elevação de suas extremidades internas. Isso faz que se formem na fronte, de maneira peculiar, rugas que são muito diferentes daquelas de um simples franzir de testa, embora este último, em alguns casos, também possa estar presente. Os cantos da boca voltam-se para baixo, o que é tão universalmente reconhecido como sinal de tristeza que é quase proverbial.[105]

Muitas pesquisas posteriores confirmam as observações de Darwin de que essas expressões, especialmente a contração dos músculos nos cantos da boca, são reconhecidas em várias culturas como representações de pesar. Os estudos mais importantes vêm da pesquisa do psicólogo Paul Ekman sobre emoções humanas elementares, incluindo a tristeza. Para testar o caráter universal das emoções, Ekman estuda as expressões faciais porque elas são menos suscetíveis a influências sociais que os relatos verbais das emoções.

Em uma pesquisa, Ekman pediu que os indivíduos simulassem a expressão facial que assumiriam se estivessem tristes "porque um filho morreu."[106] As expressões faciais resultantes foram fotografadas. Nessas imagens, as expressões de tristeza eram marcadas por olhos voltados para baixo, com as pálpebras superiores caídas ou tensas, as sobrancelhas unidas, os maxilares fechados ou pouco abertos e os lábios inferiores curvados para baixo. As fotografias foram, então, mostradas a pessoas de diferentes culturas, que puderam escolher entre várias opções de narrativas sobre a situação que desencadeou a emoção registrada (a perda de um filho é a narrativa usada para exemplificar a tristeza). Os resultados obtidos por Ekman indicam que pessoas de diferentes países compartilham a mesma percepção sobre a emoção expressada em cada fotografia. Ao comparar cinco culturas diferentes (Japão, Brasil, Chile, Argentina e Estados Unidos), os índices de similaridade foram muito altos (entre 73% e 90%); esses índices eram ainda mais altos considerando-se a maneira como os indivíduos de cada cultura específica classificavam as fotografias de tristeza.[107] Outro estudo de dez culturas (Estônia, Alemanha, Grécia, Hong Kong, Itália, Japão, Escócia, Sumatra, Turquia e Estados Unidos) indicou similaridade entre 76% e 92% quanto às expressões faciais de tristeza.[108]

Em resposta às objeções de que suas descobertas demonstrariam, na verdade, o impacto de experiências aprendidas devido à influência dos meios de comunicação, Ekman estudou a cultura do povo fore em Papua-Nova Guiné, que não havia sido exposto a nenhum tipo de meio de comunicação nem tivera contato com outras culturas.[109] Ele mostrou aos participantes do povo fore fotografias de três rostos que expressavam três emoções diferentes – tristeza, raiva e surpresa. Então, contou-lhes uma história que mencionava apenas uma dessas emoções e perguntou qual das fotos melhor correspondia à história. Por exemplo, Ekman perguntou aos participantes que imagem mais bem representava um homem cujo filho morrera. Ele verificou que 79% dos fore – um povo isolado que desconhece a escrita – concordavam com membros de culturas letradas sobre o rosto que mais correspondia à tristeza na história que escutaram. Uma vez que a pesquisa de Ekman nessa cultura não se apoiou no uso de palavras ocidentais, está imune à crítica de que suas descobertas seriam explicadas por ideias ocidentais preconcebidas.

Ekman e seu colega Wallace Friesen também pediram aos fore que mostrassem as expressões faciais que exibiriam se fossem as pessoas descritas nas histórias (por exemplo, se o filho deles tivesse morrido). Suas expressões foram filmadas, e estudantes universitários americanos foram capazes de discernir com exatidão que emoções elas representavam. Além disso, as inúmeras gravações que Ekman fez dessa cultura, assim como de outros povos em Papua-Nova Guiné, mostravam as mesmas emoções de tristeza encontradas em outras partes do mundo. As descobertas de Ekman indicam que algumas características inatas da expressão da tristeza estão presentes em todas as culturas, supostamente porque derivam da evolução dos seres humanos como espécie.

## VARIAÇÃO CULTURAL E TRISTEZA NORMAL

As descobertas que surgem dos estudos com primatas e com crianças muito pequenas e em diferentes culturas indicam que as reações de tristeza têm fundamento biológico e não se devem unicamente a normas sociais. Os humanos parecem projetados biologicamente para ficar tristes em certos tipos de situação, em especial as que consistem na perda de vínculos afetivos muito próximos, status social ou sistemas de significação. No entanto, as raízes biológicas da tristeza normal de maneira alguma excluem a importante influência social sobre quando e como a tristeza é expressada.

Considerando-se que os significados mediam as reações à tristeza e que as culturas os determinam, a tristeza normal é inerentemente um produto tanto da biologia quanto da cultura (assim como da variação e do aprendizado individuais).

## Significados culturais e mecanismos biológicos como complementares

A cultura e o projeto biológico nem sempre são antagônicos; quando se trata de emoções, eles são complementares. A cultura em si é uma capacidade humana desenvolvida; os seres humanos são projetados para ser capazes de um grau de socialização e internalização de valores, significados e regras sociais. Conforme enfatizou o sociólogo Jonathan Turner, as pessoas são programadas para prestar atenção em símbolos culturais, papéis sociais e necessidades de interação.[110] Alguns mecanismos desenvolvidos, como as emoções, reagem a tais significados. Portanto, o significado cultural exerce um papel essencial e, talvez, até mesmo projetado, na expressão final da emoção.

De fato, muitas funções mentais são selecionadas biologicamente para variar culturalmente. Por exemplo, a capacidade de linguagem parece ser uma característica humana projetada, mas os detalhes da gramática e, é claro, os sons associados aos conceitos variam de uma cultura a outra. Também o ciúme sexual é uma emoção universal selecionada biologicamente que ocorre em todas as sociedades humanas, mas os alvos específicos de ciúme variam em grande medida. Em algumas culturas monogâmicas, qualquer um que tentar ter relações sexuais com a esposa de outro será alvo de tal sentimento; em outras culturas, certos estranhos honrados estão isentos; e em outras, ainda, grande parte da comunidade não sucumbe ao ciúme. A linguagem e o ciúme associado ao sexo, entretanto, são capacidades selecionadas pela natureza.[111] Conforme sugerem os linguistas, os mecanismos subjacentes a essas funções podem ser projetados para permitir a "definição de parâmetros", em que a cultura estabelece a forma específica que a expressão da estrutura geral e desenvolvida assumirá.

## Cultura e definições de perda

As categorias que desencadeiam tristeza – a perda de vínculos afetivos, de status e de significado – são comuns a todas as sociedades.[112] Uma metáfora dos malaios para a tristeza, "doença do fígado", é ilustrativa: "Um malaio perde algo que valoriza; ele tem uma noite ruim na casa de jogo; parte de suas terras é brutalmente destruída; ele briga com alguém que ama; seu pai morre; ou sua amante se revela infiel; qualquer uma dessas coisas provoca nele 'doença do fígado'".[113]

No entanto, a cultura influencia de várias maneiras as reações à perda determinadas pela evolução. Primeiro, os significados culturais definem que situações *específicas* são consideradas perdas. Esses significados também influenciam fatores contextuais, como situações humilhantes ou embaraçosas, que determinam a gravidade da perda. Por exemplo, na maioria dos grupos sociais nos Estados Unidos, o fato de uma mulher não conseguir dar à luz um filho homem não seria motivo de tristeza intensa. Mas no Zimbábue esse fato está relacionado com um declínio significativo no status social, torna a mulher indesejada como esposa e possivelmente leva ao divórcio. Em decorrência disso, o fracasso em ter um filho homem é fonte de reações depressivas intensas entre as mulheres daquele país.[114] Na Índia, entre as principais causas de suicídio em 1990 estavam discussões com a família do cônjuge e disputas ligadas ao dote – que são perdas importantes na Índia mas não necessariamente provocariam tais reações extremas em outras sociedades.[115] O fato de que esses significados culturais afetam a forma como um acontecimento se enquadra em determinada categoria natural de forma alguma entra em conflito com o fato de serem as categorias elementares em si determinadas biologicamente. A natureza fornece o modelo para os desencadeadores de reações à perda, mas a cultura proporciona o conteúdo para esse modelo.

## Determinação cultural das reações à perda

Os valores culturais também definem os parâmetros para o que são consideradas reações proporcionais à perda. Eles determinam a escala de intensidade e duração de reações aceitáveis, delineiam a expressividade emocional dos indivíduos e influenciam os aspectos da perda que devem ser reveladas em público. As próprias experiências emocionais são maleáveis em certo grau; algumas culturas socializam seus integrantes para que sejam muito emotivos, ao passo que outras encorajam a supressão e a minimização das emoções.

Todas as culturas têm normas, ou "roteiros", que orientam a expressão declarada da emoção. Muitas sociedades ocidentais encorajam a expressão da tristeza em cerimônias públicas e rituais organizados que determinam a natureza de tal demonstração. Por exemplo, entre os kaluli da Nova Guiné, as perdas resultam não em culpa e autorretaliação, mas em raiva, que é exteriorizada em sentimentos de que a pessoa deve ser compensada pela perda.[116] Cerimônias públicas admitem a expressão desses sentimentos em choro, canções e o pagamento de compensações. Outras culturas, como os navaho, desencorajam com veemência as demonstrações de tristeza extrema.[117]

As normas culturais também afetam o que é visto como duração cabível das reações à perda. Entre os navaho, expressões de pesar são limitadas a quatro dias.[118] Não se espera que a pessoa enlutada mostre pesar ou se refira ao morto após esse breve período. De maneira inversa, as sociedades mediterrâneas tradicionalmente determinam para as viúvas longos períodos de luto, que podem durar muitos anos.[119]

É, no entanto, importante separar as normas culturais para a expressão de emoções das próprias emoções vivenciadas. Por exemplo, na cultura iraniana: "Se uma pessoa da família morre, é preciso agir como se estivesse muito triste; do contrário, você será acusado de não gostar dela, não importa quais sejam seus sentimentos interiores, principalmente se você for herdar alguma coisa."[120] No extremo, as normas culturais podem até mesmo transformar expressões de pesar em alegria. Os balineses, por exemplo, reagem ao luto com risadas.[121] O velório irlandês é outro exemplo conhecido. Mas, mesmo quando as normas culturais ditam reações expressivas incompatíveis com a tristeza, elas a reconhecem como o sentimento subjacente característico; assim, os balineses acreditam que a tristeza é a reação natural à perda, mas que sua expressão deve ser combatida porque é prejudicial à saúde e faz que outros se sintam tristes.[122]

Os antropólogos muitas vezes contrastam a expressão psicológica da depressão no Ocidente com sua manifestação somática em culturas não ocidentais.[123] Por exemplo, as populações chinesas tendem a enfocar, depois da perda, sensações corporais de sofrimento que normalmente acompanham a tristeza intensa, como dor nas costas, dor de estômago, enxaqueca e similares.[124] Apesar das diferentes manifestações exteriores, no entanto, as emoções subjacentes parecem ser universais. Os pacientes chineses têm consciência dos aspectos psicológicos de seus sentimentos, mas as normas sociais determinam que eles relatem seus problemas em termos somáticos ao procurar o médico.[125] Os membros dessas culturas expressam tristeza intensa tanto por meio de expressões faciais quanto por meio de seu comportamento, assim como os ocidentais, e quando submetidos a perguntas específicas eles relatam as mesmas experiências psicológicas e emocionais. Além disso, seus sintomas diminuem quando são tratados com os mesmos medicamentos que são prescritos para depressão em sociedades ocidentais.[126]

As expressões culturais de tristeza, extremamente variáveis, condizem com a existência de estados emocionais subjacentes comuns. De fato, o estudo da variação cultural na depressão não pode sequer seguir em frente sem algumas noções fundamentais do que é universal, porque é incoerente afirmar que algumas culturas expressam a depressão por meio de sintomas fisiológicos e outras por meio de sintomas psicológicos sem ter um conceito de depressão que transcenda sua expressão cultural sintomática.

### Cultura e índices de depressão

Segundo alguns autores, se os sintomas depressivos são consequência do projeto biológico, então não deve haver variações sociais significativas no índice de sintomas depressivos.[127] De maneira equivocada, eles afirmam que a tristeza ocorre independentemente dos acontecimentos reais que a desencadearam e de suas interpretações. Mas os contextos culturais influenciam não só a frequência com que as pessoas são expostas aos tipos de perda que podem levar à tristeza, como também a disponibilidade do apoio social e a forma como essas perdas são interpretadas; por isso, os índices de tristeza normal também diferem de uma cultura para outra.[128]

Os estudos interculturais do sociólogo britânico George Brown, em que os índices de sintomas depressivos variam em até dez vezes de uma sociedade para outra, evidenciam que essa variação se deve, em grande parte, à frequência com que os indivíduos de cada cultura são expostos a situações de perda que naturalmente causam depressão – como a perda de vínculos afetivos devido à morte ou à separação, a existência de estressores crônicos e a incapacidade de alcançar objetivos essenciais ao sistema de significação cultural. Há uma correlação quase perfeita entre o número de situações de perda graves que acometem membros de diferentes sociedades e os índices decorrentes de transtornos depressivos.[129] No extremo mais baixo, apenas 3% das mulheres numa área rural da Espanha basca se sentiam deprimidas; essas mulheres não vivenciaram quase nenhum acontecimento grave no decurso de um ano.[130] No extremo mais alto, porém, mais de 30% das mulheres de um povoado urbano do Zimbábue relatam que se sentem deprimidas; elas sofrem com frequência situações de perda graves.[131]

Além disso, as reações sociais àqueles que vivenciam uma perda têm influência sobre os índices de tristeza. Fortes vínculos interpessoais e redes de apoio social, assim como rituais religiosos e sistemas de crença coletivos, ajudam a tornar as pessoas menos vulneráveis à perda.[132] Os kaluli, por exemplo, realizam cerimônias grupais ritualizadas depois de perdas, o que pode explicar a aparente raridade de tristeza crônica nessa sociedade.[133] Algumas sociedades determinam a substituição do cônjuge falecido por um novo parceiro, muitas vezes um parente – a Bíblia, por exemplo, menciona a prática hebraica de a esposa se casar com o irmão do marido morto –, e o pesar parece ter duração relativamente curta nessas sociedades.[134]

### Relatividade cultural do limiar entre normalidade e transtorno

Alguns também argumentam que, uma vez que a cultura determina se uma reação de tristeza é ou não proporcional à perda, também determina o limiar entre tristeza normal e patológica, não havendo, portanto, distinção biológica objetiva e intercultural entre normalidade e disfunção.[135] Eles alegam que a mesma reação pode ser normal em uma cultura e patológica em outra, o que implicaria o caráter relativo da normalidade em função da cultura.

É verdade que esse limiar varia, mas não porque as culturas definam a normalidade e o transtorno de maneira exclusiva ou arbitrária. Ao contrário, por meio da socialização, a cultura determina como serão as reações de tristeza normal de seus integrantes, definindo os parâmetros para as reações à perda. Ou seja, há diferentes limiares para o diagnóstico de transtorno nas diferentes culturas porque estas induzem a reações de intensidade e duração variadas diante de desencadeadores específicos de tristeza. Ao julgar se um indivíduo está ou não reagindo normalmente, esses significados variáveis devem ser levados em consideração.

Por exemplo, uma mulher americana moderna que se torna deprimida porque perdeu o contato com um homem que conheceu recentemente e com quem andou de mãos dadas não sofreu uma perda suficientemente grave para explicar esses sintomas. Os valores culturais não definem essa situação como humilhante nem levam à estigmatização social; portanto, a reação depressiva da mulher, na ausência de algum significado pessoal específico, poderia ser vista como patológica. Por outro lado, em muitas culturas islâmicas, uma jovem que tem contato físico com um homem com quem ela não se casa pode ser vítima de estigmatização e degradação social; qualquer toque, por mais inócuo que seja de acordo com os padrões ocidentais, pode ter sérias consequências sociais.[136] Nesse caso, a reação de tristeza da mulher pode ser vista como normal.

Portanto, não se trata simplesmente de que o que representa uma disfunção no caso da mulher ocidental indica o funcionamento normal dos mecanismos de reação à perda na mulher muçulmana. Essa diferença nos julgamentos culturais sobre a normalidade baseia-se na proporcionalidade da reação à gravidade da perda; a diferença no diagnóstico surge justamente porque os significados regionais implicam que determinada reação provavelmente resulta, num caso, do funcionamento normal de mecanismos projetados e, no outro, da disfunção destes. As normas culturais compõem a base que permite inferir se a melhor explicação para uma reação baseia-se no projeto biológico ou na disfunção. A cultura e a biologia não são explicações opostas, mas partes complementares; ambas se interligam para oferecer explicações abrangentes e coerentes sobre as reações depressivas.

## Funções adaptativas de reações normais à perda

Ao sugerir que a tristeza surgida após a perda é uma função projetada da natureza humana, as evidências anteriores rebatem as críticas mais comuns a essa tese. Mas a pergunta mais profunda e intrigante não foi abordada: por que a tristeza existe? De que modo essa emoção dolorosa e debilitante pode ter contribuído para a sobrevivência da espécie, sendo, por isso, selecionada pela natureza?

Esse tópico permanece controverso, e no momento não há uma resposta fácil ou generalizada para a questão. Em alguns casos, a função biológica dos mecanismos é imediatamente óbvia; por exemplo, não pode ser por acaso que os olhos veem, as mãos seguram, os pés caminham e os dentes mastigam, e está claro que esses efeitos benéficos explicam a existência atual dos respectivos mecanismos por meio da seleção natural. No entanto, em outros casos, embora seja óbvio que determinada característica é projetada biologicamente, sabemos pouco a respeito de sua função. Por exemplo, antes de os famosos experimentos do médico William Harvey demonstrarem, em 1620, a circulação sanguínea, ninguém entendia totalmente a função do coração, embora todos presumissem que ele havia sido projetado para algo. Mesmo hoje, sabemos pouco acerca da função do sono, embora este seja claramente uma parte projetada do funcionamento humano. A tristeza é, de certa forma, como o sono nesse aspecto; sua função não é óbvia, mas sua natureza projetada, sim. No entanto, existem algumas hipóteses plausíveis sobre as funções da tristeza, e elas sugerem que, apesar de sua natureza dolorosa, esse sentimento pode ter uma função projetada biologicamente.

O intrigante é que as experiências depressivas parecem, à primeira vista, ser prejudiciais à capacidade reprodutiva. Pessoas muito tristes têm menos iniciativa, encontram menos prazer na vida e tendem a fugir das atividades cotidianas. O bom humor, ao contrário, encoraja as atividades necessárias para encontrar um parceiro sexual, comida, abrigo e outros recursos que aumentam as chances de sobrevivência e de reprodução. Assim, em circunstâncias comuns, níveis constantes de mau humor deveriam ser desvantajosos. Para que as reações de tristeza intensa tenham sido selecionadas pela natureza, devem ter ocorrido circunstâncias especiais em que os benefícios de vivenciar temporariamente esses sintomas superavam seus custos. Naqueles contextos específicos, e apenas neles, estados de humor deprimidos podem ter aumentado a aptidão justamente *porque* tornavam as pessoas menos ativas, menos motivadas e assim por diante.[137] A melhor analogia é com a dor aguda devido a um ferimento, que interrompe a atividade mas é adaptativa porque ajuda as pessoas a evitarem mais danos aos tecidos. Ao contrário, a dor crônica não relacionada com nenhum dano fisiológico latente seria prejudicial, da mesma forma que o transtorno depressivo certamente o é.[138]

Ao considerar a função da tristeza, é importante lembrar que a função de um mecanismo biológico não precisa ser benéfica em seu ambiente atual, embora muitas vezes o seja. No entanto, precisa ter sido vantajosa no passado e, assim, explicar por que o mecanismo foi selecionado e existe hoje. O que os psicólogos evolutivos John Tooby e Leda Cosmides chamam de ambiente da adaptação evolutiva, que ocorreu provavelmente na época em que os humanos viviam em sociedades coletor-caçadoras nas planícies africanas, antes ou durante o Pleistoceno – entre 2 milhões e 10 mil anos atrás –, determinou muitos dos traços genéticos que até hoje estão presentes nos seres humanos.[139] A tristeza é projetada para lidar com contextos que surgiram naquelas condições ancestrais, mas podem ser menos visíveis hoje. De maneira análoga, a ânsia humana por doces, sal e gordura pode parecer intrigante hoje, quando há inúmeras fontes de alimento e essa ânsia pode levar à obesidade e a doenças, mas foi projetada biologicamente quando os ambientes habitados por humanos eram marcados pela escassez de calorias. Em decorrência disso, é hoje parte da natureza humana desfrutar desses sabores, independentemente do que possa recomendar uma nutrição equilibrada.

Tendo em mente esses pontos, podemos perguntar: quando comparados com reações alternativas à perda, que benefícios os sintomas depressivos podem ter trazido para que fossem selecionados pela natureza no decurso da evolução humana?

### Obtenção de apoio social

Uma explicação da função adaptativa dos sentimentos depressivos é que o comportamento emotivo transmite estados interiores a outras pessoas; desse modo, os indivíduos deprimidos atraem apoio social após a perda de vínculos afetivos. O psiquiatra australiano Aubrey Lewis foi o primeiro a propor que reações depressivas poderiam funcionar como um "pedido de socorro" que chama a atenção para necessidades e obtém apoio social.[140] A reclusão, a inibição e os aspectos vegetativos da depressão imitam doenças e incitam os demais a trazer o indivíduo que está sofrendo de volta ao grupo.[141] Estados de isolamento social teriam sido especialmente ameaçadores nos grupos sociais humanos interdependentes e extremamente coesos que existiram durante o ambiente de adaptação evolutiva, tornando provável uma reação social positiva. De maneira similar, algumas evidências recentes indicam que a depressão pós-parto, por exemplo, surge em circunstâncias – como bebês enfermos e falta de apoio social – em que podem funcionar como um sinal de que as mães reduzirão seu empenho no cuidado com a criança até que recebam mais apoio dos demais.[142]

Alguns rejeitam a ideia de que a depressão foi projetada para obter apoio social devido às evidências empíricas de que as pessoas normalmente evitam e rejeitam as pessoas deprimidas, em vez de ajudá-las.[143] Talvez, ao contrário, apenas a tristeza normal que surge em situações cabíveis atraia o apoio social. De fato, a intensa mobilização de expressões rituais de solidariedade surge universalmente após o luto e outras perdas sérias.[144] Ao contrário, casos de depressão disfuncional com abatimento grave e prolongado sem uma causa patente tendem a afastar ou irritar outras pessoas e diminuir o apoio social, levando ao isolamento e à rejeição das pessoas aflitas e, assim, a desvantagens adaptativas.

Além da hipótese da obtenção de apoio social, que faz sentido particularmente para compreender a tristeza que surge após a perda de vínculos emocionais, outras teorias sobre as funções da tristeza surgiram. Uma delas é a de que os sintomas depressivos de sofrimento podem ter servido para proteger bebês logo após a perda dos pais. O sofrimento dos bebês que se segue ao protesto contra a partida da mãe ativa um estado de inibição e quietude que, durante a pré-civilização, pode ter evitado que a prole abandonada chamasse a atenção de predadores.[145] Mas outra teoria enfatiza o período inicial de protesto barulhento, levando a uma conclusão bem diferente; Darwin, por exemplo, explicou a reação de bebês à separação – isto é, seus gritos – como forma de obter atenção. Teoricamente, ambas as estratégias têm seu propósito em momentos distintos depois da separação.

John Bowlby propôs outra explicação para a natureza adaptativa da depressão após a perda de vínculos afetivos.[146] Para ele, a perspectiva do sofrimento causado pela perda obriga os indivíduos a lutar para unir-se novamente à pessoa amada e não desistir do vínculo perdido. No ambiente de adaptação evolutiva, o pesar diante da perda permitiu que os laços sociais persistissem durante as ausências frequentes e temporárias de uma das partes e, assim, promoveu a manutenção das relações sociais.[147] Dessa perspectiva, o pesar após a morte de um ente querido seria um subproduto de reações adaptativas a perdas que não eram permanentes, uma explicação que tem sido amplamente adotada.[148]

### Proteção contra agressão após a perda de status

Estudos etológicos indicam que a capacidade de ficar deprimidos – comprovada pelo nível mais baixo de testosterona, pelo alto nível de cortisol e pelo retardo no comportamento – tem raízes profundas no cérebro dos répteis e está presente na maioria dos vertebrados e em todos os mamíferos.[149] Essas reações depressivas podem ter surgido em circunstâncias diversas como sinal de aceitação da derrota em competições por status que existem em todo o mundo animal. O psiquiatra britânico John Price e seus colegas deram uma explicação extremamente elaborada para esse tipo de função adaptativa. Segundo eles, o comportamento, o humor e o pensamento negativos surgiram como reações adaptativas a circunstâncias de derrota e subordinação.[150] De fato, Price vê a depressão como parte de uma estratégia subordinada involuntária (ESI), um estado de ação inibida marcado por reclusão, falta de assertividade, nervosismo e ansiedade (em outras palavras, Price chama o ESI de "comportamento ritual de agonia").[151] Price relaciona as reações da ESI com algoritmos cerebrais primitivos que avaliam relativamente os pontos fortes e fracos, o poder e o status dos organismos e adaptam as ações de acordo com essa avaliação para produzir reações de luta, fuga ou submissão no confronto com outros animais. O sentimento depressivo é uma forma de regular o comportamento em decorrência dessas avaliações. Os animais têm reações de ESI quando julgam que são mais fracos que seus competidores. Eles param de competir com o animal dominante, aceitam sua condição de derrotados e sinalizam submissão à parte vencedora. Os aspectos inibidos das reações depressivas são reações adaptativas a posições subordinadas das quais não há possibilidade de escapar.[152]

A parte derrotada que foi incapaz de defender seu território ou perdeu uma competição por status poderia reagir com raiva e agressão renovadas em vez de ceder ao vencedor. No entanto, expressar abertamente emoções e comportamentos negativos poderia levá-la a ferimentos graves ou à morte. Muitos dos sintomas da ESI refletem comportamentos que expressam que o perdedor não confrontará o vencedor, não tentará dominar e desistirá da batalha. As reações submissas protegem o perdedor de mais agressão mostrando ao animal dominante que ele está a salvo de novos desafios e, portanto, não precisa se sentir ameaçado pela presença contínua do perdedor. Subordinados que reagem de maneira submissa têm mais probabilidade de sobreviver e de se reproduzir que aqueles que reagem com violência.

A teoria da ESI explica vários aspectos das reações depressivas. Primeiro, esclarece os atributos específicos das situações de reação depressiva; elas são adaptativas somente quando o indivíduo está prestes a ser derrotado por adversários mais fortes. Assim, a inibição da assertividade que está no cerne da ESI seria selecionada pela natureza para ocorrer naqueles contextos. Também é compatível com a descoberta amplamente conhecida de que a depressão é mais comum entre pessoas e outros animais na base da hierarquia social e explica a persistência de sentimentos depressivos entre aqueles que estão em estado contínuo de subordinação. Quase universalmente, as mulheres têm mais probabilidade que os homens de estar em posição de subordinação, o que pode explicar, em parte, os índices mais altos de depressão entre mulheres.[153] Por fim, a teoria condiz com os estudos anteriormente relatados que demonstram a tristeza em reação à perda de status.

### Supressão do envolvimento em atividades improdutivas

Outra situação comum que provoca tristeza surge quando as pessoas não conseguem obter um recurso que lhes é fundamental.[154] A depressão também pode ter função adaptativa ao fazer que as pessoas deixem de investir em esforços improdutivos, em objetivos inalcançáveis ou com pouca probabilidade de sucesso. Assim, ajuda o indivíduo a, finalmente, engajar-se em novas atividades, mais produtivas.[155] A suspensão da atividade atual, acompanhada da intensa ruminação característica da depressão, pode facilitar a árdua tarefa de direcionar energia para novos projetos ou vínculos.[156]

É mais provável que as reações de tristeza venham a surgir depois de períodos de crise na vida, quando as pessoas são forçadas a reavaliar seu futuro. Nesse contexto, as reações de tristeza podem ser adaptativas, ajudando o indivíduo a evitar decisões precipitadas, considerar todos os possíveis riscos e não superestimar as chances de sucesso em novas atividades. De acordo com o psiquiatra Randolph Nesse, "nessa situação, o pessimismo, a falta de energia e o medo podem evitar calamidades mesmo quando perpetuam a miséria".[157] A natureza transitória da maioria das reações de tristeza normal permite que o indivíduo se reerga devidamente motivado por novos objetivos. O transtorno depressivo, ao contrário, acarreta uma falta de motivação tão severa que os esforços não são canalizados para novas buscas.

As reações depressivas que surgem depois da perda de um vínculo afetivo, da derrota em competições por status, do colapso dos sistemas de significação ou da perseguição de objetivos podem, portanto, ter diversas funções que explicariam por que essas reações foram selecionadas pela natureza. A explicitação de afeto (humor) deprimido após a perda de relacionamentos é capaz de gerar solidariedade e apoio nos outros, e sua previsão pode manter relacionamentos. A submissão de pessoas deprimidas que ocupam posições subordinadas pode evitar que elas sejam punidas pelos dominantes e, assim, promover a sobrevivência. A baixa motivação e a lentidão fisiológica podem desvincular os indivíduos de atividades estéreis e permitir que eles se envolvam em empreendimentos mais produtivos. Algumas evidências recentes indicam que situações diferentes provocam determinados tipos de sintoma: perdas sociais são seguidas de choro e dor emocional, ao passo que o fracasso em alcançar objetivos está associado a pessimismo, fadiga e anedonia.[158] Portanto, as explicações dadas aqui não são mutuamente excludentes; diferentes tipos de situação podem produzir reações distintas que lidam com desafios adaptativos específicos. Embora nenhuma dessas explicações seja comprovada, a existência de motivos plausíveis para as funções adaptativas da tristeza sustenta a tese de que reações de tristeza proporcionais ao contexto são um aspecto projetado da natureza humana.

## Conclusão

Contrariando a concepção universal de que é natural que as pessoas fiquem tristes depois de uma grande variedade de perdas, o *DSM* diagnostica como transtornos todas as reações à perda que atendem a seus critérios sintomáticos, sendo o luto o único caso reconhecido de tristeza normal intensa. No entanto, várias evidências corroboram a noção comum de que muitas pessoas que apresentam sintomas de depressão depois de uma perda, mesmo quando atendem aos critérios do *DSM*, não estão doentes e sim experimentando uma reação projetada biologicamente. A tristeza após a perda é encontrada em todas as sociedades, em bebês e em nossos primos primatas mais próximos; está claro que tem raízes biológicas e não é meramente produto de normas sociais.

As diferenças entre as possíveis vantagens das reações depressivas nos ambientes de adaptação evolutiva em comparação com as experiências de hoje merecem ênfase especial. Os mecanismos de reação à perda teriam sido formados em ambientes caracterizados pela interação em grupos pequenos e muito coesos, com rituais marcantes de apoio social após a perda, hierarquia social clara e objetivos bem definidos. Ao contrário, os humanos de hoje confrontam novos ambientes que impõem desafios com os quais os mecanismos herdados de reação à perda não foram projetados para lidar.[159] As sociedades modernas são marcadas por muitas interações instáveis e mutáveis que vão sendo constantemente perdidas; várias posições na hierarquia social que, o tempo todo, testam o valor do indivíduo; o distanciamento de parentes próximos, que são menos capazes de prover apoio após uma perda; e poucos rituais comuns de solidariedade para lidar com a perda. Além disso, a ideologia que enfatiza a responsabilidade pessoal em vez de responsabilizar o destino, uma divindade ou uma entidade coletiva aumenta as chances de que as pessoas culpem a si mesmas por seus fracassos. A exposição aos meios de comunicação de massa permite comparações de status não só com grupos locais bem definidos, mas também com inumeráveis outros, muitos dos quais sempre parecerão ter mais prestígio.[160] Essa exposição também pode motivar a perseguição de objetivos inalcançáveis, porque poucas pessoas têm condições de atingir os ideais de beleza, riqueza, fama e sucesso promovidos diariamente para grande parte do público.[161] Nesses casos, os mecanismos de reação à perda podem estar funcionando corretamente em ambientes que a seleção natural não previu. Embora a terapia possa ajudar as pessoas a lidar com esses sentimentos, não há nada errado, em termos médicos, com os indivíduos que ficam temporariamente tristes nessas situações.

Ao contrário da tristeza normal, a depressão que realmente constitui um transtorno psiquiátrico não foi selecionada pela natureza: indica que algo saiu errado com os mecanismos projetados para reagir à perda. Em vez de ser específica ao contexto e ter duração limitada, a depressão decorrente de disfunções tende a ser recorrente, crônica e desproporcional às perdas sofridas. Tais casos nunca foram adaptativos no passado e certamente não são úteis no presente.

A distinção entre tristeza normal e transtorno depressivo é parte da literatura ocidental e da ciência desde os primeiros documentos registrados. Só recentemente essa distinção tem sido minada, correndo o risco de desaparecer. O Capítulo 3 traça essa transformação e explora as etapas pelas quais a tristeza normal intensa foi incorporada ao diagnóstico de transtorno depressivo da psiquiatria contemporânea.

# 3 TRISTEZA COM E SEM MOTIVO – A DEPRESSÃO DA ANTIGUIDADE AO SÉCULO XIX

A depressão tem sido um fenômeno onipresente no decurso de vários milênios da história humana. Durante praticamente todo esse tempo, dos primeiros escritos da Grécia Antiga ao final do século XX, os médicos do Ocidente distinguiram os transtornos depressivos, considerados uma forma de loucura, das reações de tristeza normais a uma ampla gama de circunstâncias dolorosas, apesar dos sintomas similares. Então, em 1980, em busca de um fundamento mais científico para o diagnóstico, o *DSM-III*, enfatizando critérios sintomáticos descontextualizados, abandonou essa importante e tradicional distinção, que basicamente inexiste no pensamento atual sobre a depressão. Este capítulo e os seguintes traçam a história que levou a essa mudança conceitual relevante e, do nosso ponto de vista, nociva.

Por que é importante rever essa história? As práticas de diagnóstico atuais podem parecer corretas e razoáveis simplesmente porque são aceitas e são as únicas que muitos de nós conhecemos. Para entender os problemas da atual abordagem diagnóstica dos transtornos depressivos e perceber suas consequências, convém situá-la no contexto histórico. Veremos que a forma como hoje concebemos o transtorno depressivo é muito nova – e totalmente distinta daquela que, tradicionalmente, se considerou adequada.

Mas a importância da história é mais que simplesmente fornecer o contexto e um parâmetro de comparação. É fácil presumir que as práticas atuais, sendo diferentes, devem ter surgido de um processo em que as alternativas tradicionais foram consideradas falhas e substituídas por uma abordagem mais rigorosa. A história do pensamento sobre a depressão, especificamente com relação ao papel do contexto no diagnóstico de transtornos, derruba essas crenças e revela, ao contrário, o caráter acidental e até mesmo arbitrário de certos aspectos dos métodos de diagnóstico atuais. Mostra que os motivos para a recente divergência com relação à abordagem tradicional, ainda que bem-intencionada e determinada por aspirações científicas admiráveis, não estão fundamentados em evidências nem na lógica, as quais, de fato, corroboram as práticas mais antigas. Apesar das muitas virtudes da nova abordagem, ela é, em importantes aspectos, inferior às que substituiu.

O transtorno depressivo, ao contrário de muitos outros transtornos, tem uma história longa e nítida. De fato, a depressão é, provavelmente, o transtorno depressivo mais facilmente reconhecível em toda a história: descrições sintomáticas similares têm sido registradas há mais de 2.500 anos, apresentando, segundo o historiador Stanley Jackson, uma "regularidade notável"[1]. Dos primeiros textos médicos da Grécia Antiga ao *DSM*, a tristeza profunda e suas variantes – desesperança, mágoa, melancolia, abatimento, vazio, desespero, desânimo – foram mencionadas com frequência como traços essenciais do transtorno depressivo, junto com sintomas correlatos como aversão a comida, insônia, irritabilidade, inquietude, sentimento de inutilidade, ideação suicida e tentativa de suicídio, medo da morte, negativismo, falta de prazer ou de interesse nas atividades cotidianas, fadiga e reclusão social.

Porém, os tratados de diagnóstico tradicionais também estavam de acordo quanto a distinguir o transtorno depressivo de um tipo não patológico de tristeza profunda ou medo que podia apresentar muitos dos mesmos sintomas, mas era uma reação normal e proporcional a perdas graves. Entre elas, a morte de entes queridos, revezes da sorte, a impossibilidade de alcançar objetivos importantes, decepções amorosas e outras situações similares. Além disso, embora tradicionalmente se reconhecesse que as variações no temperamento predispõem alguns indivíduos a sentir tristeza ou medo com mais frequência ou intensidade que outros, elas poderiam estar dentro de uma gama de reações proporcionais e normais que não configuravam um transtorno.

De acordo com as abordagens tradicionais, os transtornos depressivos diferiam dessas reações não patológicas porque surgiam na ausência de situações que normalmente causariam tristeza ou eram de magnitude ou duração desproporcional aos motivos que os provocaram. Esses casos indicam que havia algo errado com o indivíduo, e não com o meio. Portanto, a psiquiatria tradicional adotava uma abordagem essencialmente *contextual* no diagnóstico de transtorno depressivo, que dependia não só dos sintomas (que poderiam ser similares aos dos casos de tristeza normal) nem só da intensidade do caso – pois a tristeza normal pode ser intensa e a tristeza patológica, moderada –, mas também do fato de os sintomas serem ou não uma reação compreensível diante das circunstâncias. Neste capítulo e nos seguintes, explicamos a história da abordagem contextual à depressão e como o *DSM-III*, anulando milhares de anos de pensamento, a substituiu por critérios sintomáticos relativamente precisos que ignoram totalmente a complexidade do contexto, com efeitos negativos para o diagnóstico psiquiátrico.

## Considerações preliminares

Dos textos médicos da Grécia Antiga aos do começo do século XX, o que hoje é chamado "transtorno depressivo" era, em geral, denominado "melancolia", que literalmente significa "doença da bile negra". Embora o nome tenha sido aceito nos tempos modernos, em sua origem refletia a antiga crença de que a saúde e a doença dependem do equilíbrio ou do desequilíbrio entre quatro fluidos do corpo, ou "humores", e de que um excesso de bile negra – um humor, como se supunha, produzido no baço – era responsável pelos sintomas depressivos. Segundo os médicos da Antiguidade, a bile negra exercia uma função natural na regulação do humor e a melancolia era uma falha em seu funcionamento. Quando a crença no papel da bile negra na saúde mental diminuiu, surgiu o termo "depressão", que enfim se tornou predominante nos séculos XIX e XX.

Ao identificar as descrições clínicas incrivelmente similares do transtorno depressivo no decorrer do milênio, muitas precauções são necessárias. Em primeiro lugar, deve-se considerar o contexto de cada discussão para determinar se o que se descreve é realmente um transtorno. Assim como ocorre com o uso abusivo do termo "depressão" nos dias de hoje, o termo "melancolia" também tendia a exercer uma dupla função, referindo-se tanto a um transtorno mental quanto a emoções, estados de ânimo e temperamentos normais.

Em segundo lugar, os textos clássicos foram escritos antes que se fizesse uma clara distinção entre a maioria dos transtornos mentais; assim, a categoria da melancolia costumava incluir casos de transtorno que, *a posteriori*, podem ser considerados muito distintos. Dentre eles, estavam transtornos psicóticos que variavam da esquizofrenia à paranoia e outros estados delirantes. Por exemplo, o que, a princípio, pode parecer a descrição de ciclos de mania e depressão, que hoje identificaríamos como transtorno bipolar, pode se revelar, numa análise mais cuidadosa, a descrição da alternância entre agitação e reclusão de um paciente esquizofrênico classificado indevidamente como melancólico.[2] Uma vez que indivíduos com depressão psicótica têm, em certas ocasiões, delírios congruentes com o humor que fornecem o conteúdo para sua tristeza, os antigos psiquiatras às vezes estendiam a categoria da melancolia a outros indivíduos com delírios circunscritos, ou limitados, que provocavam emoções negativas. Além disso, algumas vezes, a reclusão associada aos diagnósticos atuais, como o transtorno de personalidade esquiva e a fobia social, parece ter sido erroneamente associada à melancolia. No entanto, a descrição predominante dos indivíduos classificados como melancólicos indica claramente um transtorno depressivo tal como o conhecemos.

Em terceiro lugar, como a melancolia era uma descrição etiológica que classificava afecções com base no excesso de bile, as descrições mais antigas muitas vezes agrupavam com os transtornos depressivos outros casos que, supunha-se, tinham causa similar – o desequilíbrio da bile negra –, rotulando todos de "doenças melancólicas" num sentido mais amplo, mesmo que não tivessem nada que ver com a depressão. Na

Antiguidade, essas "doenças melancólicas" incluíam, por exemplo, epilepsia e furúnculo. A melancolia propriamente dita era apenas um caso distinto dessa categoria mais abrangente.

Em quarto lugar, as descrições clássicas, na maioria das vezes, enfocavam o que hoje chamaríamos de "depressão psicótica", que inclui delírios ou alucinações. De fato, essas descrições costumavam definir a melancolia como uma forma de "delírio sem febre" para distinguir os delírios e alucinações melancólicos daqueles que ocorriam durante episódios de febre alta desencadeados por diversas doenças físicas. Esse tipo de melancolia era marcado por ideias fixas acerca de temas específicos ligados ao afeto depressivo, o que o distinguia da disfunção cognitiva ou da psicose. Também eram reconhecidos os transtornos depressivos não psicóticos, mas, até recentemente, não se considerava que estes constituíam a maioria dos casos.

Em quinto lugar, há uma ambiguidade sobre o significado de "melancolia" que continua a existir hoje e pode, às vezes, causar confusão. A exata acepção do termo "melancolia" tem variado, referindo-se, às vezes, a uma doença; outras vezes, à tristeza como um sintoma específico; e outras, ainda, a um conjunto sindrômico de sintomas coexistentes, dos quais a tristeza é apenas mais um.[3]

Em sexto lugar, ao contrário do que se faz atualmente, os textos mais antigos costumavam agrupar a tristeza e o medo como sintomas de melancolia. Pensava-se que o abatimento estava ligado ao medo porque os melancólicos eram, em geral, preocupados ou infelizes – não só com acontecimentos reais, mas também com possibilidades negativas no futuro que lhes causavam apreensão. Os critérios contemporâneos enfatizam a tristeza como o único sentimento predominante, embora os estudos recentes confirmem que a ansiedade e a tristeza tendem a estar presentes na depressão e que é difícil distingui-los, como a tradição teria feito.[4] Mas nas descrições clínicas também fica claro que, assim como acontece hoje, a tristeza sozinha podia ser suficiente para o diagnóstico de melancolia.

Uma última consideração sobre nossa metodologia: é necessário deixar de lado muitas diferenças e confusões na história da depressão para identificar os aspectos subjacentes que são coerentes com os conceitos atuais e similares a eles. Em particular, o que hoje se considera transtorno depressivo genuíno era claramente diagnosticado como melancolia e considerado distinto da tristeza normal. É perfeitamente possível que a história pós-moderna da depressão enfatize a construção social desse transtorno, apontando a variedade de definições e os tipos de comportamento que eram considerados patologias, bem como os controles sociais correlatos. Mas, embora esses elementos certamente sejam parte da história da depressão, os registros históricos também reconhecem uma afecção comum que tem sido foco de atenção por vários milênios.

De fato, desde os primórdios, esses registros apresentam o que se pode considerar uma visão "essencialista" da classificação da melancolia – isto é, implica uma inferência, comum a diferentes autores cujas teorias específicas talvez fossem divergentes, de que na melancolia existe algo de errado com o funcionamento interno dos mecanismos que costumam ser responsáveis pela tristeza normal, o que leva a certos sintomas-padrão. Essa visão não é um artifício que transforma reações sociais em loucura, mas sim uma análise ponderada e plausível. Além disso, antes de compreender a lógica do conceito de depressão, é impossível analisar com seriedade as formas pelas quais esse conceito foi explorado por certos grupos para a obtenção de poder social. É a história desse conceito comum – e, principalmente, a tentativa de distinguir a tristeza normal da patológica – que tentamos compreender.

## Os antigos

Já no século V a.C., Hipócrates (460-377 a.C.) forneceu a primeira definição conhecida de melancolia como transtorno específico: "Se o medo ou a tristeza persistem por muito tempo, trata-se de melancolia".[5] Mudaram as teorias sobre transtorno depressivo, mas os sintomas, não. Além de medo e tristeza, Hipócrates mencionou como possíveis sintomas "aversão a comida, abatimento, insônia, irritabilidade, inquietude", muito similares aos considerados nos critérios atuais.[6] Mas a definição de Hipócrates dizia que é a duração atípica do sintoma que indica um transtorno. Sua insistência de que a tristeza ou o medo têm de ser prolongados é uma primeira tentativa de reconhecer que a desproporção diante das circunstâncias é um aspecto fundamental do transtorno depressivo.

De fato, uma antiga história (possivelmente fictícia) sobre Hipócrates ilustra a distinção entre tristeza patológica, sem motivo, e tristeza normal, com motivo.[7] Pediram-lhe que diagnosticasse o problema de Pérdicas II, rei da Macedônia de 454 a 413 a.C., que caíra num estado mórbido e mostrava total falta de interesse pelas questões de Estado. Hipócrates ficou sabendo que a enfermidade do rei tinha origem no amor secreto que este nutria por uma das concubinas do pai, recém-falecido. Ele sugeriu que o rei declarasse seu amor. Basicamente, Hipócrates reconheceu que o rei sofria não de uma doença melancólica que necessitava de tratamento médico, mas de um problema causado pelo desejo amoroso.

Um século depois de Hipócrates, Aristóteles (384-322 a.C., ou um de seus discípulos), na *Problemata*, fez uma distinção entre vários estados normais de tristeza e estados patológicos. Aristóteles expressou claramente a ideia de que a tristeza patológica é desproporcional aos acontecimentos. Ele observou que, se a bile negra "for fria além do esperado, provoca abatimento infundado".[8] Aqui, "além do esperado" se refere ao que é desproporcional às circunstâncias, o que faz que a tristeza subsequente seja "infundada". Tal abatimento explica, por exemplo, "a prevalência de suicídio por enforcamento entre os jovens e, às vezes, também entre homens mais velhos".[9]

Aristóteles, um grande classificador, propôs várias distinções entre os tipos de melancolia. Uma delas era entre o temperamento melancólico e a doença melancólica. O filósofo inaugurou a tradição, que perdura até nossos dias, de associar o temperamento depressivo com capacidade artística e intelectual extraordinárias: "Por que razão todos os homens que se destacam em filosofia, diplomacia, poesia ou artes são melancólicos, e alguns deles em tal nível que padecem das doenças causadas pela bile negra? [...] Segundo se diz, todos eles têm essa natureza."[10] Aristóteles reconheceu não só o temperamento melancólico como uma variante normal, como também um nível anormal de melancolia que certos indivíduos talentosos podem ter – e pelo qual podem ser possuídos. Ele não considerava que esse nível anormal fosse um transtorno porque contribuía para a criatividade, embora de fato os tornasse vulneráveis à doença melancólica. "Com frequência", observou, "sentimo-nos profundamente tristes sem conseguir encontrar motivo algum para isso; todos temos esses sentimentos num nível moderado, mas os indivíduos que são totalmente possuídos por eles os incorporam como parte permanente de sua natureza."[11] Para Aristóteles, tais temperamentos extremamente melancólicos costumavam ser transtornos, com exceção dos raros casos em que eram parte integrante da criatividade de um indivíduo talentoso.

Assim como no excerto de Aristóteles, a principal distinção nas antigas definições de melancolia era entre estados de tristeza *sem motivo* e aqueles com sintomas similares que tinham origem em perdas reais; apenas os primeiros eram transtornos mentais. Mas "sem motivo" não significava sem causa, pois em toda a história a depressão tem sido atribuída a supostas causas fisiológicas ou psicológicas, como excesso de bile negra, distúrbios na circulação sanguínea ou depleção de energia. Em vez disso, "sem motivo" significava que os sintomas da depressão não eram proporcionais aos acontecimentos externos que *adequadamente* levariam à tristeza, como luto, rejeição no amor, falência e situações similares.[12] Já os sintomas de depressão que surgiam "com motivo" não eram considerados sinal de transtorno mental, visto que eram reações normais em seus respectivos contextos.

Aristóteles também se dedicou a resolver o problema elementar de como definir tristeza "proporcional". Este é o mistério que ele tinha de decifrar: se o nível de medo ou tristeza varia conforme as circunstâncias, e não existe um "valor de referência" constante em que se define a saúde, como podemos defini-la? Aristóteles concluiu que pode haver definições relativas de saúde em que o nível adequado de tristeza varia a qualquer momento de acordo com as circunstâncias em que o indivíduo se encontra. Isto é, Aristóteles foi capaz de compreender que, quando variam o nível de tristeza e as circunstâncias, a relação de proporcionalidade entre elas pode continuar a existir: "É possível que até mesmo um estado variável possa ser bem temperado, e em certo sentido ser um bom estado [...], uma vez que pode ser mais quente quando necessário e então esfriar, ou o contrário". Tendo como referência essa variação proporcional, Aristóteles definiu sua concepção de personalidade ou temperamento melancólico anormal – mas não necessariamente patológico – como a tendência de que tal variação seja extrema e, desse modo, de que o indivíduo se exceda emocionalmente: "Devido ao excesso, todas as pessoas melancólicas são anormais, não por doença, mas por natureza".[13] Uma análise similar também revelaria estados patológicos que não se devem ao temperamento.

Em suma, Aristóteles distinguiu (1) um componente melancólico em todas as pessoas que dá origem a reações normais de tristeza e a variações normais no estado de ânimo; (2) um temperamento melancólico normal em pessoas com preponderância de bile negra e, portanto, uma inclinação inerente à tristeza; (3) uma variante extrema desse temperamento que costuma ocorrer em pessoas de talento excepcional e pode ser considerada anormal (ao menos estatisticamente), mas não configura um transtorno, em especial quando contribui para a criatividade; e (4) um estado prejudicial e patológico de tristeza desproporcional e sem motivo adequado que não tem participação benéfica num processo criativo. Podem-se observar várias dessas distinções, por exemplo, no trecho a seguir, que também prenuncia a noção moderna de que, no transtorno bipolar, o abatimento melancólico e a autoconfiança exacerbada e maníaca podem ter uma causa comum:

> Aqueles que têm um pouco desse temperamento são normais, mas aqueles que têm muito são diferentes da maioria. Se a característica for muito intensa, esses homens são extremamente melancólicos e, dependendo do nível de melancolia, anormais. Mas, se negligenciarem esse temperamento, terão mais propensão a padecer de doenças melancólicas, as quais podem se manifestar em diferentes partes do corpo em pessoas diferentes; em alguns, os sintomas são epilépticos, em outros, apopléticos; outros ainda são tomados por medo ou profundo abatimento; outros têm excesso de autoconfiança.[14]

Os antigos médicos romanos, seguindo seus predecessores gregos, também distinguiam estados melancólicos com e sem motivo, associando apenas estes últimos a doenças. Assim, por exemplo, o médico romano Celso (cerca de 30 d.C.) repetia Hipócrates ao definir a melancolia como "medo, abatimento e insônia durante um período prolongado"[15], que "consiste em depressão supostamente causada pelo excesso de bile negra".[16] Ele recomendava que, como parte do tratamento, a "depressão [do paciente] fosse suavemente censurada por não ter motivo".[17] Sorano de Éfeso, no final do século I ou no início do século II d.C., descreveu os melancólicos como "abatidos e propensos à raiva e [...] quase nunca alegres e relaxados", com "os seguintes sinais de melancolia: angústia e consternação, desânimo, silêncio, animosidade para com os familiares, às vezes um desejo de viver e outras vezes um anseio por morrer, suspeita por parte do paciente de estarem tramando contra ele, choro sem razão, murmúrios sem sentido e jovialidade ocasional", assim como vários sintomas físicos, principalmente gastrointestinais.[18] A referência a "choro sem razão" torna explícita a noção de que as emoções de tristeza intensa são, em certa medida, sem motivo.

Areteu da Capadócia (cerca de 150-200 d.C.) tornou mais explícito o critério da "ausência de motivo", observando que os pacientes melancólicos "são tristes ou austeros, abatidos ou imoderadamente apáticos, sem nenhum motivo aparente; tal é o início da melancolia. Eles ainda se tornam mal-humorados, desanimados, irritadiços, e têm o sono perturbado. Também são tomados por medo excessivo".[19] Para distinguir melhor os doentes dos normais que sentem "apenas raiva, tristeza e desânimo"[20], Areteu apresenta um caso (claramente inspirado na história de Hipócrates) de tristeza extrema, mas normal, cujos sintomas, por serem idênticos aos da melancolia, diagnosticaram-no erroneamente como doença:

> Conta-se que certo rapaz, irremediavelmente afetado, apaixonou-se por uma moça; o médico não foi capaz de lhe trazer alívio algum, mas o amor o curou. Mas suponho que ele estava apaixonado desde o início, sentindo-se abatido e desanimado por não estar com a moça, e, aos olhos das pessoas comuns, parecia melancólico. A princípio, ele não sabia que estava apaixonado; mas quando se declarou para a moça o abatimento passou, e o sofrimento e a tristeza desvaneceram; e, com alegria, ele se recuperou da depressão e recobrou a razão. Seu médico foi o amor.[21]

Com isso, Areteu ilustra como o critério da "ausência de motivo" diferencia a tristeza normal da doença melancólica e aponta para a possibilidade de que casos normais possam ser diagnosticados incorretamente se apenas os sintomas forem levados em conta.

Assim como outros autores antes dele, Areteu enfatizou os delírios do que denominaríamos depressão psicótica:

> Um estado depressivo devido a uma única fantasia, sem febre [...]; nos melancólicos [...], a compreensão se converte em nada mais que tristeza e abatimento [...] Dentre os indivíduos que pa-

decem de melancolia, nem todos são afetados da mesma maneira; mas eles suspeitam de enve-nenamento, ou vão para o deserto para evitar o convívio social, ou se tornam supersticiosos, ou passam a levar uma vida odiosa.[22]

Esses delírios, registrados em toda a literatura até o século XX, são uma alternativa ao critério da proporcionalidade como modo de reconhecer o transtorno devido a disfunções cognitivas patentes.

No fim do século II d.C., Cláudio Galeno (131-201), assim como Areteu um médico grego que vivia em Roma, unificou e sintetizou o conhecimento psiquiátrico acumulado nos seiscentos anos anteriores. Galeno simplesmente repetiu a definição hipocrática da melancolia: "Medo ou humor depressivo (distimia) que persiste por um longo período".[23] Seu relato, mais uma vez, enfatizava os fenômenos psicóticos, mas também fornecia uma boa descrição dos sintomas elementares:

Pacientes melancólicos geralmente são acometidos por medo, mas nem sempre se apresenta o mesmo tipo de imagens sensoriais anormais. Por exemplo, um paciente acredita que se transformou numa espécie de caracol e, por isso, foge de todos que encontra temendo que lhe esmaguem [a concha] [...] Outro paciente teme que Atlas fique cansado de carregar o mundo e deixe de fazê-lo, e sejamos todos empurrados uns contra os outros e destruídos. E há milhares de outras ideias fantasiosas [...] Embora cada paciente melancólico aja de modo bem diferente dos demais, todos apresentam medo ou desânimo. Eles reclamam da vida e odeiam as pessoas; mas nem todos querem morrer. Para alguns, o medo da morte é a principal preocupação durante a melancolia. Outros causarão estranhamento porque temem a morte e, ao mesmo tempo, desejam morrer.[24]

Reconhecendo implicitamente o critério da "ausência de motivo", Galeno apresenta uma rica analogia em que usa a cor da bile negra para caracterizar o medo que os melancólicos produziam no cérebro, um medo que normalmente seria provocado por circunstâncias externas:

Devido a esse desânimo, os pacientes odeiam a todos que veem, estão constantemente mal-humorados e parecem apavorados, como crianças ou adultos na mais profunda escuridão. Assim como a escuridão externa faz que praticamente qualquer pessoa sinta medo, com a exceção de alguns que são audaciosos por natureza ou treinados para isso, a cor do humor negro induz ao medo quando sua escuridão projeta uma sombra sobre a área do pensamento [no cérebro].[25]

A doutrina surgida no período entre Hipócrates e Galeno, que distinguia estados melancólicos causados por disfunções internas, em que a emoção "é sem motivo", daqueles que eram reações proporcionais a circunstâncias externas, persistiu por milhares de anos.[26] No entanto, no período seguinte, as fontes explícitas sobre melancolia são escassas. Alexandre de Tales (525-605) incluiu "tristeza sem motivo" entre os sintomas de melancolia e recomendou que, especialmente nos casos que não eram crônicos, se abordassem as ideias por trás da "tristeza infundada".[27] No início do século X, o médico árabe Ishaq ibn Imran reiterou a noção da "ausência de motivo" ao definir a melancolia, em parte, como "tristeza e abatimento irracional e constante"; mas ele também admitiu que perdas reais poderiam desencadear transtornos verdadeiros: "A perda de um filho amado ou de uma biblioteca insubstituível pode provocar tamanha tristeza e abatimento que acaba levando à melancolia".[28] De modo similar, Constantino Africano (1020?-1087) propôs, entre outras definições, que a melancolia era o "medo de coisas que não eram amedrontadoras" e observou que a perda de um ente querido ou de bens valorizados, como os livros para um estudioso, poderiam levar à melancolia.[29] Avicena (980-1037) enfatizou o "medo sem motivo", incluindo o "medo de coisas existentes ou não, e o medo exacerbado de coisas que normalmente são temidas".[30] Com frequência, o requisito da ausência de motivo estava implícito na explicação de que um processo interno causava a tristeza, como na descrição de Hildegarda de Bingen (cerca de 1151-1158):

> A melancolia como doença. A bile é negra, amarga, e libera coisas ruins, às vezes até uma doença do cérebro. Faz transbordar as veias do coração; causa depressão e dúvida, de modo que o indivíduo não consegue encontrar alegria na vida celeste, nem consolo em sua existência terrena.[31]

No entanto, foi só durante a Renascença que a melancolia retomou o lugar central que ocupara na medicina psiquiátrica da Antiguidade Greco-Romana.

## A depressão, do Renascimento ao século XIX

No final do século XVI e início do século XVII, os autores deram ainda mais ênfase ao critério da ausência de motivo para o diagnóstico de um transtorno. O médico francês Andre Du Laurens (1560-1609), conhecido como "Laurentius", escreveu *Discourse de la melancholie*, que ficou conhecido em toda a Europa e teve grande influência sobre o pensamento posterior. Du Laurens sintetizou a abordagem de sua época como a perspectiva da ausência de motivo: "Um tipo de desvario sem febre alguma, que nutre por seus companheiros habituais sentimentos de medo e tristeza, sem nenhum motivo aparente."[32]

Do outro lado do Canal da Mancha, o inglês Timothie Bright (1550-1615), doutor em Medicina pela Universidade de Cambridge e contemporâneo de Du Laurens, também se ocupou da questão da culpa religiosa. Em seu *Treatise of melancholy* [Tratado de melancolia] (1568), Bright apresenta uma distinção detalhada entre as tristezas com e sem motivo visando possibilitar diagnósticos diferentes para doenças melancólicas verdadeiras e estados não patológicos de intensa tristeza e desespero, provocados pela crença de se haver cometido pecado e de se estar sujeito à ira de Deus. Ele observou que a tristeza melancólica não é comparável "com nada que já se sentiu e, provavelmente, com nada que se venha a sentir"[33] e argumentou que "a aflição da alma por meio da consciência do pecado" é "bem diferente da melancolia".[34] A consciência do pecado é "tristeza e medo com motivo, e o principal motivo pelo qual um homem se sente infeliz" devido ao medo da ira de Deus, ao passo que a melancolia é "mera fantasia e não tem fundamento na verdade nem motivo justo". Bright explicou claramente como é possível perceber, "na mesma pessoa, a diferença entre melancolia e consciência angustiada" que é "a angústia própria das almas", determinando, com base no contexto, se há motivos externos adequados para a tristeza:

> Toda moléstia que surge como um objeto próprio da mente não é, nesse aspecto, melancólica, visto que é fruto não da imaginação, mas da consciência, condenando a alma culpada com as leis ditadas pela natureza, das quais nenhum homem está isento, ainda que jamais seja tão cruel [...] Por outro lado, quando alguma ideia causa problemas sem motivo suficiente, surgindo unicamente no cérebro, que (como já se explicou) está sujeito ao humor, isso é certamente melancólico e, portanto, tomará conta do indivíduo. Esses são aspectos falsos de motivos criados pelo cérebro melancólico [...] Assim, concluo que existe um ponto de diferença, e faço uma distinção entre a melancolia e a angústia própria da alma [...] Aqueles que carregam essa cruz sentem uma angústia que vai muito além de toda a aflição das paixões naturais, associada a um medo inerente e a um peso no coração. A melancolia predispõe ao medo, à dúvida, à desconfiança e ao peso, mas todos eles sem motivo ou em intensidade desproporcional ao que os motivou.

Bright prossegue caracterizando em detalhe o que significa "sem motivo", apoiando tal noção na compreensão do contexto em que os sentimentos ocorrem:

> De fato, observamos, por experiência, que certas pessoas desfrutam de todo o conforto e benevolência que uma vida de riquezas e amizades pode proporcionar e a segurança pode garantir, mas são dominadas por tal mal-estar, e padecem de tal medo, que não conseguem obter con-

solo nem ter esperança de se sentir seguras, apesar de não haver razão para medo ou descontentamento, nem motivo de perigo, mas, ao contrário, de grande conforto e felicidade. Esse sentimento, não sendo provocado por nenhuma adversidade real ou iminente, é atribuído à melancolia.[35]

A hipótese de Bright, que configurou o pano de fundo para a literatura dos tempos antigos à modernidade, era de que existe uma emoção ou "sentimento natural" de tristeza que era projetado para operar de certa maneira, mas não funcionava direito nos casos de transtorno.

Trabalhos subsequentes seguiram a mesma linha. Por exemplo, Felix Platter (1536-1614), em *Praxeos medicae* (1602), definiu a melancolia como um estado em que "a imaginação e o discernimento estão tão deturpados que, sem motivo algum, as vítimas ficam profundamente tristes e temerosas. Elas não são capazes de atribuir uma causa específica a seu medo ou tristeza, com exceção de um motivo trivial ou uma opinião falsa que conceberam em consequência de uma apreensão perturbada".[36] Assim como outros autores, Platter incluiu na categoria de tristeza sem motivo tanto os casos que não tinham uma causa externa real (casos de delírio ou depressão endógena) quanto os casos sem causa proporcional (em que o motivo existe, mas é demasiado trivial para justificar a reação).

A clássica obra de Robert Burton, *The anatomy of melancholy* [A anatomia da melancolia], publicada em 1621, é a mais conhecida de todas as discussões renascentistas sobre o assunto. Baseia-se totalmente na tradição do critério da ausência de motivo. Burton descreveu três importantes componentes da depressão – o humor, a cognição e os sintomas físicos – que ainda são vistos como características distintivas da doença. No entanto, ele afirmou que os sintomas melancólicos não eram, por si sós, evidências suficientes de um transtorno; somente os sintomas sem motivo configuravam tais evidências, conforme explicou neste apêndice a sua definição: "Por fim, inclui-se o critério da ausência de motivo para diferenciá-la de todas as outras emoções comuns de medo e tristeza". E, conforme observou, os "sinais [de melancolia] na mente" incluíam "tristeza [...] sem qualquer motivo evidente; sofrimento persistente e sem explicação".[37]

Burton enfatizou que todos os homens tinham propensão à melancolia, que era um aspecto normal e ubíquo da natureza humana:

A melancolia [...] reside no temperamento ou no hábito. No temperamento, é aquela melancolia transitória que vai e vem em cada pequeno momento de tristeza, necessidade, doença, problema, medo, pesar, paixão ou perturbação da mente, qualquer preocupação, descontentamento ou pensamento que cause angústia, desgosto, mal-estar e aflição [...] e desses temperamentos melancólicos nenhum homem está livre, ninguém é tão estoico, ninguém é tão sábio, tão feliz, tão paciente, tão generoso, tão devoto, tão divino, para que possa se isentar; por mais que tenha compostura, mais dia, menos dia, em maior ou menor grau, ele passará por isso. A melancolia, nesse sentido, é o traço da mortalidade.[38]

Ao contrário da melancolia normal que surge naturalmente em pessoas que sofreram perdas e desapontamentos inerentes ao "traço da mortalidade", Burton sustentava que as aflições melancólicas são "contrárias à natureza".[39] Assim como Du Laurens, ele definiu a doença da melancolia como "um tipo de desvario sem febre alguma, que nutre por seus companheiros habituais sentimentos de medo e tristeza, *sem nenhum motivo aparente*".[40]

Burton tinha consciência de que a reação à perda variava muito de um indivíduo para outro e admitiu uma ampla gama de reações temperamentais que poderiam ser consideradas não patológicas desde que não se tornassem crônicas e se perpetuassem:

Pois o que para um é algo insignificante, para outro é um tormento insuportável, e o que o primeiro, por seu temperamento moderado e compostura, pode superar facilmente, o segundo não é capaz de aguentar, e cada pequeno momento concebido como de violência, dano, tristeza, desgraça, perda, frustração, rumor etc., (se isolado, ou trivial) lhe causa tanto sofrimento que ele tem a tez alterada, a digestão prejudicada, o sono perturbado, o espírito obscurecido e o coração pesado, os hipocôndrios afetados [...] e ele próprio é dominado pela melancolia [...] mas todos esses ataques de melancolia [...] são assim chamados descabidamente, porque não persistem; eles vêm e vão, assim como as causas que os motivaram.[41]

É somente quando essas reações normais a acontecimentos específicos se tornam duradouros independentemente das circunstâncias que Burton identifica uma doença:

Frequentemente esses temperamentos se tornam hábitos, [...] constituindo uma doença. Mesmo ainda não transformados em hábito, provocam tosse; mas, sendo contínuos e inveterados, consomem os pulmões: tais são as consequências da melancolia [...] Essa melancolia, devemos tratá-la [...], uma doença crônica ou persistente [...] não de caráter temporário, mas permanente [...], transformada num hábito, dificilmente será eliminada.[42]

Além de perceber as variações normais de temperamento, Burton foi um observador perspicaz dos extremos a que as reações normais à perda poderiam chegar. Ele constatou que, entre as perdas mais dolorosas, estavam a separação de amigos e o luto pela morte de um ente querido ("neste labirinto de causas acidentais [de melancolia]

[...] a perda e a morte de amigos possivelmente estão em primeiro lugar"[43]) e descreveu de modo convincente esses estados de tristeza não patológica intensa:

> Se, quando dois amigos se separam, a ausência um do outro pode provocar efeitos tão violentos, o que a morte haverá de causar quando eles tiverem de se separar para sempre e jamais puderem se encontrar neste mundo novamente? Chegada a ocasião, esse é um tormento tão grande que lhes tira o apetite, o desejo de viver, extingue todos os prazeres, provoca suspiros profundos e gemidos, lágrimas, exclamações [...], gritos, clamores, muitos acessos de fúria, e às vezes chega ao ponto de eles acreditarem continuar vendo o amigo morto [...] E aquele bom pai, aquele bom filho, aquela boa esposa, aquele amigo querido não lhes sai da cabeça; uma única ideia lhes ocupa o pensamento durante um ano inteiro [...]. Em tais situações, eles, normalmente tão sérios e calmos, tão corajosos e discretos, são dominados pela tristeza de maneira tão avassaladora que muitas vezes se esquecem de si próprios e choram como crianças durante meses e meses.[44]

Não só autores renomados como Burton distinguiram os estados melancólicos que surgiam sem motivo daqueles de intensidade proporcional aos motivos que os causaram. A obra de Richard Napier (1559-1634), médico da zona rural da Inglaterra cujas anotações foram minuciosamente analisadas pelo historiador Michael MacDonald, ilustra que os clínicos gerais daquela época classificaram os casos depressivos em três tipos. O primeiro tinha origem em experiências universais de tristeza e pesar, rejeição no amor, perda de fortuna, enfermidade grave e conflitos com cônjuges, amantes ou parentes. Napier separou claramente esses tipos de situação adversa onipresentes das doenças melancólicas, afirmando que "nem toda pessoa triste padece da doença da melancolia".[45]

Dois tipos de estados melancólicos eram considerados doenças. Primeiro, Napier usou o termo "tristeza sem fundamento" para alguns de seus pacientes doentes.[46] Referia-se a casos que não tinham sido provocados ou eram ilusórios e, portanto, não podiam ser explicados por circunstâncias externas. O segundo tipo de caso de doença tinha origem em "ocasiões legítimas, [como] a morte de entes queridos, e se revelava um sinal de delírio melancólico por sua intensidade e duração atípicas".[47] Conforme observa MacDonald, "seus contemporâneos acreditavam que os sentimentos vivenciados por pessoas melancólicas e perturbadas eram exageros de estados normais da mente. O que era anormal era a intensidade desses estados de ânimo".[48] Os registros de Napier demonstram claramente que a melancolia costumava surgir não de uma situação externa, mas de uma reação desproporcional a perdas reais. Muitos diagnósticos de melancolia, por exemplo, eram consequência do luto, em geral após a morte do cônjuge ou de um filho[49] – a tristeza era tão intensa e duradoura que levava à loucura. Portanto, o diagnóstico da doença requeria que o médico tomasse conhecimento da relação entre os sintomas e o contexto em que eles surgiram e persistiram.

Os autores posteriores a Burton continuaram a separar casos de depressão com e sem motivo. Por exemplo, no final do século XVII, Timothy Rogers (1658-1728) considerou haver diferença entre o luto que era uma reação normal à perda e aquele que desencadeava um transtorno depressivo. Ele observou que muitas pessoas podem ter transtornos depressivos desencadeados "pela perda de um filho ou por algum desapontamento repentino e inesperado que arruína todos os projetos e planos anteriores".[50] Mas Rogers deixou claro que tais perdas terríveis normalmente não levam à doença melancólica. Ele contrasta uma reação patológica com a reação de Lady Mary Lane, a quem seu livro é dedicado, que padece de pesar e tristeza intensos, porém normais, diante da morte do pai, da mãe e de vários filhos.[51]

No século XVIII, o uso explícito do critério da "ausência de motivo" se tornou menos comum, talvez porque os autores daquele período tenham enfocado as formas psicóticas da depressão, em que essa descrição parecia desnecessária.[52] No entanto, durante aquela época, a loucura, de acordo com o historiador Stanley Jackson, "normalmente estava associada a um estado de medo e abatimento *sem motivo aparente*, e alguns casos particulares de delírio circunscrito ainda eram uma característica comum. Insônia, irritabilidade, inquietude e constipação continuavam a ser elementos habituais".[53] O famoso dicionário de Samuel Johnson, por exemplo, continha três significados para "melancolia": dois deles se referiam a transtornos mentais, e o terceiro, a emoções normais e corriqueiras.[54] A propósito, Johnson foi, em parte, responsável pela tendência à substituição gradativa do termo "melancolia" por "depressão".

As definições médicas subsequentes continuaram a usar de maneira explícita as antigas definições contextuais de melancolia. Friedrich Hoffmann (1660-1742) afirmou que a melancolia era "associada à tristeza e ao medo sem nenhum motivo aparente".[55] William Cullen (1710-1790), eminente autoridade no assunto nos últimos anos do século XVIII, observou que a melancolia "está sempre associada a algum medo aparentemente infundado, mas muito intenso".[56] E, nos Estados Unidos, o famoso pastor protestante Cotton Mather (1663-1728) enfatizou a falta de justificativas externas para a tristeza na doença melancólica: "Esses melancólicos *afligem a si mesmos* e são *seus próprios atormentadores*. Como se nesse *mundo mau* não houvesse tristeza *real* suficiente, eles criam um mundo de *tristezas imaginárias* e, *mediando o terror*, tornam-se infelizes, como poderiam vir a ser devido a *mazelas reais*".[57] Até mesmo o filósofo Immanuel Kant (1724-1804) definiu a melancolia como "profunda tristeza [...] injustificada" e distinguiu cuidadosamente os casos verdadeiros de transtorno mental de uma variedade de casos não patológicos, como os de indivíduos que submergem em sentimentos melancólicos por modismo ou o do suposto "matemático melancólico" que, na verdade, é simplesmente introvertido e pensativo.[58]

## O século XIX

No começo do século XIX, o célebre psiquiatra Philippe Pinel (1745-1826) continuou a defender a separação fundamental entre os casos de transtorno melancólico e aqueles que eram consequência de incidentes reais. Em seu livro sobre transtornos mentais, *Traite medico-philosophique sur l'alienation mentale*, de 1801, Pinel observou que a melancolia afligia "alguns homens em bom estado de saúde e, com frequência, em circunstâncias prósperas. Entretanto, não há nada pior que a figura de um melancólico, ruminando sobre seus infortúnios imaginários".[59] Pinel também propôs uma aplicação particularmente importante da tese da proporcionalidade ao fazer uma distinção entre motivos patológicos e possivelmente não patológicos de suicídio. Observando que o filósofo francês Montesquieu, numa crítica sofisticada, distinguiu os suicídios romanos não patológicos, determinados culturalmente ("eram produto da educação; dependiam de seus hábitos e do modo de pensar"), da autodestruição patológica dos ingleses ("com frequência, os ingleses destroem a si próprios sem nenhum motivo aparente que os leve a tal ato, e mesmo em meio à prosperidade"), Pinel corrobora a distinção de Montesquieu, afirmando que dentre os motivos que normalmente levam ao suicídio estão a humilhação social ou dificuldades financeiras, e realiza um ato de diplomacia médica com relação às origens patológicas do suicídio, afirmando que essa não é apenas uma doença britânica: "A propensão a esse ato terrível, quando existe independentemente dos fortes motivos comuns para tal, como a perda de honra ou fortuna, não é, de forma alguma, uma doença peculiar à Inglaterra: sua ocorrência na França está longe de ser rara."[60]

Jean-Etienne-Dominique Esquirol (1772-1840), notável discípulo de Pinel, também seguiu a tradição de considerar o contexto, observando que a disparidade entre as circunstâncias reais e a intensidade da tristeza pode ser evidente até mesmo para o sofredor: "Alguns [...] têm conhecimento de sua situação, têm consciência de sua falsidade e do absurdo dos medos pelos quais são atormentados. Eles percebem claramente que esses medos são irracionais e normalmente o confessam com tristeza e até mesmo desespero."[61] De modo similar, Benjamin Rush (1745-1813), conhecido como "o pai da psiquiatria americana", declarou que a melancolia se caracteriza por falsas crenças ou por reações desproporcionais a elas:

O transtorno parcial [de personalidade] consiste em opiniões e condutas errôneas acerca de um único assunto, verificando-se lucidez com relação a praticamente todos os outros assuntos. O erro, nesse caso, pode ser de dois tipos. É diretamente contrário à verdade ou, então, tem efeitos ou consequências desproporcionais aos motivos que o induziram.[62]

O ilustre psiquiatra britânico Henry Maudsley (1835-1918) também observou desorientação nas reações do indivíduo melancólico, para o qual "impressões que deveriam ser agradáveis ou indiferentes são dolorosas".[63] Ele deu exemplos extremos de desproporção:

Em alguns casos, o paciente atribui um motivo ridículo para sua tristeza e chama a atenção para até que ponto o delírio é desproporcional à profunda angústia que ele sente: um de meus pacientes, cujo sofrimento era muito intenso, disse que se sentia assim porque tomara um copo de cerveja que não deveria ter tomado, e outro paciente pensava estar perdido para sempre porque havia murmurado blasfêmias quando deveria ter rezado uma prece.[64]

Maudsley afirmava que toda ideia delirante era consequência, e não causa, da intensificação afetiva que acompanha o transtorno.

O influente psiquiatra alemão Wilhelm Griesinger (1817-1868) também usou o critério da desproporcionalidade dos sintomas melancólicos com relação ao contexto para determinar quando indicavam um transtorno:

A melancolia que precede a insanidade às vezes se manifesta como a continuação direta de alguma emoção dolorosa que depende de uma causa objetiva [...] por exemplo, tristeza, inveja; e difere do sofrimento mental que acomete pessoas saudáveis por sua intensidade excessiva, por sua duração além do comum e por se tornar cada vez mais independente de influências externas, além das outras afecções que a acompanham. Em outros casos, a melancolia surge sem nenhuma causa moral.[65]

Griesinger chamou de melancolia "um estado de profunda perturbação emocional, de caráter depressivo e triste"[66]; por "perturbação" entende-se o fato de que o sentimento está desvinculado dos objetos aos quais naturalmente se destinaria com intensidade proporcional. Ele observou que a melancolia está associada aos mesmos sentimentos que as reações não patológicas, como a tristeza e o ciúme, mas se distingue por sua intensidade e duração excessivas e, acima de tudo, pela "ausência de motivos" com relação aos acontecimentos externos reais.[67] Mas ele reconhecia que, "muitas vezes, é difícil traçar a fronteira entre o estado fisiológico da emoção e a insanidade" porque o transtorno "pode surgir como a continuação imediata de um estado fisiológico da emoção constatada". Ele afirma que "a diferença fundamental" entre o transtorno da melancolia e um "temperamento triste" não patológico é que "no primeiro caso o paciente não consegue se livrar de seu mau humor".[68]

Ao mesmo tempo que se elaborava e aceitava a compreensão do transtorno depressivo com base no contexto, outro conceito importante se desenvolvia no pensamento médico. Quando os médicos deixaram de se dedicar exclusivamente aos manicômios e começaram a atender mais pacientes em consultórios, depararam com uma proporção muito maior de pacientes que buscavam ajuda por sentir uma tristeza intensa dissociada de delírios ou outros sintomas psicóticos. Essas formas de melancolia eram reconhecidas desde a Antiguidade, mas sempre se enfatizaram os casos de delírio ("desvarios sem febre alguma"). Agora, as manifestações sem delírio eram identificadas como melancolia "simples", a precursora da depressão maior unipolar não psicótica dos dias de hoje.

O psiquiatra britânico D. Hack Tuke (1827-1895), por exemplo, rejeitou explicitamente a ideia de que a melancolia tem de estar associada ao delírio e identificou uma forma "simples" que consiste unicamente em sintomas de tristeza sem incapacidade cognitiva. Tuke reconhecia, portanto, uma categoria de "melancolia sem delírio", juntamente com uma forma melancólica de "insanidade delirante".[69] Para ele, na melancolia simples não havia "transtorno do intelecto [...], nem delírio ou alucinação".[70] Entretanto, detectou "uma enfermidade cerebral [...] marcada por um intenso sentimento de caráter triste, debilitante ou opressivo".[71] Essas definições se tornaram amplamente aceitas e anteciparam o foco contemporâneo no tipo de transtorno depressivo que mais facilmente se confunde com reações emocionais normais.

A maior atenção dada à melancolia simples tornava os critérios contextuais ainda mais importantes para a definição geral de melancolia. Por exemplo, o psiquiatra John Charles Bucknill (1817-1897), autor do capítulo sobre o diagnóstico de insanidade num famoso manual, distinguiu os sintomas normais dos patológicos usando o critério da "ausência de motivo", mas sem nenhuma referência ao delírio:

> Os sintomas da melancolia são a tristeza, o abatimento, o medo e o desespero, quando marcados por intensidade muito maior que aquela que afeta uma mente sã, mesmo em circunstâncias mais propensas a provocá-los; e, em numerosos casos, surgem sem nenhuma causa moral equivalente, e muitas vezes sem causa moral alguma.[72]

Devido às reações do sistema nervoso, "o funcionamento deixa de ser equilibrado".[73] Segundo Bucknill, os sintomas da "melancolia simples [...] diferem em grau, mas não em tipo, do pesar e tristeza normais e saudáveis que todos os homens experimentam em sua existência acidentada".[74] Quanto às causas, ele observou: "É provocada por todas as causas morais das doenças mentais, especialmente o pesar, o desapontamento, as adversidades e as ansiedades de todo tipo. Também é causada por longos períodos de doença".[75] No entanto, Bucknill afirmou que, em geral, o transtorno desencadeado pela tristeza normal demandava também uma predisposição hereditária.[76]

Igualmente, o psiquiatra Charles Mercier (1852-1918), ao redigir o verbete sobre melancolia para o influente *Dictionary of psychological medicine* [Dicionário de medicina psicológica], de Tuke, apoiou-se unicamente no critério da proporcionalidade em relação aos acontecimentos reais, definindo a melancolia como "transtorno caracterizado por um sentimento de infelicidade que excede o que seria justificável pelas circunstâncias em que o indivíduo se encontra".[77] Ele constatou a possibilidade de um início gradual até que os sintomas alcancem um nível excessivo e desproporcional, e também a possível relação entre estresse e hereditariedade: "Depois de um tempo, a infelicidade e os demais sintomas alcançam tal nível que indubitavelmente excedem os limites do normal, evidenciando que o paciente está sofrendo de depressão mórbida".[78] Mercier reconheceu que as causas da tristeza normal intensa poderiam ser fatores de risco para o desenvolvimento de um transtorno.

> Circunstâncias adversas, a perda de amigos, de bens materiais ou de caráter, qualquer acontecimento capaz de provocar tristeza, pesar, preocupação, ansiedade, numa pessoa comum, pode, ao agir sobre uma pessoa com menos resistência, levar à melancolia [...] Quanto maior o nível de estresse, maiores, naturalmente, as chances de que ela sofra de melancolia.[79]

O médico francês Maurice de Fleury (1860-1931), em *Medicine and the mind* [Medicina e a mente], caracterizou a doença simplesmente como "melancolia sem motivo".[80] Ele também explicou como a tristeza normal pode, com o tempo, transformar-se em transtorno, de maneira análoga ao que hoje se conhece como a "hipótese da sensibilização [*kindling*]": "O pesar é um tipo especial de baixa frequência da atividade cerebral. A mente, ao permanecer nesse estado por certo tempo, acostuma-se a ele, e daí em diante tudo lhe parecerá doloroso, melancólico, pessimista."[81]

Outro psiquiatra, George H. Savage (1842-1921), enfatizou as causas internas dos estados melancólicos patológicos. Ele definiu a melancolia como "um estado de depressão mental em que a infelicidade é descomedida, quer seja com relação a seu motivo aparente, quer seja na forma peculiar que assume, em que o sofrimento psíquico depende de mudanças físicas e corporais, e não exclusivamente do *meio*".[82] Assim como a maioria dos outros autores, ele aceitava a existência da categoria da melancolia simples: "A melancolia simples, isto é, aqueles casos nos quais a infelicidade e sua expressão são meramente pequenas exagerações de estados naturais, em que não há delírio real, em que o indivíduo não fantasia estar arruinado ou condenado [...] com frequência, a infelicidade dá origem ao delírio".[83]

Em *Text-book of insanity* [Cartilha da insanidade], o texto psiquiátrico mais popular do fim do século XIX, Richard von Krafft-Ebing (1840-1902) continua a definir a melancolia com base no critério da proporcionalidade da reação: "O fenômeno fundamental na melancolia consiste na depressão emocional dolorosa, que não tem motivo externo ou este é insuficiente, e na inibição generalizada das atividades mentais, que podem ser totalmente interrompidas".[84]

Para Krafft-Ebing:

> Um estado doloroso e deprimido [...] que surge de maneira espontânea e existe isoladamente é o fenômeno fundamental nos estados melancólicos de insanidade [...] Até mesmo coisas que, em outras situações, dariam origem a impressões agradáveis parecem agora, no espelho patologicamente distorcido de seu senso de eu, dignos de aversão.[85]

Krafft-Ebing chamou a atenção para a dificuldade de distinguir entre estados depressivos normais e anormais, especialmente nos casos de melancolia simples:

> O conteúdo da consciência melancólica é dor física, angústia e depressão [...] Essa depressão dolorosa não difere da depressão dolorosa causada por motivos reais [...] O conteúdo dos delírios melancólicos é extremamente variado, pois inclui toda sorte de problemas, preocupações e medos humanos [...] O traço comum de todos os delírios melancólicos é o sofrimento [...] A melancolia simples é, seguramente, a forma mais frequente de doença mental [...] observada apenas excepcionalmente nos hospícios, mas muito frequente nos consultórios, em que são inumeráveis os casos leves que não chegam ao hospital.[86]

## Conclusão

O que é impressionante nessa breve compilação dos conceitos de transtorno depressivo, de Hipócrates a Krafft-Ebing é, em primeiro lugar, a incrível coerência entre os sintomas mencionados – em geral, os mesmos tipos que os atuais manuais de diagnóstico enfatizam. Em segundo lugar, existe uma tradição notavelmente sólida e bem elaborada, remontando à Antiguidade, que busca distinguir o transtorno das emoções normais por meio de várias versões do critério da "ausência" ou "presença de motivo". O registro de 2.500 anos indica uma compreensão de que a depressão patológica é a forma exagerada de uma reação humana normal; portanto, o primeiro passo para um diagnóstico deve ser a devida atenção à relação entre os sintomas e os motivos que os desencadearam, a fim de distinguir as reações normais das patológicas. Um terceiro ponto é a recente mudança que passa a enfatizar a "melancolia simples" sem delírio, tornando o critério contextual da "ausência de motivo" ainda mais confiável para definir a distinção entre tristeza normal e patológica e antecipando, dessa forma, nosso foco contemporâneo no transtorno unipolar não psicótico. A força, a coerência e a racionalidade da compreensão médica do transtorno depressivo com base no critério da "ausência de motivo" dão respaldo às mudanças radicais na abordagem diagnóstica adotada no século seguinte. O Capítulo 4 traça o destino dessa tradição ao longo do século XX.

# 4 A DEPRESSÃO NO SÉCULO XX

Até o final do século XIX, as definições psiquiátricas de doença melancólica apoiaram-se fundamentalmente na relação entre sintomas e causas. Embora em alguns casos, como os de depressão psicótica, os sintomas quase sempre implicassem a existência de um transtorno, os médicos julgavam necessário levar em consideração o contexto porque muitas vezes os sintomas de transtorno depressivo são indistinguíveis dos de tristeza profunda normal. Quando o século XX se aproximava, a tradicional abordagem contextual ao diagnóstico de transtorno depressivo começou a se dividir em duas linhas distintas. De um lado, Sigmund Freud e seus seguidores enfatizavam a origem psicológica de todos os transtornos mentais, inclusive a depressão, e consideravam que esses estados eram contínuos com o funcionamento normal. Os que seguiam essa linha estudavam e interpretavam os pensamentos relatados pelos pacientes para supor a existência de significados e desejos subconscientes patogênicos. Do outro lado, Emil Kraepelin usava um modelo médico clássico que examinava os sintomas, a progressão e o prognóstico da depressão e de outros transtornos para definir patologias físicas distintas. A abordagem de Kraepelin inspirou um grupo de pesquisadores a aplicá-la num programa de pesquisa que muitas vezes usou técnicas estatísticas para inferir transtornos distintos com base em sintomas evidentes.

Muitos psiquiatras entenderam que a publicação do *DSM-III* em 1980 finalmente solucionava a disputa entre as escolas freudiana e kraepeliniana pelo domínio da nosologia psiquiátrica, favorecendo em grande parte a abordagem de Kraepelin.[1] Veremos, entretanto, que essa interpretação é extremamente simplista em muitos aspectos. Especificamente com relação ao transtorno depressivo, os critérios do *DSM-III*, na verdade, negaram os principais pressupostos que estão por trás tanto do sistema de Freud como do de Kraepelin e afirmaram uma tradição bem diferente, que ignorava a ênfase anterior em critérios contextuais.

# A continuação da tradição da "ausência" ou "presença" de motivo no século XX

## Abordagens psicodinâmicas à tristeza normal e patológica

No início do século XX, o austríaco Sigmund Freud (1856-1939), neurologista que se tornou psiquiatra, desenvolveu em conjunto com seus discípulos uma abordagem revolucionária ao estudo dos transtornos mentais. Essa abordagem tentava compreender os sintomas patológicos por meio de processos mentais inconscientes, em vez de buscar predisposições biológicas e causas orgânicas. Embora reconhecesse que a intensidade de certos desejos envolvidos no desenvolvimento da doença poderia ser indiretamente provocada por fatores biológicos, Freud focou em postular causas imediatas cuja origem era, muitas vezes, puramente psicológica, como é o caso de desejos reprimidos, conflitos psicológicos ou transformação de energia motivacional reprimida em ansiedade, todos os quais tinham pouco que ver com hereditariedade ou com outras causas físicas diretas. Os psicanalistas davam relativamente pouca atenção aos sintomas em si; em vez disso, dedicavam-se a identificar a dinâmica não manifesta, e supostamente inconsciente, dos transtornos mentais, que, segundo imaginavam, era responsável pelos sintomas. Tendo em vista os tipos de conflito e outros processos psicológicos que postulavam como etiologias, os psicanalistas também entendiam que essa psicodinâmica geralmente acompanhava a normalidade, o que tornava pouco nítida a fronteira entre normalidade e transtorno.

Para os psicanalistas, a depressão era um importante mecanismo por trás do aparecimento dos sintomas que, em certa medida, estava presente em praticamente todas as neuroses. Eles supunham um continuum entre estados comuns de tristeza, estados neuróticos de depressão e estados psicóticos de melancolia. Os analistas, por exemplo, consideravam a depressão maníaca uma expressão extremamente exagerada dos mesmos processos psicológicos envolvidos no aumento e na diminuição da autoestima que todas as pessoas vivenciam.[2]

As tentativas analíticas de explicar a depressão se baseavam em hipóteses tradicionais sobre as diferenças entre os estados depressivos que surgiam com e sem motivos externos esperados. Karl Abraham (1877-1925), discípulo de Freud, formulou a primeira explicação psicanalítica da depressão, embasando sua teoria na distinção entre esta e o pesar normal.[3] Abraham considerava que estados aparentemente similares, como o pesar normal e a depressão, eram de fato distintos porque se apoiavam em dinâmicas etiológicas diferentes. O pesar do enlutado, conforme explicou, deriva de uma preocupação consciente com o falecido. Ao contrário, o indivíduo deprimido estava preocupado com culpa e baixa autoestima. Além disso, os sintomas da depressão advinham do fato de a pessoa deprimida colocar para dentro a raiva que seria dirigida a outro; daí a descrição psicanalítica da depressão como "raiva interiorizada" e as estratégias terapêuticas subsequentes que visavam fazer que o paciente expressasse a raiva reprimida.

Em seu importante artigo sobre depressão, "Luto e melancolia", Freud aperfeiçoou a distinção de Abraham entre depressão e pesar normal. Freud começou o ensaio observando as diferenças entre os dois estados e explicou que,

> embora o pesar esteja ligado a sérios desvios da atitude normal diante da vida, jamais nos ocorreria considerá-lo um estado doentio e aconselhar o enlutado a buscar tratamento médico. Temos certeza de que depois de um tempo o pesar será superado, e consideramos qualquer interferência desaconselhável ou até mesmo prejudicial.[4]

Freud fez uma distinção entre a normalidade do pesar e o transtorno da melancolia. Ele afirmou que os sintomas associados com o luto são intensos e configuram "sérios desvios da normalidade", entendendo que o pesar é muito diferente do funcionamento normal. No entanto, o pesar não é um "estado doentio", isto é, não é um transtorno médico que significa o colapso de uma reação biologicamente normal. Desse modo, não requer tratamento médico; de fato, Freud enfatizou que "jamais nos ocorreria" submeter os enlutados a ajuda médica. Além disso, ressaltou que o pesar se cura sozinho e naturalmente, de forma que, com o tempo, o enlutado retornaria a seu estado psicológico normal, e sugeriu que a intervenção médica poderia de fato prejudicar o sofredor por interferir nesse processo natural.

Embora observasse que os enlutados não sofriam da mesma diminuição injustificada de autoestima que caracterizava os melancólicos, Freud enfatizou que os demais sintomas eram similares. Tanto o luto quanto a melancolia estavam marcados por tristeza profunda, perda de interesse no mundo externo, incapacidade de sentir prazer e apatia. A distinção entre o luto e a melancolia não residia tanto nos sintomas, mas sim no fato de que o primeiro é uma reação normal à perda, enquanto a segunda é um estado patológico.

A versão de Freud para a distinção entre os casos de depressão com motivo (luto) e sem motivo (melancolia) permitiu que ele elucidasse a diferença na psicodinâmica que está por trás de cada um desses estados. Para os enlutados, o mundo parece vazio e sem sentido devido a perdas conscientes, enquanto os melancólicos vivenciam o empobrecimento do ego devido a perdas inconscientes. Estes, por meio de autorreprovações, passavam a direcionar para o "eu" a hostilidade internalizada que nutriam por objetos até então queridos. A terapia, portanto, deveria ensiná-los a expressar a raiva interior em direção àqueles que são seu verdadeiro alvo. Ao contrário, os indivíduos que sentem tristeza normal estão passando por um processo natural e necessário, o qual seria "desaconselhável ou mesmo prejudicial" interromper com tratamento médico.

Freud rejeitou a tradição de 2.500 anos que postulava causas fisiológicas de transtorno depressivo e adotou uma teoria psicogênica. Entretanto, ele e outros psicanalistas aceitavam totalmente a tradicional distinção entre a tristeza intensa normal em consequência da perda e a depressão patológica que é desproporcional à perda, apesar da similaridade de sintomas.

### Kraepelin e o transtorno depressivo

Emil Kraepelin (1856-1926), psiquiatra alemão contemporâneo de Freud, tentou enquadrar a psiquiatria numa abordagem estritamente biomédica, segundo a qual os transtornos mentais eram manifestações de patologias físicas do cérebro. Ele usou os sintomas e a progressão dos transtornos para criar categorias que, conforme supunha, representavam estados patológicos distintos, e esperava que estes fossem finalmente confirmados pela identificação de lesões anatômicas. Kraepelin se apoiou em estudos anteriores que tentaram separar os pacientes de hospícios em dois grupos: os que poderiam ser reintegrados à comunidade e os que provavelmente não tinham recuperação. Notadamente, o psiquiatra usou o prognóstico para distinguir entre a insanidade maníaco-depressiva (hoje transtorno bipolar), que tendia a ocorrer em episódios e diminuir, e a demência precoce (hoje esquizofrenia), que tendia a ser deteriorante, separando-as em duas formas fundamentais de transtorno psicótico.

As contribuições de Kraepelin ao diagnóstico psiquiátrico, principalmente suas tentativas de categorização com base na atenção cuidadosa aos sintomas, são hoje vistas como as precursoras da transformação do diagnóstico psiquiátrico promovida posteriormente pelo *DSM-III*. De fato, os *DSMs* recentes são muitas vezes chamados "neo-kraepelinianos"[5]. Alguns célebres historiadores de medicina, motivados pela relação percebida entre Kraepelin e a abordagem do *DSM-III*, consideram-no a figura mais importante da psiquiatria moderna, superando até mesmo Freud: "É Kraepelin", afirma Edward Shorter, "e não Freud, a figura central na história da psiquiatria".[6] Uma vez que a abordagem diagnóstica de Kraepelin foi vinculada à do *DSM*, é pertinente conhecer um pouco suas ideias.

Kraepelin começou a carreira como médico num hospício de Munique e continuou com seu interesse quase exclusivo nos transtornos psicóticos como professor em Heidelberg e diretor da Clínica Psiquiátrica de Munique.[7] Ele desenvolveu um sistema de classificação usando descrições de casos dos pacientes internados. Os hospícios haviam se tornado comuns no tratamento dos casos graves de doença mental no século XIX.[8] Até então, a maioria dos pacientes deprimidos, como os de Richard Napier, costumava ser atendida por médicos da comunidade que tratavam uma grande variedade de casos, alguns deles graves e outros nem tanto. Os indivíduos cuja tristeza era motivada por problemas cotidianos normalmente lidavam sozinhos com seus conflitos, buscando a ajuda de amigos e familiares, ou consultavam clínicos gerais ou padres.[9]

Os hospitais psiquiátricos concentravam os doentes mentais mais seriamente afetados num único lugar. Os indivíduos internados nesses hospícios em geral se encontravam em estado tão grave que nem sequer se cogitava se seus sintomas eram ou não reações proporcionais às circunstâncias. A questão urgente para Kraepelin, portanto, não era se esses pacientes tinham um transtorno mental ou eram normalmente tristes, mas sim que tipos específicos de transtorno eles tinham.

Kraepelin deparou com uma área submersa em caos intelectual, em que não havia consenso algum acerca dos procedimentos diagnósticos. Todos, desde a Grécia Antiga, usaram os sintomas para identificar transtornos. Mas, sem nenhum guia para dividir as diferentes manifestações sintomáticas observadas pelos médicos e psiquiatras, o uso dos sintomas possibilitava muitos esquemas de classificação distintos. Num extremo, estavam aqueles que classificavam praticamente qualquer sintoma como um transtorno diferente, levando a uma proliferação de transtornos que poderia chegar a centenas de categorias. No outro, estavam aqueles que, focando na psicose, consideravam todos os transtornos mentais variantes de uma única patologia.[10] Por exemplo, o primeiro censo dos Estados Unidos a indagar sobre transtornos mentais, em 1840, refletia esta última abordagem e continha uma única categoria para transtorno mental: "insanidade".[11]

A atenção cuidadosa que Kraepelin conferia aos sintomas e à progressão ao inferir como causas estados patológicos distintos seguia uma tradição da medicina física iniciada no século XVIII pelo médico britânico Thomas Sydenham e desenvolvida no século XIX pelo patologista alemão Rudolph Virchow. Essa abordagem fora extremamente bem-sucedida ao ajudar a distinguir doenças físicas, principalmente com o rápido acúmulo de conhecimento acerca de agentes infecciosos e patologias físicas.[12]

Sem dúvida, Kraepelin também foi enormemente influenciado pela percepção cada vez maior de que um dos transtornos mentais mais assustadores de sua época, a paralisia geral (sobre o qual escreveu um livro), era consequência da infecção sifilítica do sistema nervoso. Essa impressionante descoberta parecia conter duas lições. Em primeiro lugar, os transtornos mentais, assim como as doenças físicas, poderiam ser causados por uma patologia física latente e, portanto, se enquadrar diretamente em alguma categoria diagnóstica tradicional. Em segundo lugar, os médicos concluíram que a paralisia geral era uma síndrome específica com base nos sintomas da doença, em sua terrível e rápida progressão e em seu prognóstico insatisfatório; assim como a própria sífilis, os sintomas mudavam com o tempo e podiam diferir nitidamente nos vários estágios da doença, embora o mesmo transtorno subjacente estivesse presente e continuasse progredindo. A moral parecia clara: não eram os sintomas num momento específico, mas sim no decorrer de uma doença, o que permitia diagnosticá-la.

As descrições de Kraepelin dos sintomas depressivos que ocorrem no decurso de vários transtornos afetivos ou do humor – incluindo sintomas psíquicos, como lentidão de pensamento, desesperança, angústia, apatia e incapacidade de sentir prazer, e sintomas físicos, como perturbações do sono e do apetite e fadiga – continuam sendo a base das atuais classificações diagnósticas de transtornos depressivos. Um dos alicerces do pensamento de Kraepelin foi que uma grande variedade de manifestações sintomáticas de transtornos afetivos estava de fato relacionada com uma única patologia. Com base nessa suposta unidade subjacente entre as várias manifestações sintomáticas, ele diagnosticou transtornos maníaco-depressivos até mesmo em indivíduos que eram apenas deprimidos e não tinham sintomas maníacos. "Com o passar dos anos", enfatizou Kraepelin, "eu fiquei cada vez mais convencido de que todos os estados (melancólicos) eram manifestações de um *único processo doentio*."[13] Sua crença de que os estados depressivos unipolares eram variações da mesma patologia latente, assim como os estados maníaco-depressivos, baseava-se na evidência fornecida por seus sintomas superpostos e na frequente aparição de sintomas maníacos em recorrências posteriores no decurso de transtornos que, inicialmente, apresentavam apenas sintomas depressivos. Com o tempo, muitos dos que sofriam de transtornos afetivos manifestavam estados depressivos, maníacos e mistos. Kraepelin também incluiu na categoria maníaco-depressiva até mesmo transtornos "leves" do humor que passavam "sem fronteira nítida ao domínio da predisposição pessoal", supondo que esses casos moderados eram rudimentos de transtornos mais graves e muitas vezes assumiriam tal forma.[14]

Kraepelin também defendeu que a maioria dos transtornos afetivos tinha origem em predisposições hereditárias; em consequência, "ataques de insanidade maníaco-depressiva podem ser incrivelmente *independentes de influências externas*".[15] Até mesmo muitos casos que pareciam surgir normalmente devido a circunstâncias externas, como mortes, disputas, amor não correspondido, infidelidade ou dificuldades financeiras eram, na verdade, manifestações de transtornos que provinham de disposições inatas. "A causa real da enfermidade", escreveu, "deve ser buscada em *mudanças internas permanentes*, que ao menos com muita frequência, ou talvez sempre, são inatas."[16] Esses estados podiam ser distinguidos da normalidade por evidências reveladoras como sintomas maníacos, recorrência inexplicável, ideação psicótica ou duração muito além do desaparecimento do motivo.

A relação entre os estudos de Kraepelin e a revolução do *DSM-III* é complexa e menos clara do que normalmente se afirma. O principal reformador do *DSM-III*, e que melhor o desenvolveu, o psiquiatra Robert Spitzer, nega ser um "neokraepeliniano", afirmando presumir que não existam patologias categóricas distintas por trás de síndromes diferentes, nem transtornos mentais causados unicamente por doenças cerebrais físicas, os dois princípios fundamentais da abordagem de Kraepelin.[17] Basicamente, Kraepelin rejeitou o uso de todo sistema rígido de sintomas como indicadores suficientes e necessários de um transtorno. Em vez disso, ele usou todas as evidências disponíveis, inclusive o prognóstico dos sintomas, para inferir se uma variedade de casos provavelmente se devia à mesma patologia. Ao contrário do que normalmente se crê, ele era *contra* o uso exclusivo de critérios sintomáticos para inferir qual transtorno estava presente. É certo que os médicos têm de usar os sintomas como principal recurso, mas Kraepelin fez isso de uma forma que pretendia transcender os sintomas e descobrir uma patologia latente, uma abordagem que contrasta com o firme apoio do *DSM* em definições operacionais unicamente por meio de síndromes sintomáticas.

A abordagem de Kraepelin ao diagnosticar patologias distintas dependia obviamente da identificação de certos estados como patologias, diferentes de estados não patológicos que não estão associados a nenhuma causa patológica latente. Como, então, Kraepelin lidou com a distinção entre tristeza normal e transtorno?

### Kraepelin e a tristeza normal

Os especialistas anteriores não analisaram a abordagem de Kraepelin à distinção entre tristeza normal e transtorno. Há de se reconhecer que suas obras contêm pouca coisa explicitamente sobre essa distinção. Conforme observamos, o contexto dos hospícios em que trabalhou tendia a tornar a distinção irrelevante, uma vez que todos os seus pacientes provavelmente tinham transtornos mentais.

Entretanto, Kraepelin necessitava de tal distinção e abraçou a mesma doutrina que a tradição médica que o precedeu: a de que a tristeza intensa não patológica ocorre em reação a uma variedade de perdas, e seus sintomas podem ser similares aos do transtorno depressivo. Assim, Kraepelin aceitou o princípio tradicional de que a forma de distinguir o transtorno depressivo patológico da tristeza normal era determinar se a tristeza era sem motivo (ou sem motivo proporcional). Embora não tenha afirmado explicitamente o princípio da "ausência de motivo" em seu critério diagnóstico, ele tornou clara sua posição sobre a tristeza normal em algumas observações esparsas:

As emoções doentias são diferenciadas das saudáveis principalmente por meio da ausência de um motivo suficiente, assim como por sua intensidade e persistência [...] Mesmo na vida normal, os estados de ânimo se alteram de inúmeras maneiras, mas sempre somos capazes de controlá-los e dissipá-los, ao passo que o temperamento doentio resiste a qualquer tentativa de controle. Às vezes, as emoções doentias estão associadas a certas ocasiões externas, mas, diferentemente dos sentimentos normais, elas adquirem certa independência e não desaparecem junto com a causa.[18]

Aqui, Kraepelin enfatizou que os estados doentios não tinham "motivo suficiente" ou, quando a princípio pareciam ter motivo, tornavam-se independentes das circunstâncias e persistiam mesmo depois que estas mudavam. Entre esses casos estão aqueles que eram transtorno desde o início e os que começavam como reações normais, mas depois se tornavam doentios.

Ao apresentar alguns dos casos que atendeu, Kraepelin abordou a diferenciação entre transtorno e tristeza normal:

Primeiro falarei de um agricultor de 59 anos que foi hospitalizado há um ano [...] Ao ser questionado sobre sua enfermidade, ele irrompe em lamentações, dizendo que não disse toda a verdade no momento da internação, ocultando o fato de que caíra em pecado em sua juventude e praticou impurezas; tudo que fez estava errado. "Estou tão apreensivo, sou tão imprestável; não posso continuar mentindo por ansiedade. Ó, Deus, se ao menos eu não tivesse cometido pecados tão graves!" [...] A doença começou gradualmente sete ou oito meses depois de sua internação, sem nenhum motivo determinado. Primeiro, vieram a perda de apetite e a dispepsia, e então as ideias de pecado [...] O traço mais impressionante de seu relato clínico é a *depressão ansiosa*. À primeira vista, lembra as ansiedades de uma pessoa saudável, e o paciente afirma que sempre fora muito apreensivo e apenas piorou. Mas mesmo sem haver o menor motivo externo para apreensão esse sentimento se prolongava durante meses, com intensidade cada vez maior. Esse é o indicador que permite diagnosticar seu estado doentio.[19]

Kraepelin percebeu que até mesmo os sintomas extremos desse paciente, tanto emocionais quanto fisiológicos, eram coerentes com a tristeza normal intensa, especialmente numa pessoa com predisposição à melancolia. Mas, conforme observou, os sintomas do paciente começaram "sem nenhum motivo determinado". Além disso, mesmo sem haver o menor motivo externo para apreensão", o estado persistia por meses (e, portanto, tinha duração prolongada e aparentemente incomum) e, ao contrário do que ocorre nos casos de tristeza normal, os sintomas não mostravam sinais de diminuição; longe disso, apresentavam "intensidade cada vez maior" com o tempo, ainda que não houvesse nenhuma circunstância nova que justificasse tais mudanças. A ausência de uma relação entre o estado do paciente e os acontecimentos externos, e principalmente a inexistência de uma trajetória que demonstrasse autocontrole e atitudes normais, "é o indicador que permite diagnosticar seu estado doentio".

Kraepelin diagnosticou no paciente um transtorno depressivo, e ele certamente receberia o diagnóstico de Transtorno Depressivo Maior segundo os critérios do *DSM* com base na duração e nos sintomas dos episódios depressivos: perturbações do sono e do apetite, humor deprimido, culpa intensa injustificada e autorreprovação. Mas os comentários de Kraepelin sobre o diagnóstico que diferencia esse transtorno depressivo da tristeza normal implicam uma divergência do *DSM*, não no caso desse paciente, mas em casos de reações normais que podem ser similares a este quanto aos sintomas manifestados. O mais importante na discussão de Kraepelin é que, depois de mencionar a duração e os sintomas, ele observou: "À primeira vista, lembra as ansiedades de uma pessoa saudável", especialmente alguém com temperamento um pouco melancólico, mas dentro dos limites da normalidade. (De fato, as lamentações e a culpa do paciente lembram uma das descrições de Timothie Bright, analisadas no capítulo anterior, de casos de culpa normal intensa devido à crença de ter pecado contra as leis de Deus.) Isto é, Kraepelin reconhecia que os sintomas dessa duração e intensidade podem ser uma reação normal aos acontecimentos. Segundo ele, não é a duração dos sintomas ou os sintomas em si o que lhe permite identificar esse caso como um transtorno. Ao contrário, com base nos critérios sintomáticos e na duração de duas semanas, o *DSM* automaticamente diagnosticaria um transtorno depressivo em tal indivíduo, sem o tipo de avaliação que Kraepelin realizou. Da perspectiva do *DSM*, a discussão esmerada de Kraepelin não tem sentido porque, considerando-se os sintomas, a possibilidade de reação normal inexiste e, sendo assim, não há distinção a ser feita.

Em outra passagem em que reiterou que o critério da "ausência de motivo" era fundamental para o diagnóstico, Kraepelin deixou claro que, mesmo em sua época, quando a regra era a predominância de casos graves entre os pacientes psiquiátricos, havia uma possibilidade real de diagnosticar incorretamente um transtorno em uma pessoa normal porque os sintomas podiam ser idênticos:

> Em certas ocasiões, pode ser muito difícil distinguir um ataque de insanidade maníaco-depressiva de um estado *psicogênico* de depressão. Muitas vezes, atendi a pacientes cujo abatimento, apatia e ansiedade me levaram a crer que eu estava diante de um caso real de depressão, e só mais tarde descobri que eram casos de mau humor, motivados por delinquências graves e ameaças de processos judiciais. Quanto aos casos mais leves de depressão maníaco-depressiva, até

onde foi possível verificar, eles podem ser muitíssimo similares ao mau humor que se manifesta em indivíduos saudáveis, com a diferença fundamental de que surgem sem ocasião específica, o que às vezes impossibilita que se chegue a uma interpretação correta sem conhecer o histórico do paciente.[20]

Embora Kraepelin reconhecesse como transtornos alguns casos de depressão psicogênica (isto é, aqueles causados por fatores exclusivamente psicológicos, não relacionados com nenhuma patologia biológica que possa desencadear estados maníaco-depressivos), ele também usou o termo "psicogênico" para se referir a estados de tristeza normal com motivos externos suficientes. A principal conclusão a que chegou, com base em sua experiência, é que, quanto "aos casos mais leves de depressão maníaco-depressiva, até onde foi possível verificar, eles podem ser muitíssimo similares ao mau humor que se manifesta em indivíduos saudáveis, com a diferença fundamental de que surgem sem ocasião específica".

Kraepelin admitiu que, inicialmente, acreditava que os pacientes em questão sofressem de transtorno depressivo, observando que os fatos sobre o contexto que o fizeram mudar de opinião se revelaram "só mais tarde". Isso confirma que Kraepelin entendia que os sintomas dos casos normais e patológicos podiam ser os mesmos e explica por que ele enfatizou que o contexto era o critério fundamental de diferenciação. Também vale notar que nenhum dos casos normais que relatou estava ligado ao luto, a única consideração contextual permitida pelo *DSM* – ao contrário, eram "motivados por delinquências graves e ameaças de processos judiciais". Portanto, como podemos ver, o *DSM*, por ignorar a "diferença fundamental" do contexto, provavelmente classificaria como transtornos esses casos que Kraepelin diagnosticou como normais.

Considere-se mais um caso de Kraepelin que trata da distinção entre transtorno e normalidade.

Agora vou lhes apresentar uma viúva de 54 anos que fez várias tentativas de tirar a própria vida. Essa paciente não tem um histórico de insanidade. Casou-se aos 30 anos de idade e tem quatro filhos saudáveis. Ela relata que o marido morreu há dois anos e desde então ela tem dormido mal. Sendo obrigada a vender a casa na época, porque a herança tinha de ser dividida, tornou-se apreensiva e passou a ter tais ideações, ainda que, ao pensar calmamente, percebesse que seus medos eram infundados [...] Essa paciente também tem muita clareza quanto ao que se passa a seu redor e dá informações coerentes sobre seu estado. Ela não tem delírios reais, com exceção do receio de que jamais ficará bem novamente. De fato, descobrimos que o real significado de toda a descrição da doença é apenas *depressão ansiosa* permanente, com os mesmos acompanhamentos que vemos na agitação mental de pessoas sãs – isto é, perda de sono e de apetite e nutrição deficiente. A semelhança com a ansiedade de um indivíduo sadio é ainda maior porque a depressão se segue a uma causa externa dolorosa. Mas podemos ver facilmente que a gravidade e, mais especificamente, a duração da depressão emocional ultrapassaram os limites do que é normal. A própria paciente vê claramente que sua apreensão não é justificada por sua situação real, e que não há absolutamente nenhum motivo pelo qual ela devesse desejar morrer.[21]

Essa paciente estava vivenciando seu único episódio de sintomas depressivos: não havia "histórico de insanidade". Além de manifestar humor deprimido, apresentava ideação suicida e tinha insônia, perda de apetite e falta de energia ("nutrição deficiente"); portanto, receberia um diagnóstico de Transtorno Depressivo Maior segundo os critérios do *DSM*. Apesar de os sintomas depressivos terem começado logo depois da morte do marido, a causa imediata parece não ter sido essa, mas sim a necessidade de vender a casa e, por conseguinte, o medo da pobreza. Como vimos no Capítulo 2, as consequências financeiras e sociais da perda podem ter influência sobre a intensidade de uma reação normal. Mais uma vez, os sintomas – incluindo até mesmo a ideação suicida, que pode ocorrer em pessoas normais que estão altamente perturbadas – consistem nos "mesmos acompanhamentos que vemos na agitação mental de pessoas sãs". De fato, "A semelhança com a ansiedade de um indivíduo sadio é ainda maior porque a depressão se segue a uma causa externa dolorosa".

Sendo assim, como Kraepelin sabia que essa mulher tinha um transtorno mental? Embora houvesse um motivo, a reação, que durara cerca de dois anos e incluíra sérias tentativas de suicídio, era muito desproporcional: "[...] a gravidade e, mais especificamente, a duração da depressão emocional ultrapassaram os limites do que é normal". Com efeito, isso significava que os sentimentos não tinham motivo. Isso era visível até mesmo para a própria paciente: "[...] ainda que, ao pensar calmamente, percebesse que seus medos eram infundados [...] A própria paciente vê claramente que sua apreensão não é justificada por sua situação real, e que não há absolutamente nenhum motivo pelo qual ela devesse desejar morrer". De fato, a paciente tinha todos os motivos para viver, inclusive quatro filhos saudáveis. O caso ilustra que quando a gravidade e a duração dos sintomas são desproporcionais ao motivo que os desencadeou há, realmente, sintomas "sem motivo", visto que não podem ser totalmente explicados pelo contexto. Conforme enfatizou Kraepelin em outro momento, "o abatimento que na vida normal acompanha as experiências tristes diminui gradativamente, mas, na doença, até mesmo um ambiente alegre é incapaz de eliminar a tristeza; de fato, pode até mesmo intensificá-la"[22].

Em suma, Kraepelin defendia a distinção tradicional entre estados depressivos "com" e "sem motivo". Não eram os sintomas em si, mas os sintomas que se desvinculavam do contexto e adquiriam vida própria, o que indicava um transtorno. Kraepelin propôs que os sintomas fossem evidências para inferir um diagnóstico, mas, ao contrário do *DSM*, nunca tentou definir transtornos unicamente com base em sintomas necessários e suficientes. Ele reconhecia claramente episódios depressivos normais, "com motivo", que eram proporcionais às causas e desapareciam quando o estressor deixava de existir, e se dedicou ativamente à questão de como distinguir a tristeza normal do transtorno considerando a possível similaridade entre seus sintomas.

### Adolf Meyer, sobre reações normais e patológicas

Adolf Meyer (1866-1950), psiquiatra nascido na Suíça que ocupou a cadeira de Psiquiatria da Universidade Johns Hopkins, é por muitos considerado o principal psiquiatra americano da primeira metade do século XX. Ele foi influenciado tanto pela tradição fisiológica de Kraepelin quanto pela tradição psicológica de Freud. Inicialmente, ficou conhecido por trazer as ideias de Kraepelin para a psiquiatria americana, mas não foi totalmente partidário de nenhuma das duas escolas. Nos anos 1920, Meyer já havia desenvolvido sua própria abordagem, que enfocava mais o histórico de vida do paciente e sua personalidade e capacidade de se adaptar aos desafios das doenças específicas que eles poderiam ter. De fato, ele reformulou o conceito de transtorno psiquiátrico, definindo-o como uma disfunção na capacidade de reagir a tais problemas cotidianos. A abordagem de Meyer teve grande influência nas descrições de transtornos mentais das duas primeiras edições do *DSM*.

Assim como os psicanalistas, Meyer priorizou uma abordagem contextual da depressão. Para ele, os sintomas, causas e prognósticos das doenças depressivas eram demasiado heterogêneos para ser incluídos numa única patologia. Alternativamente, desenvolveu uma abordagem "biopsicossocial", que enfatizava como as predisposições singulares de cada indivíduo, as circunstâncias externas e as experiências específicas no decorrer da vida produzem esses estados. Para Meyer, os transtornos psiquiátricos, incluindo a depressão, eram reações adaptativas malsucedidas que se deviam a predisposições físicas e psicológicas, à forma como o indivíduo foi criado, a condições sociais e à interação dos indivíduos com o meio. Em consonância com a tradição da "ausência de motivo", Meyer definiu a melancolia simples como "uma depressão excessiva e totalmente injustificada" e a depressão simples como "excessos da depressão normal, em maior ou menor grau".[23]

Em resposta ao foco de Kraepelin na classificação com base em inferências de patologias físicas latentes, análoga ao diagnóstico de doenças físicas, Meyer incluiu um componente biológico nas reações ao estresse. Concebendo as patologias mentais como disfunções na capacidade geral do indivíduo de se adaptar a situações estressantes, ele desenvolveu um esquema geral para pensar todos os transtornos que foi resumido no esquema "situação, reação e adaptações finais".[24] Segundo Meyer, "os estados que encontramos na psicologia são tipos de reação mais ou menos anormais".[25] Ao falar de reações e adaptações, ele não incluiu a tristeza normal em reação à perda em sua concepção de patologia. Ao contrário, ao considerar que os episódios de transtorno eram reações disfuncionais aos acontecimentos, ele basicamente instava os psiquiatras a compreender que os indivíduos que padeciam de transtornos mentais reagiam inadequadamente a contextos externos.

Em princípio, Meyer e seus seguidores defenderam uma distinção nítida, coerente e tradicional entre as reações normais, que eram proporcionais, e as patológicas, que eram excessivas e desproporcionais. Eles também percebiam claramente que a distinção entre a depressão normal e a patológica reside não nos sintomas, mas em sua relação com os acontecimentos. A cartilha meyeriana de Wendell Muncie, *Psychobiology and psychiatry* [Psicobiologia e psiquiatria] (1939), com prefácio de Meyer, definia o transtorno depressivo como reação que se diferencia da experiência universal de tristeza normal por sua desproporcionalidade:

> A depressão é uma reação avassaladora em que um humor dominante e permanente de tristeza ou seu equivalente se manifesta como determinante da síndrome [...] O humor pode ser muito difuso, como tristeza, desânimo, melancolia, ou mais específico, como depressão preocupada, ou medrosa, ou ansiosa. A reação apresenta lentidão geral e diminuição de atividade produtiva, perda de iniciativa [...] pensamento lento [...] ideias de inutilidade, autodepreciação etc. A depressão patológica se diferencia da normal por sua maior permanência e profundidade, e pela desproporção com relação aos fatores que a desencadearam. A depressão é a principal reação mais facilmente reconhecida, uma vez que a depressão de proporções normais é uma experiência universal.[26]

Observe-se que Muncie implicitamente pressupôs que os sintomas da depressão normal, embora proporcionais às causas, eram similares àqueles dos casos de depressão patológica. De fato, ele aguardou até que sua descrição dos sintomas estivesse completa e então acrescentou os critérios clássicos e familiares para distinguir entre os dois tipos de depressão: a maior duração ("permanência"), a intensidade anormal dos sintomas ("profundidade") e a desproporção com relação à causa.

Tanto Meyer quanto os psicanalistas se dedicaram mais a compreender a personalidade e as circunstâncias da vida dos indivíduos que a distinguir estados patológicos. Seu maior impacto na classificação psiquiátrica foi no *DSM-I* e no *DSM-II* – os manuais diagnósticos que precederam o *DSM-III* –, que adotaram o vocabulário de Meyer sobre "reação" e as ideias psicanalíticas sobre ansiedade e defesa em algumas de suas definições, inclusive na de transtorno depressivo.

### Classificações psiquiátricas iniciais

Durante a primeira metade do século XX, a nomenclatura psiquiátrica nos Estados Unidos não refletia um interesse muito grande em classificação. Ao contrário, a necessidade administrativa de manter registros estatísticos sobre transtornos em grupos como os de pacientes hospitalizados levou ao desenvolvimento de manuais de diagnóstico.[27] Os diagnósticos focavam o estado de saúde dos indivíduos internados nessas instituições – na época, a forma predominante de tratamento para transtorno mental – e refletiam o fato de que a maioria dos psiquiatras atendia em hospícios. Portanto, os sistemas de diagnóstico tendiam a evitar abordar os estados neuróticos menos graves que os analistas costumavam atender em consultório. Por exemplo, o primeiro sistema de classificação padronizado nos Estados Unidos, o *Statistical manual for the use of hospitals for mental diseases* [Manual estatístico para uso em hospitais psiquiátricos], publicado em 1918, dividia os transtornos mentais em 22 grupos principais, apenas um dos quais representava todas as psiconeuroses.[28]

O *Manual estatístico* continha duas categorias que abarcavam estados depressivos. Em primeiro lugar, um dos dois grupos era para transtornos não neuróticos de origem psicogênica sem motivos físicos ou hereditários bem definidos. As psicoses maníaco-depressivas entravam nessa categoria (distinguindo-se nitidamente da perspectiva biológica de Kraepelin e aproximando-se das abordagens psicodinâmicas). Em segundo lugar, no grupo geral de *psiconeuroses* estava a categoria de depressão sob o rótulo *depressão reativa*, por influência de Meyer. Sua definição de depressão reativa é a seguinte:

> Aqui serão classificados aqueles casos que manifestam depressão em reação a motivos externos óbvios que poderiam naturalmente levar à tristeza, como o luto, enfermidades e preocupações financeiras e de outro tipo. A reação, mais intensa e de duração mais longa que a tristeza comum, pode ser considerada patológica. A depressão profunda, com retardação motora e mental, manifestada na depressão maníaco-depressiva não está presente, mas essas reações podem, de fato, estar mais intimamente relacionadas com as reações maníaco-depressivas que com as psiconeuroses.[29]

Essa definição reconhecia que os transtornos depressivos se distinguem da tristeza que surge proporcionalmente "motivada" por circunstâncias externas, que é provocada "naturalmente" (isto é, em consonância com a natureza humana), sendo, portanto, normal e não patológica. A definição também seguia a tradição ao reconhecer que uma ampla gama de circunstâncias negativas pode levar à tristeza normal, oferecendo uma lista resumida de exemplos que incluía o pesar, doenças e dificuldades financeiras, ao contrário das definições recentes que já não aceitam a gama de causas possíveis de tristeza normal intensa.

A distinção entre depressão normal e patológica do *Manual estatístico*, não tão diferente daquela proposta por Hipócrates, não se baseava nos sintomas em si, mas requeria que, na depressão patológica, estes fossem mais intensos e mais duradouros que na tristeza comum. Eles não eram tão profundos e intensos quanto na doença maníaco-depressiva, mas ainda assim eram transtornos. Portanto, um exame exclusivo dos sintomas não poderia determinar a patologia, que só era diagnosticada quando os sintomas tinham intensidade desproporcional ao contexto. O *Manual*, tirando o chapéu para Kraepelin, especulava que as reações depressivas patológicas podem compartilhar com as maníaco-depressivas um fator etiológico subjacente, explicando, assim, sua intensidade e desproporção injustificadas. De fato, essa definição espelhava os mesmos três tipos de caso – depressão com motivo, sem motivo e de intensidade e duração desproporcionais ao que as motivou – que Robert Burton delineara em *Anatomia da melancolia*. Assim como a definição de Burton, reconhecia que somente os dois últimos casos indicavam transtorno mental.

O *Manual estatístico* guiou a classificação psiquiátrica da primeira edição, em 1918, à décima, em 1942. No início dos anos 1950, o centro de gravidade da psiquiatria americana havia se deslocado dos hospitais públicos, que focavam em casos psicóticos, à terapia psicodinâmica de patologias menos graves, tratadas em consultório. Assim, as classificações de transtornos psicóticos que dominavam o *Manual estatístico* deixaram de ser relevantes para a grande maioria dos pacientes. Em 1952, a Associação Americana de Psiquiatria codificou novamente os transtornos mentais e lançou a primeira edição de um novo manual, o *Manual Estatístico e Diagnóstico de Transtornos Mentais (DSM-I)*[30], que refletia melhor o perfil dos novos pacientes psiquiátricos.

Uma combinação das abordagens psicodinâmica e meyeriana dominou a caracterização da depressão no *DSM-I*, que em geral minimizou os aspectos biológicos dos transtornos e enfocou mecanismos psicológicos inconscientes.[31] O *Manual* continha uma categoria de reação afetiva psicótica que, por sua vez, era dividida em reações maníaco-depressivas e psicótico-depressivas. Ambos os tipos de caso apresentavam sintomas intensos que continham "nítidas evidências de interpretação distorcida da realidade, incluindo, em certas ocasiões, delírios e alucinações".[32] As reações afetivas psicóticas também contemplavam mudanças drásticas de humor que estavam sujeitas a alívio e recaída, ao passo que as reações maníaco-depressivas não incluíam mudança de humor, mas eram frequentemente desencadeadas por fatores externos.

O *Manual* considerava que os transtornos depressivos psiconeuróticos, como todas as psiconeuroses, derivavam de tentativas inconscientes de lidar com a ansiedade, uma perspectiva essencialmente psicanalista. Mais uma vez à maneira de Meyer, como variação das "reações depressivas" do *Manual estatístico* anterior, o *DSM-I* classificou esses casos de "reações depressivas". A definição foi a seguinte:

> Nessa reação, a ansiedade é atenuada, e portanto parcialmente aliviada, pela depressão e pela autodepreciação. A reação é precipitada por uma situação atual, muitas vezes por alguma perda alegada pelo paciente, e normalmente associada a um sentimento de culpa por fracassos ou feitos passados. Nesses casos, a intensidade da reação depende da intensidade do sentimento ambivalente que o paciente nutre por sua perda (amor, bem), assim como das circunstâncias realistas da perda.
>
> O termo é sinônimo de "depressão reativa" e se diferencia da reação psicótica correspondente. Nessa diferenciação, devem-se considerar os seguintes pontos: (1) histórico da vida do paciente, com especial referência a oscilações de humor (o que sugere reação psicótica), à estrutura da personalidade (neurótica ou ciclotímica) e a desencadeadores externos; e (2) ausência de sintomas perniciosos (preocupação hipocondríaca, agitação, delírios – particularmente somáticos –, alucinações, sentimentos intensos de culpa, insônia intratável, ruminações suicidas, retardação psicomotora severa, profunda lentidão de pensamento, estupor).[33]

Essa definição de reação depressiva se apoiava firmemente nas especulações psicodinâmicas sobre etiologia para definir as neuroses depressivas. O *DSM-I* não só concebeu os estados depressivos como formas pelas quais os indivíduos tentavam se defender de estados latentes de ansiedade, como também incutiu na definição de depressão suposições psicodinâmicas de que a culpa e sentimentos de ambivalência eram componentes essenciais dessa enfermidade. Com exceção de tais critérios de definição etiológicos, grande parte da definição buscava distinguir transtornos depressivos psiconeuróticos de transtornos depressivos psicóticos.

A definição de depressão reativa do *DSM-I* pode parecer uma anomalia histórica, considerando-se que não disse uma palavra sobre a distinção entre as reações depressivas psiconeuróticas patológicas e as reações normais às circunstâncias. No entanto, esse lapso era mais aparente que real, pois a distinção estava implícita, baseada nos pressupostos etiológicos psicodinâmicos do *DSM-I*. Explicitar a distinção entre reações depressivas normais e patológicas era supérfluo precisamente porque o *DSM-I* se apoiava numa teoria de etiologia para identificar transtornos e distingui-los, por conseguinte, dos estados normais em que a etiologia está ausente. Com efeito, a definição especificava as disfunções dos mecanismos psicológicos que causavam tristeza profunda, incluindo culpa e autodepreciação injustificadas, intensa ambivalência com relação ao objeto perdido e uso de mecanismos de defesa (inclusive sentimentos depressivos) para evitar as ansiedades naturais que surgem em situações de perda. Esses processos se combinavam para levar a uma reação depressiva que não era meramente tristeza proporcional a alguma perda real (embora a "situação atual" e as "circunstâncias realistas da perda" influenciassem a intensidade da reação), mas, ao contrário, uma reação de intensidade exagerada e desproporcional devido à ação dessas disfunções psicológicas internas. Observe-se que os exemplos de fatores desencadeadores das reações à perda que podem ser normais – ou, se havia ambivalência quanto à perda, patológicas – são a perda de um parceiro e de bens, e não o luto.

O *DSM-I* foi o manual oficial da APA de 1952 a 1968. Seu sucessor, o *DSM-II*, fornece uma definição mais sucinta de "neurose depressiva":

> Esse transtorno é manifestado por uma reação excessiva de depressão devido a um conflito interno ou a uma circunstância identificável, como a perda de um amor ou de um bem querido. Deve ser diferenciada da melancolia involutiva e da doença maníaco-depressiva. As depressões reativas ou reações depressivas são classificadas aqui.[34]

O *DSM-II* implicitamente reconhecia a distinção entre os casos de depressão que eram reações proporcionais à perda e aqueles que eram "excessivos" e, portanto, desproporcionais. A definição presumia que os psiquiatras conheciam os sintomas da depressão e, portanto, não tentava especificá-los nem sugerir usá-los para distinguir casos normais de patológicos. Mais uma vez, a definição se apoiou na etiologia – um conflito interno – para sugerir uma disfunção interna, mas também reconhecia que as perdas podem desencadear uma reação desproporcional e patológica até mesmo na ausência de um conflito interno. Além disso, reconhecia outros desencadeadores normais além da perda de um amor, como a perda de um bem valorizado. Em certa medida, a definição do *DSM-II* era um retorno à tradição clássica de especificar a depressão patológica simplesmente como reação desproporcional e "excessiva".

Em suma, 2.500 anos de psiquiatria defenderam que a natureza humana normal tinha uma propensão à tristeza possivelmente intensa após certos tipos de perda. Reconhecia-se amplamente que um transtorno só pode ser diagnosticado quando as explicações contextuais não são capazes de determinar uma causa normal para a intensidade ou a duração dos sintomas. As principais influências sobre a classificação psiquiátrica da primeira metade do século XX – Freud, Kraepelin e Meyer, e os primeiros manuais diagnósticos, como o *DSM-I* e *II*, influenciados por eles – discordavam em muitos pontos, mas todas adotavam implícita ou explicitamente essa compreensão de transtorno depressivo.

## O colapso da tradição da tristeza "com" e "sem" motivo

### Os pós-kraepelinianos

Entre 1920 e 1970, a predominância das teorias psicodinâmicas de Freud e das teorias de Meyer baseadas no contexto levou à total negligência do sistema de categorização de Kraepelin, que presumia causas físicas latentes. No entanto, a abordagem de Kraepelin inspirou alguns pesquisadores, especialmente no Reino Unido, a se dedicar à classificação dos tipos de depressão.

Vários estudos empíricos examinaram os tipos de sintoma numa tentativa de descobrir se a depressão consistia em um ou mais transtornos distintos. O trabalho do psiquiatra Aubrey Lewis foi particularmente influente. Em 1934, Lewis publicou um estudo sobre 61 pacientes tratados no Hospital Maudsley, em Londres.[35] Ele argumentou que a distinção entre a depressão endógena e a reativa era insustentável porque a maioria dos casos supostamente endógenos tinha causas externas; além disso, a maior parte dos casos de depressão reativa era precedida por toda uma vida de predisposição à depressão. A pesquisa de Lewis parecia confirmar a afirmação de Kraepelin de que quase todos os casos de depressão são um único transtorno, que pode variar de moderado a grave, mas não difere quanto a causas endógenas ou reativas. Alguns pesquisadores, confirmando as afirmações de Lewis, descobriram que os sintomas depressivos eram contínuos e não conseguiram discernir padrões suficientemente definidos para sugerir a existência de causas distintas. Esse grupo, assim como Kraepelin, concluiu que uma divisão rígida entre depressão endógena e reativa ou entre neurótica e psicótica não se justificava.[36]

A maioria dos pesquisadores, no entanto, rejeitava a noção de que todas as formas de depressão se enquadravam numa única categoria. Eles perceberam, ao contrário, que a depressão *endógena*, ou *psicótica*, parecia ser de um tipo distinto. Os sintomas da depressão psicótica, que normalmente incluíam alucinações e delírios, não tinham relação com os sintomas de outros tipos de depressão e reagiam ao tratamento de modo diferente[37]. A depressão psicótica parecia mais responsiva à terapia eletroconvulsiva e ao antidepressivo imipramina, e menos responsiva a tratamentos com placebo em comparação com outros estados depressivos.[38] No entanto, na maioria das vezes, as tentativas de distinguir a depressão psicótica por meio da ausência de causas externas fracassaram.[39] Normalmente, todos os tipos de depressão surgem após acontecimentos estressantes do cotidiano. Considerando-se o pequeno número de casos de depressão que eram de fato "sem motivo", o termo "endógena" gradativamente passou a se referir a um tipo fenomenológico de sintomas, e não a uma causa particular. Os termos "psicótica" ou "grave" caracterizavam de maneira mais precisa a natureza desses casos.

Embora os pesquisadores desse período muitas vezes concordassem que a depressão psicótica (ou endógena) constituía um tipo distinto de transtorno, eles não chegavam a um consenso sobre a natureza da depressão não psicótica. Aos poucos, o uso do termo "neurótica" prevaleceu sobre "reativa" porque a grande maioria de todos os tipos de depressão era provocada por acontecimentos externos. Alguns concluíram que a depressão era binária, contemplando um tipo neurótico e outro psicótico.[40] Outros acreditavam que havia três ou mais tipos distintos de depressão, embora tivessem opiniões divergentes quanto ao número e à natureza desses estados.[41] Ao contrário dos sintomas relativamente homogêneos encontrados na depressão, os sintomas neuróticos eram heterogêneos e difusos de um estudo para outro.[42] Dependendo do estudo, a depressão neurótica apresentava uma combinação de sintomas que refletia reações de desesperança, baixa autoestima, disforia, desmoralização, raiva, hostilidade, irritação e desapontamento que não se enquadravam em esquemas diagnósticos precisos.

Para o nosso propósito de compreender as origens do diagnóstico atual, o conteúdo detalhado e os importantes resultados desse programa de pesquisa pós-kraepeliniano não são tão relevantes quanto sua metodologia. Embora as pesquisas empíricas desse período não tenham chegado a um consenso sobre a natureza da depressão, elas ajudaram a pavimentar o caminho para a revolução nos diagnósticos psiquiátricos devido à abordagem que adotaram para identificar o transtorno depressivo. Esses pesquisadores afirmavam seguir a linha de Kraepelin, mas, na verdade, sua abordagem divergia nitidamente da dele. Durante esse período, os estudos empíricos se apoiaram unicamente na medição das manifestações sintomáticas num momento pontual. Os pesquisadores ignoraram completamente aspectos associados com a progressão, a duração e, principalmente, o contexto em que surgiam os sintomas. Já Kraepelin, como vimos, rejeitou o uso exclusivo de sintomas para distinguir os vários tipos de depressão e assinalou a necessidade de examinar o decurso e o prognóstico dos casos, assim como a importância de distinguir a tristeza normal da patológica com base no contexto.

A ênfase no diagnóstico com base em sintomas refletia a forma como os pesquisadores exploraram métodos estatísticos recém-desenvolvidos, especialmente a análise fatorial, para verificar se a depressão era uma única doença ou se havia vários tipos.[43] A análise fatorial tenta distinguir vários grupos de sintomas examinando até que ponto cada sintoma individual tende a ocorrer junto com outros sintomas. Não há nenhum conflito inerente entre adotar esses métodos estatísticos e considerar a proporcionalidade dos sintomas ou a moderação das reações emocionais como parte do que é analisado estatisticamente. Na prática, entretanto, a complexidade que essas análises introduziram levou os pesquisadores a se afastar da tradição clínica e se apoiar apenas em padrões de sintomas, sem considerar o contexto nem o decurso do estado depressivo para distinguir os diferentes tipos de depressão. Partindo do fato de que os pacientes que estudaram eram normalmente hospitalizados e, de qualquer forma, tinham claramente um transtorno e já haviam sido diagnosticados, os pesquisadores que se apoiavam em técnicas estatísticas para isolar os tipos de sintoma simplesmente presumiram, de maneira muito sensata, que todos os sintomas que incluíram em seus modelos eram manifestações de transtorno na população analisada. Mas, como podemos ver, os tipos de critério clínico que finalmente surgiram dessas análises baseadas em sintomas vieram a ser aplicados muito além da população de doentes mentais de onde se originaram, passando a grupos cada vez mais amplos em que os mesmos sintomas possivelmente não significavam a mesma coisa.

A descoberta de Lewis de que a maioria dos casos de depressão surgia depois de algum acontecimento desencadeador facilitou a decisão de focar em sintomas, pois sugeriu que talvez o critério da "presença" ou "ausência" de motivo com base no contexto não fosse, afinal, tão importante.[44] No entanto, a pesquisa de Lewis nunca explorou a noção da desproporcionalidade de uma reação com relação à natureza do desencadeador, o que estava no cerne da tradição clássica. Além disso, seu estudo considerava uma amostra de pacientes hospitalizados e nitidamente doentes; portanto, não poderia revelar diferenças entre casos normais e patológicos.

A substituição da distinção entre os casos "com" e "sem" motivo por categorias baseadas em tipos de sintoma teve consequências especialmente desastrosas para o diagnóstico de indivíduos normais porque, nessa época, ocorria uma mudança importante na natureza dos pacientes tratados com depressão. Embora a amostra hospitalizada de Lewis refletisse a população clínica-padrão de pacientes depressivos no início do século XX, no decorrer do século os consultórios psiquiátricos gradativamente se tornaram o lugar mais comum para o tratamento de depressão. Os pacientes atendidos em consultório, no entanto, apresentavam uma gama muito maior de problemas, incluindo números significativos de estados de tristeza normal, que os grupos mais homogêneos de pacientes internados com transtornos mentais graves estudados por Kraepelin e Lewis.[45] "Os psiquiatras de hoje", concluiu brevemente o psiquiatra Hagop Akiskal antes da publicação do *DSM-III*, em 1980, "deparam com um grande número de indivíduos que procuram ajuda por problemas de enfermidade mental e disforia mal definidos que parecem não admitir caracterizações complementares [...] Por isso, a imprecisão cada vez maior da depressão neurótica tem paralelo em sua crescente visibilidade clínica".[46] A transposição dos métodos de diagnóstico baseados em sintomas do ambiente da internação hospitalar ao grupo mais heterogêneo de pacientes atendidos em consultórios psiquiátricos, sem as simples distinções contextuais usadas no passado para separar os casos normais dos patológicos, gerou um número sem precedentes de diagnósticos falsos-positivos de transtorno depressivo.

Nos anos 1970, a literatura sobre depressão era marcada por uma "mistura de sistemas concorrentes e sobrepostos" que contrastavam casos de depressão psicótica e neurótica, endógena e reativa, bipolar e unipolar, e de muitos outros tipos.[47] Com exceção do consenso de que os casos de depressão psicótica (ou endógena) eram distintos dos estados neuróticos, não havia praticamente nenhum acordo quanto à natureza da depressão não psicótica. Os pesquisadores não chegavam a uma conclusão sobre se as depressões não psicóticas eram contínuas ou descontínuas com as formas psicóticas, por um lado, ou com os estados normais, por outro. Eles discutiam quantas formas diferentes os estados neuróticos podiam assumir e até mesmo se de fato haveria formas distintas. Tampouco se sabia se algumas formas mais moderadas de depressão eram indícios de que formas psicóticas poderiam se desenvolver no futuro. Além disso, havia pouco consenso sobre quais sintomas particulares eram essenciais às definições de formas não psicóticas de depressão. Resumindo a situação nos Estados Unidos e na Grã-Bretanha na segunda metade dos anos 1970, os médicos Christopher Callahan e German Berrios observaram que "as categorias de diagnóstico psiquiátrico são, quando muito, subjetivas e provavelmente irrelevantes".[48] Em 1980, reagindo a esse período de debate confuso caracterizado pela incerteza nas descobertas empíricas e pela ausência de uma teoria definitiva sobre a natureza da depressão não psicótica, a psiquiatria adotaria, apesar disso, um conjunto de critérios sintomáticos definitivos para o diagnóstico de depressão que se manteve até os dias de hoje.

### Pavimentando o caminho para o DSM-III: os critérios de Feighner

A origem dos critérios do *DSM-III* se encontra no trabalho de um grupo de psiquiatras da Universidade de Washington em St. Louis. Segundo esses pesquisadores, enquanto o sistema de classificação continuasse sem definições precisas não haveria esperança de que a psiquiatria se tornasse uma ciência. Liderado por dois psiquiatras proeminentes, Eli Robins e Samuel Guze, o grupo foi inspirado pela tradição de pesquisa neokraepeliniana de analisar os sintomas estatisticamente e desejava solucionar as definições confusas e divergentes de transtorno propostas por diferentes pesquisadores. O grupo de St. Louis enfatizava a importância científica de ter critérios consensuais que usassem primordialmente manifestações sintomáticas como a base para toda pesquisa e decisão diagnóstica.

Em 1972, apoiando-se em discussões da equipe de como melhorar os critérios diagnósticos que poderiam ser usados na pesquisa, um residente da Universidade de Washington, John Feighner, codificou e publicou os critérios para diagnosticar quinze transtornos mentais, inclusive transtornos afetivos primários e secundários. O documento ficou conhecido como *Os critérios de Feighner*.[49] Esses critérios não foram formulados especificamente para ser usados na prática cotidiana dos consultórios psiquiátricos. Na verdade, eram uma tentativa de oferecer aos pesquisadores uma alternativa para a multiplicidade de definições imprecisas então em voga, possibilitando, assim, pesquisas mais cumulativas, comparáveis e reproduzíveis. O que se buscava era "uma base comum para diferentes grupos de pesquisa [...] O uso de critérios formais de diagnóstico por vários grupos [...] permitirá solucionar o problema de os pacientes descritos por grupos distintos serem comparáveis. Esse primeiro passo taxonômico, fundamental, deve impulsionar a investigação psiquiátrica".[50]

Os critérios de Feighner dividiam os transtornos afetivos primários em duas categorias: a depressão e a mania. Aqui, consideramos apenas a categoria "depressão". Os diagnósticos de depressão requeriam que três critérios fossem satisfeitos. Primeiro, o paciente devia ter humor disfórico marcado por sintomas como sentir-se deprimido, triste, abatido ou sem esperança. Segundo, ao menos cinco sintomas adicionais tinham de estar presentes (isto é, um total de seis para o diagnóstico definitivo; quatro sintomas adicionais, ou um total de cinco para um diagnóstico provável) dentre uma lista que inclui perda de apetite, dificuldade de dormir, falta de energia, agitação, perda de interesse nas atividades cotidianas, sentimentos de culpa, pensamento lento e ideias suicidas recorrentes. Finalmente, o caso deveria ter durado pelo menos um mês e não estar relacionado com outro transtorno mental preexistente.

Das pessoas que atendiam a esses critérios sintomáticos, apenas aquelas que tinham doenças potencialmente fatais ou incapacitantes eram excluídas do diagnóstico de transtorno afetivo primário. Seria possível perguntar se essa exclusão se baseava no fato de que a tristeza intensa costuma ser uma reação normal a tais enfermidades. No entanto, os sintomas desses pacientes simplesmente justificavam um diagnóstico diferente: o de um transtorno afetivo secundário. Essa categoria incluía todos os casos que atendiam aos mesmos critérios sintomáticos que os transtornos primários, mas ocorriam em concomitância com uma doença psiquiátrica não afetiva preexistente ou com uma doença potencialmente fatal ou incapacitante. Portanto, dentre aqueles que satisfaziam os critérios sintomáticos, nenhum indivíduo era, de fato, excluído do diagnóstico de transtorno depressivo.

Os critérios de Feighner para o diagnóstico de transtornos afetivos diferiam de maneira significativa dos critérios presentes em pesquisas empíricas anteriores sobre depressão e, em certos aspectos, entravam em choque com elas. Em primeiro lugar, todos os estados depressivos que não tinham traços maníacos e não eram precedidos por outras doenças físicas ou psiquiátricas eram agrupados numa única categoria. Esse sistema estava de acordo com a teoria de Kraepelin de que a depressão era um transtorno unitário, mas ignorava a grande maioria de estudos empíricos que sugeriam possíveis distinções nos perfis sintomáticos de depressões psicóticas unipolares (isto é, que não estavam associadas com mania) e neuróticas. No entanto, vimos que as pesquisas não eram conclusivas e não havia consenso sobre as possíveis distinções entre os tipos de transtorno depressivo.

Considerando-se os critérios de Feighner, o aspecto que diferia mais injustificadamente de avaliações psiquiátricas ponderadas era o fato de eles não reconhecerem a existência de reações depressivas com mais de um mês de duração que derivassem de reações normais à perda, nem mesmo o luto. Os critérios não admitiam a possibilidade de que alguns sintomas depressivos fossem proporcionais às causas, mesmo que durassem um mês, enquanto outros se originassem de disfunções. Esse conjunto de critérios é um precedente fundamental para o conjunto de critérios posteriores baseados no trabalho de Feighner.

Não se sabe ao certo por que o grupo de Feighner ignorou o problema evidente da tristeza normal em seus critérios. Talvez, para garantir que os pesquisadores usariam os critérios amplamente, os pesquisadores tenham se esforçado para evitar qualquer inferência sobre causas em suas definições; eles podem ter concluído que a distinção entre a normalidade e o transtorno implicava determinada abordagem etiológica da classificação.[51] Outra razão possível é que eles desenvolveram critérios com amostras de pesquisa cujos membros claramente tinham algum transtorno e presumiram que os critérios seriam usados com amostras similares. Ou, talvez, eles simplesmente estivessem seguindo a tradição de pesquisa que os precedeu, que se apoiava na análise estatística de sintomas sem considerar o contexto.

Outra possibilidade é que o grupo de Feighner reconhecia implicitamente a distinção entre tristeza normal e patológica, mas acreditava que a tristeza intensa com mais de um mês de duração é "prolongada" conforme a visão de Hipócrates e, se estiver associada com o número especificado de sintomas, inerentemente desproporcional a qualquer estressor possível – portanto, muito provavelmente patológica. Se for assim, os médicos, em observações clínicas anteriores, não aceitaram esse pressuposto, que parece entrar em conflito com a trajetória da reação normal a perdas importantes documentada no Capítulo 2; até mesmo o *DSM-III* admitia a duração de dois meses para uma reação sintomática normal diante da perda de um ente querido. De uma forma ou de outra, veremos que o *DSM-III* diminuiu essa duração para o critério menos plausível de duas semanas. Em suma, diferentemente de Kraepelin, Feighner e seus colegas não explicaram como distinguir transtorno de normalidade, nem afirmaram a necessidade de avaliar se aqueles sintomas depressivos satisfatórios eram de fato patológicos.

Como o grupo de Feighner desenvolveu seus influentes critérios para o diagnóstico de depressão? Uma das ironias da história da psiquiatria é que a justificativa posterior para o uso dos diagnósticos com base em sintomas, segundo os critérios de Feighner, como modelo para o *DSM-III* foi seu suposto embasamento em pesquisas empíricas em vez de em especulações teóricas.[52] Mas, a julgar pelas citações fornecidas pelo artigo, os critérios, ao menos para o diagnóstico de transtorno depressivo, encontravam poucas evidências empíricas na literatura médica. O artigo se refere apenas a quatro outros artigos publicados como fontes para os critérios de depressão (uma quinta referência cita um artigo não publicado de Robins e Guze, apresentado em um workshop no Instituto Nacional de Saúde Mental; além disso, o trabalho traz seis citações de publicações sobre mania, que não consideramos aqui).

Um dos artigos citados afirma que não há provas de que o estado particular de síndrome depressiva involutiva (isto é, pós-menopausa) possa ser discernível de outros transtornos depressivos quanto aos sintomas associados (uma questão sobre a qual Kraepelin hesitara), e conclui questionando a adequação dos critérios sintomáticos de modo geral: "Tentar agrupar os pacientes psiquiátricos em entidades clínicas por meio de descrições sintomáticas tem sido frustrante, uma vez que nunca ficou claro onde colocar a linha divisória. Esse é um grave problema na psiquiatria".[53] Duas outras referências, vindas de um mesmo projeto de pesquisa, sugeriam possíveis evidências de um fator endógeno no cerne dos sintomas depressivos, sendo mais provável, porém, que os sintomas da depressão reativa fossem "manifestações fenomenológicas de outros transtornos psiquiátricos que não a depressão, que 'contaminavam' a síndrome depressiva".[54] As descobertas com base nesses estudos, se é que houve, de fato contrariavam o agrupamento de estados endógenos e reativos proposto pelos critérios de Feighner. A última referência rejeitava explicitamente o uso de definições de depressão unicamente com base em sintomas que não incluíam considerações sobre as causas nem sobre seu caráter normal ou patológico:

> Ao classificar estados depressivos, a primeira distinção a ser feita é entre reações normais e patológicas. O luto e o pesar são, em geral, reações normais à perda de um objeto querido – que pode ser outra pessoa, dinheiro, prestígio, esperança, saúde –, e nem sempre é possível distinguir tais reações normais de pesar da depressão patológica apenas com base em razões fenomenológicas. A depressão será considerada patológica se houver motivo específico insuficiente para ela no passado imediato do paciente, se persistir por muito tempo ou se os sintomas forem demasiado intensos.[55]

*Nenhuma* das citações sobre depressão que constam no artigo de Feighner corrobora o pressuposto de que critérios baseados exclusivamente em sintomas possam definir transtornos depressivos. Essas fontes não justificam nem sequer abordam a validade da definição específica de transtorno afetivo nos critérios.

Logo após a publicação dos critérios de Feighner, os psiquiatras Robert Woodruff, Donald Goodwin e Samuel Guze, da Universidade de Washington, ampliaram a discussão de seus novos critérios e de sua abordagem ao diagnóstico na primeira cartilha psiquiátrica baseada em sintomas, *Psychiatric diagnosis* [Diagnóstico psiquiátrico].[56] O capítulo sobre o diagnóstico de transtornos afetivos enfatizava a importância de observar e medir os sintomas sem quaisquer inferências etiológicas devido ao pouco conhecimento sobre as causas da depressão. Esse princípio talvez explique, em parte, por que os critérios de Feighner não permitiram que nem mesmo o luto fosse excluído de um diagnóstico de transtorno depressivo.

Na seção sobre o diagnóstico diferencial de transtornos afetivos, o texto observa o seguinte com relação ao luto (não há discussão sobre outros estressores):

> Distinguir o pesar do transtorno afetivo primário pode ser difícil. No entanto, o pesar normalmente não dura tanto quanto um episódio de transtorno afetivo primário [...] A maioria dos enlutados apresenta menos sintomas que os pacientes com transtorno afetivo primário. Além disso, alguns sintomas comuns nesse transtorno são relativamente raros em pessoas que vivenciam o luto, principalmente o medo de perder a cabeça e pensamentos de automutilação.[57]

Corroborando suas considerações sobre as diferenças entre o luto e o transtorno depressivo, Woodruff e seus colegas citam vários artigos de Paula Clayton e outros psiquiatras que documentam o tipo e a duração dos sintomas depressivos que ocorrem durante o luto.[58] De fato, Clayton descobriu que, depois de um mês – a duração estipulada por Feighner para o diagnóstico de um transtorno –, cerca de 40% dos indivíduos enlutados apresentam sintomas similares aos do *DSM*. Mas existem poucas probabilidades e nenhuma evidência científica de que um percentual tão grande venha a sofrer de transtorno depressivo. Tendo em vista o enorme número de indivíduos que vivenciam o luto em algum momento da vida, a noção de que uma "maioria" não apresenta tantos sintomas quanto os requeridos pelos critérios de Feighner após um mês e de que "normalmente" o luto intenso não dura tudo isso, não há mostras muito tranquilizadoras de sua validade. De fato, isso parece deixar a porta aberta para um grande número de diagnósticos falsos-positivos de casos de luto normal, questão que continua ignorada.

A aparente suposição dos autores de que a duração de um mês e o limite de cinco sintomas para transtorno "provável" (seis para diagnóstico "definitivo") eram suficientes para discriminar o luto patológico do normal não se justifica com base nos próprios estudos que eles mesmos citam. Em todo caso, o texto não oferece novas provas empíricas relevantes para os critérios propostos para o diagnóstico de transtorno depressivo, tornando a validade dos novos critérios, na prática, tão questionável quanto antes. Esse texto, agora na quinta edição, viria a ter enorme influência sobre o *DSM-III*.[59]

Enquanto isso, os critérios de Feighner serviam claramente a uma necessidade da comunidade científica; em 1989, o artigo em que apareceram foi o mais citado da história da psiquiatria.[60] Sua definição amplamente influente de transtorno depressivo preparou a cena para que a psiquiatria fizesse diagnósticos exclusivamente com base em sintomas – embora essa abordagem fosse inerentemente incapaz de distinguir as reações de tristeza normal das patológicas.

## Os critérios diagnósticos de pesquisa

Robert Spitzer foi o principal responsável por adaptar os critérios de pesquisa de Feighner àqueles que se tornariam os critérios de diagnóstico clínico do *DSM-III*. Os Critérios Diagnósticos de Pesquisa (RDC, na sigla em inglês), que Spitzer criou em colaboração com Eli Robins, do grupo da Universidade de Washington, e publicou em 1978, foi a ponte entre esses dois marcos.[61] Em conjunto com o RDC, Spitzer também desenvolveu uma das primeiras entrevistas estruturadas para medir a depressão, a Entrevista para Transtornos Depressivos e Esquizofrenia (SADS, na sigla em inglês), um primeiro passo em direção ao desenvolvimento de questionários estruturados que mais tarde seriam usados em estudos epidemiológicos que aplicavam a nova abordagem diagnóstica na comunidade, fora das clínicas psiquiátricas (veja o Capítulo 6).[62]

Por solicitação do National Institute of Mental Health (NIMH) [Instituto Nacional de Saúde Mental], Spitzer e seus colegas desenvolveram o RDC para resolver questões sobre a baixa precisão dos diagnósticos psiquiátricos e criar uma tipologia mais sofisticada de diagnósticos de depressão. Assim como os critérios de Feighner, o RDC explicitamente visava facilitar a pesquisa, mas não era difícil ver sua aplicação clínica. Apoiando-se na abordagem de Feighner, baseada em sintomas, eles expandiram os quinze diagnósticos dos critérios de Feighner para 25 tipos principais e muitos outros subtipos de transtorno.[63]

Os critérios sintomáticos para Transtorno Depressivo Maior no RDC requeriam um episódio com duração de no mínimo duas semanas, a presença de humor disfórico visível e persistente ou perda generalizada de interesse ou prazer, cinco dos oito sintomas adicionais (quatro para um diagnóstico provável), busca de ajuda ou incapacitação devido ao transtorno, e ausência de características que sugiram esquizofrenia. As principais mudanças no RDC quanto aos critérios de Feighner eram a estipulação de que a perda generalizada de interesse ou prazer pudesse ser substituída por humor disfórico como condição necessária (refletindo a visão cada vez mais comum de que a perda de capacidade para o prazer é um aspecto fundamental da depressão), de que os sintomas só precisam estar presentes durante duas semanas em vez de um mês (redução substancial e inexplicável que pode ter possibilitado um aumento de diagnósticos falsos-positivos de indivíduos normais, mas encontraria paralelo no *DSM-III*), e de que o paciente precisa ter buscado ajuda ou ter seu funcionamento social prejudicado (basicamente, uma forma inicial dos critérios de implicação clínica posteriores). Também acrescentou critérios de exclusão que eliminavam do diagnóstico de depressão os indivíduos com esquizofrenia, assim como onze subtipos de Transtorno Depressivo Maior. (Os subtipos não mutuamente exclusivos de Transtorno Depressivo Maior, o que originalmente motivou o interesse do NIMH, eram primário, secundário, recorrente unipolar, psicótico, incapacitante, endógeno, agitado, retardado, situacional, simples e humor predominante.) Apesar da redução tanto da duração quanto do número de sintomas estabelecidos pelos critérios de Feighner para níveis que posteriormente seriam incorporados no *DSM-III*, os critérios do RDC para Transtorno Depressivo Maior não continham nenhuma exclusão com relação ao luto ou a qualquer outra reação normal, embora demandassem que os pesquisadores verificassem, durante as entrevistas com pacientes, se o luto estava presente.[64]

Por motivos que abordaremos no próximo tópico, uma questão importante na construção do RDC era a precisão do diagnóstico, isto é, se psiquiatras diferentes chegariam ao mesmo diagnóstico com base nas mesmas informações. Estudos baseados no RDC apontavam para um grande sucesso na produção de diagnósticos mais confiáveis. Para o diagnóstico de Doença Depressiva Maior, os relatórios iniciais registravam o notável índice de 97% de precisão.[65] Outros relatórios indicavam índices em torno de 90%.[66] Muitos consideravam que o aparente aumento de precisão era um grande avanço, como demonstram as observações do famoso psiquiatra Alvin Feinstein:

> A produção de critérios operacionais tem sido um avanço único e pioneiro em nosologia [...] No campo da nosologia diagnóstica, a definição de critérios operacionais representa uma revolução que é tão evidente, necessária, fundamental e importante quanto a revolução correspondente na obstetrícia e na cirurgia quando Semmelweis, Oliver Wendell Holmes e, mais tarde, Lord Lister recomendaram que os obstetras e cirurgiões lavassem as mãos antes de operar o corpo humano.[67]

Veremos que o entusiasmo de Feinstein pelas conquistas de Spitzer reflete o que se tornaria a grande conquista deste último: a liderança na criação de um sistema de classificação de diagnóstico clínico totalmente novo na psiquiatria, usando os mesmos princípios que o RDC, para garantir a precisão do diagnóstico. No entanto, quando apresentamos a discussão sobre o *DSM-III*, fizemos uma advertência preliminar: é verdade que, quando o diagnóstico se apoia exclusivamente nos sintomas, as pessoas podem ser treinadas para aplicar os critérios de acordo com as regras e, desse modo, chegar a um acordo, e a precisão pode muito bem aumentar. Mas essas avaliações consensuais na identificação de transtornos serão corretas (isto é, válidas)? Esses estudos não verificaram a validade do diagnóstico ao prognosticar o decurso, a reação a terapias ou a etiologia dos estados depressivos. Além disso, os critérios do RDC e de Feighner não estão associados a nenhuma tentativa sistemática de distinguir a tristeza intensa normal do transtorno depressivo, levantando ainda mais dúvidas sobre a validade dessas abordagens. Incluir nos critérios diagnósticos julgamentos sobre reações normais ou patológicas às circunstâncias requer grande esforço e provavelmente diminuiria a precisão, mas ainda assim poderia aumentar significativamente a validade. Como veremos, até hoje a psiquiatria não lidou com essa questão da maneira adequada.

## O DSM-III *como resposta aos desafios da psiquiatria*

A publicação do *DSM-III* em 1980 é, não sem razão, vista como um divisor de águas na história do diagnóstico psiquiátrico.[68] Mas a revisão do *DSM-II* não foi considerada particularmente importante *a priori*, e os defensores das diferentes perspectivas teóricas não competiram para estar no controle do processo. O trabalho de Spitzer no comitê encarregado de revisar o *DSM-II*, seu notável papel ao defender que a homossexualidade fosse retirada do *Manual*, e o fato de ter desenvolvido os critérios do RDC o levaram a ser apontado como líder da força-tarefa do *DSM-III*. Spitzer usou a oportunidade para criar um novo tipo de sistema diagnóstico que refletia o pensamento das décadas anteriores sobre como tornar a psiquiatria mais científica.[69]

A revolução do *DSM-III* incorporou diretamente muitos dos aspectos dos critérios de Feighner e do RDC na nosologia psiquiátrica oficial e incluiu especificamente os critérios diagnósticos baseados em sintomas. O próprio Spitzer reconheceu que a adaptação dos critérios de pesquisa para um manual destinado a uso clínico requeria que os critérios de diagnóstico refletissem, além das evidências das pesquisas, a "sabedoria clínica".[70] Sua função requeria não só as aptidões de um pesquisador entendido como também a habilidade de um grande político tentando acalmar e conciliar as várias esferas clínicas que acreditavam que o novo sistema baseado em sintomas ameaçava a prática diagnóstica tradicional.

Mas o que motivou Spitzer a apagar de maneira tão definitiva a abordagem baseada em sintomas, ao estilo do RDC, na revisão do *DSM*? E por que os médicos, preocupados em tratar seus pacientes e com pouco interesse em sistemas de classificação confiáveis para pesquisa, aceitaram esse sistema de classificação baseado em sintomas que teve origem com os critérios de Feighner e com o RDC?

Acontece que o novo sistema lidava com vários problemas que os médicos, assim como os pesquisadores, enfrentavam na época. Nos anos 1970, a influência da psicanálise havia diminuído. A psiquiatria estava dividida em diversas escolas teóricas, que compartilhavam poucos pressupostos sobre a natureza fundamental, as causas e os tratamentos dos transtornos mentais. O novo manual diagnóstico, portanto, tinha de ser útil aos médicos de muitas perspectivas distintas. As listas de sintomas explícitos no *DSM-III* não só tornaram os critérios mais precisos como também adotaram uma *abordagem teórica neutra*, uma vez que não pressupunham nenhuma teoria em particular quanto à causa da psicopatologia, fosse psicanalítica ou não. Os novos critérios eram *descritivos* em vez de *etiológicos* e eliminavam referências às supostas causas psicodinâmicas de um transtorno (por exemplo, conflitos internos, defesa contra a ansiedade). Definir transtornos com base em sintomas, independentemente de sua etiologia, revelava-se uma ferramenta útil para conquistar a aceitação de médicos de filiações variadas que poderiam ao menos acreditar que todas as facções estavam em igualdade de condições ao usar as definições de uma abordagem teórica neutra.

Além disso, os ataques aos diagnósticos psiquiátricos vinham de todos os lados. Os behavioristas afirmavam que todo comportamento, inclusive as psicopatologias, é consequência de processos de aprendizado normais e, portanto, não existe nenhum transtorno mental no sentido médico.[71] O movimento "antipsiquiátrico", inspirado por autores como o psiquiatra Thomas Szasz e o sociólogo Thomas Scheff, considerava que o diagnóstico psiquiátrico usava a terminologia médica para exercer controle social sobre comportamentos indesejáveis, mas não verdadeiramente patológicos.[72]

Além disso, em 1980 a maioria dos tratamentos médicos era financiada por entidades públicas e privadas.[73] O inconsciente sombrio do *DSM-II* e a perda de legitimidade da psiquiatria não forneciam uma base sólida para o reembolso do seguro-saúde. Embora não existam provas de que as seguradoras influenciaram a adoção de critérios baseados em sintomas no *Manual*, os novos diagnósticos estavam mais bem adaptados ao objetivo de terceiros para reembolsar apenas o tratamento de doenças específicas. Pensando bem, os médicos podem não ter concordado com alguns aspectos do novo *Manual*, como o abandono dos critérios contextuais, mas eles perceberam que o novo sistema lhes trazia muitos benefícios.

O mais urgente de todos era a perda de credibilidade da psiquiatria devido a ataques contra a falta de sentido do diagnóstico. Embora tivesse formação psicanalítica, Spitzer, assim como o grupo de St. Louis, entendia que as teorias não comprovadas e a resistência a verificações empíricas eram os principais obstáculos para que a psiquiatria adquirisse status científico.[74] O componente fundamental na visão que Spitzer tinha da psiquiatria, ao qual dedicou seus prodigiosos esforços de pesquisa nos anos 1960 e 1970, culminando no *DSM-III* nos anos 1980, era o desenvolvimento de um sistema *preciso* de classificação em que médicos diferentes normalmente chegariam ao mesmo diagnóstico com base nas mesmas informações clínicas.[75]

Uma vez que o *DSM-II* não fornecia sintomas específicos que determinassem os diagnósticos psiquiátricos, os especialistas eram forçados a usar avaliações clínicas próprias para definir até que ponto cada paciente se encaixava em determinado diagnóstico. Isso levou a enormes disparidades na atribuição de rótulos diagnósticos. Por exemplo, o conhecido Projeto Diagnóstico Estados Unidos-Reino Unido, cujos resultados foram publicados em 1972, estudou as formas pelas quais os psiquiatras desses dois países diagnosticavam transtornos mentais.[76]

Além do estudo sobre psiquiatras dos Estados Unidos e do Reino Unido, um grande número de estudos demonstrava a notável ausência de consenso quanto ao diagnóstico em casos em que os psiquiatras recebiam a mesma informação (por exemplo, uma entrevista clínica gravada em vídeo).[77] Esses estudos questionavam a precisão não só da distinção entre categorias diagnósticas próximas, como dois tipos de transtorno afetivo, mas também da distinção entre categorias mais amplas, como transtornos afetivos e ansiosos, e entre tipos gerais de transtorno, como psicose e neurose ou até mesmo psicose e normalidade.

Um desses estudos, talvez o mais drástico e influente de todos e hoje considerado um marco na crítica ao diagnóstico psiquiátrico, questionou diretamente a capacidade dos psiquiatras de distinguir a normalidade da psicose. Em 1973, o psicólogo David Rosenhan publicou um estudo na prestigiada revista *Science*. Nele, oito indivíduos normais procuraram o hospital e relataram apenas sintomas de alucinação auditiva (eles afirmavam ouvir uma voz dizendo coisas como "ruído surdo", "triste" e "vazio"), mas se comportavam e falavam normalmente. Todos esses pseudopacientes foram internados e classificados como psicóticos (quase todos como esquizofrênicos), permanecendo com essa classificação durante um longo período, mesmo tendo voltado imediatamente ao comportamento normal. Os residentes do hospital, entretanto, identificaram vários pseudopacientes como provavelmente normais.

Para ter uma ideia das visões predominantes da época, considere-se o seguinte trecho na introdução do artigo de Rosenhan:

Normalidade e anormalidade, sanidade e insanidade, e os diagnósticos que derivam desses conceitos podem ser menos importantes do que muitos acreditam [...] Com base, em parte, em considerações teóricas e antropológicas, mas também em considerações filosóficas, legais e terapêuticas, cresceu a opinião de que a categorização psicológica das doenças mentais é, no mínimo, inútil e extremamente prejudicial, equivocada e pejorativa. Os diagnósticos psiquiátricos, segundo essa visão, estão na cabeça dos observadores e não são conclusões válidas sobre características apresentadas pelo observado.[78]

Com base nesses resultados, Rosenhan concluiu: "Está claro que não podemos distinguir os sãos dos insanos nos hospitais psiquiátricos".

A ameaça de tal invalidade e, por conseguinte, imprecisão (pois certamente os participantes de Rosenhan, em outras circunstâncias, teriam sido considerados normais) era não só um grande embaraço para a expertise médica como também um questionamento do status científico da psiquiatria. O próprio Spitzer escreveu uma crítica mordaz às falhas metodológicas do estudo de Rosenhan.[79] No entanto, essa crítica só conseguiu mostrar que Rosenhan não comprovara sua afirmação de que o diagnóstico psiquiátrico é inerentemente falho, mas não foi capaz de demonstrar que o diagnóstico psiquiátrico tinha, de fato, um sistema diagnóstico adequadamente preciso. Grande parte dos esforços posteriores de Spitzer seriam dedicados ao projeto de criar e alimentar tal sistema.

Embora reconhecesse que um sistema preciso não é necessariamente válido, Spitzer enfatizou que validade requer precisão. Um sistema de diagnóstico válido categorizaria de maneira correta síndromes diferentes e, portanto, deveria prever o decurso do tratamento e a reação a ele.[80] Mas, se médicos diferentes não podiam sequer concordar sobre o diagnóstico, estava claro que muitos dos diagnósticos deviam ser imprecisos e os diagnósticos em geral deviam ter pouca validade. Além disso, se os diagnósticos não fossem precisos em diferentes contextos, a pesquisa cumulativa não poderia prosseguir de maneira eficaz. Portanto, o principal objetivo da psiquiatria tinha de ser o desenvolvimento de um sistema claro de regras diagnósticas que especificasse os critérios de inclusão e exclusão para cada diagnóstico e promovesse um grande consenso nas avaliações. Mesmo que não tivesse tanta validade, tal sistema preciso proporcionaria um ponto de partida científico a partir do qual os pesquisadores chegariam a um sistema mais válido.

No entanto, conforme apontaram muitos críticos preocupados, apenas criar um sistema preciso com regras claras que todos podem seguir não assegura nem mesmo uma validade aproximada. A não ser que as regras sejam exatas, a precisão pode simplesmente significar que todos chegarão juntos à mesma resposta errada![81] Por exemplo, se os sintomas de tristeza intensa são usados para indicar transtorno depressivo, eles devem ser identificados de maneira precisa, mas a grande maioria dos casos assim reconhecidos pode, na verdade, não ser transtorno. Os testes de campo realizados antes da publicação do *DSM-III*, em que centenas de psiquiatras testaram a adequação empírica dos diagnósticos, não compararam a eficácia dos conjuntos de critérios baseados em sintomas com outras formas alternativas de conceituar a depressão[82]. Eles verificaram apenas se diferentes psiquiatras poderiam usar os critérios da mesma forma, sem verificar se estes eram indicadores válidos de transtorno. Conforme observa um dos colaboradores de Spitzer: "Casos patológicos [eram] redefinidos *antes* da realização de investigações empíricas".[83] E está longe de ser certo que tal sistema, sendo inválido, automaticamente evoluiria para um sistema válido. Isso significa que considerações sobre a validade não podem ser colocadas totalmente em segundo plano enquanto questões de precisão são resolvidas. Ambas têm de ser buscadas em conjunto e devem ser complementares a fim de permitir avaliações mais precisas que também sejam válidas.

Diante da crítica antipsiquiátrica, da imprecisão do diagnóstico e da fragmentação teórica da psiquiatria, tanto a reivindicação de seu status científico quanto sua legitimidade como especialidade pareciam ameaçadas. Os critérios específicos do *DSM-III* pareciam reagir a esses desafios e situar a área em bases científicas mais sólidas. De uma só vez, Spitzer, ao incorporar no *DSM* as definições operacionais baseadas em sintomas, conseguiu confrontar uma gama de questionamentos à psiquiatria e facilitar uma reviravolta no status e no destino da especialidade, coincidindo com o advento de novos medicamentos que também contribuíram para isso.

Mas mesmo uma revolução justificada tem alguns infortúnios injustificados. Tendo considerado a natureza e as razões para a revolução do *DSM-III* de modo geral, trataremos agora dos critérios desse *Manual* para o diagnóstico de transtorno depressivo.

## A abordagem do *DSM-III* ao Transtorno Depressivo

Os critérios do *DSM-III* para depressão espelhavam quase completamente as abordagens dos critérios de Feighner e do RDC (o Capítulo 5 discute em detalhe os critérios similares do *DSM-IV*). Eles usaram sintomas para especificar o transtorno depressivo e abandonaram ou deram menor importância a conceitos etiológicos, assim como às distinções tradicionais entre neurótico e psicótico, endógeno e reativo e outras do tipo. Assim como os critérios de Feighner, do RDC e dos *DSMs* anteriores, o *DSM-III* rejeitou a unificação de insanidade maníaco-depressiva e depressão proposta por Kraepelin e distinguiu o transtorno depressivo unipolar, ou "depressão maior", dos transtornos "bipolares". Embora essa continue sendo uma área de grande controvérsia, os estudos com famílias, as observações clínicas e os diferentes padrões de reação a medicamentos serviram para minar completamente a grande unificação de transtornos depressivos de Kraepelin muito antes do *DSM-III*. Além disso, embora o Transtorno Depressivo Maior incluísse depressão psicótica, entendia-se que tais casos constituíam apenas uma pequena minoria daqueles que atendiam aos critérios; "depressão simples" viera a ser a forma de depressão predominante tratada no *Manual*.

Igualmente, o *DSM-III* abandonou a distinção do *DSM-II* entre reações "excessivas" e proporcionais a um "acontecimento identificável, como a perda de um objeto querido ou de um bem valorizado". Isso é surpreendente, tendo em vista que muitas outras categorias de transtorno no *DSM-III*, como alguns transtornos de ansiedade, usam qualificadores como "excessivo" ou "imoderado" para separar reações patológicas de normais. Mas o *DSM-III* distingue transtornos depressivos exclusivamente com base em sintomas, independentemente de sua relação com as circunstâncias, com a única exceção da exclusão do luto.

A lógica por trás da exclusão do luto, que representa um importante aperfeiçoamento dos critérios de Feighner e do RDC, é que os estados de pesar que atendem aos critérios sintomáticos não são transtornos porque representam reações normais e transitórias à perda. A exclusão parece ter se apoiado nos estudos de Paula Clayton, notável pesquisadora do grupo da Universidade de Washington e da força-tarefa do *DSM-III* sobre Transtornos Afetivos. Seu trabalho mostrara que os sintomas similares aos da depressão normalmente surgiam durante o luto, mas costumavam diminuir depois de um breve período.[84] Como já observamos, Woodruff, Goodwin e Guze mencionaram o trabalho de Clayton, mas não o incorporaram em seus critérios para o diagnóstico de depressão. O *DSM-III* de fato incorporou as descobertas de Clayton ao admitir a exclusão do luto, mas não a aplicou às reações a quaisquer outros tipos de perda que possam ter as mesmas características que o luto, como o fim de um casamento, uma doença ou dificuldades financeiras. Até onde pudemos verificar, reações a outros estressores simplesmente nunca estiveram em discussão no grupo de trabalho sobre transtornos afetivos do *DSM-III* como uma possível base para exclusões.[85] A ausência de tais exclusões parece ter sido uma consequência indireta do fato de a definição dos critérios do *DSM-III* se apoiar nos critérios de Feighner e do RDC, que não previam exclusões.

Vários motivos foram citados para justificar o fato de o *DSM* não possibilitar que outras situações normais além do luto fossem excluídas da depressão maior. Num aspecto, essas exclusões poderiam apresentar um grande desafio à precisão; outros estressores raramente têm a natureza relativamente nítida do luto, e seria mais difícil medir sua magnitude e julgar a proporcionalidade da reação resultante. No entanto, como observamos, não tem sentido que a precisão se sobreponha à validade na construção de critérios diagnósticos. De todo modo, aqueles que elaboraram o *DSM-III*, ao criar critérios para o luto "prolongado", que discutiremos no Capítulo 5, mostraram que é possível estabelecer tais distinções sutis em determinado tipo de estressor. Esforços similares poderiam ter sido feitos para fornecer diretrizes sobre quando a reação a estressores importantes representa reações normais ou patológicas.

Às vezes, argumenta-se que a discussão sobre a tristeza ser uma reação proporcional à perda real é uma questão etiológica que não cabe num manual com abordagem teórica neutra.[86] Mas essa objeção baseia-se na confusão sobre a natureza e o ponto de neutralidade da teoria. A distinção entre reações normais e proporcionais aos acontecimentos e reações patológicas em que a tristeza se deve a uma disfunção interna não se apoia, na verdade, na teoria, no sentido relevante para a neutralidade teórica do *DSM-III*. Diferentes teorias oferecem explicações diferentes – quer sejam biológicas, psicodinâmicas, comportamentais, cognitivas ou sociais – para a natureza e a etiologia da disfunção que está por trás do transtorno depressivo, e um manual com abordagem teórica neutra não deve aceitar que uma teoria se sobreponha a outra para definir um transtorno. Pode, entretanto, reconhecer que todas as teorias etiológicas compartilham a noção de reações normais e proporcionais em oposição a reações baseadas em disfunções. Afinal, os pensadores da medicina, de Aristóteles a Kraepelin, entenderam essa noção mais ou menos da mesma maneira, e ela identifica o alvo comum que teorias rivais tentam explicar. Essa distinção não é uma hipótese etiológica do tipo que um manual de abordagem teórica neutra precisa excluir.

Outra objeção a considerar os conceitos mais amplos das reações depressivas no *DSM-III* pode ter se originado da impressão de que o tratamento com psicotrópicos funcionava para todos os tipos de depressão unipolar, independentemente da relação com os acontecimentos desencadeadores, de modo que a distinção entre reações "com" e "sem" motivo se tornava irrelevante para as decisões sobre o tratamento, ao menos entre indivíduos depressivos hospitalizados.[87] No entanto, mesmo que a medicação às vezes funcione com reações normais, a distinção entre normalidade e patologia pode ter importantes implicações prognósticas quanto a decisões sobre a agressividade do tratamento e sobre quais tipos de tratamento ou quais mudanças nas circunstâncias podem ajudar. De maneira análoga, o fato de que, digamos, Ritalin funciona tanto em indivíduos normais quanto naqueles que padecem de um transtorno, tornando-os mais focados, ou que hormônios do crescimento fazem crescer tanto crianças normais quanto doentes mentais não implica que o diagnóstico possa, justificadamente, ignorar a distinção entre normalidade e transtorno.

Finalmente, o fato de o *DSM-III* ignorar os estados normais de tristeza intensa pode ter refletido um medo de diagnosticar erroneamente como normais indivíduos doentes, principalmente considerando-se que os pacientes deprimidos estão sujeitos ao risco de suicídio. Mas não se fez nenhum esforço para equilibrar os riscos de falsos-negativos com os custos dos falso-positivos que decorrem de rotular pessoas normais como doentes, um custo que hoje é mais evidente com a apreensão cada vez maior sobre os possíveis efeitos colaterais dos antidepressivos e de outros tratamentos para a tristeza normal, inclusive o potencial aumento no risco de suicídio em algumas populações.[88] Renomados teóricos da psiquiatria, antes do *DSM-III*, acreditavam ser importante identificar casos normais de tristeza e distingui-los dos transtornos depressivos, por motivos óbvios. Em vez de ignorar totalmente e sem necessidade uma distinção, é mais prudente usá-la apenas quando for útil, mas tomar a máxima cautela ao aplicá-la.

## Conclusão

Os critérios baseados em sintomas do *DSM-III*, amplamente descontextualizados, surgiram de esforços para tornar os diagnósticos mais precisos, desenvolver uma linguagem comum para os psiquiatras de diferentes linhas teóricas e impulsionar o status científico da profissão. Mas, na busca urgente de precisão, os critérios, em sua grande maioria, rejeitaram os 2.500 anos anteriores de tradição em diagnóstico clínico que exploravam o contexto e o significado dos sintomas ao decidir se alguém está sofrendo de tristeza normal intensa ou de um transtorno depressivo. A consequência involuntária desse esforço, especialmente quando a psiquiatria se voltou dos casos graves de pacientes internados para os casos muito mais heterogêneos de pacientes atendidos em consultório e membros da comunidade, foi a patologização massiva da tristeza normal, o que, ironicamente, tornou o diagnóstico da depressão cientificamente menos válido.

# 5 A DEPRESSÃO NO *DSM-IV*

No Capítulo 1, afirmamos que uma definição falha pode estar facilitando – ou, até mesmo, provocando diretamente – o recente aumento de diagnósticos de transtorno depressivo. Para justificar nossa afirmação, passaremos agora a uma análise detalhada dos critérios do *DSM* para o diagnóstico de transtorno depressivo e de outros transtornos correlatos. Embora a história da depressão apresentada no capítulo anterior nos leve logicamente ao *DSM-III*, abordaremos os critérios apresentados na última edição – a quarta edição revisada (*DSM-IV-TR*), publicada em 2000 – a fim de assegurar que nossa discussão se aplica às práticas diagnósticas atuais. Estas não representam um grande salto conceitual, visto que os critérios atuais são quase idênticos aos do *DSM-III*.

## Transtornos afetivos no *DSM-IV*

Começaremos situando os critérios do *DSM* para o diagnóstico de Transtorno Depressivo Maior no contexto da abordagem que o *Manual* dá aos transtornos afetivos – também conhecidos como transtornos do humor –, a categoria mais ampla que abarca os transtornos depressivos. Convém ter em mente as seguintes distinções:

### *Transtornos do Humor Unipolares* versus *Bipolares*

O Transtorno Depressivo Maior é um transtorno "unipolar", o que significa que o indivíduo tem apenas sintomas depressivos, em vez de oscilar entre sintomas depressivos e maníacos, como bom humor ou grandiosidade. Os transtornos do humor que compreendem episódios maníacos são conhecidos como *Transtornos Bipolares* (antigamente, *transtornos maníaco-depressivos*). Estes são relativamente raros em comparação com os supostos índices de transtorno depressivo unipolar. O Transtorno Bipolar I é, normalmente, muito grave; as formas moderadas incluem o Transtorno Bipolar II e o Transtorno de Personalidade Ciclotímica. Nenhuma dessas formas de transtorno bipolar é foco deste estudo.

*Transtorno Depressivo Maior versus Distimia*

O Transtorno Depressivo Maior geralmente ocorre em uma série de episódios sintomaticamente intensos, separados por intervalos sem sintomas ou com um número menor de sintomas. Outra forma de transtorno depressivo, menos comum, é a Distimia, que ocorre de modo mais ou menos contínuo por longos períodos, num nível menos intenso, e será discutida posteriormente neste capítulo.

*Transtorno Depressivo Maior versus Episódio de Depressão Maior*

O *DSM* define vários subtipos de Transtorno Depressivo Maior (por exemplo, episódios isolados e recorrentes) de acordo com o tipo de ocorrência dos chamados Episódios de Depressão Maior, além de alguns critérios extras. De fato, é com base nos critérios de Episódios de Depressão Maior que se dá a maioria dos diagnósticos; os critérios de Transtorno Depressivo Maior propriamente dito não esclarecem muito:

## Critérios do diagnóstico de Transtorno Depressivo Maior

A. Presença de um Episódio de Depressão Maior.
B. O Episódio de Depressão Maior não é consequência de Transtorno Esquizoafetivo e não ocorre em concomitância com Esquizofrenia, Transtorno Esquizofreniforme, Transtorno Delirante ou Transtorno Psicótico não especificado.
C. Nunca houve um Episódio Maníaco, Misto ou Hipomaníaco.[1]

Em outras palavras, os critérios para o diagnóstico de Transtorno Depressivo Maior simplesmente requerem que o paciente tenha vivenciado ao menos um Episódio de Depressão Maior e este não seja parte de outro transtorno psicótico (observe-se que os sintomas psicóticos podem ser parte da depressão, desde que não sejam indicadores de outro transtorno depressivo) nem de outro tipo de transtorno do humor que contenha elementos maníacos. Contudo, quase todos os episódios depressivos são indicativos de Transtorno Depressivo Maior, não sendo parte de nenhum outro transtorno. Portanto, na grande maioria dos casos, os critérios para o diagnóstico de Transtorno Depressivo Maior basicamente se resumem aos critérios para um Episódio de Depressão Maior. Assim, examinaremos em detalhe a definição muito mais esclarecedora deste último.

*Os critérios do DSM-IV para o diagnóstico de um Episódio de Depressão Maior*

A. Cinco (ou mais) dos seguintes sintomas têm estado presentes durante o mesmo período de duas semanas e representam uma mudança com relação ao desempenho anterior; ao menos um dos sintomas é (1) humor deprimido ou (2) perda de interesse ou prazer.

1. Humor deprimido durante a maior parte do dia, praticamente todos os dias, segundo informação subjetiva do paciente (por exemplo, sente-se triste ou vazio) ou observação de outros (por exemplo, parece triste). Observação: em crianças e adolescentes, pode ser humor irritado.

2. Interesse ou prazer notadamente diminuído em todas ou quase todas as atividades durante a maior parte do dia, praticamente todos os dias (segundo informado por relato subjetivo ou observação feita por outros).

3. Perda de peso significativa sem dieta, ganho de peso (por exemplo, mudança de mais de 5% do peso corporal em um mês), ou diminuição ou aumento de apetite quase todos os dias. Observação: em crianças, considerar também se têm dificuldade de atingir o peso esperado.

4. Insônia ou hipersônia praticamente todos os dias.

5. Agitação ou retardação psicomotora praticamente todos os dias (observável por outros, e não apenas sentimentos subjetivos de inquietação ou lentidão).

6. Fadiga ou falta de energia praticamente todos os dias.

7. Sentimentos de inutilidade ou culpa excessiva ou descabida (que pode ser delirante) praticamente todos os dias (não apenas autorreprovação ou culpa por estar doente).

8. Capacidade diminuída de pensar ou se concentrar, ou indecisão, praticamente todos os dias (conforme informado por relato subjetivo ou observações feitas por outros).

9. Pensamentos recorrentes sobre morte (não apenas medo de morrer), ideação suicida recorrente sem um plano específico ou, ainda, tentativa de suicídio ou plano específico para cometê-lo.

B. Os sintomas não atendem aos critérios para um Episódio Misto.

C. Os sintomas causam sofrimento clinicamente relevante ou comprometimento social, ocupacional ou em outras áreas importantes de desempenho.

D. Os sintomas não se devem aos efeitos fisiológicos diretos de uma substância (por exemplo, abuso de drogas, medicação) ou a um estado geral de saúde (por exemplo, hipotireoidismo).

E. Os sintomas não estão associados com Luto, isto é, depois da perda de um ente querido, os sintomas persistem por mais de dois meses ou são caracterizados por comprometimento funcional acentuado, preocupação doentia com inutilidade, ideação suicida, sintomas psicóticos ou retardação psicomotora.[2]

Considera-se que todo indivíduo que, durante duas semanas, apresente ao menos cinco dos nove sintomas listados no critério A – devendo um deles ser humor deprimido ou perda de interesse ou prazer – tem um Episódio de Depressão Maior e, portanto, normalmente tem Transtorno Depressivo Maior. Observe-se que mesmo para aqueles que satisfazem os critérios sintomáticos há quatro exclusões contidas nos critérios B a E, que eliminam do diagnóstico os seguintes casos: (1) os que também incluem sintomas maníacos, que são classificados como transtornos bipolares; (2) os que não causam comprometimento funcional ou sofrimento clinicamente relevantes; (3) os que são consequência direta de um estado geral de saúde, ou do uso de substâncias ilegais ou de medicação prescrita; estes são diagnosticados como Transtorno do Humor Devido a uma Condição Médica Sistêmica ou Transtorno do Humor Induzido por Substâncias (múltiplas drogas ou substâncias psicoativas); ou (4) os que derivam do luto, a não ser que o pesar tenha durado mais de dois meses ou cujos sintomas sejam particularmente intensos; nesse caso, são considerados "luto prolongado".

## COMO OS CRITÉRIOS DO *DSM* PARA DEPRESSÃO MAIOR ABORDAM A DISTINÇÃO ENTRE TRANSTORNO E TRISTEZA NORMAL

### *Critérios de sintomas e duração*

O *DSM-IV* tenta excluir os casos depressivos normais do diagnóstico de transtornos por meio de vários aspectos de seus critérios baseados em sintomas: (1) a exigência de cinco sintomas para o diagnóstico estabelece um limite mais alto que muitos períodos normais de tristeza atingiriam; (2) a natureza específica de alguns dos sintomas individuais pode sugerir uma patologia, como é o caso de sentimentos de inutilidade, retardação psicomotora ou pensamentos recorrentes sobre morte; (3) a duração requerida de duas semanas, durante as quais cinco sintomas devem estar presentes, elimina períodos mais curtos em que sintomas individuais esporádicos são vivenciados de forma intermitente; e (4) a gravidade, intensidade e frequência dos sintomas estipuladas durante o período mínimo de duas semanas – por exemplo, que eles devem ocorrer "praticamente todos os dias", ser "acentuados" ou "clinicamente relevantes", ou incluir outros marcos, como a perda de um percentual do peso – também eliminam muitas formas mais moderadas de tristeza normal.

Não há dúvida de que esses aspectos dos critérios sintomáticos de fato evitam que vários episódios de tristeza normal sejam classificados equivocadamente como transtornos. No entanto, tais estratégias para distinguir reações normais de patológicas têm duas desvantagens. Em primeiro lugar, a elevação no número de sintomas necessários para o diagnóstico, cujo intuito é evitar falsos-positivos, pode, muitas vezes, aumentar inadvertidamente os falsos-negativos, fazendo que transtornos genuínos passem despercebidos. O status patológico de um estado de saúde não é uma questão de números, pois podem existir transtornos moderados com um número limitado de sintomas.

Em segundo lugar, embora a ocorrência de um número maior de sintomas geralmente seja mais nociva, nem sempre sintomas em maior número, intensidade ou duração implicam disfunção e transtorno. Conforme documentamos no Capítulo 2, estressores externos atipicamente severos costumam provocam muitos sintomas intensos em indivíduos normais, e os sintomas depressivos que ocorrem durante períodos de tristeza normal são, inúmeras vezes, similares àqueles listados nos critérios do *DSM* para o diagnóstico de transtornos depressivos. Além disso, algumas pessoas têm um temperamento mais sensível e reações normais mais intensas que outras.

Portanto, estabelecer parâmetros altos quanto ao número, à intensidade ou à duração dos sintomas não lida adequadamente com o problema da disfunção, isto é, não consegue distinguir se os sintomas são parte de uma reação normal de tristeza ou consequência de uma disfunção nos mecanismos responsáveis por produzir a tristeza. A tristeza normal intensa em reação a uma variedade de perdas importantes pode facilmente incluir os cinco sintomas que o *DSM* requer, como humor deprimido, falta de prazer nas atividades usuais, insônia, perda de apetite e dificuldade de se concentrar nas tarefas cotidianas. Tampouco a intensidade dos sintomas requerida pelo *DSM*, especificada em alguns casos com adjetivos como "recorrente", "acentuado" ou "diminuído", costuma ser de nível tão distinto que caracterizaria reações patológicas em vez de reações normais de tristeza intensa. Da mesma forma, a duração de duas semanas não é capaz de distinguir transtornos depressivos de uma gama possivelmente normal de reações intensas a perdas significativas, como o fim de um casamento ou o diagnóstico de uma doença terminal. As reações normais a perdas importantes podem muito bem durar mais de duas semanas. Certamente, a quantidade, a intensidade e a duração estipuladas apresentam um nítido contraste com o funcionamento normal e, portanto, podem, à primeira vista, validar os critérios diagnósticos. Mas, quando o contraste é entre transtorno depressivo e períodos de tristeza normal intensa em reação a perdas importantes, a tristeza normal pode facilmente atender a esses requisitos.

Além disso, muitos dos sintomas, como dificuldade de dormir e fadiga, têm índices muito altos na população em geral em reação a várias situações estressantes, não sendo nem um pouco distintos da depressão, normal ou patológica, ou mesmo de um transtorno de modo geral. Portanto, indivíduos que não têm um transtorno depressivo podem ocasionalmente atender aos requisitos devido à presença de sintomas não correlatos durante um período de humor deprimido normal.

É verdade que alguns sintomas – como completa imobilização, preocupação doentia e injustificada com inutilidades, alucinações e delírios – não costumam coexistir com o funcionamento normal. Esses sintomas podem, na maioria das vezes, indicar disfunções, principalmente se forem persistentes. No entanto, o diagnóstico de Transtorno Depressivo Maior não requer a presença de tais sintomas particularmente intensos.

## A exclusão do luto

Uma forma pela qual o *DSM* tenta compensar as deficiências dos critérios baseados em sintomas quanto à capacidade de distinguir entre normalidade e transtorno é por meio das exclusões. Esse é o principal propósito da exclusão do luto. No entanto, assim como qualquer outra função física ou mental, o luto pode "dar errado" e se tornar patológico. Por essa razão, a exclusão do luto tem sua "exclusão da exclusão", que permite que os sintomas depressivos associados com o pesar sejam enfim classificados como transtornos verdadeiros. Isso ocorre quando as reações de pesar persistem por mais de dois meses, causam comprometimento funcional acentuado ou apresentam sintomas especialmente intensos, como preocupação doentia com inutilidades, ideação suicida, retardação psicomotora ou sintomas psicóticos.[3] (Também vale observar que, durante o luto, alucinações temporárias da presença do falecido não são tão incomuns e normalmente não são consideradas patológicas.)

Pode-se questionar o limite de dois meses para o luto normal, e também o fato de que neste, às vezes, aparece um dos sintomas "prolongados" que o *DSM* afirma serem suficientes para o diagnóstico de um transtorno. Entretanto, certamente a principal falha nesse critério de exclusão é o fato de não levar em conta as reações de tristeza normal a nenhum tipo de perda além da morte de um ente querido. Teria sido fácil generalizar a exclusão do luto (e os critérios de "exclusão da exclusão" que a acompanham) para abarcar todas as perdas graves, mas essa oportunidade foi perdida, por motivos que já exploramos. Consequentemente, esse esforço construtivo de fazer uma distinção válida entre indivíduos normalmente tristes e aqueles que padecem de um transtorno é demasiado limitado para suprir a deficiência flagrante dos critérios baseados em sintomas.

## A exclusão dos casos de depressão devido a uma condição médica sistêmica e induzidos por substâncias

A exclusão dos estados depressivos que são consequência direta dos efeitos fisiológicos de estados gerais de saúde ou do uso de substâncias simplesmente desloca esses casos para categorias de transtorno alternativas: Transtorno do Humor Devido a uma Condição Médica Sistêmica ou Transtorno do Humor Induzido por Substâncias. Essas categorias, embora não sejam o foco deste trabalho, estão sujeitas a possíveis confusões. Por exemplo, esses transtornos são às vezes confundidos com reações normais de tristeza diante de determinado estado de saúde ou dos problemas que derivam do vício em certa substância. Esse é um dos complexos desafios que os médicos enfrentam ao separar os sintomas que indicam depressão de sintomas similares que não são patológicos ou decorrem de transtornos diferentes.

## A relevância clínica

Talvez a tentativa mais importante, nas exclusões do *DSM*, de distinguir reações normais de patológicas seja o critério da "relevância clínica", que requer que "os sintomas causem sofrimento clinicamente relevante ou comprometimento social, ocupacional ou em outras áreas importantes de desempenho". Esse tópico reconhece implicitamente que até mesmo os casos não associados ao luto que satisfazem os critérios de sintomas e duração podem não ser transtornos. No entanto, a exclusão não aborda os problemas fundamentais de validade dos critérios diagnósticos para Transtorno Depressivo Maior. Seu objetivo, que cumpre muito bem, é garantir que as consequências negativas de um problema clínico satisfaçam o critério de relevância caso este seja importante e, portanto, seja possivelmente classificável como transtorno. Mas não reconhece algumas distinções cruciais. Em primeiro lugar, os períodos de tristeza em geral, normal ou patológica, inerentemente implicam emoções negativas ligadas ao sofrimento. De fato, é difícil imaginar ter cinco dos sintomas especificados sem sofrer.

Em segundo lugar, as reações normais de tristeza intensa quase sempre estão associadas a perda de interesse e comprometimento funcional em diferentes áreas; o próprio protótipo dessas reações inclui reclusão social e desejo de ficar sozinho (por exemplo, o indivíduo não tem vontade de ver os amigos ou de ir trabalhar). De fato, as reações normais e intensas à perda podem ser projetadas para causar sofrimento e reclusão social a fim de possibilitar que o indivíduo evite riscos e reconsidere seus objetivos e sua estrutura de vida (veja o Capítulo 2).[4] Assim, a exclusão da relevância clínica pode eliminar da categoria de transtornos alguns casos cujos sintomas leves não causam dano algum. Contudo, tende a ser usada muito raramente porque os próprios sintomas listados já implicam formas óbvias de sofrimento e limitação, o que torna tal requerimento praticamente redundante.[5]

O critério da relevância clínica não é capaz de resolver o problema da distinção entre estados normais e patológicos que satisfazem os critérios do *DSM* porque, assim como os critérios de sintomas e duração, potencialmente se aplica a ambos os tipos de estado e não aborda a questão da disfunção. A inclusão do atributo "clinicamente relevante" tampouco ajuda a tornar a distinção mais clara, uma vez que esse atributo não é definido. Assim, a frase pode significar apenas "suficientemente relevante para indicar um problema médico – isto é, patológico", tornando o critério nulo quando se trata de distinguir estados normais de patológicos.

## Implicações da própria definição de Transtorno Mental do DSM

É interessante notar que nossa afirmação de que há uma falha na definição de Transtorno Depressivo Maior do *DSM* no que concerne à distinção entre tristeza normal e patológica parece estar implícita no próprio texto do *DSM*. Seu prefácio contém uma breve definição geral de transtorno mental que busca determinar que tipos de casos constarão no *Manual*. A definição é a seguinte:

> No *DSM-IV*, cada um dos transtornos mentais é definido como uma síndrome ou padrão comportamental ou psicológico clinicamente relevante que ocorre num indivíduo e está tipicamente associado com sofrimento (por exemplo, um sintoma doloroso) ou incapacitação (isto é, prejuízo funcional em uma ou mais áreas), ou com um risco significativamente aumentado de morte, dor, incapacitação ou perda significativa de liberdade. Além disso, essa síndrome ou padrão não deve ser meramente uma reação não esperada ou sancionada culturalmente diante de um acontecimento particular – por exemplo, a morte de um ente querido. Qualquer que seja sua causa original, deve-se considerar, no momento presente, a manifestação de uma *disfunção comportamental, psicológica ou biológica no indivíduo*. Nem o comportamento desviante (por exemplo, político, religioso ou sexual) nem os conflitos que ocorrem primordialmente entre o indivíduo e a sociedade são transtornos mentais, a não ser que o desvio ou conflito seja sintoma de uma disfunção no indivíduo, conforme descrito anteriormente.[6]

Essa definição distingue, de forma louvável, os casos normais dos patológicos com base em disfunção interna, embora superficialmente e sem tentar explicar o conceito de disfunção. Tendo em vista que essa é uma definição geral do conceito de transtorno que deveria se aplicar a todas as categorias do *Manual*, conclui-se que os conjuntos de critérios diagnósticos para transtornos particulares supostamente têm de estar em conformidade com a regra geral segundo a qual apenas sintomas causados por disfunções devem ser considerados transtornos.

A definição de transtorno mental, que se apoia na distinção entre os sintomas que advêm de uma disfunção no indivíduo e não de situações indesejáveis ou inesperadas, é, em importantes aspectos, muito similar ao conceito de "disfunção nociva" que embasa nossa discussão.[7] Em particular, a definição do *DSM* parece indicar que até mesmo os casos que manifestam certos sintomas podem não ser transtornos, porque a presença de um transtorno depende de os sintomas serem consequência de uma disfunção. A definição também afirma que um caso não pode ser considerado transtorno unicamente com base no fato de não ser desejado socialmente, mesmo que haja sofrimento, limitação ou outros sintomas nocivos. Ao contrário, só estamos diante de um caso de transtorno se os sintomas forem provocados por uma *disfunção presente no indivíduo*. Mas, de acordo com essa definição, pareceria que um indivíduo que reage a acontecimentos externos estressantes da forma como reagimos naturalmente – isto é, com certas reações emocionais do tipo que a lista de sintomas do *DSM* para transtorno depressivo descreve em parte – não tem uma disfunção e, portanto, não tem um transtorno. Consequentemente, a própria definição de transtorno do *DSM*, combinada com a explicação mais plausível de "disfunção" – uma falha da função natural –, implica que os critérios para o diagnóstico de Transtorno Depressivo Maior são inválidos porque classificam incorretamente como transtornos reações à perda que são intensas, mas selecionadas pela natureza.

## O exemplo do Transtorno de Conduta

Parece impossível que os especialistas que formularam os critérios diagnósticos do *DSM* pudessem chegar a critérios que são não só inválidos como incoerentes com a própria definição de transtorno do *Manual*. No entanto, o diagnóstico clínico é uma tarefa bem diferente da análise conceitual de critérios que separam transtorno de normalidade. As duas tarefas requerem habilidades diferentes (assim como, por exemplo, reconhecer cadeiras é muito diferente de formular uma definição do conceito de "cadeira" que determina todas as cadeiras, e apenas cadeiras); sendo assim, é possível que esses erros façam parte do *Manual*. Considere-se que, num momento anterior, o próprio texto do *DSM-IV* afirma que os critérios para o Transtorno de Conduta (transtorno de comportamento antissocial, diagnosticado por três ou mais de uma lista de comportamentos como roubo, fuga etc.), que se manifesta na infância e na adolescência, são inválidos e incluem alguns casos que não deveriam ser determinados como transtornos, apesar de satisfazer os critérios para o diagnóstico. O problema, segundo o *DSM-IV*, é que os comportamentos antissociais sintomáticos usados para diagnosticar o Transtorno de Conduta podem ocorrer em alguns casos que não se devem a uma disfunção psicológica, mas apenas a uma reação normal a circunstâncias externas difíceis.

Isto é o que o *DSM-IV* tem a dizer sobre seus próprios critérios de Transtorno de Conduta:

> Tem-se alegado que o diagnóstico de Transtorno de Conduta pode, em certas ocasiões, ser aplicado erroneamente a indivíduos insertos em contextos sociais (por exemplo, pobres, ameaçadores e com altos índices de criminalidade), em que os padrões de comportamento indesejável são às vezes vistos como protetores. De acordo com a definição de transtorno mental do *DSM-IV*, o diagnóstico do Transtorno de Conduta deve ser usado apenas quando o comportamento em questão é sintomático de uma disfunção latente no indivíduo, e não simplesmente uma reação ao contexto social imediato. Além disso, jovens imigrantes de países assolados pela guerra, com um histórico de comportamentos agressivos – que podem ter sido necessários à sua sobrevivência naquele contexto –, não necessariamente devem receber um diagnóstico de Transtorno de Conduta. Pode ser útil para o médico considerar o contexto social e econômico em que os comportamentos indesejáveis ocorreram.[8]

Esse trecho afirma que os critérios do *DSM* para o diagnóstico de Transtorno de Conduta não são válidos quando aplicados a sintomas que poderiam ocorrer como reação normal às circunstâncias, como quando jovens normais participam de gangues para garantir sua proteção em bairros perigosos e assumem comportamentos antissociais para ser aceitos no grupo. Assim, os critérios do Transtorno de Conduta nem sempre identificam disfunções. Nosso raciocínio é exatamente o mesmo com relação aos critérios para o diagnóstico de Transtorno Depressivo Maior. Às vezes, os critérios baseados em sintomas de fato identificam disfunções e, portanto, transtornos, mas também reconhecem uma gama possivelmente grande de reações normais a circunstâncias externas. Assim como no Transtorno de Conduta, não é muito difícil perceber o problema quando se consideram exemplos claros. Mas esse é um problema grave que coloca em dúvida o significado de grande parte das pesquisas recentes sobre depressão, como mostraremos nos capítulos seguintes.

Além disso, os critérios para o diagnóstico de Transtorno de Conduta contêm o mesmo tipo de requisito de "relevância clínica" presente nos critérios para Transtorno Depressivo Maior. Mas as observações do trecho citado dão a entender que os critérios do Transtorno de Conduta são incapazes de distinguir adequadamente os casos normais dos patológicos, mesmo com a inclusão da relevância clínica. Essa cláusula certamente busca averiguar se há dano suficiente para o diagnóstico de um transtorno, mas não verifica se esse dano é causado por uma disfunção. No caso do Transtorno de Conduta, embora o critério da relevância clínica elimine casos com sintomas muito moderados para configurar um transtorno, o *DSM-IV* reconhece que ainda resta saber se os sintomas são ou não provocados por uma disfunção e, portanto, se representam um transtorno ou uma reação normal às circunstâncias. Precisamente a mesma questão continua existindo no caso do Transtorno Depressivo Maior, apesar da inclusão do critério da relevância clínica.

## Como o *DSM* tenta abordar os desencadeadores externos da tristeza

Ainda que os critérios para o diagnóstico de Transtorno Depressivo Maior, considerados isoladamente, tenham os problemas que identificamos, alguns responderiam a nossas críticas sugerindo que o *DSM* seja visto como um todo. Eles poderiam dizer que nossas objeções aos critérios são abordadas em categorias complementares ou em outras partes do *Manual* que, de algum modo, lidam com a questão das reações normais à perda. Portanto, nesta seção, consideramos várias outras categorias e características que o *DSM* utiliza para lidar com os sintomas depressivos. Argumentamos que, longe de compensar as deficiências dos critérios para o diagnóstico de Transtorno Depressivo Maior, essas categorias e características complementares simplesmente não abordam o problema – ou, em alguns casos, de fato pioram as coisas ao ampliar ainda mais o escopo das reações normais de tristeza que podem ser identificadas como patológicas.

### Menção textual da tristeza normal

As observações textuais que acompanham os critérios para Transtorno Depressivo Maior e outros Transtornos do Humor mencionam a dificuldade de distinguir tristeza normal de transtorno depressivo. No entanto, a forma como abordam a questão apenas reafirma o problema mencionado anteriormente. Na seção sobre "diagnóstico diferencial", após uma longa discussão que explica como os transtornos depressivos podem ser diferenciados de vários outros transtornos mentais e do luto (aqui, o texto simplesmente repete os requisitos definidos na cláusula da exclusão de luto dos critérios para Transtorno Depressivo Maior), o *DSM-IV-TR* diz o seguinte:

> Finalmente, períodos de tristeza são aspectos inerentes da experiência humana. Esses períodos não devem ser diagnosticados como Episódios de Depressão Maior a não ser que atendam aos critérios de intensidade (isto é, cinco dos nove sintomas), duração (isto é, durante a maior parte do dia, praticamente todos os dias durante pelo menos duas semanas) e sofrimento ou limitação clinicamente relevantes.[9]

Esse trecho apenas reitera os critérios diagnósticos para Transtorno Depressivo Maior e reafirma que eles são suficientes para caracterizar um transtorno. Insinua-se que períodos normais de tristeza nunca satisfazem os critérios. Mas, conforme foi demonstrado anteriormente neste livro, isso não é verdade. Parte da gama normal de reações de tristeza, sobretudo com relação a ameaças e perdas graves, pode facilmente atender aos critérios do *DSM*. Portanto, em nítido contraste com as observações textuais que acompanham os critérios para Transtorno de Conduta, as observações sobre Transtorno Depressivo Maior não ajudam a reconhecer o problema da distinção entre transtorno depressivo e tristeza normal; apenas repetem o erro original presente nos critérios.

### Sistema multiaxial

O *DSM* também tenta abordar a questão dos sintomas que surgem em reação a estressores por meio de seu sistema multiaxial de diagnóstico, que classifica os pacientes em cinco dimensões distintas, que vão além dos critérios diagnósticos. Os diagnósticos de Transtorno Depressivo Maior (e de todos os outros transtornos mentais) são registrados no Eixo I, os transtornos de personalidade no Eixo II, os estados gerais de saúde no Eixo III, os problemas psicossociais e contextuais no Eixo IV, e a avaliação global do desempenho de funções no Eixo V. Os vários eixos têm por objetivo oferecer ao médico uma descrição mais abrangente do problema do que aquela proporcionada unicamente pelos critérios diagnósticos. Em particular, o Eixo IV inclui o relato de problemas psicossociais e contextuais que afetam o diagnóstico, o tratamento e o prognóstico de transtornos mentais, informando os estressores que desencadeiam reações à perda.

O senão é que o agrupamento de estressores psicossociais do Eixo IV apenas os coloca numa dimensão completamente separada do diagnóstico de transtornos. Os sintomas que satisfazem os critérios para Transtorno Depressivo Maior normalmente *já* foram definidos como patológicos antes de o Eixo IV entrar em cena. Essa informação complementar, por mais importante que seja, simplesmente não aborda o caráter normal ou patológico da relação entre os estressores e as reações sintomáticas, sendo, portanto, incapaz de determinar se o caso em questão é uma disfunção psicológica. Esse eixo permite que os médicos levem em conta os estressores ao descrever os casos, mas não lhes oferece uma forma de separar casos normais de patológicos que atendem aos critérios baseados em sintomas.

### Códigos V para casos não patológicos

Em terceiro lugar, o *DSM* contém uma breve seção chamada "Outros casos que podem ser foco de atenção médica", que inclui problemas não patológicos pelos quais os pacientes frequentemente consultam um médico. Essas categorias são normalmente chamadas "Códigos V", devido à letra que precede seus códigos numéricos de diagnóstico no *DSM-III*. Dentre os códigos V está o Luto, em que se observa que, "como parte de sua reação à perda, alguns indivíduos enlutados têm sintomas característicos de um Episódio de Depressão Maior [...] O diagnóstico de Episódio de Depressão Maior normalmente não se aplica, a não ser que os sintomas continuem presentes dois meses após a perda".[10] A categoria do Luto, portanto, reconhece explicitamente que um caso pode satisfazer todos os critérios sintomáticos para um diagnóstico de Episódio de Depressão Maior e, ainda assim, não ser um transtorno mental. Mas essa categoria se limita ao pesar após a perda de um ente querido e, em consequência, no que concerne ao reconhecimento de casos não patológicos, apenas repete o que já consta na cláusula da exclusão do luto nos critérios para Transtorno Depressivo Maior.

Dentre os outros códigos V estão categorias separadas para problemas acadêmicos, ocupacionais, de identidade, espirituais, de aculturação e de fases da vida. Esses códigos não fornecem nenhum critério baseado em sintomas para tais problemas não patológicos; em cada um dos casos, apenas afirmam que um estado pode ser classificado na categoria correspondente se não for "devido a um transtorno mental". Assim, o *DSM-IV* reconhece que muitos problemas da vida não são transtornos mentais. No entanto, não fornece nenhum critério para distinguir os sintomas de transtornos mentais daqueles que decorrem de problemas não patológicos inerentes à vida. Em particular, não toma nenhuma precaução para que os critérios diagnósticos de Transtorno Depressivo Maior permitam classificar como reação normal um caso que os satisfaça. Quando o *DSM* afirma que, para se qualificar como código V, o caso não deve ser "devido a um transtorno mental", isso significa que não pode satisfazer os critérios do *DSM* para o diagnóstico de um transtorno mental, incluindo Transtorno Depressivo Maior. Consequentemente, os casos que satisfazem os critérios sintomáticos para Transtorno Depressivo Maior devem receber um diagnóstico específico de transtorno, e não um código V. Portanto, os códigos V não lidam com o problema das reações normais à perda que satisfazem os critérios do *DSM* para Transtorno Depressivo Maior. De fato, é precisamente na seção dos códigos V que muitos possíveis diagnósticos de Transtorno Depressivo Maior provavelmente se encaixam.

### Transtorno de Ajustamento

A principal forma pela qual o *DSM-IV* aborda a questão das reações de tristeza a estressores é por meio da categoria diagnóstica do Transtorno de Ajustamento com Humor Deprimido. Essa categoria, com efeito, tenta definir o que o *DSM-I* e o *DSM-II* costumavam chamar de depressões "reativas", que ocorriam em reação às circunstâncias. A dificuldade de formular tal definição reside no fato de que a maioria dos casos de tristeza normal também é "reativa" às circunstâncias; portanto, o critério deve, de alguma forma, distinguir as reações normais das patológicas. Os critérios para o Transtorno de Ajustamento com Humor Deprimido, no entanto, não conseguem superar esse desafio e, assim, acabam transformando em patologia (isto é, tratando incorretamente como transtorno) uma ampla gama de reações normais à perda além daquelas que satisfariam os critérios para o diagnóstico de Transtorno Depressivo Maior.

Com o objetivo de distinguir reações normais de reações exageradas e patológicas ao estresse, a categoria geral de Transtorno de Ajustamento tem uma série de subcategorias, cada uma delas associada a um tipo específico de reação sintomática a um estressor: "Com Humor Deprimido", "Com Ansiedade", "Com Perturbação da Conduta", "Misto de Ansiedade e Depressão", "Com Perturbação Mista das Emoções e Conduta" e uma ampla categoria "não especificada" para queixas físicas, reclusão social, comprometimentos ocupacionais e outras reações problemáticas. O Transtorno de Ajustamento é uma categoria residual que "não deve ser usada se a perturbação atender aos critérios para outro transtorno específico do Eixo I", como o Transtorno Depressivo Maior.[11]

Para se qualificar especificamente como Transtorno de Ajustamento "com Humor Deprimido", o estado deve atender aos critérios gerais para Transtorno de Ajustamento (que serão discutidos a seguir) e, além disso, satisfazer os seguintes critérios sintomáticos: "Este subtipo deve ser usado quando as manifestações predominantes são sintomas como humor deprimido, choro ou sentimentos de desesperança".[12] A exigência de que um desses sintomas esteja presente é tão deficiente que praticamente qualquer reação normal de tristeza a satisfaria. De fato, em princípio, o vago critério de sintoma depressivo permite o diagnóstico com base em apenas um sintoma, como humor deprimido ou choro, que também costuma estar presente em reações normais de tristeza.

No entanto, o diagnóstico também demanda que os critérios gerais para Transtorno de Ajustamento sejam satisfeitos; sendo assim, a validade do Transtorno de Ajustamento com Humor Deprimido depende dos seguintes critérios gerais:

A. O desenvolvimento de sintomas emocionais ou comportamentais em reação a estressores identificáveis três meses após o início destes.

B. Esses sintomas ou comportamentos têm relevância clínica conforme evidenciado por um dos seguintes:

    1. Sofrimento acentuado que é excessivo ao esperado da exposição ao estressor;

2. Prejuízo significativo no desempenho social ou ocupacional (acadêmico).

C. A perturbação relacionada com o estresse não atende aos critérios para outro transtorno específico dos Eixos I ou II.

D. Os sintomas não estão associados com Luto.

E. Uma vez que os estressores (ou suas consequências) tenham terminado, os sintomas não persistem por mais de seis meses.[13]

O Transtorno de Ajustamento, diferentemente do Transtorno Depressivo Maior, limita-se especificamente a casos que são reações a acontecimentos desencadeadores. O item C formaliza o caráter "residual" do diagnóstico e implica que o Transtorno de Ajustamento com Humor Deprimido só pode ser diagnosticado se o indivíduo não atender aos critérios para Transtorno Depressivo Maior. Assim como ocorre com relação a estes últimos, a única exceção do status de transtorno é o luto; reações a quaisquer outras perdas que satisfaçam os critérios são consideradas patológicas.

Certamente é verdade que o processo de se adaptar aos estressores ou de "lidar" com eles pode dar errado e se tornar patológico. A questão fundamental é se os critérios para o diagnóstico de Transtorno de Ajustamento conseguem cumprir seu propósito de distinguir tais reações patológicas de reações intensas, porém normais, que acompanham acontecimentos estressantes.

Os critérios determinam que os sintomas devem ocorrer três meses depois do início do estressor e desaparecer seis meses após seu término. Esses critérios de duração visam assegurar que os sintomas são de fato uma reação a um estressor, e não independentes dele. O problema é que a grande maioria das reações normais à perda é caracterizada por uma relação temporal direta com os estressores que as desencadearam; elas tendem a começar logo após a ocorrência do estressor e diminuir logo depois que este desaparece. Assim, tais critérios possivelmente incluem a grande maioria dos episódios de tristeza normal e não distinguem as reações normais das patológicas. A exigência de que a reação cesse seis meses após o término do estressor (ou de suas consequências) é de particular interesse, porque um dos melhores indicadores de que uma reação pode ser considerada patológica é o fato de *não* diminuir gradativamente depois que o estressor termina, mas adquirir vida própria, independente dos acontecimentos.

Com exceção dos critérios de duração, a distinção que os critérios do *DSM* para Transtorno de Ajustamento fazem entre reações normais e patológicas se resume a se o caso satisfaz ao menos um dos dois critérios de "relevância clínica" especificados no item B. Para ser classificada como transtorno, a reação deve incluir "sofrimento acentuado que é excessivo ao esperado da exposição do estressor" ou "prejuízo significativo no desempenho social ou ocupacional (acadêmico)".

Com relação ao critério do "sofrimento excessivo", até mesmo reações normais a estressores são inerentemente propensas a causar sofrimento, e quando o estressor é acentuado é provável, ou ao menos possível, que as reações normais também o sejam (segundo o princípio da proporcionalidade). Portanto, esse critério só permitiria distinguir reações normais de patológicas com base na exigência de que, nos casos patológicos, o sofrimento seja "excessivo ao esperado" para o estressor em questão. O problema é como interpretar tal exigência. Se interpretássemos que ela estipula que os sintomas devem ser "excessivos ao esperado numa *reação normal*", seria necessário responder o que se entende por normalidade. Uma alternativa óbvia é interpretar "excessivo ao esperado" como uma exigência estatística. No entanto, a interpretação estatística permitiria que os 50%, ou, digamos, 30% dos indivíduos cujas reações normais são mais intensas que as dos demais fossem classificados como doentes. Mas apresentar um nível de reação maior que o típico ou esperado não necessariamente implica que esta se deva a um transtorno. Por exemplo: (1) o sistema de valores e significados do indivíduo pode tornar um estressor mais problemático ou ameaçador que para a maioria das pessoas; (2) o indivíduo pode viver num ambiente problemático em que o estressor é mais grave ou mais duradouro que o normal; (3) o indivíduo pode vir de um contexto cultural ou familiar mais expressivo que outros; ou (4) o indivíduo pode reagir de forma mais temperamental que a maioria das pessoas aos acontecimentos cotidianos.

Uma interpretação mais condescendente é que, por reação "esperada", o *DSM* queira dizer qualquer reação que seja "proporcional" quando se levam em consideração todos os fatores, incluindo a natureza e o contexto dos próprios estressores, assim como seus significados subjetivos e culturais. Afirmamos, anteriormente, que a mera proporcionalidade é uma das características da reação não patológica à perda. Se o primeiro componente do item B for interpretado como especificando que uma reação "excessiva" está fora da gama de reações proporcionais, então, considerado isoladamente, é possivelmente um indicador válido de disfunção e classifica corretamente alguns transtornos na categoria do Transtorno de Ajustamento, evitando óbvios falsos-positivos.

Mas há o problema do segundo componente do critério B: comprometimento no desempenho social ou ocupacional. Esse critério, por si só, é oferecido como alternativa suficiente para classificar um caso como transtorno. Infelizmente, deixa de excluir um grande número de casos e reações normais à perda. Diante de estressores significativos, é provável que o desempenho social, ocupacional ou acadêmico das pessoas seja prejudicado. Só o tempo e a concentração necessários para lidar com o estressor, os sentimentos que tornam difícil se concentrar nas tarefas cotidianas e as mudanças que o indivíduo tem de fazer em sua vida podem facilmente levá-lo a evitar as tarefas e funções usuais. Além disso, as perguntas e os desafios que esses estressores desencadeiam podem fazer algumas funções parecerem comparativamente insignificantes por certo tempo, levando à perda de motivação e interesse. Praticamente todo humor deprimido tem consequências como essas. Assim, mesmo que o critério do "sofrimento acentuado" seja interpretado corretamente, as falhas no critério alternativo de comprometimento funcional garantem que um grande número de reações normais possa ser diagnosticado como Transtornos de Ajustamento.

Concluímos que os critérios para o diagnóstico de Transtorno de Ajustamento – e para seu subtipo Transtorno de Ajustamento com Humor Deprimido – possivelmente classificam como transtornos um grande número de reações normais que são desencadeadas por estressores e diminuem depois que este desaparece. E eles o fazem com base em apenas um sintoma que reduz o desempenho de funções. De fato, é quase certo que toda reação normal à perda que não se enquadra nos critérios do *DSM* para o diagnóstico de Transtorno Depressivo Maior se enquadre nos critérios para Transtorno de Ajustamento com Humor Deprimido.

As falhas na categoria do Transtorno de Ajustamento são tão visíveis que os pesquisadores e epidemiologistas a ignoraram por completo. Eles "juraram de pé junto" que o Transtorno de Ajustamento não merece atenção, a julgar pelos pouquíssimos estudos científicos sobre o assunto, o que contrasta nitidamente com o crescimento das pesquisas sobre outras categorias do *DSM* em geral e do Transtorno Depressivo Maior em particular. Em 1980, oitenta artigos médicos continham "transtorno de ajustamento" no título e, em 2005, apenas 55.[14] Em 2006, surgiram cerca de 158 artigos com "depressão" no título para cada artigo sobre transtorno de adaptação. Em síntese, o Transtorno Depressivo Maior, e não o Transtorno de Ajustamento com Humor Deprimido, tornou-se a categoria vigente na área quando se trata de estudar estados depressivos. Essa negligência do Transtorno de Ajustamento por parte dos pesquisadores parece justificada. O diagnóstico é tão prejudicado por esses problemas flagrantes na distinção entre casos normais e patológicos que deixou de ser um alvo sério de pesquisa. No entanto, na prática médica, o diagnóstico de Transtorno de Ajustamento ainda pode ser útil para categorizar reações a circunstâncias estressantes que podem ou não ser transtornos genuínos, mas normalmente merecem e pedem atenção médica.

## Outras categorias e características do *DSM-IV* relacionadas com a depressão

### Diagnósticos subclínicos I: Depressão Menor

Os casos que não satisfazem todos os critérios sintomáticos ou de duração do diagnóstico de Transtorno Depressivo Maior mas incluem alguns sintomas mencionados nos critérios são chamados "subclínicos". O *DSM-IV* criou uma nova categoria, o Transtorno Depressivo Menor, que agrupa tais casos num apêndice sobre "Conjuntos de critérios e eixos proporcionados para estudo complementar". O Transtorno Depressivo Menor requer apenas dois, em vez de cinco, dos nove sintomas definidos como critérios para Transtorno Depressivo Maior, desde que um deles seja humor deprimido ou perda de interesse ou prazer. Em outros aspectos, como duração e várias exclusões, os critérios são basicamente os mesmos que para Transtorno Depressivo Maior.[15]

Como mostraremos no Capítulo 6, várias críticas na literatura recente propõem que os casos subclínicos sejam definidos como transtornos genuínos. Nenhuma dessas recomendações aborda seriamente o problema de que tal medida abriria precedentes para diagnosticar como transtornos reações normais à tristeza que não são nem mesmo particularmente intensas ou duradouras. De fato, essa categoria incluiria praticamente todas as reações à perda ou períodos de tristeza relevantes. Até agora, entretanto, o *DSM* não adotou a depressão menor como categoria oficial.

### Diagnósticos Subclínicos II: Transtornos do Humor Não Especificados

Entretanto, o *DSM* já especifica que os profissionais de saúde mental podem, segundo seus critérios, classificar como transtornos depressivos casos subclínicos que não satisfazem os critérios do diagnóstico de Transtorno Depressivo Maior. Isso se deve ao fato de que, assim como para outros tipos de categoria, o *Manual* apresenta uma categoria extra de Transtorno do Humor não especificado. Um dos seus principais propósitos é diagnosticar "transtornos com sintomas de humor que não satisfazem os critérios para nenhum transtorno do humor específico".[16]

A introdução do *Manual* inclui uma seção intitulada "Uso de categorias não especificadas" que determina as situações em que tal diagnóstico seria apropriado. A primeira delas se aplica a estados para os quais há

> informações suficientes disponíveis para indicar a classe de transtorno que está presente, mas não é possível obter especificações complementares, quer seja porque não há informações suficientes para um diagnóstico mais específico, quer seja porque as características clínicas do transtorno não satisfazem os critérios para nenhuma das categorias específicas naquela classe.[17]

Aqui, a intenção legítima era, sem dúvida, proporcionar aos médicos a flexibilidade de ocasionalmente diagnosticar transtornos manifestos que não satisfazem totalmente os critérios oficiais para um estado mais específico numa classe. Mas aplicar a categoria "não especificada" ao transtorno depressivo, sem o cuidado de distingui-lo das reações normais, pode fazer que os clínicos diagnostiquem como transtornos muitas reações normais que não são suficientemente intensas para satisfazer os critérios dos cinco sintomas e das duas semanas de duração.

A segunda situação que o *Manual* determina para o uso da categoria "não especificada" é quando "a manifestação condiz com um padrão de sintomas que não foi incluído na classificação do *DSM*, mas causa sofrimento ou limitação clinicamente relevantes".[18] Isso é igualmente problemático porque tanto a tristeza normal quanto a patológica podem facilmente apresentar sofrimento e limitação significativos. Portanto, quando se trata de reações à perda, a categoria Transtorno do Humor Não Especificado, com efeito, dá aos médicos carta branca para classificar reações normais como transtornos.

### Transtorno Distímico

Uma segunda categoria de transtornos depressivos no *DSM-IV* é a do Transtorno Distímico. Concebido, em parte, como uma concessão à abordagem psicodinâmica, esse transtorno substituiu a categoria tradicional de depressão neurótica (e de fato aparecia sob o título "Transtorno Distímico (ou Neurose Depressiva)" no *DSM-III*).[19] No entanto, seus critérios são muito diferentes daqueles da depressão neurótica tradicional, que incluíam reações excessivas a estressores específicos, mas de duração limitada. O diagnóstico de Transtorno Distímico requer uma perturbação de humor e apenas dois sintomas adicionais, mas também exige que os sintomas tenham persistido por pelo menos dois anos (um ano para crianças e adolescentes) e durante esse tempo tenham estado presentes a maior parte do dia, praticamente todos os dias. Assim como o Transtorno Depressivo Maior, o Transtorno Distímico é diagnosticado unicamente com base em sintomas, sem referência a fatores como estressores crônicos (por exemplo, a piora gradativa culminando na morte de um filho doente) que possam distinguir sintomas depressivos crônicos normais de patológicos. Tampouco os critérios sintomáticos permitem uma distinção entre transtorno depressivo e temperamento ou personalidade melancólica normal, identificada desde os tempos de Aristóteles. Essas questões desafiam a validade da categoria de Transtorno Distímico, e certamente sua inclusão na categoria de estados depressivos crônicos e mais moderados não ajuda a solucionar o problema da inexistência de uma distinção adequada entre normalidade e transtorno nos critérios para Transtorno Depressivo Maior.

### Transtorno Depressivo Maior Melancólico

Para algumas pessoas que satisfazem os critérios para Transtorno Depressivo Maior, o *DSM* oferece a subcategoria "Com Características Melancólicas". Esta classifica um indivíduo que perdeu o prazer em todas ou quase todas as atividades ou que não reage a estímulos normalmente prazerosos, além de apresentar três sintomas adicionais de uma lista que contempla um atributo distinto de humor deprimido em contraste com a tristeza normal, maior intensidade pela manhã, despertar mais cedo que de costume, retardação psicomotora acentuada, perda de peso e culpa excessiva.

A subcategoria da melancolia pretendia corresponder aos casos tradicionais de *depressão endógena*, considerados exemplos particularmente claros de transtorno depressivo.[20] No entanto, o *DSM* não usa o termo "endógena" porque, por tradição, ele denota certos tipos de sintoma de origem "vegetativa" ou aparentemente fisiológica e a ausência de circunstâncias externas desencadeadoras, todos os quais indicam a existência de um transtorno, mas ligado a um pressuposto etiológico. Ao contrário, o *DSM* usa apenas os sintomas para diagnosticar a subcategoria melancólica. Consequentemente, muitos casos que os critérios sintomáticos do *DSM* classificam como melancólicos estão associados a estressores externos e, tradicionalmente, não seriam considerados "endógenos".

É possível que, devido a suas exigências sintomáticas especiais, existam mais casos reais de depressão melancólica que de outros tipos de depressão proporcionalmente aos diagnosticados pelos critérios do *DSM*. Mas a depressão melancólica é apenas uma pequena fração dos tipos de Transtorno Depressivo Maior do *Manual*. Assim, a distinção entre estados melancólicos e outros estados depressivos não é capaz de solucionar os problemas de validade dos critérios gerais do Transtorno Depressivo Maior.[21]

Seria possível distinguir tristeza normal de patológica se o *DSM* tivesse formulado os critérios para o diagnóstico de depressão melancólica refletindo a noção tradicional de depressão "endógena" *versus* "reativa"? Conforme discutimos no Capítulo 1, tal distinção não separa adequadamente transtorno de normalidade porque, embora os casos de depressão endógena geralmente sejam transtornos, também o são muitos casos de depressão reativa devido a uma reação sintomática desproporcional à magnitude da perda que os desencadeou. O *DSM* simplesmente abandonou essa distinção, mas, infelizmente, não encontrou outra para substituí-la.

## Conclusão

Os diagnósticos baseados em sintomas do *DSM-III* e *DSM-IV* melhoraram substancialmente as tentativas anteriores de classificar a depressão. Eles superaram as definições superficiais e ambíguas presentes nos manuais que os precederam. Conjuntos de critérios explícitos melhoraram a comunicação entre pesquisadores e médicos sobre o significado da depressão. Os pesquisadores foram capazes de criar populações de participantes mais homogêneas e aumentaram as chances de que os diagnósticos clínicos se referissem aos mesmos tipos de enfermidade.

Esses avanços inegáveis, no entanto, também tiveram custos. O principal foi que os diagnósticos baseados em sintomas não distinguem corretamente os casos de depressão que indicam a presença de um transtorno das reações esperadas a contextos externos. As muitas características do *DSM* que lidam com as reações a estressores não conseguem resolver esse problema. A própria definição de transtornos mentais do *Manual*, combinada com os dados empíricos citados no Capítulo 2, indica que seus critérios para transtornos depressivos não são válidos. O sistema multiaxial não ajuda porque usa o importante eixo dos estressores psicossociais apenas para complementar um diagnóstico de transtorno, e não para modificá-lo. A categoria de Transtorno de Ajustamento só piora o problema, pois transforma em patologias até mesmo as reações normais que têm menos sintomas que o normal e desaparecem quando o estressor deixa de existir. Tampouco a inclusão dos códigos V supera o problema fundamental de que todos os casos que satisfazem os critérios diagnósticos devem ser classificados como transtornos. Teria sido simples incluir na definição de Transtorno Depressivo Maior um conjunto mais extenso de critérios de exclusão comparáveis com a exclusão do luto, mas não se tentou fazê-lo. A consequência é uma grave imprecisão que leva à patologização da tristeza normal intensa.

Kraepelin abraçou conceitualmente a distinção entre tristeza "com" e "sem motivo", embora isso não fosse, na prática, importante para classificar seus pacientes internados em hospitais psiquiátricos. Na época em que o *DSM-III* foi publicado, em 1980, a terapia em consultórios era bem mais comum, e, consequentemente, a gama de problemas que as pessoas traziam aos psiquiatras havia se expandido muito. Justamente quando teria sido mais útil desenvolver a distinção entre tristeza "com" e "sem motivo" a fim de evitar diagnósticos falsos-positivos, o *DSM-III* abandonou tal distinção e reclassificou como transtornos mentais muitos casos que eram dificuldades cotidianas. Os problemas que daí decorreram continuaram sem solução nas edições subsequentes do *Manual*. Mas o problema de transformar tristeza normal em patologia não termina aqui. O passo seguinte foi dado quando a lógica baseada em sintomas por trás do *DSM-III* e do *DSM-IV* foi além da clínica e formou a base para estudos de depressão em indivíduos da população geral.

# 6 A IMPORTAÇÃO DA PATOLOGIA PARA A COMUNIDADE

A transformação da tristeza normal intensa em transtorno depressivo ocorreu em várias etapas. O passo inicial foi a conversão de importantes critérios de pesquisa baseados em sintomas nos critérios de Feighner e no RDC. Esses critérios não se apoiaram na avaliação contextual que tradicionalmente evitara que a tristeza intensa fosse diagnosticada como transtorno; assim, criaram o potencial para diagnósticos falsos-positivos. Entretanto, as pesquisas sobre depressão preocuparam-se primordialmente com pacientes hospitalizados e membros da comunidade gravemente aflitos que nitidamente tinham um transtorno. Nesse contexto, os critérios baseados em sintomas eram capazes de distinguir transtornos afetivos de outros transtornos graves, e o potencial para diagnósticos falsos-positivos não foi percebido de imediato. O segundo passo ocorreu quando o *DSM-III* aplicou a lógica baseada em sintomas à prática médica em geral, inclusive ao crescente número de pacientes atendidos em consultórios e clínicas comunitárias em que os terapeutas deparavam com todo tipo de angústia. A aplicação de critérios descontextualizados a esse grupo heterogêneo de pacientes aumentou as possibilidades de que os diagnósticos fossem atribuídos àqueles que sofriam de tristeza normal.

No entanto, considerando os pacientes tratados em consultórios, vários fatores atuam para minimizar a probabilidade de que os critérios do *DSM* se apliquem a casos de tristeza normal. Os pacientes tendem ao autodiagnóstico; assim, embora muitos indivíduos busquem ajuda para lidar com a tristeza normal, na maioria das vezes eles só procuram tratamento quando associam seus sintomas a problemas internos, e não a situações estressantes.[1] Além disso, os próprios médicos, apesar do incentivo dos reembolsos dos seguros-saúde para diagnosticar transtornos depressivos sempre que possível, ainda podem usar o bom-senso para corrigir as falhas dos critérios do *DSM* e reconhecer quando um paciente não tem um transtorno e talvez esteja apenas precisando de tranquilidade e apoio para aliviar sentimentos dolorosos, mas normais e possivelmente transitórios.

Portanto, não é no contexto clínico que existe maior risco de confusão entre o que é normal e o que não é. Ao contrário, a transformação mais radical de tristeza comum em patologia aconteceu quando os critérios do *DSM*, originalmente desenvolvidos para lidar com casos em tratamento, foram retirados do contexto clínico, com suas limitações especiais, e aplicados a estudos sobre depressão na comunidade, com pessoas que não haviam buscado ajuda profissional por seu estado.

Para a área da epidemiologia psiquiátrica, a lógica do *DSM*, com seus critérios baseados em sintomas, era uma oportunidade de atingir o objetivo há muito almejado de avaliar a prevalência de doença mental na população geral por meio do uso de questionários relativamente simples e aplicados por leigos. Tais questionários eliminavam a necessidade de que os psiquiatras diagnosticassem grandes grupos, tornando o custo e a logística desses estudos muito mais acessíveis. Usando os critérios do *DSM*, as ferramentas epidemiológicas pretendiam revelar na comunidade os mesmos transtornos mentais que supostamente afetavam os pacientes tratados. Mas, como veremos, ao mudar do contexto das clínicas para o da comunidade, o problema latente dos diagnósticos falsos-positivos nos critérios do *DSM* veio à tona. De fato, as novas ferramentas epidemiológicas identificavam igualmente a depressão patológica e a tristeza normal intensa presente em grande escala nos membros da comunidade; desse modo, superestimaram a quantidade de casos de transtorno depressivo em populações não tratadas.

## Estudos comunitários anteriores ao *DSM-III*

Para entender o enorme impacto dos critérios do *DSM* sobre os estudos epidemiológicos que buscavam medir a quantidade de casos de transtorno depressivo na sociedade, convém dar um passo atrás e considerar a história da epidemiologia psiquiátrica. Em determinado momento, os objetivos da epidemiologia e os do *DSM* convergiram, e o *DSM* proporcionou aos epidemiologistas critérios aperfeiçoados e uma aparente solução para os problemas enfrentados pela área.

Nos primeiros anos da epidemiologia psiquiátrica, durante a primeira metade do século XX, as estimativas de índices de transtorno mental se baseavam em pesquisas que consideravam diferentes contextos de tratamento e se apoiavam nos diagnósticos contidos nos registros médicos.[2] No entanto, logo se tornou evidente que as pesquisas com pacientes tratados forneciam um indicador insatisfatório do grau de transtorno mental numa sociedade. Nem todos os que têm um transtorno buscam tratamento – por motivos relativos a estigma, custo ou incapacidade de reconhecer que o problema é um transtorno – e, para muitos que poderiam procurar ajuda, não há serviços profissionais prontamente disponíveis. Além disso, muitos daqueles que buscam tratamento para vários problemas não padecem de um transtorno. Portanto, a fim de guiar as políticas de saúde mental e estimar a necessidade de serviços, assim como compreender melhor a etiologia e a prevalência de doença mental, os estudos epidemiológicos tentaram superar esses problemas pesquisando diretamente a sociedade como um todo.

Os estudos comunitários tentam determinar a quantidade de casos de doença mental entre indivíduos que não estão sob tratamento médico, mas cujo estado seria supostamente diagnosticado de modo similar ao de indivíduos que estão sendo tratados. Para alcançar esse objetivo, os pesquisadores devem desenvolver medidas capazes de avaliar os sintomas psiquiátricos em indivíduos que muitas vezes não julgam ter um transtorno mental nem procuram tratamento psiquiátrico e, portanto, nunca foram diagnosticados por um profissional. Uma vez que alguns transtornos afetam poucas pessoas, as pesquisas devem estudar grandes grupos para obter estimativas precisas da quantidade de tipos específicos de transtorno mental numa população. Desde o início da epidemiologia psiquiátrica, a formulação de indicadores válidos de transtorno representou um grande desafio para os pesquisadores.[3]

O principal incentivo para as tentativas de medir a depressão e outros transtornos mentais comuns presentes na sociedade reside nas experiências dos psiquiatras militares da Segunda Guerra Mundial que trataram e estudaram casos identificados como *neuroses de guerra*, uma combinação de sintomas depressivos, ansiosos e psicofisiológicos em decorrência das experiências vivenciadas no campo de batalha. Neuroses semelhantes haviam sido familiares aos psiquiatras em guerras anteriores – por exemplo, em algumas ocasiões, Freud as usou como modelo para sua concepção de trauma –, mas foi só na Segunda Guerra Mundial que adquiriram importância teórica fundamental na psiquiatria.

Naquela guerra, verificou-se que uma grande proporção de soldados até então normais que foram expostos a situações de combate extremamente estressantes desenvolveram problemas psicológicos. Ao todo, aproximadamente um milhão de soldados americanos sofreram colapsos neuropsiquiátricos: nas divisões de combate, o índice de casos de internação em hospitais psiquiátricos era de 250 em cada mil soldados.[4] Além disso, até 70% dos soldados expostos a longos períodos de combate sofreram colapso mental. Um relatório de 1946 estimava que o soldado médio teria um colapso psiquiátrico após 88 dias de combate contínuo. O relatório também estimava que, sem levar em conta nenhuma outra causa de baixas, 95% dos soldados teriam um colapso após 260 dias de combate, acrescentando que "praticamente todos os homens em batalhões de fuzileiros que não tinham outra incapacitação se tornavam, em última instância, baixas psiquiátricas".[5]

Além disso, nenhuma característica psicológica preexistente permitia prever quais soldados teriam um colapso e quais não teriam.[6] Ao contrário, eram a intensidade e a duração das experiências de combate que levavam ao desenvolvimento de neuroses. Ao enfrentar estressores externos suficientes, todos os indivíduos poderiam padecer de um transtorno grave. Em 1945, os psiquiatras militares Grinker e Spiegel afirmaram: "Em vez de perguntar por que o soldado sucumbe à ansiedade, seria mais razoável perguntar por que ele *não* sucumbe".[7] Suas experiências durante a guerra fizeram que a atenção dos psiquiatras se desviasse das características dos indivíduos e se voltasse para as características dos ambientes estressores.

Durante a Segunda Guerra Mundial, a reação típica às baixas psiquiátricas era proporcionar a esses soldados comida quente, descanso, sono, banho e tranquilidade. Tais cuidados, "que basicamente consistiam em fazer o soldado descansar e indicar que ele logo seria reincorporado à unidade", não requeriam treinamento psiquiátrico intenso.[8] Um estudo mais detalhado após a guerra indicava que mais de metade das baixas psiquiátricas retornavam à função praticamente sem tratamento algum, e mais de dois terços daqueles que recebiam descanso e sedação retornavam às unidades 48 horas após o tratamento.[9]

Certamente, muitos desses indivíduos cujo estado perdurava haviam desenvolvido transtornos mentais. Pode-se ponderar, entretanto, se a maioria que se recuperou rápida e espontaneamente e sem nenhum tratamento real teve reações normais extremas ao estresse diante de circunstâncias verdadeiramente atípicas.[10] Mas o que é historicamente importante para o desenvolvimento da epidemiologia psiquiátrica é que os psiquiatras passaram a ver todas essas consequências psicológicas de combate como transtornos mentais.[11]

Após a guerra, os psiquiatras sociais viram os transtornos do estresse de combate como um modelo útil para os transtornos mentais da vida civil e compararam os estressores atípicos da guerra com os estressores cotidianos da vida pós-guerra.[12] A ideia de que "todo indivíduo tem seu limite" foi transferida dos soldados aos cidadãos comuns. As neuroses de guerra, assim, forneceram um novo paradigma para a área de saúde mental durante as décadas seguintes, o qual continua influente até os dias de hoje.[13] Incapazes de reconhecer que a maioria dos soldados que sofreram colapsos se recuperou com tratamento mínimo ou sem tratamento algum, os psiquiatras do pós-guerra passaram a enfatizar que toda experiência estressante poderia precipitar colapsos graves e duradouros em indivíduos normais se estes não fossem submetidos a intervenção precoce. Eles se dedicaram a criar teorias e medições para estudar diversos estressores externos na vida cotidiana que, segundo supunham, levariam a transtornos psiquiátricos.[14]

Essa deterioração da distinção entre sofrimento normal e transtorno foi complementada por outro tema primordial dos pesquisadores dos anos 1940 aos 1970, que provinham dos princípios psicodinâmicos de Freud e Meyer: saúde e doença mental não eram categoricamente distintas, e sim faziam parte de um mesmo continuum de sintomas que iam de moderados a graves.[15] Apenas alguns raros indivíduos que não apresentavam nenhum sintoma eram considerados plenamente saudáveis.[16] Aqueles que se situavam em qualquer outro ponto do continuum eram vistos como doentes ou, ao menos, não de todo saudáveis. Um importante aspecto do conceito de continuum era que indivíduos com sintomas moderados, ao ser submetidos ao estresse, corriam o risco de desenvolver estados mais graves se não fossem tratados por um profissional. Um consequente artigo de fé entre os psiquiatras daquela época que se dedicavam a estudos comunitários era que o tratamento precoce de transtornos moderados em membros da comunidade poderia evitar que culminassem em estados mais graves.[17] O desenvolvimento de ferramentas capazes de identificar indivíduos com maior risco de padecer de um transtorno mental e tratá-los antes que o estado se agravasse passou a ser um dos principais objetivos da psiquiatria. A noção de continuum – associada ao pressuposto de que os estressores socioculturais intensificavam sintomas moderados e causavam transtornos psiquiátricos em pessoas normais – significava que, em certa medida, praticamente toda a população poderia ser considerada doente e corria o risco de padecer de um transtorno mental mais grave.

Assim, a filosofia que se desenvolveu com base na psiquiatria comunitária tornou imperativo estudar os fatores que determinavam o risco de suposta patologia em populações não tratadas. Nos anos 1950 e 1960, equipes de cientistas sociais e psiquiatras psicodinâmicos se dedicaram a estudar como os fatores socioculturais provocavam angústia na população. Para estudar os sintomas das populações urbanas modernas, o psiquiatra Thomas A. C. Rennie e os sociólogos Leo Srole e Thomas Langner desenvolveram o projeto Midtown Manhattan, que estudou mais de 1.600 habitantes daquela cidade.[18] Um segundo projeto importante, o estudo de Stirling County, foi outra colaboração entre psiquiatras e cientistas sociais que correlacionava tipos de estressores com a distribuição de sintomas psicológicos na população de uma área rural da província canadense de Nova Escócia.[19]

Os dois principais propósitos desses primeiros estudos comunitários no pós-guerra eram avaliar a magnitude dos problemas de saúde mental na população e testar a hipótese de que fatores socioculturais causavam transtornos mentais.[20] Para que pudessem responder a essas perguntas, esses estudos tinham de abordar o problema de como definir um caso psiquiátrico em indivíduos não tratados. O manual psiquiátrico oficial da época, o *DSM-I*, não fornecia nenhum critério explícito para categorizar tipos específicos de doença mental. Os médicos usavam parâmetros vagos e gerais que dependiam fortemente de seus julgamentos idiossincráticos. Os estudos comunitários não podiam se apoiar nesses julgamentos porque, quando usados para determinar índices de doença mental em populações não tratadas, costumavam produzir muito mais variações nos resultados de um entrevistador para outro. Esses estudos também depararam com um importante problema prático: confiar em psiquiatras para realizar uma grande quantidade de entrevistas era muito caro e, por isso, deixava de ser uma opção eficiente. Por motivos práticos, esses estudos tiveram de desenvolver medições padronizadas que poderiam ser aplicadas por entrevistadores leigos.

As medições baseadas em sintomas descontextualizados têm um enorme apelo prático para as entrevistas sobre doenças mentais. Elas proporcionam resultados padronizados que não variam de um entrevistador para outro. Uma vez que não requerem (ou sequer permitem) sondagens sobre o significado pessoal das reações, os entrevistadores não precisam de nenhuma especialização ou experiência clínica. Isso reduz significativamente os custos com entrevistas, o que é particularmente importante em grandes pesquisas epidemiológicas. Os estudos desenvolviam perguntas em formatos padronizados que os entrevistadores leigos conseguiam fazer, as quais podiam então ser usadas para categorizar os entrevistados como doentes ou não. A decisão de usar medições baseadas em sintomas descontextualizados se apoiava em considerações sobre praticidade e custo, e não em testes demonstrando que esses métodos eram precisos.[21]

A definição de depressão do *DSM-I* apresentava um obstáculo adicional a esses estudos comunitários que se esforçavam para determinar a influência dos fatores socioculturais sobre os índices de sofrimento. O *DSM-I* definia a depressão neurótica como "reação depressiva psiconeurótica", afirmando que "essa reação é desencadeada por uma situação atual, frequentemente alguma perda relatada pelo paciente [...]".[22] Quando as causas externas *por definição* desencadeiam estados depressivos não psicóticos, é impossível separar a influência de causas sociais de outras, internas ao indivíduo, porque as primeiras têm de aparecer em todos os casos.[23]

Os estudos epidemiológicos tentaram resolver esse problema no *DSM-I*, primeiro excluindo a etiologia da definição de depressão e, depois, presumindo que *todos* os sintomas fossem patológicos. Os fatores externos não foram levados em conta na definição do que se considerava transtorno; ao contrário, foram vistos como um tipo de causa dos sintomas. Essa decisão significava que tanto os sintomas que eram reativos a perdas e outros fatores contextuais quanto aqueles que não o eram contavam como sintomas de transtorno. Essa solução possibilitou aos psiquiatras atingir o objetivo de mostrar a influência relativa de fatores sociais e não sociais sobre os sintomas. Ao mesmo tempo, criou o problema de tornar indistinguíveis os sintomas manifestados em reações normais e patológicas. Ao isolar os sintomas do contexto e presumir que indicavam transtornos, abandonou o reconhecimento histórico de que apenas sintomas "excessivos" ou "desproporcionais" eram sinais de transtorno. A consequência foi que a tristeza, por definição, não poderia ser uma reação normal a uma situação estressante, devendo necessariamente indicar um estado patológico.

Portanto, o problema da descontextualização e do consequente embotamento da distinção entre transtorno depressivo e tristeza normal que ocorreria na prática médica com o advento do *DSM-III* de fato ocorreu por motivos independentes na disciplina da epidemiologia psiquiátrica antes mesmo da terceira edição do *Manual*. Na verdade, o problema era ainda mais grave nesses estudos comunitários porque eles não levavam em consideração o grau de intensidade, duração e outros requisitos – isto é, os conjuntos de critérios ampliados – que o *DSM-III* se esforçou para identificar. Ao contrário, os sintomas individuais foram adotados como indicadores suficientes de transtorno, uma situação que logo levou a estimativas que seriam amplamente reconhecidas como níveis absurdos de patologia.

Os primeiros estudos comunitários não mensuraram tipos específicos de doença mental (tais medidas ainda não estavam disponíveis), mas desenvolveram medições amplas, contínuas e inespecíficas de aflição psicológica que eram interpretadas para indicar níveis de transtorno.[24] Eles usaram escalas com sintomas gerais de depressão, ansiedade e problemas psicofisiológicos para criar medidas globais que iam de moderadas a graves.[25] Muitos desses sintomas, como ter "dificuldade de pegar no sono", "humor deprimido ou muito deprimido", sentir-se "incapaz de seguir em frente" ou "questionar se algo vale a pena" podem muitas vezes ser sinais de tristeza normal. Uma vez que esses estudos definiam todos os sintomas – inclusive a infelicidade cotidiana – como sinais de patologia, não é de surpreender que tenham chegado a índices muito altos de transtorno. No estudo de Midtown Manhattan, apenas 18,5% dos entrevistados estavam "bem", isto é, não relatavam nenhum sintoma.[26] Já 23,4% dos entrevistados mostravam "incapacitação", outros 21,8% apresentavam o desenvolvimento de sintomas "moderados" e os 36,3% restantes tinham incapacitação "moderada". O estudo em Stirling County registrava índices ainda mais altos, afirmando que 57% da amostra era provavelmente comparável com casos psiquiátricos.[27] Ambos os estudos encontraram correlações diretas entre baixo nível socioeconômico e condições sociais insatisfatórias e altos índices de suposta doença mental.

Esses estudos justificaram os altos índices de transtorno obtidos com o fato de que os grupos controle de pacientes psiquiátricos tratados também relatavam um grande número de sintomas similares, o que supostamente validava as medições baseadas em sintomas. Porém, se esses estudos tivessem usado como grupos controle membros da comunidade que não tinham transtornos, mas haviam sofrido perdas recentes – como o luto, o fim de um relacionamento ou o desemprego –, os pesquisadores também teriam verificado um índice extremamente elevado de sintomas e poderiam facilmente ter concluído que o que mediram era tristeza comum, e não transtorno mental.

O alto índice de supostos transtornos nos estudos comunitários dos anos 1950 e 1960 gerou considerável ceticismo na época. "Se todas as pessoas com tosse", observou o renomado epidemiologista Rema Lapouse, "forem diagnosticadas com tuberculose, as taxas de incidência e de prevalência vão disparar. Felizmente, o laboratório oferece uma proteção contra esse tipo de extravagância diagnóstica. O diagnóstico psiquiátrico ainda não conta com esse tipo de proteção."[28]

Até mesmo Stanley Michael, um psiquiatra ligado ao estudo de Midtown, questionou os resultados:

> A descoberta de sintomas mentais e emocionais em quatro quintos da amostra que representa uma população urbana indica que um nível de psicopatologia é a norma estatística da média da população ou que os mecanismos mentais que podem ser considerados patológicos devido a causas psicodinâmicas podem ser um modo de adaptação normal.[29]

O pressuposto de que pessoas normais não apresentariam nenhum sintoma independentemente das circunstâncias da vida indicava uma completa confusão acerca de normalidade e transtorno. O erro fatal dos estudos comunitários foi definir todos os sintomas como patológicos, sem considerar o contexto em que surgiam e persistiam.

Apesar dos problemas inerentes à medição de sintomas descontextualizados, os estudos comunitários posteriores rapidamente a adotaram e trataram o transtorno mental como um continuum de casos mais ou menos graves. Eles consideraram que todos os pontos nesse continuum indicavam patologia. As críticas a esses estudos, em vez de tentar distinguir os sintomas que apontavam um transtorno daqueles que eram reações esperadas a estressores, focaram nas escalas de sintomas, afirmando que estas eram tão amplas e genéricas que não ficava claro como se relacionavam com casos psiquiátricos específicos.[30] Foi essa falha particular – a imprecisão das medições de sintomas com relação aos diagnósticos reais – que preparou o terreno para uma mudança no estilo dos conjuntos de critérios do *DSM* para transtornos específicos.

## Os diagnósticos chegam aos estudos comunitários

O uso da distribuição contínua de sintomas extremamente generalizados estava em desacordo com o paradigma radicalmente novo dos conjuntos de critérios para categorias específicas de transtorno mental que o *DSM-III* implementou em 1980. Mas os estudos comunitários anteriores já compartilhavam os pressupostos do novo manual de que o diagnóstico deve se basear em sintomas descontextualizados. A congruência entre a abordagem baseada em sintomas usada pelos epidemiologistas e as medições baseadas em sintomas do *DSM-III* talvez explique o fato de os epidemiologistas terem adotado rapidamente os critérios do *DSM* na nova onda de estudos comunitários surgidos nos anos 1980.[31] A transição comparativamente suave dos estudos comunitários dos anos 1950 e 1960, que se baseavam em sintomas mas adotavam uma abordagem dinâmica, aos estudos comunitários exclusivamente baseados em sintomas dos anos 1980 provavelmente se deveu ao fato de que, diferentemente dos psiquiatras psicodinâmicos, os psiquiatras comunitários já haviam adotado um modelo que equiparava sintomas descontextualizados com a presença de certo grau de patologia. Ao contrário, o *DSM-III* surgiu somente após uma longa batalha entre os neokraepelinianos, que eliminaram pressupostos etiológicos do *Manual*, e os psiquiatras psicodinâmicos, que resistiam a seus esforços.[32]

Uma vez que o *DSM-III* requeria a satisfação de uma extensa lista de critérios para que um caso fosse classificado como transtorno específico, os epidemiologistas esperavam que os diagnósticos do *DSM* proporcionassem não só diagnósticos de categorias específicas como também estimativas mais realistas da quantidade de casos de transtorno mental na comunidade. Por exemplo, os cinco sintomas necessários para o diagnóstico de Transtorno Depressivo Maior aparentemente estabelecem parâmetros muito mais rigorosos que o sintoma que caracterizava um estado "moderado" no estudo de Midtown Manhattan. De fato, uma vez que os critérios do *DSM* foram amplamente aceitos como fidedignos e bastante válidos, os epidemiologistas psiquiátricos podiam usá-los em seus questionários sem ter de verificar por conta própria se esses critérios eram válidos e se realmente produziam resultados válidos no contexto comunitário, muito diferente do contexto clínico.

Assim, o sistema de classificação do *DSM-III* foi a base de todos os grandes estudos comunitários sobre transtornos psiquiátricos implementados desde o final dos anos 1970 nos Estados Unidos. Simultaneamente ao desenvolvimento do *DSM-III*, o Instituto Nacional de Saúde Mental decidiu realizar o primeiro estudo que mediria a prevalência de tipos particulares de transtorno mental na comunidade.[33] Os pesquisadores da Universidade de Washington – a mesma instituição que produziu os critérios de Feighner que estão por trás do *DSM-III* – elaboraram o Programa de Entrevista Diagnóstica (DIS, na sigla em inglês) que foi usado nos novos estudos epidemiológicos. Essa ferramenta media diagnósticos específicos na população da comunidade que supostamente era comparável às principais categorias clínicas presentes no *DSM-III*, inclusive Transtorno Depressivo Maior e Distimia.

Uma vez que os diagnósticos do *DSM-III* se baseavam totalmente em sintomas, os epidemiologistas podiam, com poucas mudanças, simplesmente transformar os critérios desenvolvidos para diagnosticar populações de pacientes em perguntas que seriam empregadas para entrevistar a população em geral, adotando uma abordagem que usava uma lista de sintomas similar à de estudos anteriores, mas com algoritmos mais complexos para chegar a um diagnóstico. Segundo seu principal pressuposto, uma entrevista diagnóstica estruturada permitiria aos pesquisadores "obter diagnósticos psiquiátricos comparáveis àqueles que um psiquiatra obteria".[34] Os resultados supostamente proporcionariam boas estimativas do número de transtornos mentais não tratados. Com base nessas estimativas, as autoridades seriam capazes de mensurar as necessidades não atendidas de serviço psiquiátrico.

O DIS, apoiando-se na mesma lógica baseada em sintomas do *DSM-III*, usa perguntas fechadas que podem ser aplicadas por entrevistadores leigos, treinados para obter informações sobre os sintomas. Perguntas idênticas são feitas precisamente da mesma maneira: "O entrevistador lê perguntas específicas e, diante de respostas afirmativas, faz novas perguntas predeterminadas. Cada etapa na sequência de identificar um sintoma psiquiátrico é totalmente especificada e não depende do discernimento dos entrevistadores".[35] Essa padronização é necessária porque até mesmo pequenas variações na formulação das perguntas, sondagens ou instruções por parte do entrevistador podem levar a grandes diferenças nos resultados.

O DIS foi a base do primeiro estudo nacional sobre a prevalência de doenças mentais específicas na comunidade – a Área de Captação Epidemiológica (ECA, na sigla em inglês), realizada no início dos anos 1980.[36] A ECA entrevistou mais de 18 mil adultos na comunidade e 2.500 pessoas em instituições de cinco localidades (New Haven, Durham, Baltimore, St. Louis e Los Angeles). Usou as estimativas da quantidade de transtorno nessas cinco amostras, somadas a sofisticadas análises estatísticas, para gerar estimativas nacionais de prevalência. O segundo importante estudo comunitário da prevalência de transtornos psiquiátricos específicos foi a Pesquisa Nacional de Comorbidade (NCS, na sigla em inglês), realizada pelo Instituto Nacional de Saúde Mental em 1991, com um acompanhamento iniciado dez anos depois.[37] A NCS, uma amostra de cerca de 8.100 pessoas com o intuito de representar a população dos Estados Unidos, usou a Entrevista Diagnóstica Internacional Composta (Cidi, na sigla em inglês), ferramenta similar ao DIS. Sua faixa etária de 15 a 54 anos era um pouco diferente da faixa etária da amostra da ECA, que ia dos 18 aos 65 anos.

A NCS ilustra como essas entrevistas comunitárias baseadas no *DSM* medem a depressão. Usa duas etapas para obter diagnósticos de depressão aplicando os critérios do *DSM-III-R*.[38] Na primeira etapa, os entrevistados devem responder afirmativamente a pelo menos uma das perguntas que aparecem no início da entrevista: "Alguma vez na vida você já se sentiu triste, para baixo ou deprimido praticamente todos os dias por um período de duas semanas ou mais?"; "Você já se sentiu deprimido, para baixo ou pessimista praticamente todos os dias por duas semanas ou mais?"; "Você já perdeu o interesse na maioria das atividades, como trabalho, hobbies ou coisas que normalmente gosta de fazer, durante duas semanas ou mais?"; e "Você já se sentiu triste, para baixo ou deprimido ou perdeu todo o interesse e prazer em coisas que normalmente gosta de fazer ou com as quais se importa, por duas semanas ou mais?" Tendo em vista a natureza ampla dessas perguntas e o fato de elas não terem critérios de exclusão para as circunstâncias em que surgiram, não é de surpreender que 56% da população tenha dado ao menos uma resposta "sim".[39] Mais tarde, na segunda etapa da entrevista, pergunta-se a esse grupo sobre sintomas de apetite e distúrbios do sono, fadiga e sentimentos de tristeza, inutilidade, desesperança e similares, que são comparáveis com os critérios do *DSM* para Depressão Maior. Então, um programa de computador determina se os entrevistados atendem aos critérios para um diagnóstico de depressão.

A NCS estima que cerca de 5% dos participantes tinham um episódio presente (trinta dias) de Depressão Maior, em torno de 10% haviam vivenciado esse transtorno no ano anterior, aproximadamente 17% tiveram um episódio alguma vez na vida e cerca de 24% relatavam sintomas suficientes para um diagnóstico de Depressão Maior ou de Distimia em algum momento da vida.[40] Igualmente, um estudo em New Haven que foi precursor da ECA verificou índices de 20% de Depressão Maior em algum momento da vida.[41] Os índices da ECA eram mais baixos: 6,5% dos entrevistados relatavam Depressão Maior no ano anterior e cerca de 11% mencionavam Depressão Maior ou Distimia em algum momento da vida.[42] As descobertas da ECA e da NCS são a base para as estimativas com relação à prevalência de transtorno mental que a literatura científica, política e popular mencionam atualmente.

## O mito da equivalência entre diagnósticos clínicos e comunitários

Os muitos supostos casos de Depressão Maior que os estudos comunitários posteriores ao *DSM-III* revelaram são equivalentes aos casos clínicos em tratamento? Se assim for, eles apresentam uma descrição precisa da quantidade total de transtornos mentais, como os epidemiologistas presumem? Até mesmo alguns daqueles que elaboram e realizam tais estudos começaram a se preocupar com o fato de que os sintomas relatados podem muitas vezes representar reações normais e transitórias ao estresse.[43] Tais preocupações têm fundamento porque as atuais ferramentas epidemiológicas herdam e tornam ainda maiores os problemas da distinção entre normalidade e transtorno presentes nos critérios do *DSM* nos quais se baseiam, e porque os diagnósticos a que esses estudos chegaram não contam com nenhuma das circunstâncias atenuantes existentes no diagnóstico clínico para reduzir os efeitos práticos de tal invalidade.

A TRISTEZA PERDIDA **157**

Conforme mencionamos, as pessoas que procuram ajuda médica, por definição, tendem ao autodiagnóstico e usam todo tipo de informação contextual para decidir por si mesmas se seu caso excede as reações comuns e temporárias aos estressores. O sociólogo David Karp, por exemplo, descobriu que indivíduos deprimidos só buscam ajuda psiquiátrica depois de atribuir seus sintomas a problemas psicológicos internos e não a situações estressantes:

> Uma vez que é inegável que algo está realmente errado, que as dificuldades enfrentadas são demasiado extremas para ser deixadas de lado como temporárias ou razoáveis, começam os esforços para resolver verdadeiramente o problema. Agora as escolhas de aliviar a dor são feitas com deliberação consciente e urgente. A mudança no pensamento costuma ocorrer quando a suposta causa de dor é eliminada mas a dificuldade persiste. O indivíduo conquista estabilidade no emprego, finalmente se livra de um lar opressor, termina um relacionamento destrutivo e assim por diante, mas a depressão continua. Tais acontecimentos destroem as teorias sobre as origens situacionais imediatas da depressão e forçam a interpretação desagradável de que o problema pode ser permanente e residir no interior do indivíduo. Ele tem de considerar que pode haver um problema consigo, e não com a situação.[44]

Portanto, os pacientes que procuram tratamento já decidiram que seus problemas vão além das reações normais a estressores sociais.

Além do autodiagnóstico do paciente, na prática médica a exploração do contexto é comum, e todos os manuais do *DSM* presumem, de forma mais ou menos explícita, que os médicos usarão o bom-senso ao aplicar os critérios diagnósticos. Os médicos podem, por exemplo, tranquilizar pacientes aflitos cujo casamento está acabando, assegurando-lhes que seus problemas são circunstanciais, e não internos. Nos contextos clínicos, a lógica dos diagnósticos baseados em sintomas não precisa ser aplicada de forma mecânica.

Já os estudos comunitários consideram que todos os indivíduos que relatam sintomas suficientes têm um transtorno depressivo e, portanto, são incapazes de distinguir reações intensas esperadas de transtornos. O contexto em que os sintomas surgiram (com exceção do luto), sua duração (duas semanas ou mais) ou a remissão depois que um estressor termina são irrelevantes para decidir se existe ou não um transtorno. A contagem computadorizada dos sintomas de depressão apresentados pelos participantes das pesquisas não é submetida a nenhuma verificação apoiada no discernimento dos psiquiatras sobre se os sintomas indicam um transtorno mental. Os entrevistadores não podem realizar uma avaliação clínica nem sondar as respostas livremente. Na verdade, eles estão proibidos de fazer quaisquer julgamentos sobre a validade das respostas dos entrevistados. Mesmo que um entrevistado pareça ter entendido mal a pergunta, o entrevistador é instruído somente a repeti-la palavra por palavra. [45]

A rígida padronização das entrevistas estruturadas tem a vantagem de tornar a avaliação de sintomas mais coerente entre os diferentes entrevistadores e locais de pesquisa e, consequentemente, produzir diagnósticos mais precisos.[46] No entanto, as perguntas padronizadas e os procedimentos de pontuação dos estudos comunitários excluem a possibilidade de usar o discernimento e, assim, tratam todos os sintomas, independentemente do contexto, como indícios de patologia. Os tipos de experiência que provocam reações de tristeza normal – o fim de um relacionamento amoroso ou de um casamento, a perda do emprego, uma doença grave, ambições profissionais frustradas e assim por diante – são abundantes nas populações comunitárias. Muitos dos membros da comunidade, talvez a maioria, vivenciaram perdas significativas em algum momento da vida que provocaram episódios não patológicos de tristeza, alguns suficientemente intensos para se enquadrar no diagnóstico de Depressão Maior e, portanto, contribuir para o índice aparentemente alto de transtornos depressivos na população geral.[47]

Em suma, a inflexibilidade dos procedimentos de verificação de sintomas e aplicação de critérios aumenta enormemente as chances de diagnósticos falsos-positivos. Não é de surpreender que os diagnósticos clínicos geralmente não coincidam com os diagnósticos de depressão que usam medições padronizadas.[48] A padronização possivelmente leva a mais relatos de sintomas depressivos, mas muitos deles podem ser reações de tristeza normal. Um entrevistado pode mencionar sintomas como humor deprimido, insônia, perda de apetite ou prazer diminuído nas atividades cotidianas que duraram mais de duas semanas após o fim de um relacionamento amoroso, o diagnóstico de uma doença grave num ente querido ou a perda inesperada do emprego. Embora esses sintomas possam ter se dissipado com o início de um novo relacionamento, o restabelecimento da saúde ou a conquista de um novo trabalho, esse indivíduo se somaria aos muitos milhões de pessoas que supostamente sofrem de transtorno depressivo a cada ano. Uma vez que os tipos de sintoma que podem indicar transtornos depressivos costumam resultar de estressores comuns, deve-se presumir que o número de pessoas que não têm um transtorno mental mas são classificadas como deprimidas é muito alto até que se prove o contrário, podendo até mesmo exceder o número de pessoas que recebem um diagnóstico legítimo de depressão.[49]

Os estudos comunitários com objetivos diagnósticos não foram capazes de comprovar os altos índices de transtorno depressivo obtidos nem de demonstrar, de forma plausível, que as consequências naturais de experiências sociais estressantes poderiam causar sofrimento suficiente para satisfazer os critérios sintomáticos para o diagnóstico de um transtorno. Mas, sem a devida consideração à natureza dos estados relatados, os altos índices de depressão não tratada são usados para argumentar que a depressão é um problema de saúde pública de proporções epidêmicas, que relativamente poucas pessoas deprimidas buscam tratamento adequado, que a depressão não tratada gera custos econômicos enormes, que a quantidade de serviços psiquiátricos disponíveis é insuficiente e muitas pessoas precisam de medicamentos para superar a depressão.[50]

## De volta aos anos 1960: os estudos comunitários abandonam o número mínimo de sintomas requerido pelo *DSM*

Independentemente de seus defeitos, o *DSM* faz um esforço bem-intencionado de elaborar critérios diagnósticos capazes de distinguir a infelicidade transitória de um transtorno, usando como principal ferramenta um número mínimo de sintomas. De fato, os critérios do *DSM* são muito mais rigorosos que a abordagem epidemiológica que o precedeu. Entretanto, atualmente tem-se preparado o terreno a fim de eliminar até mesmo esse progresso e ampliar de forma muito mais radical a abordagem baseada em sintomas para o diagnóstico de transtorno depressivo na comunidade. Essa nova abordagem – que não é de todo nova, mas, de fato, um retorno às medições dos anos 1950 que entendiam todo sintoma como patológico – está sendo desenvolvida em produções acadêmicas, conferências psiquiátricas e programas que detectam a presença de transtornos depressivos. Apoia-se, acima de tudo, nas descobertas epidemiológicas que partem dos critérios baseados em sintomas e defendem o diagnóstico de transtornos com base num número menor de sintomas que o requerido pelos critérios do *DSM* para Transtorno Depressivo Maior. Essa abordagem abandonaria totalmente as exigências do *DSM* quanto ao número mínimo de sintomas e classificaria como transtornos casos que estão abaixo desse patamar.

Os estudos comunitários dos anos 1950 e 1960 entendiam a doença mental como um continuum que ia de moderado a grave, dependendo do número de sintomas relatados, e não como um conjunto de transtornos categoricamente distintos do sofrimento comum. Já os principais estudos comunitários desenvolvidos a partir dos anos 1980 apresentavam os resultados em categorias que correspondiam às definições do *DSM*. Os casos de Depressão Maior requeriam cinco ou mais sintomas, o que significava que os indivíduos com menos de cinco sintomas não recebiam o diagnóstico de transtorno. Os epidemiologistas esperavam que essa mudança eliminasse o nítido aumento de estimativas de transtorno que a abordagem do continuum produzia.

No entanto, o número mínimo de sintomas, que está no cerne da abordagem do *DSM* ao diagnóstico da depressão, é hoje visto como um problema. Mesmo os defensores mais fervorosos do diagnóstico categórico de Transtorno Depressivo Maior proposto pelo *DSM* reconhecem que o número específico de sintomas requerido é um tanto arbitrário e uma questão de convenção diagnóstica.[51] Na prática médica, especificar um limite objetivo é conveniente para chegar a um diagnóstico, decidir sobre tratamentos e receber reembolsos. Mas não há motivo científico para que o diagnóstico de Transtorno Depressivo Maior dependa de cinco sintomas em vez de quatro ou seis, por exemplo. De fato, até mesmo o *DSM* reconhece implicitamente que casos com menos sintomas que o requerido podem ser transtornos depressivos, permitindo que sejam diagnosticados na categoria "Transtornos Afetivos Não Especificados".[52]

A arbitrariedade de um número mínimo de sintomas para o diagnóstico de transtorno depressivo é menos problemática no contexto clínico que em estudos comunitários porque os médicos usam o discernimento para definir a natureza patológica ou não patológica de um caso, e, ao menos antes do uso recente de métodos agressivos de detecção, os indivíduos com estados moderados, que apresentavam poucos sintomas, não costumavam ser submetidos a tratamento. A maioria dos pacientes tratados com depressão tende a apresentar sintomas crônicos e duradouros e recaídas frequentes; portanto, a probabilidade de casos falsos-positivos – pessoas que atendem aos critérios, mas não têm um transtorno mental – é menor.[53]

Já os sintomas manifestados por membros da comunidade são distribuídos num *continuum* em que vão de moderados a graves e de poucos a muitos, sendo a quantidade de indivíduos que relatam poucos sintomas muito superior à dos que mencionaram um número maior.[54] Por exemplo, 8,7% dos entrevistados pela ECA relataram um sintoma depressivo no mês anterior, em comparação com 2,3% dos entrevistados que atenderam a todos os critérios para o diagnóstico de depressão maior.[55] Igualmente, embora a duração média dos sintomas apresentados por pacientes tratados em consultórios seja entre seis e nove meses, os critérios diagnósticos em estudos comunitários requerem uma duração de apenas duas semanas.[56]

A distribuição contínua de sintomas na população em geral, junto com o fato de que predominam estados moderados, apresenta um desafio à classificação de depressão em categorias por duas razões. Em primeiro lugar, o próprio caráter gradativo da curva de distribuição de sintomas, que não apresenta nenhuma descontinuidade específica, torna difícil justificar a adoção de um limite porque os sintomas em si não sugerem uma ruptura entre categorias. Em segundo lugar, está um aspecto fundamental para as análises recentes: os danos associados a números diferentes de sintomas, como níveis de incapacitação social, ocupacional e funcional, também parecem crescer de modo gradativo e proporcional conforme a quantidade de sintomas aumenta.[57] Quando não há um ponto de demarcação claro na distribuição dos prejuízos associados a números de sintomas diferentes, parece difícil justificar um conceito de categoria com base na quantidade de sintomas. Argumenta-se que casos mais moderados simplesmente representam transtornos mais moderados, e não normalidade.[58] O uso da incapacitação como critério de legitimidade inevitavelmente leva a pressões para que a depressão seja medida como transtorno de caráter contínuo, e não categórico.

Consequentemente, muitos estudos desde meados dos anos 1990 têm defendido a expansão do conceito de transtorno depressivo por meio da redução da quantidade de sintomas requerida para um diagnóstico. Em essência, esses novos estudos reinventaram, com base nos estudos comunitários dos anos 1950, a noção de que a depressão é um continuum que vai de poucos sintomas (bem abaixo do limite atual, de cinco) a muitos. Esse movimento provavelmente tem origem nos estudos que demonstraram que os indivíduos sob cuidados médicos que apresentam sintomas depressivos, mas não transtornos depressivos, têm grande prejuízo funcional.[59] De fato, o nível de incapacitação associado com os sintomas depressivos sem transtorno excedia oito estados de saúde crônicos e comuns, como hipertensão e diabetes. Os critérios do *DSM* para Depressão Maior, entretanto, excluíam esse grande grupo de indivíduos, supostamente com alto nível de incapacitação, do diagnóstico de transtorno. Essas descobertas levaram à suspeita de que as fronteiras arbitrárias dos critérios categóricos poderiam aumentar o número de diagnósticos falsos-negativos: pessoas que têm transtornos, mas não são classificadas como doentes porque relatam menos de cinco sintomas.[60]

Assim, o temor de que os critérios categóricos dos estudos epidemiológicos de fato subestimam o número de casos de transtorno depressivo está por trás da grande quantidade de pesquisas sobre depressão desenvolvidas atualmente. O principal tema dessas novas pesquisas é a variação dos casos de transtorno depressivo ao longo de um continuum que vai de menor a maior. "Aceitar a depressão como doença", conclui o psiquiatra Peter Kramer, "é enxergar formas secundárias de patologia ou risco."[61] A depressão *menor* ou *subclínica* se refere a indivíduos que relatam de dois a quatro sintomas de depressão, mas não satisfazem todos os critérios para o diagnóstico de Transtorno Depressivo Maior ou Distimia.[62] Outros estudos ampliam a categoria de depressão menor ainda mais, considerando que indivíduos com um ou mais sintomas de depressão, incluindo perturbações do humor, têm uma limitação.[63] Em última instância, relatar um único sintoma depressivo de qualquer tipo é suficiente para um diagnóstico de transtorno.[64] O principal argumento é que menos sintomas representam versões mais moderadas de transtorno depressivo num continuum diagnóstico sem uma fronteira nítida entre transtorno e normalidade. Aplicando o raciocínio de Kraepelin para suas amostras de pacientes internados a indivíduos da comunidade que não estão em tratamento, alguns pesquisadores afirmam que "os sintomas depressivos nos níveis maior, moderado, distímico e subclínico são todos parte da estrutura clínica duradoura da depressão".[65] Qualquer sinal de tristeza é um aspecto de um transtorno depressivo unitário.[66]

Como segundo tema, as novas pesquisas enfatizam que todos os pontos do continuum são *transtornos* porque estão associados a índices crescentes de incapacitação. A adoção de um número menor de sintomas para o diagnóstico de transtorno depressivo é justificada pelo pressuposto de que, quanto maior o número de sintomas, maiores as limitações enfrentadas pelo indivíduo.[67] Estudos indicam que os casos subclínicos são associados a níveis significativamente mais altos de tensão doméstica, irritabilidade social e dificuldades financeiras, assim como prejuízos funcionais e ocupacionais, atividade restrita e saúde debilitada.[68] Igualmente, os dados da NCS mostram uma curva de incapacitação crescente em pessoas com dois a quatro, cinco a seis e sete a nove sintomas, conforme o nível de interferência desses sintomas nas atividades diárias e o fato de o paciente ter ou não consultado um médico ou estar tomando medicamento.[69] "O fato de os outros correlatos de Depressão Menor e Depressão Maior serem similares", afirma um grupo de pesquisadores, "significa que a Depressão Menor não pode ser considerada meramente uma reação normal a estressores externos enquanto a Depressão Maior é vista como algo muito distinto."[70] Limitações como incapacitação social e ocupacional, distúrbios físicos e hospitalizações futuras aumentam continuamente conforme cresce o número de sintomas.[71] Mesmo a presença de um sintoma de depressão, em comparação com a ausência de sintomas, é associada a consequências mais adversas na maioria das medições de incapacitação.[72] Portanto, deve-se prestar atenção a toda a gama de casos depressivos, e não apenas aos casos que satisfazem os critérios do *DSM* para o diagnóstico de Transtorno Depressivo Maior.

Um terceiro aspecto da nova onda de estudos comunitários é a atenção dada a estados moderados, entendidos como fatores de risco para futuros transtornos mais graves, e a consequente redução do patamar de transtorno devido a esses riscos. Por exemplo, na ECA, indivíduos que relataram ter apresentado dois ou mais sintomas em algum momento da vida tinham muito mais probabilidade de desenvolver Depressão Maior no ano seguinte que aqueles que referiram menos sintomas.[73] Nesse estudo, mais de 50% dos casos de um primeiro episódio de Depressão Maior estavam associados a sintomas depressivos preexistentes. "Nossas descobertas", concluem os autores, "sugerem que, se os sintomas depressivos pudessem ser identificados e tratados antes de a depressão maior se desenvolver, muitos casos de um primeiro episódio de depressão maior possivelmente seriam evitados."[74] Do mesmo modo, os dados da NCS indicam que casos moderados de transtorno no primeiro período avaliado predizem casos mais graves no período seguinte.[75] "A intervenção precoce para evitar a progressão num continuum de gravidade pode reduzir a prevalência de estados graves." [76]

Não é de surpreender que a redução dos critérios para o diagnóstico de depressão aumenta enormemente as taxas de prevalência. No período de *um mês*, aproximadamente um quarto da população (22,6%) no estudo da ECA relata ao menos um suposto sintoma de depressão.[77] Em algum momento da vida, cerca de uma de quatro pessoas na ECA que não atenderam aos critérios para o diagnóstico de Transtorno Depressivo Maior ou Distimia relata sintomas suficientes para receber o diagnóstico de depressão subsindrômica.[78] Igualmente, quando o transtorno de "depressão moderada" é diagnosticado com base em dois a quatro sintomas, a proporção de indivíduos que padeceram de depressão em algum momento da vida aumenta drasticamente de 15,8% para 25,8%.[79] Em algumas faixas da população, especialmente entre os idosos, os índices de depressão menor excediam 50%.[80] A alta prevalência de depressão moderada, associada às consequências adversas, ao maior risco de transtornos do humor plenamente desenvolvidos e ao aumento da incapacitação social que a acompanham, leva a afirmações de que esse é "um problema de saúde pública verdadeiramente encoberto e não reconhecido que tem uma alta taxa de prevalência na sociedade considerando o período de um ano" e deveria ser foco de pesquisas e esforços preventivos.[81]

Esses temas relevantes da epidemiologia psiquiátrica no início do século XXI reproduzem quase fielmente os temas dos estudos comunitários do pós-guerra nos anos 1950 e 1960 – com exceção de que, o que na época tendia a ser interpretado como transtorno causado por estressores externos, hoje é visto como transtorno causado por uma disfunção biológica. Em síntese, esses temas comuns são: (1) o transtorno mental tem caráter contínuo, e todos os pontos desse continuum devem ser considerados problemáticos; (2) os casos moderados em determinado momento são propensos a se tornar graves em outro; (3) mesmo um único sintoma de depressão é preocupante, porque é associado a incapacitação futura e pode ser um fator de risco para a depressão maior; e (4) devido à taxa de prevalência extremamente alta, as políticas sociais deveriam tentar evitar que a depressão se desenvolvesse na população geral. A epidemiologia psiquiátrica retornava à estaca zero, voltando a se preocupar até mesmo com os supostos casos de depressão mais moderados.

## Falácias por trás do movimento da "depressão menor"

O que é certo e o que é errado na proposta de expansão do diagnóstico de transtorno para incluir a "depressão menor", que tem menos sintomas que os requeridos pelo *DSM*? O que é certo sobre isso é que, em primeiro lugar, realmente precisamos estar alertas a casos subclínicos que, em algumas circunstâncias, podem ajudar a prever problemas futuros. Mas o fato de um caso ser um fator de risco para problemas futuros não o transforma em transtorno, ponto que discutiremos mais adiante.

Em segundo lugar, e de extrema importância, o número mínimo de sintomas requerido pelo *DSM* é um tanto arbitrário, e não uma linha mágica que separa a patologia da normalidade. Não há dúvida de que certos casos subclínicos merecem ser diagnosticados como transtornos; ao mesmo tempo, os critérios do *DSM* para o diagnóstico de transtorno depressivo provavelmente produzem alguns falsos-negativos, além dos falsos-positivos que assinalamos. De modo geral, entender a depressão como algo contínuo em vez de uma categoria distinta tem muitas vantagens teóricas.[82] Muitos transtornos, como a depressão, podem naturalmente se basear em processos de dimensões contínuas e subjacentes, e não em dicotomias; portanto, a noção de continuum pode ser mais adequada que os diagnósticos para "dissecá-los" e, assim, produzir pesquisas e teorias frutíferas.

No entanto, a afirmação de que, uma vez que há uma relação linear entre números de sintomas e incapacitação, cada ponto do continuum representa um *transtorno* é extremamente problemática. Quando todos os sintomas são considerados transtornos, a tristeza comum é irremediavelmente confundida com disfunção genuína, e as taxas de prevalência chegam a níveis cada vez mais altos. Por exemplo, no estudo da ECA, os sintomas mais comuns são "ter dificuldade de pegar no sono, insônia ou despertar mais cedo que de costume" (33,7%), sentir-se "cansado o tempo todo" (22,8%) e ter "pensamentos recorrentes sobre morte" (22,6%).[83] Naturalmente, estudantes universitários em época de prova (em particular, aqueles que estejam estudando filosofia existencial), indivíduos que precisam trabalhar em excesso, preocupados com um acontecimento futuro importante, ou que tenham sido entrevistados na época da morte de uma pessoa famosa apresentariam alguns desses sintomas. Desse modo, sintomas que não seriam considerados motivo para tratamento psiquiátrico – nem pelos entrevistados nem pelos médicos – podem, entretanto, indicar transtornos em estudos comunitários. Além disso, os critérios de duração requerem que o sintoma dure pelo menos duas semanas, o que garante que muitos sintomas transitórios, que desapareceriam sozinhos, sejam considerados patológicos.

Tendo em vista a natureza comum e a breve duração de diversos dos supostos sintomas de depressão, é difícil imaginar que haja muitos indivíduos que *não* tenham vivenciado episódios de depressão menor ou subclínica em algum momento da vida, embora sem dúvida existam pessoas com temperamentos que parecem praticamente descartar a tristeza intensa. De fato, é quase certo que os índices altíssimos de depressão encontrados quando os limites são reduzidos *subestimam* o número de indivíduos que vivenciam supostos sintomas de depressão. Uma razão para isso é que os entrevistados não se lembram de todos os sintomas que ocorreram em algum momento da vida. Um grupo de pesquisadores, por exemplo, descobriu que a maioria dos entrevistados que, na entrevista para a ECA, relataram ter tido algum episódio de depressão no decorrer da vida não foi capaz de mencionar nenhum na entrevista de acompanhamento doze anos depois.[84] A maioria dos entrevistados simplesmente esquecia os estados depressivos anteriores. Se eles se lembrassem com precisão de todos os episódios de depressão, as taxas de prevalência de transtorno depressivo em algum momento da vida excederiam 50% nos dados da ECA. Um segundo motivo para que se subestime a prevalência de sintomas é que os entrevistados ignoram as instruções das pesquisas, aplicando seus próprios critérios contextuais, e não informam sintomas que atribuem a crises existenciais ou a doenças.[85] A crítica aos estudos comunitários do pós-guerra feita pelo epidemiologista Rema Lapouse – "Se todas as pessoas com tosse forem diagnosticadas com tuberculose, as taxas de incidência e de prevalência vão disparar" – também serve para o conceito contínuo de transtorno depressivo da psiquiatria contemporânea, em que não se toma nenhuma precaução para distinguir tristeza normal de transtornos moderados.[86]

A principal justificativa para tratar todos os sintomas como patológicos é que eles estão associados com incapacitação presente ou futura. Com isso, presume-se que todo estado psicológico associado a consequências problemáticas seja um transtorno mental. Mas é perfeitamente possível, por exemplo, que um temperamento propenso a um pouco mais de tristeza, e portanto a uma gama normal de sintomas depressivos em reação aos infortúnios da vida, também possa ser um pouco mais vulnerável ao desenvolvimento de transtorno depressivo; mas isso não faz desse temperamento um transtorno. Além disso, essa conclusão só seria justificada se os sintomas de tristeza normal não fossem incapacitantes. Mas *tanto* a depressão normal *quanto* a patológica podem variar de forma contínua em diversos aspectos, incluindo gravidade, duração e limitação, e podem causar prejuízo funcional e social. Basta considerar o pesar como exemplo, mas seguramente formas mais moderadas de tristeza normal também levam o indivíduo a se retrair socialmente, a ter dificuldade de se concentrar no desempenho de tarefas rotineiras e a desenvolver outras limitações.[87] Tal interferência no desempenho de funções e na produtividade não torna a tristeza um transtorno.

Com exceção da incapacitação e limitação associadas, os estudos epidemiológicos justificam a decisão de tratar sintomas subclínicos como transtornos com a alegação de que estados, em determinado momento moderados, têm probabilidade de se tornar mais graves e atingir o patamar do *DSM* para o diagnóstico de transtorno no futuro; eles argumentam que casos mais moderados são, portanto, parte de um processo maior de adoecimento, podendo a detecção e intervenção precoce ajudar a frear tal processo.[88] Talvez isso seja em parte verdade. No entanto, o problema fundamental desse argumento é que, principalmente considerando-se que os próprios diagnósticos de

Transtorno Depressivo Maior são possivelmente inválidos, mesmo quando um caso subclínico precede um caso mais grave, não fica claro se cada um desses estados é um transtorno real ou não, muito menos qual é a relação entre um estado e outro. Por exemplo, uma pessoa pode se sentir mal diante de um contratempo no trabalho, um conflito no casamento ou a doença de uma pessoa querida, e então, quando o problema culmina numa perda, pode ter uma reação mais intensa. Tanto a tristeza inicial quanto a reação posterior, mais intensa, podem ser perfeitamente normais, e ainda assim um epidemiologista poderia interpretar a sequência como uma situação em que um transtorno depressivo menor levou a um transtorno depressivo maior. O fato de que alguns sintomas de tristeza são, posteriormente, seguidos de sintomas de tristeza mais intensos pouco esclarece se a situação anterior, mais moderada, ou a posterior, mais grave – ou, ainda, se ambas, ou nenhuma delas – são transtornos. Nos dois casos, critérios válidos devem ir além dos sintomas.

Além disso, os sintomas subclínicos não necessariamente preveem o diagnóstico de Depressão Maior num momento posterior; de fato, há poucas evidências para tal. Muitos dos sintomas revelados nos estudos comunitários, ou até mesmo a maioria deles, serão transitórios e terão duração limitada ao contexto da situação estressante que os originou. No estudo da ECA, metade dos indivíduos com depressão moderada não apresentava sintomas no ano seguinte.[89] Dentre os indivíduos com depressão menor, apenas 10% dos que tinham perturbações do humor e 2% daqueles que não tinham desenvolveram Depressão Maior no ano seguinte, e, devido aos critérios adotados pela ECA – os critérios baseados em sintomas do *DSM* –, não sabemos quantos deles tinham um transtorno genuíno. Por sua vez, um ano depois, mais de um terço do grupo com Depressão Maior não apresentou sintomas, e aproximadamente 40% foram classificados com depressão menor.[90]

Essas descobertas indicam que há maior probabilidade de casos mais graves se tornarem menos graves que o contrário. Devido a essa instabilidade excepcional, com indivíduos entrando e saindo de estados com diferentes níveis de gravidade, não há formas confiáveis de identificar quais casos vão piorar. Embora os indivíduos com depressão moderada possam ser mais propensos a desenvolver Depressão Maior que aqueles que não apresentam sintomas, a grande maioria das pessoas com um pequeno número de sintomas depressivos *não* vai sofrer de Depressão Maior no futuro. Estudos indicam que, na ausência de qualquer intervenção, até dois terços dos sintomas depressivos diminuem naturalmente.[91] Por exemplo, no estudo da ECA mencionado anteriormente, 97 de 114 participantes diagnosticados como deprimidos na entrevista inicial se recuperaram durante o período de acompanhamento.[92] Sintomas que derivam de problemas cotidianos normalmente desaparecem quando estes são superados, embora possam a princípio atender aos critérios diagnósticos.

É difícil entender a lógica por trás do argumento de que, uma vez que alguns casos subclínicos podem ser transtornos, todos devem ser assim classificados. A explicação parece ser de que aqueles que defendem o diagnóstico de depressão menor rejeitam os requisitos sintomáticos do *DSM*, mas se agarram firmemente a seu pressuposto elementar de que critérios baseados em sintomas descontextualizados podem diagnosticar melhor um transtorno depressivo. Consequentemente, a ampliação do diagnóstico de transtorno depressivo a casos subclínicos, que pode eliminar alguns falsos-negativos, paga o preço de uma expansão muito maior de casos falsos-positivos, em que a tristeza não patológica é diagnosticada como transtorno. Mas, notadamente, os que defendem o diagnóstico de depressão menor ignoraram o problema de como evitar classificar erroneamente a tristeza normal como transtorno. A inclusão de casos com poucos sintomas na categoria de transtorno só se justifica se uma abordagem mais válida da distinção entre transtorno e patologia for colocada em prática.

Devido a essas deficiências na abordagem atual da depressão menor, as implicações políticas que derivam do uso do conceito contínuo de transtorno depressivo são questionáveis. A prioridade de uma boa política pública deve ser proporcionar serviços psiquiátricos aos indivíduos mais necessitados. Quando o conceito de continuum foi aplicado nos anos 1960, a consequência foi a patologização de uma grande parte da população, a ampliação dos serviços para muitas pessoas com problemas do dia a dia e a consequente diminuição de serviços proporcionados aos indivíduos que padeciam de transtornos mentais graves.[93] O movimento da depressão menor pode estar preparando o terreno para que o mesmo erro volte a ocorrer.

Os defensores dos doentes mentais, o Instituto Nacional de Saúde Mental e os pesquisadores psiquiátricos têm sido receptivos às descobertas de altos índices de Depressão Maior nas pesquisas comunitárias porque acreditam que essas descobertas ajudarão a diminuir o estigma associado ao rótulo de transtorno mental e a obter apoio público e legislativo para financiar programas de saúde mental.[94] Mas estender os patamares conceituais de transtorno depressivo a estudos comunitários, de modo que ainda mais indivíduos sejam diagnosticados com transtorno mental, pode – assim como as taxas de prevalência já elevadas dos estudos epidemiológicos de Depressão Maior baseados no *DSM* – ter o efeito oposto de minar a disposição política de lidar com o problema, visto que os financiadores públicos e privados temem os altos custos de oferecer serviços a uma população tão grande.[95] Conforme enfatiza o psicólogo James Coyne, "melhorar os resultados do tratamento de casos conhecidos de depressão deve ter prioridade sobre aumentar a detecção da doença", e isso é ainda mais verdadeiro quando o que está sendo detectado provavelmente não é transtorno depressivo.[96] Deveríamos prestar atenção ao alerta de Rema Lapouse, escrito na época em que surgiu o conceito de continuum:

Índices que incluem uma grande proporção de casos equívocos ou moderados, ou de indivíduos saudáveis, podem até mesmo ter o efeito nocivo de encorajar o emprego dos recursos limitados da saúde mental no tratamento daqueles que estão menos doentes e têm o melhor prognóstico.[97]

## Conclusão

Não há nada errado *per se* com o uso de escalas de sintomas na pesquisa e na teoria sobre depressão. No entanto, tais escalas, em si mesmas, não substituem a distinção entre transtorno e normalidade. O problema de falsos-positivos inicia-se quando os sintomas – e as incapacitações que os acompanham – são dissociados do contexto em que surgiram, uma questão que vem à tona em todos os pontos do continuum de gravidade. No entanto, o problema de falsos-positivos se torna progressivamente pior conforme se usa um número cada vez menor de sintomas para diagnosticar transtornos. De fato, se o contexto deixa de ser considerado, todas as reações de tristeza normal podem ser vistas como sinal de patologia; a própria possibilidade de tristeza normal deixa de existir.

Assim, consideramos as consequências imprevistas que surgiram quando os critérios do *DSM*, baseados em sintomas descontextualizados, foram aplicados a amostras da comunidade, o que resultou na enorme expansão do grupo diagnosticado com depressão patológica. Mas as estimativas exageradas de prevalência epidemiológica que daí derivaram não são meras abstrações científicas. Ao contrário, tornaram-se a base para novas políticas sociais generalizadas e descabidas com relação à depressão, que abordaremos a seguir.

# 7 A TRISTEZA VIGIADA

Se você for um típico habitante da cidade de Nova York, provavelmente consultará um clínico geral em algum momento no ano que vem. Se o seu médico seguir o conselho do Secretário de Saúde Mental da Cidade de Nova York, ele pedirá que você responda a um questionário com as seguintes perguntas: "Nas últimas duas semanas, com que frequência você se sentiu incomodado por algum dos problemas a seguir?"[1] Cada um dos nove sintomas recebe uma pontuação: 0 (*nunca*), 1 (*alguns dias*), 2 (*mais de metade dos dias*) ou 3 (*praticamente todos os dias*). Estes são os nove sintomas:

1. Tem pouco interesse ou prazer em fazer as coisas.
2. Sente-se para baixo, deprimido ou sem esperança.
3. Tem dificuldade de pegar no sono, acorda várias vezes durante a noite ou dorme demais.
4. Sente-se cansado ou com pouca energia.
5. Tem pouco apetite ou come demais.
6. Sente-se mal consigo mesmo, ou sente que é um fracasso ou que desaponta a família ou a si mesmo.
7. Tem dificuldade de se concentrar nas coisas, como ler o jornal ou assistir à TV.
8. Movimenta-se ou fala tão devagar que já podem ter notado, ou o oposto: está tão agitado ou inquieto que se movimenta muito mais que de costume.
9. Tem pensamentos de que seria melhor morrer ou se ferir de alguma maneira.

Ao marcar dois ou três pontos para cinco ou mais dos nove sintomas, incluindo um dos dois primeiros (totalizando no mínimo dez pontos), você receberia um diagnóstico de Transtorno Depressivo Maior; ao marcar dois ou três pontos para ao menos dois sintomas, incluindo um dos dois primeiros (totalizando no mínimo quatro pontos), o diagnóstico seria transtorno depressivo menor. Por exemplo, se você se sentiu para baixo e cansado praticamente todos os dias nas últimas duas semanas (isto é, por oito dias ou mais), receberia o diagnóstico de transtorno depressivo menor; se, nas últimas duas semanas, na maior parte dos dias, você se sentiu para baixo, cansado e mal consigo mesmo e, além disso, teve dificuldade para pegar no sono e se concentrar, receberia o diagnóstico de Transtorno Depressivo Maior.

As autoridades afirmam que os indivíduos cuja pontuação é suficientemente alta para indicar um provável transtorno serão encaminhados para avaliação médica. No entanto, uma vez que esses sintomas são tão comuns, é difícil entender como haveria recursos disponíveis suficientes para avaliar o número possivelmente gigante de encaminhamentos. Além disso, a maioria dos indivíduos que relata ter os sintomas especificados provavelmente os está vivenciando devido a alguma perda ou problema imediato que os está preocupando e fazendo que se sintam tristes, distraídos e assim por diante. Mas os médicos podem facilmente ser tentados a prescrever medicamentos até mesmo àqueles indivíduos com transtorno depressivo menor, um diagnóstico que uma grande proporção de pacientes de clínica geral satisfaria. Assim, a tentativa de rotular um paciente como deprimido sem levar em consideração as circunstâncias em que ele se encontra pode desencadear uma reação clínica baseada em informações incorretas.

O programa da cidade de Nova York é parte de um movimento nacional pela detecção da depressão em adultos e crianças, respaldado por um relatório de uma Comissão Presidencial.[2] Neste capítulo, exploramos o movimento pela detecção da depressão e alguns dos problemas que surgem em decorrência do uso de critérios baseados em sintomas descontextualizados para identificar indivíduos deprimidos.

## O movimento pela detecção da depressão

Conforme vimos no Capítulo 6, os epidemiologistas não foram capazes de fazer uma distinção adequada entre tristeza normal e transtorno depressivo nos estudos comunitários. Por conseguinte, apresentaram às autoridades de saúde mental estimativas surpreendentemente altas do número de pessoas com transtorno depressivo que não são tratadas. Temendo que os serviços de saúde mental disponíveis não fossem suficientes para atender indivíduos que talvez nem mesmo reconhecessem padecer de um transtorno, essas autoridades priorizaram a procura de formas de identificar indivíduos com transtorno depressivo na comunidade e submetê-los a tratamento. E decidiu-se que, se as pessoas não viessem em busca do diagnóstico, o diagnóstico iria até elas. A consequência foi um conjunto de programas de detecção que, em princípio, visa examinar se cada cidadão americano tem um transtorno depressivo.

Há muitos pressupostos por trás da tentativa de identificar e tratar casos até então não reconhecidos de depressão. Um deles é que, a não ser que sejam submetidos a tratamento, os indivíduos que atendem aos critérios sintomáticos dos estudos comunitários podem desenvolver estados crônicos, recorrentes e deteriorantes.[3] Outro é que as pessoas com transtorno depressivo não diagnosticado estão sofrendo sem necessidade e poderiam se beneficiar dos medicamentos e terapias disponíveis.[4] A preocupação de que o transtorno depressivo não tratado poderia ter consequências muito negativas, como o suicídio, também explica a urgência em oferecer tratamento. Além disso, a depressão não tratada tem custos econômicos significativos: os pacientes com depressão não diagnosticada utilizam em excesso o sistema de saúde, fazem muitas avaliações médicas desnecessárias e elevam os custos dos serviços médicos.[5]

Para as iniciativas que lidam com necessidades não atendidas de tratamento, a principal questão é qual a melhor forma de identificar e entrar em contato com casos não tratados de depressão. Esforços voltados a populações inteiras, como anúncios de serviço público, campanhas educacionais e propagandas diretas ao consumidor são uma forma de chegar a esses casos. As empresas farmacêuticas e outras organizações preocupadas foram rápidas em adotar essa abordagem e colocar na cabeça do público uma noção muito clara, baseada nos sintomas comuns do *DSM*, da possibilidade de que, mesmo sem saber, um indivíduo tenha um transtorno depressivo e, por isso, deve consultar um médico. Tais apelos encorajam as pessoas a monitorar a si mesmas, suas famílias e amigos à procura de sinais de tristeza, e a interpretar esses sinais comuns de acordo com os significados preocupantes que decorrem das definições abrangentes de transtorno depressivo. Sem dúvida, essas iniciativas de fato encorajam alguns indivíduos com transtorno depressivo a usufruir dos benefícios do tratamento. Elas provavelmente contribuíram para o aumento dos índices de depressão tratada e a prescrição de antidepressivos nas últimas duas décadas.[6] No entanto, tais esforços acabam tendo eficácia limitada porque dependem dos próprios indivíduos para reconhecer que podem estar suficientemente deprimidos para precisar de tratamento médico.

O movimento pela detecção, portanto, pretendia que a expertise médica chegasse a outros indivíduos além daqueles que procuram ajuda espontaneamente. Esse é um objetivo crucial do movimento porque os critérios diagnósticos atuais não correspondem ao que a maioria dos leigos acredita ser um transtorno.[7] Assim, muitas pessoas que o *DSM* classificaria como deprimidas não acreditam ter sinais de transtorno mental, não abordam a questão com os médicos, não buscam ajuda e, desse modo, não se colocam como parte do grupo que deve receber tratamento. Por isso, a detecção deve entrar na comunidade; ser, em certa medida, imposta de fora e agir em favor do paciente.

Mostraremos, agora, como é realizada essa nova supervisão e como determinados programas de detecção ajudam a redefinir a experiência de tristeza intensa como transtorno para a população leiga. Antes de continuar a examinar como essa detecção funciona, precisamos mencionar um princípio importante com relação aos limites de nossa crítica. Nossa análise trata especificamente da redefinição da experiência de tristeza normal como transtorno que decorre do uso dos critérios atuais do *DSM*, incluindo os critérios subclínicos, em programas de detecção na comunidade. Nossa análise poderia facilmente ser interpretada como uma crítica à própria detecção da depressão. Entretanto, se a detecção é desejável ou não é uma questão que depende de demonstrar se essas iniciativas, seja na forma atual ou de alguma outra forma, podem ter benefícios na prevenção ou no alívio do sofrimento que, comprovadamente, superam os custos. Atualmente, tais corroborações empíricas não existem; simplesmente não há evidências de que a detecção massiva da depressão seja eficaz para alcançar qualquer objetivo em saúde mental. Este capítulo, portanto, não aborda os prós e os contras da detecção *per se*, mas o problema da patologização da tristeza normal em consequência da detecção feita unicamente com critérios baseados em sintomas.

## Detecção prévia e detecção diagnóstica de transtorno depressivo

O objetivo da detecção da depressão é revelar os indivíduos que não reconhecem ter um transtorno depressivo ou que, por algum outro motivo, não procuraram ajuda. Contratar psiquiatras para diagnosticar clinicamente cada indivíduo na comunidade seria muito caro e levaria muito tempo. Assim, torna-se necessário usar exames ou ferramentas de detecção mais rápidos para determinar se um indivíduo tem probabilidade maior que a média de ter um transtorno, e somente essas pessoas, cujo resultado é positivo, passam então por um diagnóstico completo.

"Detecção" é um termo ambíguo que pode se referir a dois processos distintos (embora vejamos, mais tarde, que esses dois processos se reduzem a um). Primeiro, pode significar oferecer aos membros da comunidade um exame que é suficiente, por si só, para fornecer um diagnóstico provável de determinado transtorno. Por exemplo, muitas empresas têm campanhas de prevenção em que os empregados se submetem a medição de pressão sanguínea e nível de colesterol, com exames que diagnosticam pressão alta e hipercolesterolemia de forma mais ou menos precisa. De maneira similar, a detecção de tuberculose é feita com grupos de médicos que, munidos de aparelhos móveis de raios X e outros equipamentos necessários, vão à comunidade para proporcionar a populações não atendidas exames médicos capazes de fornecer um diagnóstico provável de tuberculose. Referimo-nos a esse tipo de detecção como *detecção diagnóstica*. Um aspecto importante da detecção diagnóstica é que ela entende que um resultado positivo indica uma patologia e, portanto, é suficiente para justificar o tratamento.

Mas *detecção* também normalmente se refere a exames massivos que só proporcionam alguns indícios iniciais de que pode haver um problema e, portanto, talvez o indivíduo deva ser encaminhado a um profissional para um diagnóstico complementar. Esse tipo de detecção não fornece um diagnóstico provável ou presumível por si só, gerando muitas vezes um grande número de resultados positivos que não se confirmam depois. Por exemplo, resultados positivos em exames de pele para tuberculose só podem fornecer um indício da doença; eles não são diagnósticos. São necessárias avaliações posteriores para determinar a presença de uma doença, e muitos indivíduos com resultado positivo no exame de pele acabam tendo um resultado negativo para tuberculose. Igualmente, mamografias que detectam nódulos no seio indicam a necessidade de exames complementares, mas uma grande proporção dos nódulos detectados é benigna, e o diagnóstico deve aguardar outros exames, como uma biópsia. Referimo-nos a esse tipo de detecção não diagnóstica, que serve como uma etapa anterior ao diagnóstico propriamente dito, como *detecção prévia*. Somente a segunda etapa da avaliação, e não a detecção prévia, justifica o encaminhamento para tratamento.

As ferramentas de detecção prévia podem ser mais ou menos adequadas para detectar corretamente a provável presença de um transtorno. Há um dilema no planejamento dessas ferramentas. Por um lado, é desejável eliminar tantas pessoas normais quanto possível do grupo daqueles que requerem detecção diagnóstica complementar. Os custos e, muitas vezes, os riscos dos exames diagnósticos são tais que é importante diminuir os números de falsos-positivos na detecção prévia – isto é, aqueles que têm resultado positivo na detecção prévia são encaminhados para a detecção diagnóstica, mas, afinal, não são diagnosticados com um transtorno. Por outro lado, deseja-se evitar que um indivíduo que padece de um transtorno passe despercebido; o ideal é que todos os indivíduos com transtorno sejam encaminhados para a detecção diagnóstica.

Desses dois objetivos, as ferramentas para a detecção prévia de transtorno depressivo têm priorizado o segundo. Assim, elas têm sido planejadas para usar o menor número possível de perguntas a fim de detectar qualquer possibilidade de transtorno depressivo. A consequência inadvertida, como veremos, é um número imenso de indivíduos que apresentam resultado positivo na detecção prévia e, portanto, requerem uma nova avaliação diagnóstica, mas não têm um transtorno (falsos-positivos).

Diferentemente dos exames de detecção para a maioria das doenças físicas, que fornecem informações das quais os entrevistados não tomariam conhecimento de outro modo, as perguntas típicas nas ferramentas para a detecção prévia de depressão são variantes da pergunta: "Você está deprimido?" Por exemplo, no primeiro estudo importante de detecção, três (dos oito) itens na etapa inicial de detecção prévia que tinham mais correlação com um diagnóstico de depressão na segunda etapa, de acordo com os critérios do *DSM*, eram: "Eu me senti deprimido"; "No ano passado, você se sentiu triste, para baixo ou deprimido durante duas semanas ou mais [...]" e "Em algum momento da vida, você se sentiu deprimido ou triste praticamente todos os dias, durante duas semanas ou mais [...]"[8] Uma vez que quase todos os que têm um transtorno depressivo genuíno apresentam sintomas desse tipo, essas perguntas asseguram que as pessoas com um transtorno genuíno terão um resultado positivo na detecção prévia.

O outro lado desse caráter inclusivo da ferramenta é que a grande maioria dos indivíduos com resultado positivo na detecção prévia e que, portanto, devem ser avaliados por um médico acaba não recebendo um diagnóstico de transtorno depressivo ao passar pela detecção diagnóstica. É de esperar, considerando-se que a tristeza é um sentimento comum à grande maioria das pessoas. Diferentemente de muitos programas de detecção para doenças físicas, não há um padrão de referência, tal como um exame biológico, que possa mostrar quando os sintomas de tristeza indicam um transtorno depressivo e, assim, assegurar que indivíduos normais não sejam detectados previamente ou enfim diagnosticados com um transtorno.

Por exemplo, um estudo anterior, que fazia a detecção prévia de transtorno depressivo em pacientes de clínica geral com base nos oito itens, descobriu que uma segunda etapa de avaliação diagnóstica usando os critérios do *DSM* confirmava apenas 29% daqueles identificados como possíveis casos de Transtorno Depressivo e somente 25% dos possíveis casos de Distimia.[9] Em outras palavras, mais de 70% daqueles que a detecção prévia indicava como possíveis casos de transtorno não tiveram o diagnóstico confirmado, apesar de os critérios do *DSM*, que possivelmente são demasiado abrangentes, terem sido usados na segunda etapa da avaliação.

Outros estudos confirmam essas descobertas. Uma breve análise dos estudos de detecção na clínica geral conclui que, presumindo-se que a taxa de prevalência da depressão é de 5%, 31 em cem pacientes terão um resultado positivo para depressão na detecção prévia, mas apenas quatro indivíduos desse grupo receberão um diagnóstico de Depressão Maior na segunda etapa.[10] Como era de esperar, o número de falsos-positivos de Transtorno Depressivo Maior é especialmente alto quando se fazem poucas perguntas na detecção prévia. Um estudo recente que usava duas perguntas sobre tristeza durante duas semanas ou mais no ano anterior, ou perda de interesse em atividades que normalmente dão prazer, mostra, na segunda etapa, que entre 73% e 82% daqueles que têm um resultado positivo na detecção prévia não têm Transtorno Depressivo Maior.[11] O fato de que tantos indivíduos normais podem ser encaminhados a uma segunda etapa de avaliação clínica é, por si só, uma intervenção massiva que pode gerar efeitos colaterais não previstos.

Pesquisas identificam uma grande variação na proporção de pacientes que recebem um resultado positivo na detecção prévia de depressão, de 15% a 50%. Por exemplo, um grande estudo que comparou três ferramentas de detecção diferentes descobriu que, respectivamente, 20%, 25% e 36% de pacientes de clínica geral tiveram um resultado positivo na detecção prévia de transtorno depressivo.[12] Alguns estudos que usaram apenas duas perguntas relatam que aproximadamente metade dos pacientes tem um resultado positivo na detecção prévia.[13] Para a questão mais ampla do diagnóstico equivocado, a consequência é que a fase de detecção prévia, quaisquer que sejam os resultados obtidos, não elimina nenhum caso que possa constituir um falso-positivo com base nos critérios do *DSM*.

A detecção prévia interessa à nossa crítica mais abrangente por três motivos. Primeiro, a própria detecção prévia constitui a patologização em pequena escala de experiências emocionais normais que podem levar a rótulos, estigma, dúvidas sobre si mesmo e outras preocupações. Uma vez que a detecção prévia normalmente se baseia em poucas perguntas sobre sintomas comuns de tristeza, identifica praticamente toda situação de tristeza intensa como um possível indício de depressão. A consequência é que, no mínimo, se levanta a questão do transtorno, e todo indivíduo que vivencia tristeza intensa normal se torna um candidato potencial ao diagnóstico de depressão. Mesmo aqueles que obtêm um resultado positivo e, mais tarde, não se enquadram no diagnóstico do *DSM* podem se preocupar com o que levou os médicos a suspeitar de sua saúde mental a ponto de solicitar uma entrevista diagnóstica. O próprio processo de detecção prévia cria espaço para possibilidades patológicas que até então não existiam. Não há pesquisas que avaliem os possíveis efeitos negativos dessas intervenções.

Em segundo lugar, a detecção prévia em locais que concentram grandes massas, como a clínica geral ou as escolas, encaminha para a próxima etapa diagnóstica do *DSM* todos os indivíduos da comunidade que apresentam reações de tristeza intensa, independentemente de eles próprios se sentirem ou não deprimidos. Em consequência, a segunda etapa de detecção aplica os critérios diagnósticos do *DSM* a praticamente todo indivíduo que possa se enquadrar no diagnóstico de transtorno. Isso significa que as falhas nos critérios do *DSM* já não podem ser consideradas anomalias meramente teóricas, desafios à validade da pesquisa ou falhas de impacto clínico limitado, úteis para reembolsar aqueles que desejam tratamento. Ao contrário, o uso indiscriminado de um número mínimo de sintomas na detecção prévia, com efeito, transforma o que pode ter permanecido uma confusão conceitual relativamente circunscrita numa ferramenta de supervisão emocional e num possível diagnóstico equivocado para cada um de nós.

Em terceiro lugar, as pressões de tempo e dinheiro levaram ao que equivale a uma tática de propaganda enganosa, em que aquelas que foram inicialmente apresentadas como ferramentas de detecção prévia são, de fato, usadas para a detecção diagnóstica conclusiva. As discussões sobre possíveis programas de detecção a serem realizados numa comunidade afirmavam, no início, que todos os indivíduos com um resultado positivo na detecção prévia seriam avaliados por um médico. No entanto, uma vez que esses programas são lançados, a tendência é que a segunda etapa de detecção seja eliminada e reduzida e o próprio breve processo de detecção prévia se torne a base do diagnóstico e das decisões de tratamento. Os tópicos a seguir ilustram como a detecção prévia e a detecção diagnóstica foram realizadas em dois contextos comunitários, a clínica geral e as escolas, e como as ferramentas de detecção prévia muitas vezes se tornaram, nesses contextos, ferramentas de um diagnóstico conclusivo.

## A detecção da depressão em pacientes de clínica geral

### A depressão na clínica geral

A clínica geral tem sido o principal cenário dos programas de detecção para identificar e tratar a depressão. Esses ambientes parecem ser ideais para tais esforços. Os clínicos gerais estão numa posição particularmente estratégica para detectar e tratar casos de transtorno depressivo em grande parte da população porque a maioria das pessoas consulta um clínico geral no decurso de um ano qualquer.[14] Além disso, os indivíduos com sintomas depressivos têm mais probabilidade de fazer essa consulta: estudos mostram que eles têm duas ou três vezes mais chances de procurar um clínico geral.[15] Assim, muitos especialistas acreditam que grande parte desses pacientes de fato tem transtorno depressivo; vários estudos afirmam que entre 10% e 35% dos pacientes de clínica geral sofrem desse tipo de transtorno, um índice que sobe para cerca de 50% entre aqueles que consultam clínicos gerais com mais frequência.[16]

A clínica geral também é um bom local para intervenções de acompanhamento depois que os indivíduos recebem o diagnóstico porque muitos dos que supostamente têm transtorno depressivo são tratados exclusivamente nessa especialidade.[17] Os clínicos gerais são os únicos que proporcionam tratamento para 25% a 50% das pessoas identificadas como deprimidas nos estudos comunitários.[18] Considera-se a clínica geral especialmente propícia para a implementação de esforços preventivos para indivíduos com baixa renda e escolaridade, minorias étnicas e raciais e idosos, porque esses grupos têm relativamente pouca probabilidade de consultar um psiquiatra, mas provavelmente buscariam a ajuda de um clínico geral.

No entanto, apesar de uma grande proporção de pacientes de clínica geral supostamente sofrer de depressão, e de ser este, ao que parece, o lugar ideal para tratar a doença, normalmente se considera a capacidade de reconhecer e tratar a depressão na clínica geral insatisfatória.[19] Estudos relatam repetidamente que os clínicos gerais identificam apenas entre 33% e 50% dos casos de pacientes deprimidos.[20] Uma razão para isso poderia ser a relutância dos pacientes em apresentar sintomas emocionais e o desejo maior de manifestar queixas físicas. Outra é que o treinamento médico dos clínicos gerais naturalmente os leva a focar e dar mais prioridade ao tratamento de queixas somáticas. As agendas lotadas dos consultórios também não proporcionam o tempo necessário para separar doenças fisiológicas de psicológicas, e eles naturalmente se concentram nas queixas físicas. Estudos também enfatizam o tratamento inadequado que os clínicos gerais dão aos pacientes que reconhecem e diagnosticam como deprimidos. Menos da metade desses pacientes recebe antidepressivos ou outros tipos convencionais de tratamento específico para a depressão, e mesmo aqueles que são medicados muitas vezes recebem tipos errados ou doses inadequadas de medicação.[21]

A preocupação com a falta de disponibilidade de serviços, combinada com as soluções deficientes que os clínicos gerais oferecem à depressão, levou a muitas iniciativas que tentam melhorar o reconhecimento e o tratamento da depressão nessa prática médica.[22] Todos esses esforços de detecção diagnóstica dependem da criação de ferramentas que permitam aos médicos identificar casos de transtorno depressivo na clínica geral que, do contrário, continuariam sem ser detectados. Devido às muitas limitações de tempo típicas do atendimento em consultório, essas ferramentas de detecção devem ser sucintas, fáceis de aplicar e tomar pouco tempo do médico e do paciente.[23] Em geral, elas tentam realizar o que basicamente equivale a uma versão resumida de um diagnóstico do *DSM*, usando um conjunto reduzido de perguntas que o paciente formula a si mesmo sobre sintomas comuns de depressão que, supõe-se, praticamente correspondem aos critérios completos do *DSM*.

Os idealizadores das iniciativas de detecção na clínica geral deparam com duas decisões importantes. Primeiro, até que ponto a população à qual serão aplicadas deve ser ampla? Isto é, devem ser aplicadas a tantos pacientes de clínica geral quanto possível ou apenas àqueles que supostamente apresentam maior risco de ter um transtorno não detectado? Segundo, qual deve ser o patamar dos critérios adotados para produzir resultados positivos nas etapas de detecção prévia e detecção diagnóstica? Cada vez mais, a tendência tem sido tanto ampliar a população que é submetida a detecção quanto usar critérios mais abrangentes para resultados positivos.

Começando com a campanha de Consciência, Reconhecimento e Tratamento da Depressão (Dart, na sigla em inglês), promovida pelo Instituto Nacional de Saúde Mental dos Estados Unidos em 1987, várias iniciativas tentaram chamar a atenção de pacientes e profissionais da saúde sobre o baixo grau de reconhecimento e tratamento da doença na clínica geral.[24] Os esforços iniciais foram notáveis por sua atitude cuidadosa com respeito à detecção, e nenhum deles recomendava a detecção massiva na clínica geral.[25] "A conclusão a ser tirada", indica o resumo do primeiro volume dedicado a esse assunto, "é que os questionários sobre depressão não devem ser aplicados rotineiramente a pacientes de clínica geral. Entretanto, essa prática de avaliação tem seu mérito em circunstâncias específicas e com populações bem definidas."[26]

Essas primeiras iniciativas estavam tão preocupadas com os problemas que surgem quando muitas pessoas são diagnosticadas erroneamente com depressão quanto com identificar de forma precisa aquelas que de fato estavam deprimidas.[27] Para esse fim, os programas recomendavam usar patamares para o diagnóstico de depressão superiores àqueles usados nos estudos comunitários.[28] Uma pesquisa concluiu:

> Em suma, não parece, ao menos com base nos dados produzidos por este estudo, ser possível chegar a um equilíbrio vantajoso entre os índices de diagnóstico correto e os de falsos-positivos produzidos por essas ferramentas para recomendar com entusiasmo que elas sejam usadas para detectar transtornos afetivos em pacientes de clínica geral.[29]

As iniciativas dos anos 1990, entretanto, ignoraram esses alertas e insistiram no uso rotineiro da detecção em grupos tão amplos quanto possível.[30] A Organização Mundial da Saúde (OMS), por exemplo, insta que todo paciente que consulta um clínico geral passe pela detecção de depressão.[31] Ao mesmo tempo, os critérios usados nesses esforços de detecção recentes se tornaram mais maleáveis. Muitas iniciativas usaram critérios que estavam bem abaixo dos padrões do *DSM* para detectar casos de possível transtorno em grupos não tratados, englobando, com efeito, praticamente qualquer indivíduo que sentisse tristeza intensa por duas semanas. A Força-Tarefa de Serviços Preventivos dos Estados Unidos, por exemplo, recomenda que os médicos façam aos pacientes apenas duas perguntas na detecção prévia de possíveis casos de depressão: "Durante as últimas duas semanas, você se sentiu para baixo, deprimido ou sem esperança?" e "Durante as últimas duas semanas, você sentiu pouco interesse e prazer em fazer as coisas?"[32] Da mesma maneira, a OMS recomenda que se pergunte a todos os pacientes de clínica geral se, no ano anterior, durante duas ou mais semanas, eles se sentiram tristes, vazios, deprimidos ou sem interesse por coisas que normalmente lhes dão prazer, e se esses sintomas ocorreram durante uma semana ou mais no mês anterior.[33]

Supõe-se que essas detecções prévias sucintas, quando positivas, serão seguidas de uma avaliação diagnóstica completa. Normalmente, as entrevistas diagnósticas que usam os critérios do *DSM* para validar detecções prévias positivas revelam que cerca de 10% a 20% dos pacientes de clínica geral atendem a todos os critérios para o diagnóstico de Transtorno Depressivo Maior.[34] No entanto, a tendência a ampliar a detecção prévia para que passe a englobar diagnósticos subclínicos com um mínimo de apenas dois sintomas aumentou enormemente o número de diagnósticos positivos na segunda etapa de detecção, considerando-se que cerca de um quarto dos pacientes tem algum tipo de transtorno depressivo. Por exemplo, uma pesquisa sobre depressão da Universidade de Michigan, que usou os critérios do *DSM*, descobriu que 13,5% dos pacientes de clínica geral tinham Transtorno Depressivo Maior e 23% tinham algum tipo de transtorno depressivo.[35]

Em termos práticos, no entanto, usar duas etapas de detecção não se mostrou um método viável para a detecção de casos depressivos na clínica geral. Em contextos médicos reais (em oposição ao contexto das pesquisas), é proibitivamente caro submeter de um quarto a um terço de todos os pacientes cujo resultado é positivo na detecção prévia de depressão a uma segunda etapa de detecção. Os clínicos gerais, que atendem de quatro a cinco pacientes por hora, não têm tempo de interpretar os resultados da detecção prévia ou realizar entrevistas diagnósticas completas, e a maioria das clínicas não tem profissionais especializados em saúde mental disponíveis para realizá-las.[36] Portanto, a tendência tem sido reduzir a detecção e o diagnóstico a uma única etapa, usando ferramentas muito breves.

A Guia de Avaliação Clínica de Transtornos Mentais (Prime-MD, na sigla em inglês), desenvolvida por Robert Spitzer, uma das primeiras ferramentas de detecção desenvolvidas especificamente para uso na clínica geral e, ainda hoje, uma das mais populares, foi a primeira tentativa de reunir numa única ferramenta um processo em duas etapas, que primeiro realiza uma detecção prévia e então, se o resultado for positivo, passa a um diagnóstico completo de transtorno mental, mais ou menos de acordo com os critérios do *DSM*.[37] Pede-se aos pacientes que respondam por conta própria um questionário de uma página que contém 26 perguntas do tipo "sim" ou "não" sobre sintomas psiquiátricos comuns vivenciados no mês anterior. Duas das perguntas fazem a detecção prévia de depressão: se, no último mês, o paciente se sentiu incomodado por ter "pouco interesse ou prazer em fazer as coisas" e por "se sentir para baixo, deprimido ou sem esperança". Se o paciente responder afirmativamente a qualquer uma dessas perguntas, será submetido a uma avaliação clínica da depressão que resulta em diagnósticos de depressão maior, distimia ou estados subclínicos. Refletindo os critérios do *DSM*, não há consideração ao contexto em que surgiram os sintomas detectados na primeira etapa, de modo que sua mera presença é suficiente para desencadear a entrevista diagnóstica. A ferramenta clínica demora apenas oito minutos para ser aplicada e parece ser uma forma muito eficiente de detecção de possíveis transtornos diagnósticos por médicos ocupados.

A escala geral de detecção prévia da Prime-MD detecta sintomas cuja frequência é tão alta que 81% dos mil pacientes de clínica geral tiveram resultado positivo na detecção de algum transtorno nos testes experimentais; apenas 19% não foram submetidos à segunda etapa diagnóstica. Com efeito, os médicos quase sempre aplicam o processo completo em duas etapas. Os resultados da segunda etapa mostram que cerca de 25% dos pacientes de clínica geral, variando de 19% a 35% em diferentes lugares, recebem o diagnóstico de Depressão Maior, Distimia ou ambos.[38]

Até mesmo a entrevista de oito minutos da Prime-MD, entretanto, era muito demorada para ser usada em consultas médicas comuns, cuja duração média é de quinze minutos. Posteriormente, Spitzer desenvolveu o Questionário de Saúde do Paciente (PHQ, na sigla em inglês), que contém um módulo de detecção de depressão composto de nove itens e baseado nos critérios do *DSM*. O questionário não inclui um procedimento de detecção em duas etapas; ao contrário, verifica de uma só vez os sintomas de Transtorno Depressivo Maior e de estados depressivos subclínicos.[39] Os nove sintomas específicos são encontrados no exemplo dado no início deste capítulo. Conforme observado, o PHQ diagnostica a Depressão Maior quando estão presentes ao menos cinco sintomas, incluindo humor deprimido ou anedonia, e "outro tipo de depressão" quando existem apenas de dois a quatro sintomas. Em estudos de validação, o PHQ fornece estimativas um pouco mais baixas de todos os casos depressivos em comparação com a Prime-MD, com uma média de 16%, variando de 11% a 28% em diferentes locais. O uso dessas entrevistas numa única etapa está se tornando prática comum na clínica geral. Essa compressão do processo, que imediatamente faz um diagnóstico final apenas com base no PHQ, admite ainda menos a possibilidade de que um paciente normal receba um diagnóstico falso-positivo.

Além disso, a transformação dos critérios do *DSM* numa ferramenta de pesquisa que seja breve e fácil de aplicar e pontuar pode, inadvertidamente, enfraquecê-los. Por exemplo, o *DSM* requer que a maioria dos sintomas se manifeste "praticamente todos os dias" nas duas últimas semanas, enquanto para o PHQ um sintoma é suficiente para o diagnóstico se este ocorrer "quase todos os dias". Em alguns casos, o *DSM* inclui adjetivos de intensidade, tal como "acentuado", os quais não estão presentes no PHQ; e, embora este apresente uma pergunta sobre relevância clínica análoga ao critério de relevância clínica do *DSM*, esta não é usada na pontuação.

Acrescente-se que, no PHQ, o limite de dois sintomas para o diagnóstico de "outro transtorno depressivo" ilustra a aceitação crescente de que a sintomatologia subclínica é, por si só, suficiente para o diagnóstico. Essa tendência a usar cada vez menos critérios para identificar transtornos depressivos tem consequências notórias quando se leva em conta a recomendação de detectar todos os pacientes de clínica geral. Em 2001, cerca de 84% da população dos Estados Unidos consultou um clínico geral ou médico de família – num consultório, pronto-socorro ou em casa – ao menos uma vez.[40] Se as recomendações atuais de detectar todos os pacientes de clínica geral fossem realmente seguidas[41], aproximadamente *60 milhões de pessoas* teriam um resultado positivo na detecção de Transtorno Depressivo Maior ou de um transtorno depressivo subclínico em apenas um ano. Além disso, quanto maior a frequência com que os pacientes passam por uma detecção de depressão, maior a probabilidade de que recebam um diagnóstico falso-positivo com base em sintomas normais e transitórios.[42] Na verdade, parece provável que, com repetidas detecções, grande parte da população receba um falso diagnóstico de depressão mais cedo ou mais tarde e possivelmente seja tratada por um transtorno que de fato não tem.

## O problema dos diagnósticos falsos-positivos da detecção na clínica geral

Há boas razões para esperar que muitos pacientes de clínica geral tenham sintomas que atendem aos critérios do *DSM* para o diagnóstico de transtorno depressivo sem configurar um caso genuíno de depressão maior ou menor. Muitos atendimentos na clínica geral são precedidos por circunstâncias estressantes da vida, que podem provocar tristeza extremamente intensa. Embora o índice de pacientes que procuram a ajuda de psiquiatras tenha crescido exponencialmente nas últimas décadas, muitas pessoas ainda consideram o clínico geral o primeiro ponto de apoio diante dos problemas da vida.[43] Situações extremas, como luto, separação e perda do emprego têm mais probabilidade de preceder o aparecimento de sintomas em pacientes de clínica geral que em pacientes psiquiátricos, o que indica que casos de tristeza normal são encontrados mais naquele contexto que neste.[44] E, obviamente, os sintomas depressivos muitas vezes surgem como reações ao estresse associado a certos estados de saúde. Uma vez que a tristeza normal costuma apresentar os mesmos sintomas que o transtorno depressivo – incluindo não só sintomas como sentir-se deprimido e perder o interesse pelas atividades, mas também uma variedade de queixas somáticas, como fadiga e perturbações do sono e do apetite –, muitos indivíduos que vivenciaram situações estressantes recentemente têm probabilidade de consultar um clínico geral e podem atender aos critérios do *DSM* para o diagnóstico de Transtorno Depressivo Maior, apesar de não terem um transtorno. (Observe-se que, quando os sintomas decorrem diretamente de um estado de saúde ou do uso de substâncias, o diagnóstico não deve ser Transtorno Depressivo Maior nem depressão menor, mas sim transtorno depressivo devido a um estado de saúde sistêmico ou ao uso de substâncias, uma distinção que, independentemente de qualquer processo de detecção, o médico pode considerar difícil fazer, mas a detecção de sintomas depressivos pode evidenciar.)

O problema não são apenas os diagnósticos falsos-positivos que decorrem da detecção de transtorno depressivo na clínica geral, mas também a distorção do consequente processo de decisão quanto ao tratamento para os que recebem tal diagnóstico. A depressão e outros problemas comportamentais são detectados em cerca de 40% dos indivíduos que consultam um clínico geral.[45] Na prática médica diária, menos de um quarto dos pacientes diagnosticados com transtorno depressivo é encaminhado para um especialista.[46]

A grande maioria dos pacientes diagnosticados é atendida por clínicos gerais, que se sentem muito mais confortáveis usando medicação que qualquer outra modalidade de tratamento para transtorno depressivo.[47] Portanto, a típica consequência de um diagnóstico de depressão é a prescrição de antidepressivos: indivíduos tratados para depressão tinham 4,5 vezes mais probabilidade de tomar psicotrópicos em 1997 que em 1987.[48] Muitos desses pacientes que recebem medicação podem não ter um transtorno depressivo, mas, em vez disso, estar enfrentando sérios desafios.

Certamente, seria possível argumentar que as pessoas que relatam tristeza normal, assim como aquelas que sofrem de transtorno depressivo, podem se beneficiar do tratamento e não serão prejudicadas por este. De fato, as evidências indicam que os benefícios do tratamento superam os do placebo para indivíduos com casos graves de depressão. Entretanto, em muitos pacientes de clínica geral a depressão está na faixa menos grave, e nessa faixa as vantagens do tratamento sobre o placebo não se comprovaram.[49] Wayne Katon, especialista em detectar depressão na clínica geral, conclui:

> As pesquisas indicam que metade dos pacientes que começam a usar antidepressivos na clínica geral têm depressão menor. Nesses pacientes, os tratamentos ativos não têm se mostrado mais eficazes que o placebo; tampouco os programas para lidar com a doença têm se mostrado mais eficazes que os cuidados habituais.[50]

Além disso, nos últimos anos, os pacientes que foram medicados por clínicos gerais têm cada vez menos contato pessoal com o médico; muitos deles nunca vão ao consultório ou só vão em raras ocasiões.[51] Assim, os pacientes sofrendo de tristeza normal que estão usando medicação não recebem o apoio e o acompanhamento que essas circunstâncias normalmente demandam. Em todo caso, é melhor que a decisão sobre o uso do medicamento se apoie numa compreensão acurada da natureza e no prognóstico do estado de saúde do paciente e considere todas as opções de tratamento. O diagnóstico de transtorno depressivo tende a eliminar rapidamente essas discussões sobre a prescrição de medicamentos ser a melhor solução, quando a tristeza normal pode demandar soluções mais flexíveis a fim de lograr um tratamento ideal.

Mesmo para os pacientes de clínica geral cujos sintomas depressivos são graves o bastante para satisfazer todos os critérios do *DSM*, o fato de eles não estarem ativamente procurando tratamento para seu estado depressivo é, possivelmente, uma consideração importante. Em geral, estudos sobre a eficácia da terapia usam indivíduos que procuram tratamento de forma voluntária, e as atitudes do paciente com relação à terapia podem influenciar sua eficácia. Em particular, pacientes com postura negativa para com antidepressivos de fato têm resultados piores em programas de intervenção que aqueles que não recebem tratamento algum, o que indica que a eficácia das terapias medicamentosas depende de pacientes motivados.[52] Se muitos pacientes de clínica geral são submetidos ao tratamento recomendado pelo médico, mas, espontaneamente, não têm motivação para ser tratados por um estado depressivo não reconhecido como tal, a terapia pode ser ineficaz.

Possivelmente, tratar a tristeza normal como se fosse transtorno depressivo não só é inútil como tem custos ao paciente, os quais devem ser contrastados com os benefícios.[53] Detectar e identificar casos de depressão pode minar a recuperação natural ao intensificar no indivíduo os sentimentos de angústia e destruir os processos normais de adaptação, bem como o uso de redes informais de apoio.[54] Fornecer resultados que indicam um transtorno depressivo pode alarmar e estigmatizar os pacientes, especialmente se eles próprios não consideram que seus sentimentos sejam transtornos. Portanto, não é surpresa que muitos indivíduos que têm um resultado positivo na detecção resistem a se submeter ao tratamento.[55] Outros podem começar a tomar remédios, mas interromper o uso pouco tempo depois.[56] Essa "inconformidade", embora certamente preocupante em alguns casos, em outros talvez se deva ao reconhecimento preciso de que esses estados são causados por estressores cotidianos e à escolha de abordar o problema de forma alternativa.

O movimento pela detecção da depressão na clínica geral é um esforço bem-intencionado de desenvolver e empregar ferramentas psicológicas a fim de evitar as consequências possivelmente nocivas do transtorno depressivo não detectado e não tratado na população geral. Apesar das limitações e preocupações apontadas aqui, os grandes esforços investidos no desenvolvimento e na disseminação das ferramentas de detecção podem ser cada vez mais compensadores conforme elas vão sendo aprimoradas. Em particular, é bem possível que a detecção na clínica geral venha a ser mais útil no futuro se for capaz de converter os indícios contextuais de tristeza normal em ferramentas que permitam identificar de forma mais precisa os casos prováveis de transtorno. Independentemente do contexto, pode-se presumir que, se os sintomas são crônicos, recorrentes ou atipicamente intensos, é mais provável que o estado se deva a um transtorno depressivo. Destinar recursos à prevenção da recorrência em casos com vários episódios anteriores, por exemplo, pode ser mais eficaz que submeter todos os pacientes de clínica geral à detecção da depressão.[57] Até que se desenvolvam ferramentas de detecção melhores, e levando em conta a escassez de recursos, os esforços para melhorar o tratamento dos casos patentes de transtorno depressivo têm de ter prioridade sobre programas de detecção massiva.[58] É extremamente importante que os médicos, ao fazer a detecção da depressão – contrariando as recomendações atuais de prestar atenção somente às pontuações dos sintomas –, prestem atenção também ao contexto em que surgiram os sintomas relatados; eles devem ser instados a usar seu bom-senso diagnóstico e adotar uma política de "espera alerta", em vez de seguir cegamente os critérios do *DSM* e prescrever medicamentos de forma irrefletida.

## A detecção da depressão em adolescentes

As escolas são o segundo principal alvo dos programas de detecção de transtorno depressivo. Os adolescentes são particularmente atraentes para a detecção e os esforços preventivos porque parecem ter um alto índice de transtorno depressivo, embora, ao mesmo tempo, raramente sejam tratados por essa enfermidade.[59] O suicídio entre adolescentes fornece outra razão para os programas de detecção de depressão. Cerca de 4 mil crianças e adolescentes americanos cometem suicídio a cada ano, o que faz que essa seja a terceira principal causa de morte na faixa etária dos 15 aos 24 anos e a quarta dos 10 aos 14; mais de meio milhão de adolescentes tentam o suicídio com consequências suficientemente graves para demandar atenção médica.[60] Além disso, os tiroteios em escolas – raros, mas chocantes – protagonizados por adolescentes que, em alguns casos, eram deprimidos recebem enorme publicidade, o que confere ainda mais urgência aos argumentos a favor dos esforços preventivos de detecção. A crença de que, além desses problemas imediatos, o transtorno depressivo não tratado em adolescentes também tende a persistir na vida adulta e se tornar crônico também motiva tais esforços.[61] Afirma-se que a identificação e o tratamento precoces interrompem a espiral descendente de problemas cada vez piores. Por último, todos os adolescentes são obrigados a frequentar a escola, e todos são adolescentes em algum momento; desse modo, a escola oferece uma oportunidade perfeita de detectar uma população que, com o tempo, incluirá praticamente todos os indivíduos. Em consequência, afirma-se que "a prevenção de todo o espectro de problemas depressivos vivenciados por adolescentes é de primordial importância para que sejam atendidas as necessidades do maior número possível de indivíduos nessa faixa etária".[62]

As preocupações com a depressão em adolescentes, em geral, e com o suicídio, em particular, têm levado a iniciativas importantes. O relatório produzido em 2003 pela comissão sobre saúde mental do governo George W. Bush, a President's New Freedom Commission, recomenda que todos os adolescentes dos Estados Unidos tenham "a oportunidade de detecção, avaliação e tratamento precoce e adequado de transtornos mentais". Várias legislaturas estaduais já adotaram medidas com o objetivo de que "toda criança seja submetida à detecção no início da adolescência a fim de identificar doenças mentais e evitar o suicídio na juventude".[63] Em 2004, o presidente George W. Bush assinou um decreto liberando 82 milhões de dólares para financiar esses programas de detecção começando com alunos da sexta série, com o objetivo de prevenir o suicídio entre os jovens.[64]

Nossas preocupações sobre esses esforços bem-intencionados para ajudar os adolescentes são similares àquelas que surgem com respeito à detecção na clínica geral. Esses esforços tendem a ignorar a distinção entre transtornos e reações normais a perdas reais. Assim, destinam recursos clínicos a muitos indivíduos que passam por estados normais e transitórios e dão início a intervenções que tendem a enfatizar a medicação, em vez de abordar os possíveis problemas reais na vida do adolescente que podem estar causando sofrimento intenso. Além disso, as ferramentas descontextualizadas usadas para detectar previamente o transtorno depressivo ou a propensão ao suicídio em adolescentes são tão abrangentes que consideram que grande parte desse grupo está potencialmente em risco e, portanto, precisa de avaliação complementar; desse modo, confundem patologia e normalidade. Uma segunda etapa de detecção diagnóstica pode eliminar muitos desses erros, mas também aplica os critérios baseados em sintomas do *DSM* às emoções volúveis dos adolescentes, possivelmente produzindo ainda um grande número de diagnósticos falsos-positivos de transtorno depressivo e risco de suicídio. Tampouco há evidências científicas que corroborem a eficácia da detecção de adolescentes.

## A patologização do sofrimento dos adolescentes

A principal justificativa para os esforços preventivos e de detecção nas escolas reside na alta taxa de prevalência percebida entre adolescentes. Uma análise de 52 estudos de mais de vinte países indica que, de acordo com os critérios do *DSM*, cerca de 20% dos adolescentes têm transtorno depressivo.[65] Os estudos realizados depois de 1990 mostraram taxas médias de prevalência ainda mais altas (26%) para alguns transtornos depressivos. Alguns pesquisadores estimam que até um terço dos adolescentes vivenciará episódios de Transtorno Depressivo Maior antes dos 20 anos.[66] Aproximadamente metade de uma grande amostra de adolescentes relata ter um diagnóstico de transtorno depressivo subclínico ou de depressão maior.[67] Para a maioria dos pesquisadores, esses dados corroboram uma conclusão óbvia: "Está claro que a depressão é um problema pervasivo e possivelmente crescente entre os jovens".[68]

No entanto, assim como na clínica geral, as ferramentas de detecção e diagnóstico usadas para adolescentes, por natureza, têm muito mais probabilidade de revelar casos transitórios de tristeza normal que transtornos depressivos: essas ferramentas não verificam o contexto em que os sintomas aparecem; por isso, não são capazes de distinguir transtorno da tristeza normal que deriva de estressores comuns aos adolescentes, como brigas com os pais, traição de amigos ou o fato de não ser escolhidos para uma atividade importante, um clube ou um time esportivo. Por exemplo, muitos adolescentes que acabaram de romper um namoro certamente não têm transtorno depressivo, mas, no período subsequente, podem relatar sintomas suficientes para que as ferramentas de detecção e diagnóstico os considerem deprimidos.[69] Na verdade, o caráter possivelmente enganoso das estatísticas sobre transtorno depressivo em adolescentes é ilustrado pelo fato de o fim recente de um namoro ser o *principal* prognosticador de depressão numa grande amostra nacional.[70]

Diferentemente de casos típicos de transtorno, os sintomas de depressão em adolescentes são muito instáveis. As pesquisas costumam revelar que a maioria das pontuações altas obtidas em autoavaliações muda de status quando estas são repetidas logo em seguida.[71] Somente cerca de um terço dos adolescentes continua deprimido um mês depois.[72] Sua relativa vulnerabilidade emocional, o que naturalmente levaria a índices mais altos de emoções negativas que em outros grupos, agrava o problema de usar remédios que não consideram o contexto. Nessa faixa etária, a instabilidade dos sintomas indica que é mais provável que sejam reações transitórias a circunstâncias estressantes que consequência de disfunções internas.

A pesquisa também não é capaz de corroborar as afirmações de que sintomas moderados em determinado momento têm probabilidade de se tornar mais intensos depois. A maioria dos adolescentes que, no início, apresenta sintomas moderados de depressão relata, um ano depois, que eles são ínfimos ou moderados – isto é, diminuíram ou permaneceram no mesmo nível. Ao contrário, a maioria dos adolescentes que apresenta sintomas intensos relata, após um ano, que eles diminuíram, em vez de continuar intensos.[73] Entretanto, uma minoria de adolescentes com sintomas moderados de fato piora e, também numa minoria, os sintomas intensos permanecem assim um ano depois. Podemos deduzir que essa minoria de casos tende a incluir os que realmente têm um transtorno. O foco da pesquisa para detecção deve ser desenvolver estratégias mais frutíferas para identificar e tratar essa minoria.

### Programa de detecção de adolescentes da Universidade de Columbia

Uma importante motivação para a ampla detecção de adolescentes é prevenir o suicídio, tendo sido, recentemente, projetadas ferramentas especialmente para detectar, nessa faixa etária, a propensão ao suicídio e os transtornos mentais correlatos. A President's New Freedom Commission cita como modelo o programa TeenScreen, da Universidade de Columbia, e recomenda seu uso em todas as escolas do país. Portanto, examinaremos esse programa em mais detalhe, tomando-o como um exemplo da forma como a depressão é detectada em adolescentes nos dias de hoje.

O TeenScreen desenvolveu duas escalas para a detecção prévia de transtornos mentais nessa faixa etária. Ambas se baseiam nas perguntas do Programa de Entrevistas Diagnósticas para Crianças (Disc, na sigla em inglês) e requerem a sua aplicação como uma segunda etapa de detecção diagnóstica para aqueles com resultado positivo na avaliação inicial. Uma delas, a Escala Preditiva Disc (DPS, na sigla em inglês), diagnostica oito transtornos mentais. Com respeito ao diagnóstico de depressão, é muito similar às ferramentas de detecção prévia que consideramos no tópico anterior sobre a clínica geral. Começa com perguntas genéricas, como "Nos últimos seis meses, houve ocasiões em que você se sentiu muito triste?" ou "Nos últimos seis meses, houve algum momento em que você não sentiu interesse por nada e se sentiu aborrecido ou desanimado durante a maior parte do tempo?"[74] Uma resposta "sim" a qualquer uma dessas perguntas leva a várias perguntas complementares sobre sintomas específicos, como passar por um "período em que nada é divertido para você, nem mesmo coisas das quais você costumava gostar", sentir-se "tão para baixo que tinha dificuldade de fazer o dever de casa" ou "aborrecido ou irritadiço [...], de modo que até mesmo pequenas coisas lhe deixavam furioso".

Embora projetada para a detecção prévia, a DPS passou a ser vista como uma ferramenta diagnóstica autônoma. O diretor executivo do programa, Laurie Flynn, num depoimento antes de um comitê no congresso, afirmou: "Em 2001, conseguimos detectar cerca de 14.200 adolescentes [...]; dentre os estudantes, identificamos aproximadamente 3.500 jovens com problemas mentais e os encaminhamos para tratamento".[75] Aqui, Flynn equipara um resultado positivo na etapa de detecção prévia a "problemas mentais", fazendo que o índice de tais problemas na população de estudantes seja de cerca de 25%. Estudos mostram, porém, que a DPS produz de quatro a cinco diagnósticos falsos-positivos para cada diagnóstico confirmado pelo Disc. Além disso, o próprio Disc não é mais que uma aplicação dos critérios baseados em sintomas do *DSM* a crianças e adolescentes. Se a DPS for amplamente usada como ferramenta de detecção prévia ou de detecção diagnóstica, a consequência será, provavelmente, a transformação da tristeza e do sofrimento normais dos adolescentes em patologia.

A outra importante ferramenta de detecção de adolescentes, a Detecção de Suicídio Columbia (CSS, na sigla em inglês), composta de apenas onze itens (ou, às vezes, oito; o número varia de acordo com a versão) e aplicada pelos próprios estudantes, é projetada para detectar previamente fatores que aumentam o risco de suicídio, inclusive o transtorno depressivo. Para que não seja tão evidente que a ferramenta aborda a questão do suicídio, as perguntas são incluídas num conjunto mais amplo de perguntas sobre saúde e a ferramenta é chamada "entrevista sobre saúde". A CSS pergunta se o indivíduo já tentou suicídio, pensou nessa possibilidade nos últimos três meses, vivenciou algum dentre uma pequena lista de sintomas depressivos (por exemplo, "infeliz ou triste" ou "retraído"), de ansiedade ou associados ao uso de substâncias nos últimos três meses, ou sente necessidade de falar com um profissional. Todo estudante que responder "sim" a qualquer uma dessas perguntas sobre tentativa de suicídio, ideação suicida ou necessidade de ajuda, ou "sim" a três das perguntas sobre sintomas de depressão, ansiedade ou uso de substâncias tem um resultado "positivo" e é encaminhado a um profissional para diagnóstico complementar e possível tratamento.

A CSS consegue alcançar seu objetivo de identificar os estudantes com risco de suicídio? Se os números são um indicador válido, a resposta é "não totalmente". Num importante estudo da CSS feito por seus idealizadores, 28% dos estudantes de ensino médio nos Estados Unidos tiveram resultado positivo na detecção prévia de risco de suicídio, e em uma das escolas esse índice chegou a 44%.[76] Dezessete por cento dos estudantes relatam ter pensado em suicídio nos últimos três meses ou tê-lo tentado em algum momento da vida. O fato de aproximadamente um em cinco adolescentes relatar tentativa de suicídio ou ideação suicida e de mais de 10% afirmar ter pensado em suicídio nos últimos três meses é realmente alarmante ou, o que é mais provável, um indício de que as perguntas não estão estimando o que se propõem a estimar e, em vez disso, estão revelando pensamentos e sentimentos vivenciados por muitos adolescentes que na verdade não estão em risco.

Outro problema tanto para a CSS quanto para o Disc é o nível surpreendentemente baixo de precisão nas respostas às perguntas correspondentes do Disc. Quando as mesmas perguntas sobre o risco de suicídio são repetidas após um intervalo de oito dias, somente cerca de metade dos estudantes que dão respostas afirmativas na primeira ocasião também responde afirmativamente uma semana mais tarde! Considerando-se a natureza incrivelmente instável das respostas sobre ideação suicida na detecção de adolescentes, até mesmo os idealizadores da ferramenta admitem que "o baixo grau de precisão entre um exame e outro pode estar relacionado com a natureza efêmera da ideação suicida e de sentimentos depressivos entre adolescentes".[77] O baixo nível de precisão significa que não podemos confiar plenamente nos resultados da CSS ou do Disc. E vimos que os critérios descontextualizados do Disc, ao estilo dos do *DSM*, principalmente quando aplicados a adolescentes emocionalmente reativos e volúveis, são questionáveis para identificar transtornos entre todos aqueles que estão temporariamente angustiados por vários motivos normais. Embora o Disc de fato reduza o percentual de diagnósticos positivos a 4% na população de estudantes, é impossível confiar que estes são os exatos 4% que realmente estão em risco ou deprimidos. Uma forma de verificar a validade do Disc é comparar seus resultados com os diagnósticos clínicos. Embora os próprios diagnósticos clínicos em geral se baseiem nos critérios do *DSM*, os estudos indicam níveis muito baixos de concordância entre o Disc e os diagnósticos clínicos, o que reduz ainda mais a confiança na validade até mesmo do processo em duas etapas do TeenScreen.[78]

Os pesquisadores do TeenScreen, cientes de muitos desses problemas, em certo momento sugerem que talvez até mesmo o enorme número de falsos-positivos gerados pela CSS sem a verificação do Disc não seja tão ruim, afinal: "É importante não perder de vista que muitos desses casos chamados falsos-positivos podem estar vivenciando sintomas depressivos dolorosos, com comprometimento social e acadêmico, e provavelmente se beneficiariam do tratamento".[79] Esse trecho indica que mesmo que a CSS fosse usada como ferramenta independente de detecção de risco de suicídio, sem a etapa posterior do Disc, os adolescentes que não têm um transtorno mental poderiam, ainda assim, se beneficiar do tratamento, podendo o mesmo argumento se aplicar aos falsos-positivos do Disc. Mas o tratamento de falsos-positivos pode não ser tão inócuo.

É importante lembrar que o objetivo dos programas de detecção, que agora têm força de lei, é detectar depressão e risco de suicídio em "todas as crianças dos Estados Unidos".[80] Uma vez que o TeenScreen identifica casos de suposta depressão e a tendência ao suicídio, o passo seguinte costuma ser tratá-los com antidepressivos, e esse parece ser o objetivo do programa: "Para que os antidepressivos sejam usados de forma eficaz, é necessário identificar os casos de depressão, o que torna os programas de detecção do tipo descrito ainda mais importantes".[81] Embora para muitos jovens normais, mas problemáticos, a conversa com um psicólogo possa ser benéfica, a possibilidade de que um grande número de adolescentes normais – cujas reações às circunstâncias são normais e provavelmente transitórias, podendo ser abordadas de outras formas – seja tratado com antidepressivos levanta questões e inquietações relevantes. Há dúvidas reais quanto à eficácia de antidepressivos em adolescentes.[82] A maioria dos estudos sobre o tema mostra que não há grande vantagem no uso de antidepressivos em comparação com o uso de placebo.[83] As pesquisas que revelam que a medicação beneficia adolescentes deprimidos estão limitadas a amostras voluntárias com um diagnóstico estável de Transtorno Depressivo Maior. E, mesmo nesse caso, as diferenças entre os grupos medicados com antidepressivos e com placebo tendem a ser mínimas.[84] Além disso, conforme vimos com respeito à detecção na clínica geral, as populações com resultado positivo na detecção podem divergir daquelas que procuram um médico espontaneamente e, portanto, podem reagir de forma diferente ao tratamento. Na verdade, a Força-Tarefa de Serviços Preventivos dos Estados Unidos não recomenda que crianças e adolescentes sejam submetidos à detecção de depressão ou risco de suicídio.[85]

Também começam a surgir evidências de que os riscos dos tratamentos com medicação podem ser maiores para crianças que para adultos.[86] Embora os testes clínicos de medicamentos ainda não tenham relatado nenhum caso de suicídio real, eles parecem revelar índices mais altos de ideação suicida e outras circunstâncias adversas em grupos tratados com antidepressivos que com placebo.[87] Em alguns casos, como os de tiroteios em escolas, que são usados para justificar a necessidade de detecção, os perpetradores já usavam ISRSs (inibidores seletivos de recaptação de serotonina) que, ao menos segundo alguns especialistas, podem ter contribuído para o estado de ânimo assassino desses adolescentes em particular.[88] Se milhões de adolescentes fossem diagnosticados como deprimidos e então medicados, a possibilidade de vários deles voltarem a ter pensamentos suicidas teria de ser ponderada contra o número cujos pensamentos suicidas os medicamentos conseguiriam controlar. O alarme provocado por essas descobertas levou as agências reguladoras da Grã-Bretanha a alertar os médicos a não prescrever a maioria dos antidepressivos a pacientes menores de 18 anos. Da mesma maneira, nos Estados Unidos, a FDA hoje exige que as embalagens contenham advertências sobre os possíveis efeitos colaterais dos antidepressivos em pessoas mais jovens. Toda essa área permanece extremamente controversa, mas a possibilidade de um grande aumento no número de adolescentes que tomam esse tipo de medicação devido a processos de detecção falhos é motivo de enorme preocupação. No mínimo, a eficácia insignificante ou questionável dos antidepressivos para crianças e adolescentes, associada a seus possíveis efeitos sobre circunstâncias adversas e aos efeitos ainda desconhecidos de impor tratamentos medicamentosos de longo prazo a adolescentes ainda em fase de desenvolvimento que podem não ter um transtorno, é motivo para que se busquem programas de detecção cautelosos até que existam mais informações disponíveis. Essas considerações também recomendam prudência nos tratamentos que esses programas possivelmente costumam apoiar.

Com relação à nossa questão central – o diagnóstico exagerado de casos de transtorno depressivo –, todo indivíduo que relate alguns sintomas depressivos na CSS, mesmo que não tenha comportamento ou pensamentos suicidas, é encaminhado ao Disc. Com efeito, a CSS é um modo – motivado pela urgência do desejo de evitar o suicídio – de detectar um grande número de adolescentes com transtorno depressivo com os problemas correlatos de falsos-positivos que identificamos. Mas, diferentemente da pesquisa epidemiológica, a consequência de um "falso-positivo" no TeenScreen não é meramente teórica ou estatística: é a determinação de que um jovem específico tem um transtorno mental e, talvez, corra o risco de piorar ou suicidar-se. Isso, por sua vez, pode indicar uma nova conceituação da natureza desse jovem para si próprio, para seus pais e para as autoridades escolares; pode alertar os pais, assim como os funcionários da escola, para o suposto transtorno do indivíduo; e possivelmente (se o tratamento não for recusado) culminar no seu tratamento com medicação ou psicoterapia com impacto desconhecido sobre um jovem em desenvolvimento normal.

Conforme nos lembram as histórias sensacionalistas da mídia, há uma possibilidade muito pequena, mas real, de que um transtorno mental não detectado num adolescente leve a desfechos terríveis, como suicídio ou homicídio. O desejo de fazer alguma coisa para manter nossos filhos a salvo de tais ameaças é compreensível. O problema é que ainda não existe conhecimento científico capaz de prever e intervir de formas que sabidamente evitariam tais tragédias. Além disso, os programas de detecção que se justificam garantindo que os resultados serão avaliados cuidadosamente por um médico para eliminar falsos-positivos tendem, com o tempo, a ser interpretados como ferramentas diagnósticas conclusivas e usados isoladamente para dar início a um tratamento.

Mas nenhuma das ferramentas atualmente disponíveis para a detecção de jovens leva em conta o contexto em que surgem os sentimentos angustiantes. Portanto, nenhuma é capaz de discernir a emoção normal dos adolescentes de um transtorno mental. A consequência é a possibilidade de uma enorme intromissão na vida emocional dos jovens usando uma classificação diagnóstica questionável.

## Conclusão

A detecção rotineira do transtorno depressivo na população geral, em locais como escolas e consultórios médicos, é hoje vista como um importante objetivo e um benefício quase incondicional. Tendo em vista que tais iniciativas podem influenciar a vida de milhões de pessoas, é importante considerar seus possíveis custos e examinar criticamente seus pressupostos. Os programas de detecção repetiram o erro da epidemiologia e, ao transportar os critérios do *DSM* para o novo contexto da detecção na comunidade, foram, mais uma vez, incapazes de avaliar se são válidos. Eles monitoram as nuanças das reações emocionais mutáveis em nós e nos jovens em resposta às adversidades da vida e classificam parte considerável delas como patológicas, sem atenção adequada ao contexto. Conforme esses programas se tornam parte de nossa vida, potencialmente influenciam o conceito que temos de nós mesmos e o julgamento que fazemos dos demais, proporcionando uma nova forma de intromissão social em emoções particulares. Essa influência é difícil de quantificar, mas é real. O efeito derradeiro pode ser reconstituir nossa visão da normalidade de sentimentos angustiantes e ampliar o poder da psiquiatria de monitorar, classificar e, talvez, controlar nossas emoções a fim de evitar até mesmo um comprometimento funcional passageiro.

As iniciativas de detecção podem ser benéficas ou não; no momento, simplesmente não sabemos. Notadamente, hoje não existem estudos científicos controlados que demonstrem que esses programas massivos de detecção e tratamento melhoram os quadros de depressão ou a propensão ao suicídio de maneira geral. Tampouco existem provas de que os benefícios desses programas superam os custos do diagnóstico e tratamento inadequado que eles podem iniciar. Isso deve nos colocar em estado de alerta, principalmente com relação à detecção de adolescentes.

Se buscarmos analogias históricas, podemos dizer que essa nova supervisão da tristeza é comparável – em sua magnitude, penetração na intimidade e encorajamento do excesso de vigilância familiar e profissional da vida cotidiana – à tão discutida supervisão e patologização da masturbação infantil características dos temores sexuais da era vitoriana. Assim como aquele controle sexual equivocado corrompia o desenvolvimento sexual natural das crianças, ainda que alegasse prevenir ou curar transtornos, as campanhas atuais de detecção de depressão, embora às vezes identifiquem transtornos verdadeiros, têm o potencial de corromper reações à experiência natural da tristeza em indivíduos normais e destruir quaisquer características construtivas da tristeza normal.

O desafio para direcionar de maneira eficaz os esforços preventivos por meio da detecção é criar ferramentas suficientemente sensíveis ao contexto, de modo que sejam capazes de distinguir os casos normais dos patológicos na população de indivíduos que não se apresentam espontaneamente para tratamento. Os programas de ação devem promover projetos-piloto para criar escalas que levem em conta o contexto e a duração dos sintomas e consigam distinguir transtorno depressivo de tristeza normal, identificando de forma mais precisa os indivíduos que realmente necessitam de ajuda médica.

# 8 O *DSM* E AS PESQUISAS BIOLÓGICAS SOBRE DEPRESSÃO

As pesquisas sobre as causas biológicas do transtorno depressivo, tais como o conhecimento de neurotransmissores, receptores, genes, a estrutura e o funcionamento do cérebro, prometem contribuir enormemente para nossa compreensão cada vez maior do problema, bem como levar a tratamentos mais eficazes. Entre esses estão o uso de ressonância magnética para explorar a atividade cerebral em pacientes deprimidos, o exame de neurotransmissores e seu papel na depressão (reafirmado pela eficácia dos medicamentos em influenciar o nível de neurotransmissores no cérebro) e pesquisas sobre o papel da genética no transtorno depressivo.

Mais ou menos na mesma época da publicação do *DSM-III* em 1980, o modelo biológico da depressão começou a dominar a teoria e a prática psiquiátrica, e a influência dos modelos psicossociais entrou em declínio.[1] Além disso, vários nomes importantes na construção do *DSM* eram também proeminentes psiquiatras biológicos. Portanto, é tentador considerar que os dois estão conceitualmente relacionados. Mas na verdade, conforme vimos, a definição do *DSM* não pretendia estabelecer nenhuma causa particular para a depressão. Ao contrário, foi idealizada para ter uma abordagem teórica neutra e compatível tanto com causas psicológicas e sociais quanto com causas biológicas.

Contudo, os critérios do *DSM* exerceram um papel preponderante nas pesquisas sobre a biologia da depressão. A adoção de critérios acordados e teoricamente neutros, que poderiam configurar a base da comunicação entre os pesquisadores, certamente foi benéfica para as pesquisas biológicas, assim como para toda a pesquisa psiquiátrica. Por outro lado, argumentamos que a combinação de tristeza normal e transtorno depressivo nos critérios do *DSM* prejudicou as pesquisas biológicas e criou uma confusão que pode levar os pesquisadores a tirar conclusões equivocadas dos dados obtidos.

O problema elementar é que processos biológicos estão por trás de características humanas normais e também patológicas. Sem dúvida, as reações patológicas de tristeza muitas vezes se devem a disfunções biológicas subjacentes. Mas os mesmos sintomas de tristeza estão presentes tanto em estados normais como em patológicos. Os processos biológicos que são específicos do transtorno depressivo devem ser distinguidos daqueles que estão por trás da tristeza normal. Por exemplo, estudos demonstram que muitas emoções e atitudes normais, como a introversão, a religiosidade e até mesmo as crenças políticas, têm um componente genético.[2] As influências genéticas também explicam, em parte, por que as pessoas naturalmente sentem pesar diante da morte de um ente querido.[3] O fato de haver uma base genética para o pesar não demonstra que este é um transtorno – ao contrário, o luto se apoia em processos genéticos normais, e não defeituosos. Portanto, as pesquisas que mostram um correlato genético ou biológico de um estado de tristeza não esclarecem se esse caso é um *transtorno*.

Da mesma forma, imagens cerebrais obtidas em estudos que induzem estados de tristeza em participantes normais indicam mudanças biológicas comparáveis àquelas observadas em indivíduos com transtorno depressivo.[4] Assim, a ressonância magnética de um indivíduo normal que sofreu uma perda grave lembra a de um indivíduo que tem um transtorno depressivo, provavelmente devido a suas experiências subjetivas similares.[5] Em consequência, o padrão de atividade cerebral associado aos sintomas não pode ser usado como base para inferir um transtorno, a não ser que se leve em conta o contexto em que as imagens cerebrais foram obtidas. O mesmo se aplica a estudos de níveis de neurotransmissores. Mudanças no nível de neurotransmissores podem ocorrer durante períodos de tristeza normal intensa, assim como de transtorno depressivo, e alguns processos subjacentes mais complexos envolvendo neurotransmissores que não reagem de forma adequada às circunstâncias externas podem estar presentes em transtornos. Se os cientistas considerarem apenas a correlação entre os marcadores biológicos e os critérios do *DSM*, sem levar em conta o contexto em que ocorrem, podem concluir erroneamente que um marcador indica um transtorno, em vez de algum fenômeno também comum à tristeza normal.

Este capítulo considera algumas das formas mais comuns pelas quais a psiquiatria biológica tentou demonstrar como a depressão tem origem no funcionamento anormal do cérebro. Estas incluem estudos com gêmeos e filhos adotivos, deficiências neuroquímicas, defeitos genéticos e lesões anatômicas. Argumentamos que uma distinção adequada entre tristeza normal e transtorno depressivo com base no contexto poderia aprimorar cada uma dessas linhas de pesquisa.

## Estudos com gêmeos e filhos adotivos

Durante a maior parte do século XX, as pesquisas biológicas se concentraram em usar estudos com gêmeos e filhos adotivos na tentativa de demonstrar a base genética da depressão. O principal objetivo desses estudos era separar o impacto de fatores genéticos e externos sobre a doença. Estudos com gêmeos exploram o fato de que há dois tipos de gêmeos com diferentes graus de similaridade genética. Gêmeos bivitelinos, assim como quaisquer irmãos, compartilham 50% de seus genes, ao passo que gêmeos univitelinos são geneticamente idênticos. Ambos os tipos de gêmeos supostamente compartilham o mesmo ambiente familiar. Para que fatores genéticos tenham influência sobre a depressão, o índice de concordância entre gêmeos univitelinos tem de ser o dobro daquele entre bivitelinos. Por outro lado, se os fatores externos forem as causas predominantes, ambos os tipos de gêmeos devem apresentar índices equivalentes de depressão.

A lógica dos estudos com filhos adotivos deriva do fato de que os pais que transmitem os genes a seus filhos não são os mesmos que os criam. Portanto, estudos revelando um alto índice de depressão entre filhos de mães deprimidas criados por pais adotivos normais indicariam que a depressão tem um componente genético. Ao contrário, índices de depressão entre filhos adotados que estão mais próximos dos índices encontrados entre os pais adotivos que entre os pais naturais indicariam que os fatores externos têm mais influência que os genéticos.

A vasta literatura sobre estudos com gêmeos e filhos adotivos leva a descobertas ambíguas no que concerne ao papel da genética na depressão. Algumas pesquisas com gêmeos mostram grande influência genética e pouca influência de fatores externos; outras revelam o inverso; e muitos apontam um índice de concordância ligeiramente mais alto entre gêmeos univitelinos que entre bivitelinos.[6] Do mesmo modo, alguns estudos com filhos adotivos indicam uma concordância mais alta nos índices de depressão entre filhos adotivos e seus pais naturais que entre eles e seus pais adotivos[7], ao passo que outros mostram o oposto.[8] Mas, em geral, parece razoável concluir que o índice de hereditariedade do transtorno depressivo está na faixa dos 30% aos 40%.[9]

Mesmo que fosse possível chegar a conclusões definitivas com base nesses estudos, ainda assim não saberíamos se o que é transmitido geneticamente ou causado por fatores externos é transtorno depressivo ou tristeza normal. Não há evidências de que a predisposição genética ao transtorno depressivo seja mais alta que a tendência a ficar triste; na verdade, ao que parece, tanto a primeira quanto a segunda são determinadas geneticamente mais ou menos na mesma proporção. Estudos com gêmeos indicam que traços da personalidade relacionados com a tristeza, como a introversão, têm índices de hereditariedade de 40% a 50%, muito similares aos do transtorno depressivo.[10] Portanto, demonstrar que determinado traço tem grande probabilidade de ser herdado não esclarece se ele é uma característica normal da personalidade ou é um transtorno. Para poder concluir com segurança que suas descobertas biológicas refletem a origem genética de estados que configuram *transtornos*, os pesquisadores devem *primeiro* usar uma definição de depressão capaz de distinguir, dentre os indivíduos estudados, os que têm um transtorno depressivo daqueles que sentem tristeza normal.

## A depressão decorre de um desequilíbrio químico

As pesquisas biológicas atuais são mais esclarecedoras sobre as causas específicas da depressão que os estudos com gêmeos e filhos adotivos, uma vez que examinam diretamente os genes e o cérebro, em vez de inferir contribuições genéticas com base no grau de parentesco entre os indivíduos. Um tipo de estudo típico investiga os níveis neuroquímicos relacionados com o transtorno depressivo.[11] Mas, para chegar a conclusões acertadas, devemos entender o contexto em que surgem diferentes níveis de substâncias químicas. Mostrar uma associação entre certo estado cerebral e sintomas depressivos não é capaz, por si só, de dizer se os sintomas são reações normais a circunstâncias externas estressantes ou indícios de um transtorno. Muitas vezes, é impossível interpretar as descobertas dos estudos atuais sobre neuroquímicos e depressão porque elas não fazem tal distinção de maneira adequada.

Uma das teorias mais populares propõe que a depressão é causada por um desequilíbrio químico no cérebro, especificamente a deficiência do neuroquímico serotonina. Daí decorre que os tratamentos medicamentosos com inibidores seletivos de recaptação de serotonina (ISRSs), que supostamente corrigem esse desequilíbrio químico, são a solução adequada para o transtorno depressivo. Essa teoria é continuamente promovida de muitas maneiras: as propagandas farmacêuticas enfatizam que desequilíbrios químicos solucionáveis levam à depressão; as mensagens do sistema de saúde pública afirmam que a depressão decorre de falhas na química cerebral, e não de caráter; e grupos defensores da saúde mental propagam a ideia de que a depressão é uma doença física, assim como a asma e o diabetes, que afeta o cérebro.[12] Essas mensagens onipresentes levaram à impressão disseminada de que as pesquisas de fato demonstraram que deficiências químicas são a causa do transtorno depressivo e de que os medicamentos funcionam porque corrigem esse comprometimento do sistema neurotransmissor. Portanto, poderia parecer que uma forma de separar o transtorno depressivo da tristeza normal seria examinar os níveis de serotonina no cérebro.

A teoria da deficiência química da depressão se originou com a hipótese do psiquiatra Joseph Schildkraut, publicada em 1965, de que baixos níveis de amina estavam associados ao desenvolvimento de transtornos depressivos. Sua tese continua sendo uma das mais frequentemente citadas na história da psiquiatria.[13] Curiosamente, Schildkraut pensava que a norepinefrina, e não a serotonina, fosse o neurotransmissor ligado ao transtorno depressivo:

A "hipótese da catecolamina para transtornos afetivos" propõe que alguns casos de depressão, se não todos, estão associados a uma deficiência absoluta ou relativa de catecolaminas, particularmente a norepinefrina, em regiões funcionalmente importantes do cérebro onde se encontram receptores alfa. A hiperforia, ao contrário, pode estar associada com um excesso de tais aminas.[14]

As principais evidências para a hipótese da deficiência neuroquímica vêm da eficácia do tratamento medicamentoso, que eleva o nível de amina, em aliviar os sintomas depressivos. O próprio Schildkraut reconheceu que, "mesmo que os medicamentos sejam eficazes no tratamento de um transtorno, isso não necessariamente quer dizer que seu modo de ação implica que a anormalidade latente será corrigida".[15] No entanto, muitos argumentos posteriores com relação à serotonina se apoiam na premissa de que, se a melhora em sua transmissão ajuda a tratar a depressão, uma deficiência no sistema da serotonina pode ser responsável pela aparição da doença.

Há diversos problemas nessas teorias. Um deles é que os ISRSs causam mudanças imediatas nos níveis de serotonina, mas seus efeitos sobre a depressão normalmente levam várias semanas para ser notados. O impacto dos medicamentos sobre a depressão, portanto, pode não ser consequência da mudança que provocaram nos níveis de neurotransmissores, mas, ao contrário, de vários outros processos associados com a mudança na atividade da amina. Outro problema é que alguns medicamentos que não afetam nem a serotonina nem a norepinefrina, as principais aminas envolvidas na hipótese da catecolamina, também podem aliviar a depressão.[16] De fato, alguns antidepressivos desenvolvidos depois dos ISRSs influenciam a dopamina e outras aminas, mas não a serotonina. Uma terceira dificuldade é que os medicamentos usados para tratar a depressão funcionam no mínimo com a mesma eficácia para tratar outros transtornos, inclusive transtorno de ansiedade, alimentar, de déficit de atenção, de abuso de substâncias, de personalidade e vários outros estados que podem ou não ser concomitantes com a depressão. Isso sugere que os medicamentos não estão corrigindo uma anormalidade neuroquímica específica que está por trás da depressão, mas agindo sobre funções cerebrais bastante genéricas que influenciam muitos sistemas emocionais e comportamentais. Nenhuma teoria explica como uma única anormalidade na química cerebral poderia estar relacionada com uma gama tão ampla de problemas resultantes. Além disso, as medições costumam demonstrar que apenas cerca de 25% dos pacientes deprimidos têm baixos níveis de norepinefrina ou serotonina.[17] Mesmo que a hipótese da deficiência seja comprovada, explicaria apenas uma parte dos casos de depressão, como o próprio Schildkraut reconheceu em seu artigo.[18]

Outro problema fundamental é que as supostas deficiências de serotonina ou de outras substâncias químicas cerebrais talvez sejam consequências, e não causas, da depressão. Até hoje, não há evidências de que desequilíbrios químicos de fato precedem e provocam transtornos depressivos.[19] Ao contrário, a própria depressão, assim como os medicamentos usados para tratá-la, pode ser responsável pelas deficiências inferidas em pacientes deprimidos. Uma vez que a maioria dos participantes de pesquisas tem um longo histórico de tratamento medicamentoso, é importante saber como era o cérebro desses indivíduos antes de começarem a tomar antidepressivos.

De nosso ponto de vista, o problema conceitual mais grave com a hipótese da deficiência neuroquímica é que não há padrões de referência adequados para níveis normais e patológicos de serotonina ou de outras aminas. Níveis altos ou baixos de qualquer neuroquímico não são anormais em si mesmos, mas apenas em relação a determinadas circunstâncias e à forma pela qual o cérebro é biologicamente projetado para reagir a tais circunstâncias. Os mecanismos que estão por trás dos níveis de serotonina (e de outros neuroquímicos) são provavelmente projetados para ser muito reativos ao contexto: o cérebro de pessoas normais que vivenciassem perdas graves provavelmente apresentaria níveis muito baixos de serotonina. A normalidade dos níveis de amina só pode ser determinada com relação ao contexto externo em que ocorrem.

Por exemplo, conforme demonstram os estudos explorados no Capítulo 2, os níveis de serotonina em primatas variam consideravelmente em função de situações sociais: o ganho e a perda de status social são associados, respectivamente, a níveis crescentes e decrescentes de serotonina.[20] Portanto, baixos níveis de serotonina em humanos, em vez de indicar um transtorno depressivo, também poderiam refletir as emoções que normalmente acompanham uma mudança recente no status social. Da mesma forma, babuínos que vivem na selva têm níveis muito elevados de glicocorticoides (hormônios do estresse) após vivenciar luto, perda de hierarquia social ou outras circunstâncias estressantes.[21] Esses níveis voltam ao normal depois que os animais afetados retomam comportamentos amistosos com membros de sua rede social. Nesses casos, níveis extremos de neuroquímicos não indicam transtornos; antes, demonstram como o cérebro reage a situações estressantes.

Os estados patológicos, ao contrário, não estão associados simplesmente a níveis extremos de neurotransmissores, mas também a níveis extremos que são reações inadequadas a contextos externos. Os tipos de mudança no cérebro que resultam de transtornos depressivos são similares aos que ocorrem em reação a situações extremamente estressantes.[22] Na verdade, um grande aumento no nível de serotonina ou outra amina em reação a um estressor pode ser adaptativo dependendo da situação em que ocorre.[23] A diferença entre níveis normais e anormais de neuroquímicos não reside no nível do neurotransmissor *per se*, mas no fato de que tal nível está fora dos limites convencionais e se tornou crônico e dissociado das circunstâncias externas.

As afirmações de que a depressão é uma "falha na química" ou uma "doença física" são prematuras: ao menos alguns tipos de transtorno depressivo podem ser causados por fatores cognitivos, psicodinâmicos, sociais e outros, que interrompem por um longo período as reações de tristeza projetadas biologicamente, mas podem ou não estar relacionados com anormalidade cerebral. Conforme observa o psicólogo Eliot Valenstein, "a verdade é que realmente não se sabe como os medicamentos aliviam os sintomas do transtorno mental, e não se deve pressupor que eles o fazem corrigindo uma deficiência química endógena".[24] Mas, para que as pesquisas futuras tenham mais chance de confirmar ou negar uma relação causal entre alguma deficiência em sistemas neurotransmissores e casos de transtorno depressivo, os pesquisadores terão de usar critérios capazes de separar os casos em que diferentes níveis de neurotransmissores decorrem do funcionamento normal do cérebro em contextos estressantes daqueles em que alguma anormalidade leva ao funcionamento cerebral falho.

## A base genética da depressão

Os estudos sobre a genética da depressão entraram numa nova era. Nos anos 1990, importantes avanços na pesquisa genética permitiram aos estudiosos mapear diretamente os genes e examinar sua relação com o aparecimento de sintomas.[25] Mas, apesar desses avanços, as pesquisas atuais sobre a genética da depressão permanecem prejudicadas por seu fracasso em distinguir sob quais circunstâncias os fatores genéticos levam a reações à perda selecionadas biologicamente ou a transtornos mentais. As atuais definições de depressão do *DSM*, baseadas em sintomas, não distinguem corretamente a tristeza normal intensa do transtorno depressivo, mas grande parte da pesquisa genética se apoia em amostras populacionais provavelmente compostas, em sua maioria, de indivíduos normais. Portanto, os pesquisadores correm o risco de identificar erroneamente descobertas sobre as origens da tristeza normal como descobertas sobre as causas do transtorno depressivo.

Para ilustrar como esse erro pode ocorrer, concentramo-nos num único artigo, "Influence of life stress on depression: moderation by a polymorphism in the 5-HTT gene" ["Influência do estresse cotidiano sobre a depressão: moderação por um polimorfismo no gene 5-HTT"], do psicólogo Avshalom Caspi e seus colegas.[26] A influência desse artigo sobre a comunidade científica é possivelmente maior que qualquer outro estudo genético de doença mental já realizado. A revista *Science* o elegeu, junto com outros dois artigos sobre a genética da doença mental, o segundo mais importante avanço científico de 2003 (ficando atrás apenas de um artigo sobre novas revelações acerca da natureza do cosmo). A página web do Instituto Nacional de Saúde Mental dos Estados Unidos o cita como uma das grandes conquistas de seu foco nas origens biológicas da doença mental. Thomas Insel, o diretor do Instituto, afirmou: "O que eles fizeram mudará o paradigma de nosso pensamento sobre genes e transtornos psiquiátricos".[27] Outro psiquiatra do Instituto considera o estudo "o maior peixe já pescado pela psiquiatria".[28] As conclusões a que chegou foram amplamente disseminadas e publicadas nos meios de comunicação americanos e em todo o mundo.[29]

A pesquisa resulta de um estudo longitudinal de uma amostra de 847 caucasianos neozelandeses nascidos no início dos anos 1970 e acompanhados desde o nascimento até o início da idade adulta. O principal interesse dos pesquisadores era examinar a associação entre circunstâncias estressantes, depressão e o gene 5-HTT quando os membros da amostra tivessem 26 anos de idade. O gene 5-HTT foi escolhido para o estudo porque controla a forma pela qual a serotonina, o neurotransmissor que é foco de grande parte das pesquisas genéticas sobre depressão, envia mensagens através das células cerebrais. As pesquisas anteriores indicavam que esse gene está associado a reações a estímulos estressantes em camundongos, macacos e pessoas submetidas a ressonâncias magnéticas do cérebro, embora nenhum estudo tenha encontrado uma relação direta entre o gene e a depressão.

O gene 5-HTT tem três genótipos: na amostra da Nova Zelândia, 17% dos entrevistados tinham duas cópias dos alelos curtos; 31%, duas cópias do alelo longo; e 51%, um alelo curto e um longo. O estudo mediu o estresse por meio de uma lista de catorze circunstâncias da vida, incluindo estressores relacionados com emprego, finanças, moradia, saúde e relacionamentos, que os participantes vivenciaram entre os 21 e os 26 anos de idade. Também usou o Programa de Entrevista Diagnóstica (DIS), criado para realizar diagnósticos com base nos critérios do *DSM*, a fim de determinar se os pacientes haviam vivenciado um episódio de Depressão Maior no ano anterior. O estudo ainda se baseou em fatores como o número de sintomas depressivos, a presença de ideação suicida e depoimentos de amigos, conhecidos e familiares sobre a depressão. Sua principal hipótese é que as pessoas que têm uma ou duas da versão curta do alelo 5-HTT são especialmente vulneráveis a circunstâncias altamente estressantes, ao passo que aquelas com genes que contêm a versão longa podem ser mais resistentes a estressores externos adversos.

O estudo descobriu que, no ano anterior, 17% de sua amostra de indivíduos de 26 anos relatou episódios de depressão suficientemente intensos para atender aos critérios de Transtorno Depressivo Maior. Não revelou nenhuma associação entre o gene 5-HTT e aqueles que ficaram deprimidos. Em outras palavras, não havia nenhum efeito direto da genética sobre a depressão: indivíduos com dois alelos curtos, dois alelos longos ou um curto e um longo tinham chances equivalentes de ficar deprimidos. O estudo também não encontrou nenhuma relação entre os grupos genotípicos do 5-HTT e o número de circunstâncias estressantes que os participantes vivenciaram; assim, o genótipo não era capaz de explicar os diferentes níveis de exposição aos estressores. Isto é, era improvável que ter determinado genótipo fosse a causa do número de circunstâncias estressantes relatadas pelos entrevistados.

O que o estudo encontrou foi uma forte relação entre vivenciar mais circunstâncias estressantes e vir a ter depressão. Conforme o número de estressores crescia de zero a quatro ou mais, os índices de Transtorno Depressivo Maior aumentavam de 10% a 13%, 15%, 20% e 33%, respectivamente. Em outras palavras, indivíduos que vivenciaram quatro ou mais situações estressantes tinham 3,5 vezes mais chance de ficar deprimidos que aqueles que não passaram por nenhuma situação estressante.

A principal descoberta do estudo, que atraiu muita atenção, foi uma interação significativa entre gene e fatores externos. Dentre os 15% da amostra que vivenciaram quatro ou mais circunstâncias estressantes entre os 21 e os 26 anos de idade, aqueles com uma ou duas cópias do alelo curto no gene 5-HTT tinham muito mais probabilidade de ter Transtorno Depressivo Maior, assim como sintomas depressivos relatados pelo próprio paciente e por pessoas de sua convivência, que aqueles com duas cópias do alelo longo. No grupo que deparou com quatro ou mais situações estressantes, 43% dos indivíduos com dois alelos curtos e 33% com um alelo curto ficaram deprimidos, em comparação com apenas 17% daqueles com dois alelos longos.

Em suma, o estudo não encontrou um efeito direto do gene 5-HTT sobre a depressão, mas observou uma forte relação entre circunstâncias estressantes e a depressão, de modo que as pessoas que vivenciaram com mais frequência tais circunstâncias tinham mais probabilidade de ficar deprimidas. E descobriu que o gene 5-HTT interage com o número de circunstâncias estressantes para prever a depressão; diante de grande estresse, ter o alelo curto aumenta a probabilidade de vir a ter depressão.

Os autores interpretaram suas descobertas como uma confirmação da "teoria diátese-estresse da depressão", que postula que experiências altamente estressantes tornarão muito mais vulneráveis à depressão os indivíduos que têm predisposição genética que aqueles que não têm.[30] O alelo curto no gene 5-HTT supostamente torna as pessoas mais sensíveis ao estresse, ao passo que o alelo longo as protege do impacto do estresse. Portanto, o alelo curto é o genótipo sensível ao estresse associado com a depressão.

Mas essa interpretação do alelo curto é questionável, ao menos para o caso mais clássico de transtorno depressivo, a depressão endógena. O estudo descobriu que cerca de 10% das 263 pessoas que não haviam vivenciado nenhum acontecimento negativo nos últimos cinco anos teve depressão. Esses 10% eram o grupo que mais claramente tinha um transtorno depressivo oposto à tristeza normal intensa, embora não houvesse nenhum impacto do genótipo 5-HTT sobre a reação desse grupo ao estresse. Se existe uma causa genética para a depressão endógena, ela não parece ser revelada aqui; sendo assim, esse tipo particular de transtorno depressivo parece não ter relação com o gene 5-HTT ou, ao menos, com suas variantes estudadas por Caspi e colegas.

Há um problema muito mais elementar com a interpretação que esses pesquisadores fazem de suas descobertas: não fica claro se o gene identificado tem algo que ver com transtorno depressivo. O estudo usou os critérios do *DSM* para o diagnóstico de depressão, os quais não contêm nenhuma distinção sistemática entre tristeza normal e transtorno depressivo. O próprio índice extraordinariamente alto de depressão entre os jovens desse estudo – 17% de toda a amostra de jovens de 26 anos atendeu aos critérios do *DSM* para Transtorno Depressivo Maior – indica que muitos desses casos na verdade refletiam tristeza normal intensa, e não transtorno depressivo. Tampouco existiu alguma situação atípica que pudesse explicar o alto índice de transtorno depressivo: a pesquisa foi realizada num país moderno e próspero, durante um período de tranquilidade em que não houve guerras, crises econômicas significativas ou revoluções culturais,[31] e excluiu os maori, uma minoria étnica carente na qual se esperaria um índice mais alto de transtorno depressivo. Com base nos dados existentes, a questão fundamental – se a medição do transtorno foi válida e, portanto, se a interação observada refletia uma variação normal ou um transtorno – continua sem resposta.

Concluir que o alelo curto é um genótipo para transtorno depressivo é especialmente prematuro devido aos tipos particulares de situação estressante avaliados pelo estudo de Caspi e colegas. A maioria dos catorze acontecimentos estressantes que o estudo analisou estava ligada a problemas financeiros, tais como dívidas, falta de dinheiro para comida, moradia, despesas médicas e dificuldade de pagar as contas. Em consequência, muitos desses acontecimentos podem decorrer de um único estressor, como desemprego ou pobreza crônica. Em vários casos, os relatos de quatro ou mais estressores indicariam não um aumento no número de situações estressantes, mas a experiência de um tipo particular de estressor financeiro associado a muitas das medições utilizadas pelo estudo. O impacto do alelo curto, portanto, pode não estar tão ligado a vivenciar *mais* estressores quanto a vivenciar *tipos* particulares de estressores ligados a problemas financeiros, os quais têm mais probabilidade de estar relacionados com tristeza normal.

Embora o estudo não estabeleça uma relação entre classe social e essas circunstâncias estressantes, outros estudos com grupos etários similares revelaram uma forte relação entre o baixo nível socioeconômico e o número de acontecimentos estressantes vivenciados pelos jovens adultos.[32] Na verdade, o estudo de Caspi e colegas talvez revele, principalmente, como indivíduos com recursos econômicos limitados são expostos aos tipos de estressor – dívidas financeiras, desigualdade social e pobreza – que podem naturalmente levá-los a relatar sintomas de tristeza normal. Se for correta, essa interpretação tem implicações importantes para os esforços de prevenção ou tratamento porque mais de dois terços da população tem ao menos um alelo curto. O artigo de Caspi e colegas enfoca a possibilidade de medicação, observando que "mais conhecimento sobre as propriedades funcionais do gene 5-HTT pode levar a um melhor tratamento farmacológico daqueles que já estão deprimidos".[33] Mas se o gene 5-HTT é amplamente responsável pela tristeza normal que surge devido à desigualdade social, e não pelo transtorno depressivo, seria melhor que ao menos os esforços preventivos fossem dirigidos a condições sociais, e não exclusivamente a medicar um suposto defeito genético.

Em todo caso, o significado das descobertas de Caspi e colegas permanece ambíguo. Se os genes estudados interagem com certos tipos de estressor ou com estressores em geral, em vez de revelar as bases genéticas do transtorno depressivo, as descobertas poderiam ser igualmente interpretadas como reveladoras de variações genéticas normais na tendência de as pessoas ficarem tristes quando estão sob grande estresse. Os dados do estudo são totalmente condizentes com a possibilidade de que os alelos curto e longo representem duas variações mais ou menos iguais no padrão de sensibilidade das reações normais à perda no processo adaptativo. As tentativas subsequentes de replicar as descobertas do estudo apresentam graves discrepâncias tanto entre si quanto com relação ao estudo original, produzindo um quadro confuso, em vez de cientificamente sólido.[34] As ambiguidades resultantes talvez se devam ao fato de que todas essas pesquisas foram incapazes de distinguir estados naturais de disfuncionais e, portanto, provavelmente englobavam uma mistura heterogênea de tristeza normal e patológica com determinantes genéticos variados. O uso de medições que separem a tristeza normal do transtorno depressivo pode ajudar a esclarecer essa situação problemática.

## Anormalidades cerebrais anatômicas como base do transtorno depressivo

Um último tipo de pesquisa biológica investiga anormalidades anatômicas em várias regiões do cérebro – em particular, o córtex prefrontal, o hipocampo e as amídalas cerebelosas – para demonstrar a origem biológica dos transtornos depressivos. O córtex prefrontal ajuda a regular avaliações de punição e recompensa, estados de medo e mudanças no humor, inclusive aqueles que ocorrem quando as pessoas apresentam estados normais de tristeza.[35] Portanto, anormalidades nessa área devem afetar processos que estão totalmente relacionados com o transtorno depressivo. O hipocampo cumpre um papel fundamental no aprendizado e na memória, o que poderia ajudar a explicar os déficits cognitivos que muitas vezes acompanham a depressão maior.[36] Finalmente, as amídalas cerebelosas têm uma função especialmente importante ao lidar com os afetos negativos, o que obviamente deve ser essencial na tristeza e na depressão.[37]

Já no século XIX, estudos da anatomia do cérebro haviam indicado as principais regiões associadas a diferentes funções cerebrais.[38] Mais recentemente, imagens cerebrais obtidas por ressonância magnética, capazes de assinalar o conjunto de circuitos do cérebro ligados a sentimentos depressivos, tornaram-se predominantes nos artigos de publicações psiquiátricas. Estudos que usam a ressonância magnética e outras técnicas de diagnóstico por imagem podem utilizar análises de computador para visualizar cérebros vivos no nível de moléculas subcelulares, neurônios e material genético. Um grande volume de pesquisa indica que determinadas lesões podem ser os principais locais de regulação do humor aberrante em pessoas com depressão.[39]

Em nossa análise da pesquisa de Caspi e colegas, vimos que os pesquisadores de genética que se apoiam nos critérios do *DSM* correm o risco de interpretar características de tristeza normal como características de transtorno depressivo.[40] Há um segundo tipo de erro que também pode decorrer de as pesquisas biológicas se apoiarem nos critérios do *DSM* para o diagnóstico de transtorno depressivo: se os resultados das pesquisas sobre lesões cerebrais, confirmados por pacientes que claramente padecem de um transtorno, forem generalizados para todos aqueles que satisfazem os critérios do *DSM* e, portanto, supostamente têm transtorno depressivo, então a lesão pode ser erroneamente atribuída a muitos indivíduos que estão vivenciando tristeza normal.

Analisamos um estudo sobre o conjunto de circuitos cerebrais, realizado pelo anatomista Grazyna Rajkowska e colegas, "Morphometric evidence for neuronal and glial prefrontal cell pathology in major depression" [Evidências morfométricas de patologia celular prefrontal neuronal e neuroglial na depressão maior], para ilustrar a possibilidade de que ocorra esse segundo tipo de erro. O estudo de Rajkowska foi publicado em 1999 como "informação prioritária" no periódico *Biological Psychiatry*. Peter Kramer, em seu livro *Against depression* [Enfrente a depressão], cita-o como o trabalho mais importante já realizado sobre a depressão porque "mudou a forma como os médicos viam seus pacientes".[41]

Rajkowska e colegas compararam o tecido cerebral de doze pacientes com depressão crônica que tiveram morte súbita com o tecido cerebral de um grupo controle de doze indivíduos normais que também morreram de repente. Eles descobriram que o grupo deprimido tinha características patológicas distintas associadas a anormalidades do cérebro. Em particular, esses pacientes tinham níveis anormais de neuróglias, que auxiliam a mediação entre neurônios e seu ambiente, no córtex prefrontal. Tais déficits podem contribuir para várias mudanças patológicas nessa região do cérebro. Por sua vez, níveis elevados de glicocorticoides podem causar danos ao hipocampo, de modo que pacientes deprimidos têm um volume significativamente menor no hipocampo que integrantes do grupo controle.[42]

Outra pesquisa revela que a redução na densidade das neuróglias e no tamanho dos neurônios é especialmente extrema em pacientes com Transtorno Depressivo Maior em comparação com os participantes normais do grupo controle, sugerindo o tipo específico de lesão que pode indicar um transtorno em particular.[43] Além disso, modificações do cérebro associadas com Transtorno Depressivo Maior estão presentes mesmo quando os sintomas da doença já se foram. Estudos observaram mudanças cerebrais em indivíduos com Transtorno Depressivo Maior quando a doença está em remissão, o que indica que o transtorno causou dano permanente a determinadas regiões do cérebro.[44] Algumas pesquisas também mostram que pacientes com depressão têm amídalas cerebelares maiores, o que pode estar relacionado com a perda de volume do hipocampo.[45] Tais evidências sugerem que a Depressão Maior é uma interrupção em determinado circuito em regiões específicas do cérebro.[46]

As evidências de que a depressão está relacionada com lesão cerebral, no entanto, têm implicações ambíguas para as causas dos transtornos depressivos. Muitos pesquisadores presumem que as mudanças morfológicas demonstradas têm mais probabilidade de ser consequência da depressão, e não causa, embora essa questão permaneça controversa.[47] Conforme enfatiza Rajkowska, não há provas de que anormalidades anatômicas precedem e predispõem as pessoas à depressão; existem apenas indícios de que a depressão está associada a danos cerebrais.[48] Além disso, uma vez que os pacientes desses estudos geralmente são acompanhados por um médico, é possível que a reorganização cerebral anormal observada em pessoas com depressão seja o resultado da submissão a tratamentos de longo prazo com antidepressivos, e não consequência da doença.[49] Simplesmente não sabemos como era o cérebro dos indivíduos deprimidos antes de eles utilizarem medicação por tanto tempo.

Mas, independentemente dessas dúvidas, se as descobertas de que um substrato neuroanatômico causa o transtorno depressivo ou está associado a ele forem confirmadas na população estudada por Rajkowska, qual seria a gama de sua aplicabilidade? A discussão de Kramer sobre o trabalho de Rajkowska simplesmente admite que, uma vez que este estudou pacientes com Transtorno Depressivo Maior, os resultados provavelmente podem ser aplicados a quase todos os pacientes com tal diagnóstico, inclusive os casos subclínicos. Essa interpretação corrobora a visão de Kramer da natureza profundamente patológica de todos os estados depressivos. De acordo com ele, a depressão, em qualquer ponto do espectro, é "debilitante, progressiva e implacável em seu curso descendente" em toda a gama de manifestações.[50] Todos os critérios, incluindo o número, a gravidade e a duração dos sintomas, encontram-se num continuum que supostamente indica certo grau de patologia em cada nível.[51] Além disso, embora muitos estados subclínicos sejam perigosos por si sós, ao passo que outros têm probabilidade de progredir para casos de depressão maior, cada ponto do continuum representa um estado de alto risco de desenvolver os tipos de lesão que o estudo de Rajkowska demonstrou em casos extremamente graves. "Aceitar a depressão como doença", afirma Kramer "é ver patologia ou risco em versões reduzidas."[52]

Ao avaliar tais afirmações, é importante considerar a natureza dos indivíduos na amostra de Rajkowska cujo cérebro apresentava patologia. Tratava-se de pacientes em tratamentos de longo prazo para estados crônicos. Apesar do tratamento, sete dos doze que estavam deprimidos morreram em consequência de suicídio. Três dos cinco indivíduos que não se suicidaram estavam tomando medicação antipsicótica no momento da morte. Apenas dois integrantes da amostra de deprimidos não cometeram suicídio nem padeciam de suposta psicose. Portanto, o grupo era quase totalmente composto de casos extremamente graves que, muito provavelmente, configuravam transtornos depressivos genuínos.

Até que ponto os resultados desses estudos podem ser generalizados? Tendo em vista a mistura heterogênea não só de casos moderados e graves, mas também de tristeza normal e patológica que atualmente se enquadram nos critérios diagnósticos de Transtorno Depressivo Maior, é improvável que os resultados de Rajkowska se apliquem a toda essa categoria, sem falar nos casos subclínicos. Não há evidências de que as anormalidades cerebrais demonstradas afetem mais que uma pequena minoria daqueles que satisfazem os critérios do *DSM* e são os que mais claramente padecem de um transtorno. Nenhum estudo demonstrou, por exemplo, que a maioria dos indivíduos com sintomas de depressão que satisfazem esses critérios tenha sofrido perda de neuróglias; seria de supor que essa teoria não pode ser generalizada para aqueles que atendem aos critérios do *DSM* mas, de fato, estão vivenciando tristeza normal intensa.[53] E, com relação às observações de Kramer sobre risco, tampouco se demonstrou que os indivíduos com estados normais de tristeza têm mais probabilidade que outros de desenvolver patologias anatômicas no futuro. As afirmações de Kramer vão muito além das evidências, de tal forma que poderiam levar a pressupostos clínicos duvidosos sobre pessoas que vivenciam tristeza intensa.

Embora as pesquisas sobre o cérebro ainda não tenham demonstrado que a maioria dos casos de transtorno depressivo tem fundamento na anatomia, elas trazem algumas implicações interessantes à origem anatômica da tristeza normal. Um importante estudo pediu a participantes sem histórico de depressão que descrevessem experiências pessoais recentes de tristeza.[54] Então, submeteu-os a tomografia enquanto usavam essas descrições para provocar um estado de ânimo triste. Os participantes que vivenciaram os estados provocados de tristeza normal tiveram aumento de fluxo sanguíneo nas regiões límbico-paralímbicas do cérebro e diminuição do fluxo sanguíneo nas regiões prefrontais que são comparáveis àqueles encontrados em estudos de pacientes com depressão clínica.[55] Isso indica que essas regiões estão relacionadas tanto com a tristeza normal quanto com a depressão patológica.

Estados de tristeza normal que podem ser provocados em laboratório são provavelmente um reflexo opaco da tristeza que surge em situações naturais de perdas reais importantes. Assim, as descobertas anteriores indicam que os participantes normais que recebem um diagnóstico biológico ou passam por um teste de detecção de depressão *enquanto são expostos a estímulos de tristeza* provavelmente têm pontuação alta nessas medições porque apresentam os marcadores biológicos que estão por trás tanto dos sintomas de tristeza normal quanto dos de depressão patológica.

## Conclusão

Argumentamos que, se as pesquisas sobre o cérebro não considerarem o contexto em que a tristeza se manifesta, correm o risco de diagnosticar equivocadamente um transtorno depressivo em indivíduos que sofrem de tristeza normal e de fazer de suas amostras uma mistura heterogênea de participantes normais e com transtorno. A tristeza normal, tanto quanto o transtorno depressivo, tem estados cerebrais correlatos e pode incluir sintomas de tristeza intensa. Indivíduos vivenciando tristeza normal podem ter alguns dos mesmos marcadores biológicos que aqueles que têm um transtorno genuíno. Assim, apresentar um substrato biológico a um estado moldado por sintomas de tristeza intensa que satisfazem os critérios do *DSM* não é suficiente para indicar se esse substrato em particular, ou o próprio estado, é normal ou patológico. Entender o contexto em que a atividade cerebral ocorre é uma precondição essencial para saber se o funcionamento do cérebro está normal ou anormal. Uma melhor compreensão de como o cérebro normal reage a situações ligadas à perda proporcionaria um importante parâmetro para comparação com as possíveis disfunções cerebrais ligadas ao transtorno depressivo. Desse modo, pesquisas mais bem delimitadas sobre o cérebro têm o potencial de distinguir e esclarecer mais efetivamente as reações normais e anormais à perda.

# 9 O CRESCIMENTO DOS TRATAMENTOS COM ANTIDEPRESSIVOS

O ponto de vista neutro do *DSM-III* com relação à etiologia dos transtornos mentais significava que, supostamente, os defensores de todas as linhas de tratamento tinham igual importância em seu sistema de classificação baseado em sintomas. Na prática, entretanto, as empresas farmacêuticas foram mais ágeis para tirar proveito do enfoque do *DSM* em sintomas, o que permitiu que elas interpretassem estados de tristeza intensa como transtorno depressivo e, desse modo, aumentassem enormemente o mercado potencial de antidepressivos. Muitos outros fatores ajudaram a impulsionar um aumento explosivo no uso desses medicamentos, dentre os quais a aparição dos inibidores seletivos de recaptação de serotonina (ISRSs), no final dos anos 1980; a disseminação de *managed care* (planos de saúde com gerenciamento de custos) em todo o sistema de saúde norte-americano, na década de 1990; e a aprovação, em 1997, das propagandas diretas ao consumidor. Este capítulo analisa a relação entre a revolução causada pelo *DSM* e o crescimento quase contemporâneo dos tratamentos medicamentosos para depressão.

## Um breve histórico dos tratamentos medicamentosos para tristeza e depressão

### Os primeiros tranquilizantes

Durante milhares de anos, os médicos usaram medicamentos para tratar a depressão, a começar pelos antigos gregos e romanos, que frequentemente recorriam a purgantes e laxantes para induzir o vômito e a evacuação intestinal.[1] Richard Napier, o médico seiscentista mencionado no Capítulo 3, costumava receitar também sedativos e analgésicos.[2] Ele prescreveu ópio a cerca de 10% de seus pacientes melancólicos. Antes do século XIX, o ópio, a morfina e outros alcaloides haviam se tornado tratamentos comuns para a depressão. A estas drogas somaram-se os sedativos barbitúricos no início do século XX.[3]

Durante os anos 1950, surgiram medicamentos específicos para tratar o sofrimento causado por problemas cotidianos, começando com o tranquilizante meprobamato (Miltown). As propriedades sedativas e relaxantes musculares do Miltown o tornavam eficaz contra a tensão e a ansiedade do dia a dia. Seu sucesso foi imediato, e, de acordo com o historiador Edward Shorter, a demanda por Miltown e por drogas similares foi "maior que por qualquer medicamento já comercializado nos Estados Unidos".[4] Apesar dos receios da Associação Americana de Psiquiatria de que essas drogas fossem usadas indevidamente para aliviar "as tensões rotineiras da vida cotidiana", um de vinte americanos tomava algum tipo de tranquilizante em 1956.[5]

No início dos anos 1960, foram lançadas as benzodiazepinas Librium e Valium, que rapidamente substituíram o Miltown como os medicamentos mais bem-sucedidos da história da indústria farmacêutica. Seus efeitos eram qualitativamente similares aos do Miltown, porém mais potentes. Em 1969, o Valium era o medicamento mais prescrito nos Estados Unidos. As pesquisas da época indicavam que entre 15% e 25% da população já havia tomado algum tranquilizante.[6] Mostravam, também, que apenas cerca de um terço das prescrições desse tipo de medicamento era dirigido a pacientes com diagnóstico de transtorno mental; a maioria era receitada a indivíduos que vivenciavam sofrimento psíquico, crises existenciais e problemas psicossociais.[7]

Já naquela época o uso dessas drogas era desigual entre homens e mulheres: dois terços das prescrições eram feitos a pacientes do sexo feminino.[8] Até mesmo o termo coloquial para esses medicamentos, que se tornou famoso com a canção dos Rolling Stones, *Mother's little helper* ["Ajudinha para as mães"], indica sua associação com o sofrimento normal das donas de casa, sugerindo que, "although she's not really ill" ["embora não esteja realmente doente"], os comprimidos ajudam uma mãe a se acalmar, lidar com seu dia cheio, atender às demandas do marido e, assim, "minimize your plight" ["aliviar seu sofrimento"].[9] Em particular, as revistas femininas populares os consideravam úteis para lidar com problemas comuns, como falta de desejo sexual, infidelidade, filhos problemáticos ou inaptidão para atrair um parceiro.[10]

Após seu crescimento explosivo nos anos 1950 e 1960, teve início uma contrarreação aos ansiolíticos. Algumas críticas citavam o modo como esses medicamentos paralisavam os indivíduos, tornando-os incapazes de reagir a problemas sociais, e, em particular, como as mulheres os usavam para evitar confrontar situações interpessoais opressoras.[11] Outras se preocupavam com o uso dessas drogas para lidar com a vida cotidiana: "Só agora", escreveu um psiquiatra, "deparamos com a possível utilização de medicamentos psicoativos por grande parte da população para lidar com aqueles que podem ser considerados problemas da vida cotidiana."[12] De maneira similar, Stanley Yolles, diretor do Instituto Nacional de Saúde Mental dos Estados Unidos, expressou inquietação ao indagar se "as substâncias químicas que diminuem a ansiedade" eram prejudiciais e se "a cultura ocidental seria modificada pelo uso disseminado de tranquilizantes".[13] Outros ainda manifestaram sérias preocupações sobre a possibilidade de que esses medicamentos causassem dependência química, reações adversas e overdose.

Na época, várias audiências no Congresso enfocaram os perigos e o mau uso dos medicamentos psicotrópicos, começando com as conhecidas audiências de Kefauver em 1960 e continuando por toda a década de 1970. O uso das benzodiazepinas para tratar problemas cotidianos era uma preocupação específica. Por exemplo, durante uma audiência em 1971, o senador Gaylord Nelson perguntou ao secretário da FDA: "Não há uma distinção fundamental entre prescrever um medicamento para ajudar o paciente a lidar com um problema grave de depressão e tensão e prescrever um medicamento para ajudá-lo a superar as frustrações comuns da vida cotidiana?"[14] O secretário, Charles Edwards, respondeu que havia uma "preocupação cada vez maior" por parte da FDA, visto que "as propagandas também haviam promovido seu uso para o tratamento de sintomas provocados pelos estressores da vida cotidiana, que não podem ser propriamente definidos como patológicos".[15]

Nos anos 1960 e 1970, a FDA adotou medidas contra as empresas farmacêuticas que defendiam o uso desses medicamentos para tratar problemas cotidianos. Em 1971, por exemplo, solicitou aos anunciantes de medicamentos psicotrópicos que não promovessem seu uso para lidar com as tensões do dia a dia. Essa ação evidentemente teve algum efeito, e tais apelos desapareceram das propagandas durante o resto da década.[16] Em 1975, a FDA também colocou o meprobamato e as benzodiazepinas na lista de medicamentos restritos, cujo uso demandava "requisitos especiais".[17] Em 1980, a regulamentação da FDA observou especificamente que "a ansiedade ou a tensão associadas ao estresse da vida cotidiana normalmente não requerem tratamento com ansiolíticos".[18]

A atitude da imprensa popular também mudou nitidamente, de sua recepção a princípio favorável, quando esses medicamentos foram introduzidos no mercado, a um ponto de vista decididamente crítico. A proporção de artigos em periódicos não especializados que criticavam os tranquilizantes mais que dobrou, de cerca de um terço nos anos 1950 a mais de dois terços na década de 1970.[19] O clima havia se tornado claramente contrário ao uso disseminado de benzodiazepinas, e a febre dos ansiolíticos diminuia na época em que o *DSM-III* foi publicado, em 1980. O Valium continuava sendo o principal dentre todos os tipos de medicamento vendidos sob prescrição médica, mas o uso de tranquilizantes e benzodiazepinas havia diminuído drasticamente, de um pico de mais de 100 milhões de prescrições em 1975 a pouco mais de 70 milhões em 1980, e continuou a cair durante toda a década.[20]

## O crescimento dos antidepressivos

Os primeiros tranquilizantes eram chamados *ansiolíticos* porque visavam tratar a ansiedade, e não a depressão. Medicamentos para tratar a depressão também surgiram nos anos 1950, incluindo os inibidores de monoamina oxidase (IMAOs) e antidepressivos tricíclicos, como a imipramina (Tofranil) e a amitriptilina (Elavil). Embora, em 1980, as prescrições de antidepressivos chegassem a aproximadamente 30 milhões, esse número era muito menor que o número de prescrições de ansiolíticos.[21] Na época, a depressão não era considerada um problema disseminado, e estados de tristeza normal costumavam ser vistos como problemas de tensão e ansiedade.[22] Além disso, os tricíclicos e especialmente os IMAOs provocavam efeitos colaterais que limitavam sua utilidade. Portanto, os antidepressivos tinham um nicho de mercado relativamente pequeno, situação que mudaria rapidamente na década seguinte.

## Os ISRSs

Não há evidências de que as empresas farmacêuticas tenham tido um papel no desenvolvimento dos critérios diagnósticos do *DSM-III*. Porém, por casualidade, o novo modelo diagnóstico casava perfeitamente com a promoção de tratamentos medicamentosos para os casos que delineava. Desde 1962, a FDA pedia que os fabricantes só promovessem medicamentos para o alívio de doenças específicas, e não para propósitos genéricos – como a redução da tensão ou do estresse decorrentes de problemas cotidianos (embora, conforme já observamos, as propagandas às vezes violassem essas regulamentações). Mas, uma vez que todos os diagnósticos no *DSM-III* foram formulados como categorias patológicas, eles forneceram à indústria farmacêutica muitos públicos diferentes para tratar.[23] O diagnóstico de Transtorno Depressivo Maior, que usava como indicadores sintomas comuns como tristeza, falta de energia ou insônia, foi particularmente útil à expansão do mercado de medicamentos psicotrópicos porque passou a incluir muitos indivíduos que, segundo se supunha até então, sofriam de problemas cotidianos. Não tardaria muito para que as empresas farmacêuticas tirassem proveito desse aspecto oportuno do *DSM-III*.

O *DSM-III*, inadvertidamente, também forneceu a tais empresas uma solução para o dilema com que deparavam ao promover medicamentos ansiolíticos. Conforme observamos, por muitos anos a ansiedade, e não a depressão, foi vista como o problema psíquico mais comum em decorrência dos estresses do dia a dia. A indústria farmacêutica costumava promover seus produtos como tratamentos para transtornos de ansiedade. De fato, muitos dos sintomas de ansiedade são comuns à depressão.[24] Na verdade, conforme vimos no Capítulo 3, os teóricos da medicina tradicionalmente viram a ansiedade como integrante dos estados depressivos, mas o *DSM-III* tentou identificar uma síndrome depressiva pura, independente da ansiedade. Qual desses estados é priorizado é algo que depende muito dos métodos diagnósticos, do interesse de diversos profissionais e grupos defensores e de custos e benefícios econômicos.[25] Em 1980, a balança estava pendendo para o lado oposto ao da ansiedade devido à revolta contra os ansiolíticos. Nesse clima, o diagnóstico de Transtorno Depressivo Maior do *DSM* era mais adequado que qualquer um dos vários transtornos de ansiedade para canalizar o sofrimento de indivíduos que procuravam ajuda em clínicas gerais e consultórios psiquiátricos. Em consequência disso, o Transtorno Depressivo Maior pouco a pouco substituiu a ansiedade como o diagnóstico favorito nesses âmbitos.[26]

Durante os anos 1980, essa transformação se acelerou quando as pesquisas sobre novos tratamentos medicamentosos começaram a enfocar o sistema da serotonina e o desenvolvimento dos ISRSs para elevar os níveis dessa substância no cérebro.[27] Como esses novos medicamentos causavam menos reações adversas e eram mais seguros que os ansiolíticos e antidepressivos anteriores, requeriam menos monitoramento por meio de exames de sangue. Os ISRSs não são dirigidos a uma doença específica; ao contrário, agem sobre um sistema neuroquímico geral que influencia muitas funções cerebrais tanto em pacientes saudáveis quanto em doentes.[28] Eles são usados para tratar diversos problemas, como ansiedade, pânico, transtorno obsessivo-compulsivo, distúrbios alimentares, de abuso de substâncias e de déficit de atenção, assim como depressão e sofrimento em pessoas normais. Ademais, embora esse ponto permaneça controverso, os ISRSs parecem influenciar, além dos sintomas depressivos, o temperamento, a infelicidade e a desmoralização.[29]

Considerando-se que a FDA exige de um medicamento eficácia contra determinada doença para que seja lançado no mercado, os ISRSs não poderiam ser chamados de "energéticos psíquicos", "aperfeiçoadores de personalidade" ou "inibidores de sofrimento", por mais precisos que possam ser esses termos para descrever seus efeitos. Eles poderiam facilmente ter sido promovidos como medicamentos "antiansiedade", mas quando foram aprovados, no final dos anos 1980, foram promovidos como "antidepressivos" devido às associações negativas em torno dos ansiolíticos.[30] Em 2001, o número de pessoas que usavam ISRSs era 2,5 vezes maior que as que tomavam medicamentos antiansiedade, e seu uso crescia cerca de cinco vezes mais rápido que o de ansiolíticos.[31] O rótulo "antidepressivo" deu um grande impulso para fazer da depressão, e não da ansiedade, o principal alvo da propaganda farmacêutica.

Em 1993, *Listening to Prozac: a psychiatrist explores antidepressant drugs and the remaking of the self* [Ouvindo o Prozac. Uma abordagem profunda e esclarecedora sobre a pílula da felicidade], de Peter Kramer, deu novo impulso para que problemas cotidianos fossem reformulados como problemas de depressão e tratados com "antidepressivos". O próprio Kramer observou que os ISRSs funcionam em vários casos. "Os mesmos medicamentos", conclui, "são eficazes contra síndrome do pânico, e poderiam ter sido adequadamente chamados de ansiolíticos. O termo antidepressivos nos encoraja a prestar atenção, de forma arbitrária, a um dos possíveis usos dessas drogas."[32] No entanto, o uso do termo "antidepressivos" para caracterizar os ISRSs e o enfoque que o livro dá à depressão ajudaram a associar especificamente ao transtorno depressivo tanto os medicamentos quanto o estado que tratam.

O livro de Kramer também ajudou a criar um status mítico para o Prozac (o termo genérico para os ISRSs) ao afirmar que esse medicamento não só aliviava determinados sintomas como também influenciava sentimentos normais e patológicos, fazendo que as pessoas se sentissem "melhores que nunca". Para o autor, os ISRSs tinham efeitos distintos de medicamentos anteriores, como Miltown, Valium e Librium, usados para lidar com problemas cotidianos. Enquanto estes últimos relaxavam e tranquilizavam, drogas como Prozac davam energia e elevavam a autoestima; mais que atenuar reações emocionais negativas com relação ao mundo, agiam no aperfeiçoamento da personalidade. Indivíduos antes deprimidos se tornavam mais cheios de vida, sociáveis, extrovertidos e flexíveis. Para Kramer, o Prozac parecia mais transformar a identidade pessoal que tratar uma doença.

O que se seguiu ao livro extremamente bem-sucedido de Kramer foi, nas palavras do historiador Edward Shorter, "um espetáculo midiático de sugestionamento psicológico, quando o Prozac e seus concorrentes foram oferecidos ao público mundial como uma panaceia para lidar com problemas cotidianos, mesmo na ausência de uma doença psiquiátrica".[33] Refletindo o entusiasmo inicial por Miltown e, então, Librium e Valium, os novos medicamentos foram recebidos de forma acrítica e supervalorizados. O uso de antidepressivos, especificamente os ISRSs, disparou, enquanto o de ansiolíticos despencou.[34] Em 1994, Prozac havia se tornado a segunda droga mais vendida no mundo, com o Paxil e o Zoloft, da mesma família, vindo logo em seguida. Embora Kramer e muitos outros tenham afirmado que as pessoas tomavam Prozac e medicamentos similares para melhorar a vida, os indícios de que essas drogas fazem as pessoas se sentir "melhores que nunca" não passam de boato.[35] De fato, a grande maioria das evidências indica que elas não são mais eficazes que os antidepressivos anteriores, simplesmente são mais bem toleradas, têm efeitos colaterais mais leves e não são tão viciantes e potencialmente letais quanto os ansiolíticos.[36] Além disso, as evidências quanto a seu grau de influência sobre a tristeza normal continuam incertas. Qualquer que seja sua verdadeira eficácia, os ISRSs entraram na cultura como as mais novas "drogas da felicidade" e foram promovidos com a promessa não só de aliviar a depressão e os males presentes, como também de melhorar a vida de muitos possíveis usuários.

## O impacto do managed care

Os ansiolíticos anteriores raramente eram promovidos como tratamentos isolados; ao contrário, eram apresentados como coadjuvantes da psicoterapia e do aconselhamento psicológico.[37] Os ISRSs, entretanto, entraram num ambiente organizacional muito distinto. Nos anos 1990, o *managed care* cresceu e se tornou um modo dominante de fornecer tratamento mental tanto na clínica geral quanto na psiquiatria, e as organizações de *managed care* são hoje um importante ator social promovendo o uso de medicamentos para tratar a depressão e outros estados mentais. As abordagens do *managed care*, embora variadas, geralmente se apoiam em estratégias que reduzem os gastos com saúde, financiando os tratamentos mais baratos possíveis.[38]

O *managed care* também incentiva a consulta a clínicos gerais, que quase sempre prescrevem medicamentos, no lugar de especialistas em saúde mental, que têm mais probabilidade de adotar terapias alternativas. Em consequência, os clínicos gerais têm substituído cada vez mais os psiquiatras como principais responsáveis pela prescrição de antidepressivos.[39] Uma vez que os tratamentos medicamentosos tomam muito menos tempo do paciente e do médico que a maioria das psicoterapias, são mais adequados para a lógica do custo-benefício que rege as organizações de *managed care*.[40] A maioria dos planos de *managed care*, portanto, proporciona benefícios mais generosos para os tratamentos farmacêuticos que os psicoterápicos e em geral não impõe barreiras ao uso de ISRSs.[41] Por outro lado, esses planos normalmente impõem várias restrições ao pagamento de psicoterapias, vistas como menos necessárias e mais dispendiosas que a medicação. Desse modo, a medicação tem custos mais baixos para o paciente que a psicoterapia, o que também influencia os próprios pacientes a preferir tratamentos medicamentosos.[42]

Sob pressão do *managed care*, "as consultas psiquiátricas se tornaram mais curtas, passando a incluir cada vez menos psicoterapia e mais prescrição de medicamentos. Aumentou a proporção de consultas com duração de dez minutos ou menos".[43] Na verdade, diferentemente dos medicamentos anteriores, os ISRSs são usados mais raramente em conjunto com outras formas mais caras de terapia e tendem a ser adotados como a única forma de tratamento. Ao mesmo tempo que o número de pessoas tratadas à base de medicamentos para depressão cresce de forma explosiva, a proporção daqueles que se submetem a psicoterapia diminui gradativamente.[44] Por exemplo, em 1998, dois terços dos idosos tratados de depressão usaram apenas antidepressivo, ao passo que pouco mais de 10% só foram tratados com psicoterapia.[45] O pagamento por psicoterapia de longo prazo quase desapareceu.[46] Em síntese, as organizações de *managed care* cada vez mais se tornaram os árbitros que decidem quais tratamentos são adequados e inadequados, reforçando a supremacia dos medicamentos como solução para dificuldades emocionais.[47]

## O impacto da propaganda direta ao consumidor

Em 1997, teve início uma nova etapa no uso crescente de ISRSs, quando a FDA aprovou a propaganda direta ao consumidor na mídia. A propaganda direta ao consumidor mudou fundamentalmente os padrões do fluxo de informação sobre medicamentos. No passado, as empresas farmacêuticas promoviam seus produtos diretamente aos médicos, por meio de anúncios que só apareciam em publicações médicas e psiquiátricas. Esses anúncios requeriam que seu público, constituído de médicos e psiquiatras, identificasse problemas em seus pacientes, ao passo que a propaganda direta ao consumidor apela diretamente para que ele próprio faça o autodiagnóstico de sintomas de certa doença e "pergunte ao médico" sobre a possibilidade de tomar antidepressivos e outros medicamentos. "No final do século XX", observa Edward Shorter, "esses medicamentos haviam adquirido tanta aceitação que, assim como ocorrera no século XVIII, os pacientes começaram a ver os médicos como mera via de acesso a novos produtos fabulosos, e não como conselheiros capazes de usar o próprio relacionamento médico-paciente em benefício da terapia."[48] Em 2000, a indústria farmacêutica gastava mais de dois bilhões de dólares anualmente em propaganda direta ao consumidor.[49]

Considerando-se as regulamentações que restringiam a promoção de medicamentos ao tratamento de doenças, e não a problemas cotidianos, e a consequente necessidade de apresentar ao público geral descrições simples, porém inclusivas, de categorias patológicas, a definição de Transtorno Depressivo Maior do *DSM* dificilmente poderia ter sido mais adequada aos propósitos da propaganda direta ao consumidor. As empresas farmacêuticas podiam afirmar com legitimidade que estavam de acordo com as regulamentações da FDA quando alertavam o público para o fato de que "tristeza", "fadiga", "insônia" e similares eram possíveis sintomas de uma doença.

De fato, a propaganda direta ao consumidor explora a ausência de limitações contextuais ao retratar indivíduos que têm os sintomas do *DSM* mas não parecem necessariamente estar sofrendo de um transtorno mental, e sim de sintomas comumente associados a problemas de relacionamento, dificuldades no trabalho ou de alcançar objetivos. Uma propaganda de Paxil, por exemplo, mostra uma mulher de um lado e o marido e o filho do outro, e separando os dois lados uma lista de sintomas tirada do diagnóstico de Transtorno Depressivo Maior. A propaganda indica que os sintomas de depressão são a causa, e não a consequência, de problemas familiares. Outros anúncios exibem pessoas que já estão tomando antidepressivos e, graças a isso, têm um bom relacionamento com familiares, amigos e colegas de trabalho. Além disso, apresentam modelos genéricos de mulheres (e, ocasionalmente, de homens) atraentes, planejados para seduzir o público mais amplo possível. Embora de forma implícita, as imagens da propaganda direta ao consumidor indubitavelmente mostram que os medicamentos são usados para regular tanto a normalidade quanto a doença.

Portanto, elas se aproveitam da definição de depressão baseada em sintomas para apagar por completo a fronteira entre tristeza normal e transtorno depressivo. As empresas farmacêuticas dificilmente podem ser culpadas por tentar vender seus produtos ao maior número de pessoas possível. A definição de depressão do *DSM* lhes proporciona o veículo perfeito para criar uma grande demanda por ISRSs. A transformação de sintomas comuns em doença legitima a possibilidade de as pessoas obterem prescrições e é uma forma legal de as empresas promoverem seus produtos.

A propaganda direta ao consumidor também desconsidera a profissão psiquiátrica. Ela insta os consumidores a "consultar um médico", não explicitamente um especialista em saúde mental. Em decorrência disso, o crescimento mais significativo na prescrição de antidepressivos ocorreu no setor da clínica geral, e não na psiquiatria.[50] O percentual de transtornos emocionais tratados na clínica geral cresceu de cerca de um terço, entre 1990 e 1992, para aproximadamente metade entre 2001 e 2003 – um aumento absoluto de mais de 150%.[51] De acordo com o epidemiologista Ronald Kessler e seus colegas, "o índice mais elevado de tratamentos pode ser resultado do marketing agressivo de medicamentos psicotrópicos com a propaganda direta ao consumidor".[52] A clínica geral é hoje o principal lugar do tratamento do sofrimento emocional.

Hoje, três quartos das consultas em ambulatório por problemas de saúde mental ou abuso de substâncias terminam em prescrição, normalmente de um ISRS, e muitas vezes sem nenhum outro tipo de tratamento. Algumas evidências indicam que a propaganda direta ao consumidor é responsável por parte desse aumento no uso de antidepressivos: o índice crescente de prescrições se dá depois de períodos de maior investimento nesse tipo de propaganda.[53] Além disso, as pesquisas confirmam que, quando os pacientes mencionam ao médico drogas específicas vistas em propagandas, é mais provável que este lhes prescreva a medicação.[54] Não está claro se as pessoas de fato definem e vivenciam suas emoções de tristeza como transtorno depressivo ou se estão simplesmente se aproveitando da oportunidade de obter medicamentos legais para regular suas emoções. No entanto, não há dúvida de que a propaganda direta ao consumidor se tornou uma importante ferramenta pela qual as empresas farmacêuticas usam os critérios do *DSM* para remodelar a forma como muitas pessoas classificam e interpretam suas emoções de tristeza.

### O triunfo da grande indústria farmacêutica

A consequência da aparição dos ISRSs, de seu uso no contexto do *managed care*, de sua promoção por meio de propaganda direta ao consumidor e de sua maior segurança com respeito a overdose e menos efeitos colaterais é o crescimento exponencial de seu uso desde que foi comercializado pela primeira vez, no final dos anos 1980. Indivíduos tratados com depressão tinham 4,5 vezes mais probabilidade de receber um medicamento psicotrópico em 1997 que em 1987.[55] Essa tendência aumentou significativamente em meados dos anos 1990. O número de pessoas usando ISRSs e outros antidepressivos mais novos quase dobrou, de 7,9 milhões em 1996 para 15,4 milhões em 2001.[56] Especialmente notável é seu uso crescente por crianças, adolescentes e idosos, para os quais os índices de prescrição aumentaram entre 200% e 300% durante os anos 1990.[57] Entre 1996 e 2001, o gasto total com antidepressivos subiu de 3,4 para 7,9 bilhões de dólares.[58] Em 2000, Prozac, Zoloft e Paxil estavam entre os oito medicamentos mais prescritos de todos os tipos, e os antidepressivos eram a categoria mais vendida nos Estados Unidos.[59] No entanto, vale notar que uma parte considerável do público ainda resiste a usar medicamentos para problemas cotidianos: em uma pesquisa nacional realizada em 1998, 64% dos entrevistados disseram que possivelmente não tomariam medicamentos psiquiátricos para solucionar problemas da vida pessoal. Quando a pergunta foi reformulada para abordar o tratamento de sintomas específicos que decorrem dos problemas cotidianos ("sentir-se deprimido, cansado, ter dificuldade de dormir e se concentrar, e sensação de inutilidade"), 45% ainda disseram ser provável que não tomariam medicação.[60]

Dito isso, a influência da indústria farmacêutica é considerável e hoje vai muito além da promoção específica de medicamentos. Essas empresas doam uma grande quantidade de dinheiro a grupos defensores de pacientes e familiares, os quais promovem a ideia de que a depressão é uma deficiência química a ser remediada com o uso de medicamentos. Também patrocinam amplas campanhas educativas, como o National Depression Awareness Day [Dia Nacional de Conscientização da Depressão], que oferece a detecção gratuita de depressão em universidades e hospitais. Além disso, fornecem números 0800 e sites para detecção nos quais os respondentes podem realizar o autodiagnóstico de depressão e são instados a consultar um médico para obter prescrições dos produtos da empresa. As empresas farmacêuticas também financiam as iniciativas de detecção em clínicas gerais e escolas, como foi visto no Capítulo 6. Além disso, patrocinam boa parte das pesquisas clínicas sobre a depressão; a própria disciplina da psiquiatria está hoje totalmente enredada na cultura corporativa dessa indústria.[61] Colaborações entre o setor farmacológico e a academia estão se tornando fontes crescentes de financiamento para universidades, centros médicos acadêmicos e hospitais.[62] A definição baseada em sintomas do *DSM*, de fácil aplicação, viabiliza esses esforços, os quais, em troca, reforçam a validade da definição.

O uso de produtos farmacêuticos para lidar com os problemas do dia a dia é anterior ao *DSM-III*. De muitas formas, a cultura das drogas legais em torno dos ISRSs é uma continuação da febre de Miltown nos anos 1950 e de Valium e Librium nos anos 1960 e 1970. Mas era a primeira vez que essa cultura era promovida pela mídia, adotada nas principais instituições e abraçada por autoridades do governo de forma tão entusiasta. Antes, os psiquiatras do sistema e o governo eram, com frequência, abertamente críticos ao excesso de prescrições desses medicamentos e, em particular, a seu uso para lidar com problemas cotidianos. Agora, entretanto, a legitimidade que o conceito de depressão do *DSM* confere ao tratamento em grande escala de sintomas comuns do mal-estar normal se tornou tão arraigada que esses grupos passaram a aceitar uma definição de transtorno depressivo que engloba muitos casos de tristeza normal – e a endossar o uso de antidepressivos para lidar com eles.

Como aconteceu com os ansiolíticos nos anos 1970, atualmente se delineia uma forte reação contra o uso crescente de antidepressivos, sobretudo em crianças e adolescentes.[63] Hoje, as empresas farmacêuticas enfrentam exigências mais rígidas, que as obrigam a divulgar os efeitos colaterais potencialmente nocivos e os possíveis riscos de suicídio de tais produtos. Além disso, como ocorreu nos anos 1970, a mídia se tornou mais cética diante das afirmações sobre os riscos limitados e os grandes benefícios proporcionados pelos antidepressivos. Resta saber que impacto esse clima mais crítico terá no uso de tais medicamentos.

## Os antidepressivos e o tratamento da tristeza normal

A relação entre o diagnóstico do *DSM* e os medicamentos é complicada: os antidepressivos – os ISRSs em particular – afetam aspectos gerais do funcionamento cerebral e, conforme observamos, podem ter efeitos similares sobre a tristeza normal e o transtorno depressivo. Os poucos estudos que comparam as mudanças produzidas pelos ISRSs em indivíduos supostamente saudáveis com as que ocorrem naqueles com um diagnóstico de transtorno depressivo revelam que os ISRSs agem da mesma forma em ambos os casos.[64] Assim, o alívio psíquico proporcionado pela medicação não necessariamente indica que o que foi aliviado é um estado depressivo. Por exemplo, indivíduos enlutados que não têm um transtorno relatam menos sintomas após o tratamento com antidepressivos.[65]

Poucos argumentariam que os medicamentos não exercem função alguma no tratamento de transtornos depressivos. Os medicamentos podem aliviar drasticamente a desesperança que acompanha o Transtorno Depressivo Maior e ajudaram a facilitar o processo de desinstitucionalização no sistema de saúde mental que permite que muitas pessoas evitem períodos prolongados de internação hospitalar. Existe um tema mais controverso com relação ao uso de medicamentos para lidar com emoções dolorosas, mas normais. Os ISRSs aumentam os níveis de serotonina nas sinapses; portanto, é plausível que a tristeza e o transtorno de humor muitas vezes reajam da mesma maneira a esses medicamentos. Conforme afirma Peter Kramer, "estamos entrando numa era em que a medicação pode ser usada para aprimorar o funcionamento da mente normal".[66] Supondo que as revelações de que os ISRSs podem influenciar as emoções normais sejam confirmadas, essas drogas devem ser prescritas também a indivíduos que estão vivenciando tristeza normal? Há argumentos válidos em ambos os lados dessa questão.

Uma posição, manifestada em diretrizes oficiais de tratamento, na medicina baseada em evidências e em documentos que contenham o ponto de vista do governo, considera o tratamento medicamentoso indubitavelmente positivo. O relatório sobre saúde mental do diretor-geral de Saúde Pública dos Estados Unidos, por exemplo, afirma que "os antidepressivos são eficazes para todo tipo de episódio de depressão maior associado tanto ao transtorno depressivo maior quanto ao transtorno bipolar".[67] Além disso, a grande maioria dos psiquiatras americanos é a favor do uso de ISRSs como primeira opção de tratamento da depressão.[68] Segundo essa perspectiva, o tratamento medicamentoso se mostrou eficaz para o alívio de sintomas depressivos, embora com um pequeno risco de reações adversas e outras consequências indesejáveis. Além disso, considera-se que os benefícios econômicos de tais tratamentos são muito superiores aos custos,[69] e que as drogas são capazes de evitar que estados moderados se tornem mais graves. Assim, defende-se que transtornos moderados devem ser tratados com o mesmo vigor que os mais graves, não só para evitar uma proporção considerável de casos graves no futuro, como também para evitar consequências como a hospitalização, a incapacitação para o trabalho e tentativas de suicídio.[70]

Os defensores dos medicamentos se preocupam com a subutilização de antidepressivos e tentam encontrar formas de motivar as pessoas a buscá-los e usá-los. Eles querem encorajar as pessoas a reconhecer que têm doenças tratáveis, procurar ajuda médica e superar o estigma associado ao uso de medicamentos.[71] Além disso, temem que não só o público como também os clínicos gerais não identifiquem todos os casos de depressão e, portanto, prescrevam menos antidepressivos do que deveriam.[72] Para os defensores, a crescente conscientização sobre os benefícios dos medicamentos psicotrópicos pode melhorar o tratamento do transtorno depressivo. A objeção ao uso de medicamentos reflete, nas palavras do psiquiatra Gerald Klerman, um "calvinismo farmacológico" que considera ruim qualquer droga que faz que as pessoas se sintam bem:

> Quanto à psicoterapia, o mundo é dividido entre os cidadãos superiores, os santos que podem alcançar a cura ou salvação com força de vontade, compreensão, psicanálise ou mudança de

comportamento, e o resto das pessoas, que, por sua fraqueza moral, precisam de uma muleta, quer seja Thorazine, Miltown ou Compoz.[73]

O que Klerman chama de visão "calvinista" da medicação com psicotrópicos leva grande parte do público a resistir aos medicamentos por associá-los com fraqueza moral, apesar dos benefícios que poderiam lhe proporcionar.

A maioria dos defensores, seguindo o *DSM*, simplesmente admite que os casos tratados pelos medicamentos são transtornos depressivos, e não tristeza normal. Portanto, sua posição sobre o uso de medicamentos para tratar a tristeza normal não está clara. Alguns defensores, porém, afirmam explicitamente que os medicamentos devem ser usados para tratar qualquer forma de sofrimento.[74] A dor que surge, por exemplo, com a morte de um ente querido, o fim de um relacionamento ou a perda de um emprego é tão real quanto a que decorre de um transtorno depressivo. A posição desses defensores é que simplesmente não há um bom motivo pelo qual as pessoas devam tolerar a dor psíquica da tristeza normal quando existem meios seguros e eficazes de aliviá-la. Afinal, poucos não desejariam que mulheres usassem anestesia para atenuar a dor normal do parto. Os defensores argumentam que, se as pessoas acreditam que os ISRSs podem tornar sua vida mais agradável, proporcionar maior controle sobre suas emoções e aumentar sua autoestima, bem como aliviar a dor inevitável da existência humana, elas devem ter o direito de usá-los, mesmo que não tenham nenhum transtorno. Desse ponto de vista, o alívio do sofrimento tem mais valor que quaisquer custos que possam decorrer da medicação da tristeza normal.

As críticas a essa posição a favor dos medicamentos geralmente vêm de fora da psiquiatria, das comunidades de pesquisa médica e dos órgãos governamentais. Um argumento contra a medicação da tristeza normal é que ela trata como patológico o que na verdade é parte inerente e valiosa da natureza humana. Há milhares de anos, as pessoas usam a religião, a espiritualidade e a filosofia para entender como sua infelicidade está vinculada a questões mais amplas da vida.[75] Tais questionamentos permitem aos indivíduos entender como suas emoções estão relacionadas com aspectos básicos da existência humana e adquirir uma compreensão mais profunda de seus sentimentos do que o alívio proporcionado pela medicação seria capaz. "Ao menos parte da preocupação persistente sobre Prozac e similares", lamenta o filósofo Carl Elliott, "é que para todo o bem que fazem os males que tratam são parte integral do lugar solitário, esquecido e insuportavelmente triste em que vivemos."[76] Usar comprimidos significa esquivar-se de enfrentar verdadeiramente os problemas da vida. Questões filosóficas à parte, pode haver benefícios psicológicos da tristeza normal que o tratamento anularia. Ainda não entendemos totalmente por que fomos projetados biologicamente para sentir tristeza em reação à perda. Enquanto isso, é possível que existam vantagens em recolher-se na tristeza depois de uma grande perda – não imediatamente visíveis, mas, ainda assim, reais e importantes para o funcionamento psicológico em longo prazo.

Outro argumento, reiterando as críticas feitas nos anos 1950 e 1960, enfatiza que o uso disseminado de antidepressivos leva as pessoas a aceitar situações opressoras, em vez de lhes opor resistência. Dessa perspectiva, o uso de medicamentos psicotrópicos promove uma visão de mundo que interpreta erroneamente problemas sociais como problemas pessoais. Prescrever um comprimido indica que questões públicas – casamentos infelizes, condições de trabalho deploráveis, problemas financeiros e similares – são preocupações individuais a ser tratadas com medicação.[77] Transformar em patologia a tristeza normal que decorre dessas preocupações implica que a medicação é a forma certa de lidar com elas, à custa de ignorar outras possíveis soluções. Esse processo desvia a atenção de ações capazes de mudar os fatos que dão origem à tristeza.[78] Em 1958, o diretor-geral de Saúde Pública dos Estados Unidos, L. E. Burney, alertou que "problemas da vida cotidiana" não podem ser "solucionados com um comprimido"[79] – postura completamente distinta daquela adotada pelas autoridades de saúde pública nos dias de hoje.

Outros indagam se as emoções normais de tristeza são um assunto legítimo de preocupação pública ou, ao contrário, um assunto pessoal. A promoção de antidepressivos apresenta uma visão débil e frágil do "eu" que requer a contínua intervenção e proteção de especialistas.[80] O "eu" se torna cada vez mais passível de regulamentação e escrutínio público por meio da detecção e da medicação subsequente. A detecção de emoções e sentimentos é, inevitavelmente, muito mais intrusiva e coerciva que a de doenças físicas – que, em geral, realmente requerem a ajuda de um especialista.

Outras críticas não questionam as implicações políticas e culturais de antidepressivos tanto quanto sua eficácia e segurança. Contestam a natureza benigna dessas drogas e argumentam que seus efeitos colaterais, como perda de desejo sexual, náusea, diarreia e enxaqueca, são mais comuns e malignos do que seus defensores afirmam.[81] Eles também citam o maior potencial de suicídio, especialmente em jovens durante as etapas iniciais de uso dos medicamentos, embora essa afirmação ainda não tenha sido devidamente comprovada.[82] Por fim, apontam para a possibilidade de reações adversas decorrentes do uso contínuo desses medicamentos. Embora existam poucas dúvidas de que os antidepressivos mais novos são mais seguros que seus predecessores, ainda há motivos de preocupação quanto a seu uso indiscriminado.

Além disso, as críticas afirmam que os defensores exageraram a eficácia desses medicamentos. As diretrizes atuais promovem os ISRSs como a primeira opção de tratamento da depressão moderada e profunda.[83] Porém, conforme revelam estudos aleatórios e duplo-cegos com placebo, as evidências de que os antidepressivos são mais eficazes que o placebo são confusas. "Embora muitos estudos", conclui uma equipe de pesquisa, "realmente revelem que os antidepressivos são superiores ao placebo, muitos outros não o fazem, inclusive alguns dos maiores e mais reconhecidos, como o do Medical Research Council (MRC) [Conselho de Pesquisa Médica] britânico e os estudos iniciais do Instituto Nacional de Saúde Mental dos Estados Unidos."[84] Uma análise abrangente do National Institute for Health and Clinical Excellence (Nice) [Instituto Nacional de Saúde e Excelência Clínica], na Inglaterra, indica que os ISRSs não têm vantagens clínicas significativas sobre os placebos independentemente da gravidade dos casos. Um relatório sobre esse estudo conclui: "Tendo em vista as dúvidas sobre seus benefícios e as preocupações sobre seus riscos, as recomendações atuais para a prescrição de antidepressivos devem ser reavaliadas".[85] As evidências pouco justificam o entusiasmo pela prescrição de medicamentos.

Há ainda menos demonstrações da eficácia de antidepressivos no tratamento de casos não psicóticos que não são especialmente intensos (às vezes chamados de depressão "moderada"), muitos dos quais são, sem dúvida, casos de tristeza normal. Até mesmo o fervor por antidepressivos no relatório do diretor-geral de Saúde Pública é um pouco atenuado por esses casos. "Em episódios de depressão moderada", conclui o relatório, "o índice total de reação ao tratamento é de cerca de 70%, incluindo um índice de 60% referente ao placebo."[86] Em outras palavras, a eficácia dos antidepressivos em casos moderados excede a dos placebos em apenas 10%. Na verdade, entre metade e dois terços dos pacientes com depressão moderada melhoram ingerindo apenas placebo. Isso pode indicar que o que foi tratado, antes de mais nada, não era um transtorno, e sim um estado de tristeza normal que desaparece naturalmente com o tempo ou por meio de intervenções comuns, como interagir e receber apoio emocional dos demais. Até mesmo alguns dos defensores mais ferrenhos do tratamento de casos moderados de depressão concluem: "Os experimentos com tratamento controlado não forneceram nenhuma evidência de que a farmacoterapia melhore de forma significativa os transtornos moderados".[87] Quando comparados com os grupos controle que recebem placebos ativos, os quais simulam alguns dos efeitos colaterais dos antidepressivos, não se observa nenhuma diferença entre antidepressivos e placebos.[88]

As evidências da eficácia de antidepressivos, especialmente na depressão moderada, são, portanto, ambíguas. Ainda assim, dada sua popularidade, é difícil acreditar que sua eficácia seja tão limitada e suas reações adversas tão notáveis quanto as críticas afirmam. Muitos acreditam que os antidepressivos lhes proporcionam uma forma legal e geralmente segura de regular suas emoções angustiantes. Além disso, os resultados dos estudos clínicos podem ser enganosos. Na prática, os consumidores e os médicos muitas vezes experimentam vários medicamentos diferentes até que um finalmente funcione.[89] Os estudos clínicos, ao contrário, podem minimizar o índice total de eficácia porque lidam com um tipo particular de medicamento, que pode não ser eficaz para os indivíduos específicos do estudo embora outro tipo não testado talvez o seja. Na verdade, as pesquisas recentes com vários medicamentos, criados para abordar essa questão, parecem promover um índice mais alto de melhora.[90] Portanto, o fato de que os medicamentos têm eficácia pouco superior aos placebos é, talvez, uma crítica menos decisiva do que normalmente se acredita. Porém, é difícil encontrar motivos convincentes pelos quais as políticas públicas devam *encorajar* o uso de drogas para tratar casos moderados, muitos dos quais são, provavelmente, casos de tristeza normal.

Não é fácil discernir entre as afirmações divergentes com relação ao uso de antidepressivos. Todas as considerações em ambos os lados do debate parecem ter mérito, não havendo uma resposta única à pergunta de se os psicotrópicos devem ser prescritos para emoções negativas normais. Em última instância, os próprios consumidores têm de juntar todas essas informações e decidir se devem usar antidepressivos para regular o humor. Nas últimas décadas, a opinião pública certamente pendeu para o lado dos medicamentos. A tolerância a emoções normais, porém dolorosas, diminuiu, e muitas pessoas no mundo moderno passaram a valorizar a medicação para controlar seus sentimentos.[91] A crença na autonomia e na liberdade de escolha determina que, se as pessoas acreditam que sua vida parece mais agradável quando estão medicadas, não se deve impedir que elas obtenham alívio com a ajuda de um médico responsável. Também não se pode esquecer que a propaganda direta ao consumidor permite que muitos indivíduos que realmente têm um transtorno procurem ajuda e recebam medicamentos úteis.[92] Defendemos que o diagnóstico não deve ser moldado para indicar um transtorno de modo que influencie tais decisões.

## Conclusão

Tendo em vista que tantas perguntas com relação ao papel adequado dos antidepressivos continuam sem resposta, o mais sábio seria ter cautela e evitar abolir afirmações defendendo ou condenando seu uso. No passado, as autoridades governamentais estavam preocupadas com os possíveis perigos e o uso excessivo de medicamentos psicotrópicos, assim como com os esforços da indústria farmacêutica para encorajar segmentos ainda mais amplos da população a tomá-los. Várias audiências no Congresso questionaram a promoção de medicamentos, especialmente para lidar com problemas cotidianos. Hoje, numa grande reviravolta, os critérios diagnósticos baseados em sintomas facilmente transformaram o "estresse da vida cotidiana" em indício de doença. Certamente, há um meio-termo mais sensato.

Quais, por exemplo, seriam as consequências da propaganda direta ao consumidor se os critérios do *DSM* para o diagnóstico de Depressão Maior fossem modificados a fim de distinguir melhor a tristeza normal do transtorno depressivo? A título de comparação, nos anos 1960 a empresa farmacêutica Sandoz divulgou um novo tranquilizante, Serentil, usando uma propaganda que promovia explicitamente o seu uso para lidar com problemas cotidianos: "O recém-chegado à cidade que *não consegue* fazer amigos. O homem de negócios que *não consegue* se ajustar ao novo cargo na empresa. A mulher que *não consegue* se dar bem com a enteada. O executivo que *não consegue* aceitar a aposentadoria". A FDA forçou a Sandoz a retirar o anúncio e publicar uma retificação afirmando que não pretendia que o Serentil fosse usado para "situações de ansiedade cotidianas presentes no curso normal da vida", mas apenas para "certos estados patológicos".[93] Se o *DSM* criasse critérios mais restritivos para o Transtorno Depressivo Maior, a propaganda direta ao consumidor teria de segui-los. O efeito seria, ao menos em parte, tornar menos atrativo o uso desses medicamentos para problemas normais da vida – se é que este é, de fato, um objetivo desejável.

Mas o debate ocorrido antes de 1980 sobre se seria sensato medicar o sofrimento normal desapareceu completamente da psiquiatria, embora discussões similares continuem a existir na clínica geral (por exemplo, se indivíduos baixos, mas dentro dos limites da normalidade, devem ser medicados com hormônios do crescimento).[94] As discussões atuais enfocam, de forma mais restrita, aspectos ligados a eficácia e efeitos colaterais, além da importância de terapias alternativas à medicação. Essa ausência de discussão parece se dever ao fato de que, quando um estado é predefinido como doença, a decisão sobre o melhor tratamento já é distorcida pelo pressuposto de que há algo errado com o indivíduo. Deixa-se de discutir se a interferência em mecanismos normais deve estar sujeita a patamares mais altos que a correção de mecanismos disfuncionais, e o pensamento médico se torna igualmente mais homogêneo.

Nossa análise indica a necessidade de maior clareza conceitual por parte dos médicos e do consentimento do paciente baseado nas informações recebidas. Para isso, ele precisa receber o diagnóstico mais preciso possível, e não há distinção diagnóstica mais elementar que entre um transtorno e um estado emocional normal em reação a circunstâncias da vida, que provavelmente desaparecerá com o tempo sem intervenção. O prognóstico e as decisões sobre possíveis tratamentos dependem dessa distinção, e é importante que o profissional explicite-a ao paciente antes de optar por um tratamento.

# 10 O FRACASSO DAS CIÊNCIAS SOCIAIS EM DISTINGUIR TRISTEZA DE TRANSTORNO DEPRESSIVO

O campo da psiquiatria não existe no vácuo: depende de outras disciplinas para fundamentar intelectualmente boa parte de sua teoria clínica. Desse modo, poder-se-ia esperar que disciplinas como a antropologia e a sociologia ajudassem a esclarecer a dificuldade, presente na nosologia psiquiátrica, de distinguir entre transtorno depressivo e tristeza normal intensa. Os antropólogos poderiam identificar mecanismos emocionais universais inerentes à natureza humana e explicar as variações culturais na expressão das emoções. Poderiam ainda apontar em que contextos essas variações normais levam a rótulos equivocados de transtorno. Os sociólogos poderiam demonstrar como, muitas vezes, circunstâncias estressantes provocam tristeza normal – que, em certas ocasiões, pode ser suficientemente intensa para atender aos critérios do *DSM* – e fazer uma distinção entre o estudo de reações emocionais normais ao estresse social e o estudo de transtorno depressivo.

De fato, porém, em vez de oferecer embasamento para uma crítica à confusão da psiquiatria entre tristeza normal e transtorno, essas disciplinas, ao ser incapazes de fazer distinções apropriadas em seu próprio campo, criaram espaço para definições psiquiátricas excessivamente abrangentes de transtorno depressivo. Os antropólogos enfocam a suposta relatividade cultural de tristeza e transtorno, afirmando que não há definições possíveis para esses estados fora do sistema de valores específico de cada cultura. Para os sociólogos, os conceitos de sofrimento e transtorno são sinônimos. Este capítulo examina como o fracasso dessas disciplinas em separar a tristeza normal do transtorno depressivo não só abandonou a psiquiatria à própria sorte ao enfrentar tais desafios conceituais como também as levou a imergir em confusão em suas próprias pesquisas.

## A antropologia

### O papel de conceitos universais

Conforme argumentamos no Capítulo 2, devem-se considerar tanto os valores culturais quanto o projeto funcional universal dos mecanismos de reação à perda para chegar a definições válidas de tristeza normal e transtorno depressivo. Experiências comuns de tristeza – como a perda humilhante de status social ou de vínculos afetivos e a incapacidade de alcançar objetivos importantes – são universais. E a emoção de tristeza e alguns de seus sintomas associados, embora sujeitos à variação na forma como são expressados, também são comuns a todas as culturas. Mas os mecanismos de reação à perda são programados para reagir de acordo com conceitos de status, vínculos afetivos e objetivos importantes definidos culturalmente; assim, a distinção entre reações normais e patológicas à perda deve levar em conta os sistemas culturais de significação. A cultura também influencia o modo como as pessoas aprendem a expressar a tristeza e a depressão.

Os antropólogos estão em posição privilegiada para estudar quais aspectos das reações à perda são influenciados culturalmente e quais pertencem ao funcionamento típico da espécie humana. Mas, em vez disso, eles têm ajudado a perpetuar a confusão na psiquiatria, negando que haja uma distinção convincente entre reações normais e disfuncionais à perda. Essa negação é, em certa medida, a expressão de uma resistência de longa data por parte da antropologia à própria ideia de que existe uma "natureza humana", visto que, no passado, conceitos eurocêntricos de normalidade foram usados com propósitos opressivos para classificar como inferiores as sociedades não ocidentais. Mas é também resultado de uma perspectiva pós-moderna confusa, segundo a qual praticamente tudo que é humano é determinado exclusivamente pela cultura.

Os antropólogos que estudam a depressão geralmente afirmam que a distinção entre normalidade e transtorno depende totalmente dos sistemas de valores de grupos culturais específicos. O clássico artigo de Ruth Benedict, "Anthropology and the abnormal" ["A antropologia e o anormal"], pauta as pesquisas antropológicas de depressão e outros transtornos mentais enfatizando que todas as definições de normalidade e patologia derivam de conceitos locais que não podem ser generalizados a todas as culturas.[1] Segundo Benedict, o que algumas culturas veem como depressão patológica, outras veem como tristeza normal. Por exemplo, os zuni do Arizona consideram estados de extrema passividade e fatalismo, que os psiquiatras ocidentais poderiam diagnosticar como Depressão Maior, expressões normais e até mesmo admiráveis de um tipo de personalidade definido culturalmente. Para Benedict, todos os conceitos universais de transtorno e normalidade derivam de normas ocidentais etnocêntricas que não refletem com rigor os comportamentos indígenas aos quais são aplicados; ao contrário, são as definições culturais locais que determinam o que é normal ou patológico em cada sociedade.

Há várias falhas no argumento de Benedict. Parece claro que os zuni que ela descreve são, de fato, casos normais enraizados em atitudes filosóficas e tendências de personalidade moldadas pelo sistema de significação daquela cultura. Os psiquiatras ocidentais que diagnosticassem esses casos como transtornos mentais estariam equivocados. Mas Benedict não distinguiu cuidadosamente esses casos patentes de outros, menos explicáveis culturalmente, que os próprios zunis considerariam transtornos. É perfeitamente possível que certo estado seja considerado normal em uma cultura e um estado aparentemente similar seja visto como patológico em outra. Isso pode ocorrer se, no primeiro caso, esse estado é definido normalmente por sistemas culturais de significado e expressão, enquanto no segundo é produto de uma disfunção nos mecanismos de reação à perda. Por exemplo, a falta de prazer extrema e crônica, que poderia ser normal entre os zuni devido à sua socialização cultural, indicaria muito bem um transtorno depressivo em membros de grupos culturais modernos do Ocidente, cujo processo de socialização normalmente não levaria a tais sentimentos. Mas o fato de que devemos levar em conta as normas culturais ao diferenciar normalidade de transtorno não significa que elas constituem por si sós essa distinção, por serem o único fator determinante da variação normal.

Os pressupostos de Benedict continuam sendo os princípios elementares da nova *psiquiatria intercultural* que tem dominado os estudos antropológicos da doença mental desde os anos 1970. Baseada no trabalho do antropólogo e psiquiatra Arthur Kleinman, da Universidade de Harvard, essa escola produziu uma enorme quantidade de pesquisas detalhadas e esclarecedoras sobre aspectos da depressão específicos de cada cultura, e apresentou críticas contundentes à tendência da psiquiatria a exagerar a natureza universal da depressão. Em particular, a própria erudição intercultural meticulosa de Kleinman, com sua interpretação eloquente e elucidativa dos significados sociais e pessoais por trás do comportamento dos pacientes, remodelou o estudo da psiquiatria intercultural. Mas, ao reagir contra o etnocentrismo, os antropólogos que trabalhavam com os paradigmas de Kleinman foram longe demais na direção oposta ao enfatizar a variabilidade cultural a ponto de praticamente excluir as características comuns e universais da depressão. Isso, por conseguinte, levantou dúvidas conceituais desafiadoras a toda a abordagem. Muitos antropólogos se recusam a usar qualquer distinção embasada no funcionamento biológico, que é constante em todas as culturas, para explicar as grandes diferenças nas definições e manifestações da depressão em várias sociedades.[2] Eles afirmam que funções psicológicas como o pensamento, a linguagem, a percepção e o humor derivam muito mais da cultura que da biologia. Os sistemas psicológicos, de acordo com o antropólogo Laurence Kirmayer, "são tão maleáveis que podem ter praticamente qualquer função [...] Além de algumas funções fisiológicas relativamente simples, é impossível identificar nos sistemas psicológicos uma função universal".[3]

Os antropólogos da depressão, desse modo, enfatizam as especificidades culturais. Cultura se refere a costumes, símbolos, crenças, valores e normas que os indivíduos de um grupo compartilham e são diferentes entre um grupo e outro. Para os antropólogos, tais regras culturais variantes *constituem* conceitos de normalidade e patologia, o que torna impossível uma definição universal de tristeza normal ou de transtorno depressivo ancorada na natureza humana. O transtorno, de acordo com esse ponto de vista, é simplesmente tudo que a cultura defina como comportamento desviante ou negativo. As declarações de que existem padrões de funcionamento psicológico, na verdade, impõem a outras culturas categorias ocidentais etnocêntricas de comportamento adequado ou inadequado.[4] As afirmações sobre o funcionamento natural da tristeza como emoção e como mecanismo de reação à perda, por exemplo, implicam adotar categorias culturais criadas pela cultura ocidental e pelos psiquiatras ocidentais e impô-las aos produtos das definições, regras e expressões de outras culturas às quais as categorias ocidentais não se aplicam.[5]

O antropólogo Gananeth Obeyesekere, por exemplo, afirma que os budistas do Sri Lanka encaram sintomas de desesperança, falta de sentido e tristeza como parte de uma filosofia de vida reconhecida culturalmente, e não como doença.[6] Segundo ele, os budistas reagem à perda generalizando seu sofrimento ao mundo todo; assim, de acordo com a visão de mundo dos budistas, a tristeza adquire um significado não patológico. Tal variabilidade cultural extrema nas definições de depressão indica, segundo Obeyesekere, que essa não pode ser uma categoria patológica universal. O que se considera depressão deve ser descrito e analisado nos termos de cada grupo cultural em particular.

Os budistas do Sri Lanka descritos por Obeyesekere certamente não têm transtorno depressivo, embora talvez atendam aos critérios do *DSM* para o diagnóstico de Depressão Maior. Ele está claramente falando de tristeza normal, porque os sintomas que descreve surgem e persistem somente devido a uma situação de perda e de atitudes filosóficas perante a vida. Obeyesekere não discute os casos de tristeza profunda crônica que surgem sem nenhum motivo filosófico ou situação de perda, os quais poderiam ser apropriadamente classificados como transtornos. Ele não fornece evidências de que os próprios indivíduos do Sri Lanka não considerariam tais casos como transtornos. Na verdade, a história das explicações ocidentais do transtorno depressivo é cheia de ressalvas, similares às de Obeyesekere, de que há formas de depressão filosófica, muito semelhantes àquelas que os indivíduos do Sri Lanka alimentam, que não são verdadeiros transtornos. O problema detectado por Obeyesekere na tentativa de impor os critérios do *DSM* à cultura budista não é a imposição de categorias ocidentais inválidas a uma cultura à qual não se aplicam. Ao contrário, ele detecta a invalidade da definição de transtorno depressivo do *DSM* – tanto do ponto de vista ocidental quanto budista – e a existência de um consenso de que reações proporcionais à perda ou disposições filosóficas não devem ser rotuladas como transtornos depressivos. As conceituações do Ocidente e do Sri Lanka só *parecem* diferir devido a erros na formulação da visão ocidental no *DSM*.

Em vez de examinar seus dados fazendo uma distinção adequada entre transtorno e normalidade, Obeyesekere usa o exemplo do povo do Sri Lanka para negar a possibilidade de fazer *quaisquer* afirmações universais acerca da natureza do transtorno mental: "A *concepção* da enfermidade (isto é, *doença*) *é* a enfermidade. Ou, em outras palavras, só existem doenças, e não enfermidades".[7] Aqui, *doença* se refere às definições culturais de quem é colocado no papel de doente, ao passo que *enfermidade* é a noção de uma patologia objetiva. O que ele afirma é que enfermidade é nada mais que doença. Mas os dados de Obeyesekere não demonstram nada desse tipo; ao contrário, mostram que diferentes culturas diagnosticam corretamente que as reações de tristeza são normais, apesar dos problemas do *DSM*.

O trabalho de Catherine Lutz com os ifaluk da Micronésia é outro estudo notório da depressão. Lutz considera o conceito de depressão uma "categoria cultural específica do Ocidente" e contrasta as reações à perda dos ifaluk com aquelas encontradas na medicina ocidental. Ela descobriu que os ifaluk que vivenciam a morte de entes queridos ou abandonam a ilha passam a sentir uma tristeza que inclui "pensamento/sentimento excessivo sobre a pessoa perdida, perda de apetite ou pouca vontade de conversar/realizar outras atividades e insônia".[8] Lutz prossegue contrastando os sintomas dos ifaluk com os estados supostamente intrapsíquicos descritos pela psiquiatria ocidental:

> Todas essas interpretações de situações de perda apontam para os indivíduos como o principal objeto com o qual alguém pode estar relacionado ou do qual pode estar separado. Até onde sei, não se fala de reações à perda sem um objeto ou foco. Todas [essas] emoções são consideradas estados normais.[9]

E conclui: "A investigação intercultural da depressão pode ser substituída pela análise das definições indígenas de situações de perda e impossibilidade de alcançar objetivos, e pela organização social em reação a elas".[10]

Lutz fornece uma excelente descrição da tristeza normal entre os ifaluk. Sua crítica deveria enfocar as definições excessivamente abrangentes de transtorno depressivo na psiquiatria ocidental, as quais podem classificar erroneamente essas reações como disfunções. Em vez disso, ela, assim como Obeyesekere, usa seu trabalho para criticar a possibilidade de adotar definições universais e defende o estudo de conceitos puramente locais. De fato, sua análise mostra como os ifaluk fazem os mesmos tipos de distinção entre tristeza normal e transtorno depressivo que aqueles tipicamente feitos por indivíduos de diferentes tempos e lugares. Então, usa o fato de o *DSM* ter deixado de lado essa distinção em sua abordagem baseada em sintomas para argumentar que a medicina ocidental classifica como transtornos casos que os ifaluk não classificariam. Mas é provável que, se os mesmos métodos etnográficos fossem usados nas culturas ocidentais para comparar as opiniões de pessoas comuns de diferentes culturas, os ocidentais concordariam que os casos que Lutz descreve não são transtornos. Ela não demonstra que distinções universais são impossíveis, mas sim que a relação entre a perda e a tristeza normal tem um elemento universal que as atuais definições psiquiátricas ocidentais não apreendem.

O próprio Arthur Kleinman realizou os estudos mais reconhecidos e inovadores sobre diferenças culturais na expressão da depressão. Em certos momentos, Kleinman adota a posição extrema de que a depressão "é uma categoria cultural construída por psiquiatras ocidentais a fim de produzir um grupo homogêneo de pacientes".[11] Em alguns de seus escritos, ele considera as categorias da psiquiatria ocidental exemplos de uma falácia que confunde diagnósticos definidos culturalmente com traços patológicos universais. Kleinman afirma que não há entidades culturalmente independentes, mas apenas formas de explicação específicas de cada cultura.[12]

Na maioria das vezes, no entanto, Kleinman distingue *enfermidade* de *doença*.[13] Para ele, *enfermidade* se refere a estados fisiológicos anormais que são aspectos do mundo natural. *Doença* diz respeito às experiências realmente vivenciadas de enfermidade e engloba as percepções, interpretações, reações e manifestações dos indivíduos em vários estados de enfermidade. Enfermidades são sensações somáticas universais; já as normas e significados culturais definem fundamentalmente doenças, que, portanto, variam muito em diferentes grupos sociais.

Por meio de extensa observação e de entrevistas na China, Kleinman conclui que os sintomas fisiológicos que os chineses usam para expressar a depressão são essencialmente distintos das manifestações psicológicas dos ocidentais. Em pacientes chineses, a principal característica da depressão reside na ênfase em sintomas fisiológicos e na ausência de sintomas psicológicos. Eles apresentam queixas somáticas, mas, ao contrário dos ocidentais, normalmente não dizem que se sentem deprimidos. Além disso, veem a doença como fisiológica e rejeitam a ideia de que têm algum tipo de transtorno mental. Kleinman relaciona o enfoque em sintomas mentais e a negação de sintomas psicológicos com os valores da cultura chinesa, que desencorajam a expressão verbal de emoções pessoais íntimas e enfatizam o desempenho de funções sociais e relações interpessoais. A expressão de sentimentos como solidão e tristeza leva a estigma e constrangimento e indica preocupação excessiva consigo mesmo. A cultura chinesa, ao contrário, encoraja a manifestação de queixas físicas. Os estudos de Kleinman o levam a afirmar que o principal foco da antropologia deve ser a doença, e não a enfermidade:

> A depressão vivenciada unicamente como dor nas costas e a depressão vivenciada unicamente como sofrimento existencial dominado pela culpa são formas tão diversas de comportamento doentio com diferentes sintomas, formas de procurar ajuda, tratamento adotado e reação a ele que, embora a enfermidade possa ser a mesma em ambos os casos, a doença, e não a enfermidade, é o fator determinante.[14]

Em princípio, concordamos com a distinção de Kleinman entre enfermidade – disfunção latente universal – e doença – expressão definida culturalmente de dada disfunção. As dificuldades com esse argumento surgem porque ele enfatiza quase exclusivamente o aspecto do transtorno associado com "doença". Há vários problemas com esse enfoque. Em primeiro lugar, se realmente existem disfunções latentes em comum, o tratamento supostamente depende, em grande parte, de a ciência identificar e intervir em tais disfunções, independentemente de sua manifestação cultural. Em segundo lugar, Kleinman rotula vários casos na China como "depressão", mesmo quando afirma que eles têm pouco em comum com a definição ocidental de depressão. Isso coloca em dúvida se o que ele vê nas diferentes culturas é realmente a mesma coisa e, portanto, se todos esses casos são exemplos do mesmo transtorno – depressão. Ao que parece, o contexto, como uma situação de perda, ou alguma outra característica comum, deve estar atuando para constituir tal conceito e levar Kleinman e outros a inferir uma mesma disfunção latente, mas esse pressuposto já sugere haver algo equivocado em seu argumento antiuniversalista. De fato, toda cultura reconhece a depressão em formas que os ocidentais reconheceriam.

Em terceiro lugar, por mais que se identifiquem estados depressivos em geral, Kleinman nunca leva a sério a questão de como as diferentes culturas distinguem os estados depressivos normais dos patológicos porque isso implicaria descobrir como os indivíduos inferem disfunções subjacentes que não estão unicamente associadas a manifestações culturais negativas. Ele usa o termo "doença" de forma muito abrangente para experiências desagradáveis, subjetivas e reconhecidas culturalmente e, então, define *enfermidade* como qualquer estado fisiológico por trás de uma *doença*. Com isso, agrupa emoções negativas e transtorno, obscurecendo, assim, as distinções que são feitas por todas as culturas.

Em quarto lugar, curiosamente para um antropólogo, Kleinman não distingue com clareza o que as pessoas estão dispostas a dizer por ser culturalmente desejável daquilo que elas de fato sentem ou pensam. Algumas tendências culturais a esconder sentimentos indicam a possibilidade de que as diferenças observadas sejam apenas superficiais e escondam as emoções que as pessoas realmente vivenciam.[15] Essa ausência de uma distinção nítida entre as experiências vivenciadas e sua expressão determinada culturalmente leva ao último problema.

O principal argumento de Kleinman – de que os chineses vivenciam sintomas psicossomáticos de depressão e não sintomas emocionais ao estilo ocidental – é questionável. Uma análise cuidadosa de seus dados revela que, embora os chineses estudados não tenham caracterizado espontaneamente suas experiências depressivas enfocando os mesmos sintomas que os ocidentais, eles de fato relataram um alto índice de sintomas do *DSM* quando foram especificamente indagados a esse respeito. Além disso, os trabalhos empíricos subsequentes provam que as amostras chinesa e ocidental geralmente vivenciam sintomas muito mais similares do que Kleinman afirmava.[16] Portanto, sua clássica descoberta de que a população asiática expressa depressão por meio de um "idioma do sofrimento", que enfoca queixas somáticas em vez de os sintomas psíquicos do *DSM*, parece revelar mais sobre como as pessoas tendem a se expressar socialmente do que sobre o que elas realmente sentem.[17]

Na medida em que continua havendo diferenças na forma de os indivíduos expressarem-se, a somatização da depressão talvez ocorra porque algumas culturas podem não dispor de termos linguísticos para descrever estados internos emocionais, ou podem ter normas sociais que as impedem de perceber ou falar sobre seus sentimentos mais íntimos. Além disso, independentemente de a *expressão* da depressão diferir ou não de uma cultura para outra, essa pesquisa não consegue identificar se as diferentes formas de expressar a emoção são variantes de tristeza normal ou de transtorno depressivo.

### A necessidade de equilibrar fatores universais e culturais

O estudo da variação intercultural em estados depressivos normais e patológicos é um campo fértil que fornece dados surpreendentes sobre a influência dos sistemas de significação cultural na definição da experiência humana. Mas o atual enfoque da antropologia médica nessa variação em detrimento de estruturas universais subjacentes que restringem tais experiências tem consequências problemáticas. Em geral, os antropólogos que estudam a depressão têm abraçado a visão relativista segundo a qual é impossível aplicar um conceito de transtorno ou normalidade além dos limites das práticas culturais locais. Em consequência, eles muitas vezes adotam a própria lista de sintomas do *DSM* como representativa do conceito ocidental de transtorno depressivo, o que lhes permite demonstrar de forma simples que o conceito de normalidade de outras culturas inclui casos que colocaríamos na categoria de transtorno e, assim, corroborar uma posição de relativismo cultural. Dominados intelectualmente por doutrinas relativistas e pelo medo do etnocentrismo cultural, os antropólogos não conseguem dar um passo atrás e criticar – de uma perspectiva que não seja, em si mesma, culturalmente relativa – os pressupostos implícitos do *DSM* sobre a natureza humana.

É verdade que a realidade pode ser classificada de muitas formas diferentes e que as categorias de uma cultura não devem ser impostas a outras de modo imperialista. Mas também é verdade que nenhuma compreensão intercultural sensata das categorias de transtorno pode ignorar a universalidade da natureza humana devido à nossa herança evolutiva comum e ao papel que essa universalidade exerce na identificação de estados normais e patológicos. Mesmo que os conceitos sejam estruturas construídas socialmente, aquilo a que se referem no mundo não precisa ser construído socialmente. No Capítulo 2, demonstramos a universalidade da tristeza como emoção e alguns dos elementos que determinam seu desencadeamento. Onde existem mecanismos universais que produzem emoções, é de esperar que existam alguns aspectos universais que podem dar errado com eles. Embora a cultura determine as formas específicas pelas quais as pessoas expressam a tristeza intensa e até mesmo patológica, *o que* está sendo determinado é um estado mais universal. Por exemplo, a afirmação de que algumas culturas expressam a depressão por meio de sintomas fisiológicos e outras por meio de sintomas psicológicos depende de um conceito subjacente de depressão que transcende sua expressão sintomática.

A recusa em explorar conceitos universais de transtorno e normalidade também impede os antropólogos de formular críticas contundentes à psiquiatria ocidental. A visão de que todas as definições de normalidade e patologia são culturalmente relativas significa que os antropólogos não têm uma definição de normalidade que transcenda qualquer sistema diagnóstico particular que demonstraria a inadequação dos diagnósticos psiquiátricos em tal sistema. Enquanto não reconhecerem que saber o que é culturalmente relativo depende de saber o que é universal, os antropólogos não serão capazes de criar conceitos sólidos de normalidade e transtorno ou teorias convincentes sobre os fatores que determinam as expressões culturais de estados depressivos. Desse modo, eles limitam drasticamente sua capacidade de tirar lições significativas de seus estudos para a psiquiatria ocidental ou de corrigir os excessos do diagnóstico ocidental. Um aprofundamento da noção de "disfunção" e o estudo de como ela interage com significados culturais nos ajudariam a compreender como as ideias contundentes da "nova antropologia intercultural" poderiam contribuir com críticas construtivas ao diagnóstico psiquiátrico.

## Sociologia

### A sociologia do estresse

Os sociólogos estão em excelente posição de criticar o caráter demasiado abrangente da definição de transtorno mental do *DSM* e mostrar a diferença entre tristeza normal e transtorno depressivo. O principal objetivo do paradigma sociológico dominante em saúde mental, a sociologia do estresse, é avaliar as consequências psicológicas de situações sociais estressantes.[18] Para esse fim, os sociólogos examinam como a saúde dos indivíduos é afetada quando eles são expostos a estressores, tais como acontecimentos graves ou condições sociais negativas crônicas e persistentes. Os estressores que os sociólogos costumam estudar – casamentos fracassados, perda de emprego, imobilidade social, conflito entre trabalho e obrigações familiares, condições de vida injustas e situações similares – levam exatamente ao tipo de reação dolorosa que se espera de pessoas normais, embora possam, às vezes, desencadear um transtorno. De maneira similar, o ímpeto natural do trabalho sociológico atribui os sintomas a condições sociais, e não a patologias individuais, o que pode corrigir a ampla medicalização de problemas sociais por parte da psiquiatria.

Vários estudos sociológicos indicam que circunstâncias sociais estressantes normalmente levam a um sofrimento que surge e oscila de acordo com as condições sociais.[19] De fato, os três principais processos que predizem altos índices de sofrimento correspondem a baixo status social, perda de vínculos afetivos estimados e incapacidade de alcançar objetivos importantes, indicado no Capítulo 2 como as principais causas de tristeza normal.[20] As pesquisas sociológicas revelam as consequências dolorosas, para a saúde mental, não só da estratificação socioeconômica como também de posições subordinadas em hierarquias familiares e interpessoais.[21] O baixo status social expõe as pessoas a circunstâncias – como recursos financeiros insatisfatórios, condições de trabalho e familiares opressoras e problemas graves de saúde enfrentados pelo indivíduo ou por pessoas próximas – que naturalmente provocam sofrimento; além disso, conforme demonstram as pesquisas, é muito mais provavelmente causa do que consequência da tristeza normal.[22]

A segunda principal fonte de sofrimento é a perda de vínculos afetivos estimados. De fato, em uma amostra de americanos, as três experiências consideradas mais estressantes na vida de um indivíduo são a morte do cônjuge, o divórcio e a separação.[23] A perda de vínculos afetivos é influente a ponto de provocar sofrimento profundo em grande parte dos indivíduos que a vivenciam – em geral, entre um terço e metade deles.[24] Finalmente, a incapacidade de alcançar objetivos importantes também é associada a grande sofrimento. Situações em que as pessoas não podem se desvencilhar de objetivos inalcançáveis ou sentem que a vida não tomou o rumo que desejariam provocam tristeza normal. Exemplos são os universitários que não conseguem encontrar emprego em sua área acadêmica ou professores que não conquistam estabilidade no emprego.[25] Da mesma forma, adultos que não alcançam objetivos que estabeleceram em etapas anteriores da vida relatam mais sofrimento que aqueles cujas conquistas correspondem a suas aspirações originais.[26] Mulheres que desejam intensamente ter filhos, mas são inférteis, também vivenciam grande sofrimento.[27]

Os estudos da sociologia do estresse não só demonstram como a desigualdade, a perda de vínculos afetivos e o fracasso em alcançar objetivos normalmente causam sofrimento, mas também indicam que a intensidade e a duração da reação à perda estão relacionadas com o nível de estresse encontrado nas condições de vida dos indivíduos. A intensidade dos sintomas está diretamente relacionada com o número e a intensidade de estressores crônicos e acontecimentos graves na vida dessas pessoas.[28] De maneira similar, o sofrimento persiste enquanto duram os estressores econômicos e interpessoais.[29] A conclusão inevitável é que a grande maioria das situações que levam ao sofrimento estudadas pelos sociólogos parece estar associada ao sofrimento normal que decorre de circunstâncias sociais e perdurar enquanto estas existirem.

Poder-se-ia pensar que essas pesquisas alertariam sobre a possível medicalização daqueles que, na verdade, são casos de tristeza normal induzidos socialmente. Ao contrário, os próprios sociólogos aceitaram uma abordagem baseada em sintomas, similar à do *DSM*, que classifica como transtornos uma ampla gama de reações emocionais negativas. Assim, eles reforçaram e até mesmo aumentaram as confusões do *DSM*, em vez de fazer as distinções necessárias que poderiam esclarecê-las.

A maioria das taxas de prevalência nos estudos sociológicos provém da medição de depressão do Centro de Estudos Epidemiológicos (CES-D, na sigla em inglês), uma escala desenvolvida nos anos 1970 para avaliar a depressão na comunidade.[30] A CES-D contém uma série de vinte perguntas padronizadas que indagam sobre a frequência com que um sintoma ocorreu na semana anterior. As respostas recebem uma pontuação de 0 a 3 com base em sua frequência durante o período considerado e depois são resumidas num número total. As perguntas são:

1. Fiquei incomodado com coisas que normalmente não me incomodam.
2. Não tive vontade de comer; tive pouco apetite.
3. Senti que não consegui melhorar meu estado de ânimo, mesmo com a ajuda de familiares ou de amigos.
4. Senti que tenho tanto valor quanto as outras pessoas (pontuação invertida).
5. Tive dificuldade de me concentrar no que fazia.

6. Fiquei deprimido.

7. Senti que tudo que fazia era um esforço.

8. Senti esperança com relação ao futuro (pontuação invertida).

9. Considerei minha vida um fracasso.

10. Senti medo.

11. Tive sono agitado.

12. Senti-me feliz (pontuação invertida).

13. Falei menos que de costume.

14. Senti-me sozinho.

15. As pessoas eram hostis.

16. Desfrutei da vida (pontuação invertida).

17. Tive crises de choro.

18. Fiquei triste.

19. Senti que as pessoas não gostavam de mim.

20. Achei-me incapaz de "seguir em frente".

Considera-se que as pontuações totais se situam numa escala de patologia que vai de moderada a grave e que a pontuação especialmente alta – em geral, dezesseis pontos ou mais – provavelmente é similar a casos tratados de depressão.

A CES-D, assim como o *DSM*, não leva em conta o contexto em que os sintomas surgiram. Em certos aspectos, é muito mais fácil fazer um diagnóstico de depressão com a CES-D que com o *DSM*. Enquanto este requer a presença de humor deprimido ou incapacidade de sentir prazer, a CES-D não define nenhum sintoma como necessário ao diagnóstico da depressão. Isso significa que seria possível alcançar dezesseis pontos de inúmeras maneiras, mesmo quando as pessoas não apresentam os indicadores essenciais de um estado deprimido. O que é mais importante, a CES-D tem requisitos de duração muito menos rígidos que os do *DSM*. Este requer que todos os sintomas persistam por pelo menos duas semanas. Já a CES-D soma pontos positivos quando um sintoma esteve presente até mesmo por um único dia na semana anterior. Considerando-se sua natureza, não é de surpreender que a CES-D revele taxas de prevalência altíssimas. Por exemplo, mais da metade dos participantes enlutados, metade daqueles que passaram por uma separação e um terço dos que ficaram desempregados têm pontuação na CES-D considerada comparável a casos tratados de depressão clínica.[31]

Além disso, cerca de um a dois terços dos adolescentes alcançam uma pontuação na CES-D geralmente tida como comparável a casos de depressão clínica.[32] Quatro estudos realizados pelo Oregon Adolescent Depression Project, no final dos anos 1980, revelaram que entre 39% e 60% dos garotos e entre 56% e 63% das garotas atendiam aos critérios da CES-D para depressão clínica.[33] Outro grande estudo que usou medições em dois momentos diferentes revelou que apenas um terço dos adolescentes *não* estava deprimido em nenhuma das duas avaliações.[34] Até mesmo os estudos que aumentam significativamente os critérios da CES-D para vinte e quatro pontos ou mais revelam que cerca de 10% de todos os adolescentes estão deprimidos.[35]

A duração ínfima dos sintomas indica que a CES-D é extraordinariamente sensível a fenômenos transitórios porém corriqueiros, como não passar numa prova, perder um jogo importante ou descobrir que o namorado(a) está saindo com outra pessoa.[36] De fato, o melhor prognosticador de pontuação alta na CES-D entre adolescentes é o fim de um relacionamento amoroso, fenômeno quase onipresente nessa faixa etária. Os indivíduos que relatam ter se sentido incomodados, deprimidos, ter dificuldade de se concentrar, ter sono agitado, não se sentir felizes, não desfrutar da vida, sentir-se tristes e não conseguir melhorar o estado de ânimo seriam considerados possíveis "casos" de transtorno depressivo, mesmo que os sintomas tenham surgido alguns dias depois de uma circunstância desse tipo.

Mas os sociólogos não conseguem determinar se a pontuação alta na escala de sintoma vem de indivíduos com estados crônicos que oscilam independentemente de condições sociais ou daqueles cujo sofrimento é transitório e induzido por algum acontecimento adverso. Os típicos artigos sociológicos usam termos como "depressão", "sofrimento", "ausência de bem-estar", "doença mental" e "transtorno mental" de forma equivalente. Em vez de separar o sofrimento não patológico – que oscila em função de situações externas e é proporcional a elas – dos transtornos depressivos – que indicam a presença de uma disfunção psicológica interna –, os sociólogos apenas perpetraram a confusão entre esses dois estados.

Por conseguinte, na ausência de qualquer demarcação entre transtorno e sofrimento, eles foram incapazes de compreender que os estudos atuais da sociologia do estresse confundem duas áreas de pesquisa diferentes. A primeira não tem absolutamente nada que ver com transtorno mental e trata do sofrimento normal de vários estressores e posições no sistema social. A segunda trata dos determinantes sociológicos de transtornos mentais genuínos, na medida em que estressores sociais graves podem causar ou desencadear tais transtornos. Circunstâncias externas traumáticas podem levar combatentes de guerra, vítimas de crimes violentos ou sobreviventes do holocausto, por exemplo, a ter disfunções psicológicas.[37] Não só situações extremas de trauma, como também estressores sociais persistentes, são capazes de provocar disfunções internas duradouras. A pobreza crônica sem perspectiva de melhora, por exemplo, pode levar a sensações internalizadas e enraizadas de desesperança e impotência, as quais muitas vezes não mudam nem mesmo quando melhoram as condições sociais.[38]

No entanto, as consequências *típicas* das situações sociais estressantes que os sociólogos costumam estudar não são disfunções psicológicas internas, e sim reações naturais de pessoas normais a tais contextos. Elas são espécies de "reações esperadas e sancionadas culturalmente a determinada situação – por exemplo, a morte de um ente querido", que até mesmo o *DSM* exclui especificamente de sua definição de transtorno mental.[39] Surgem exatamente nos mesmos casos – perda de prestígio ou baixo status social, perda de vínculos afetivos e incapacidade de alcançar objetivos desejáveis – em que os mecanismos de reação à perda normais foram projetados para agir.[40] O fracasso da sociologia em reconhecer esses fatos torna possivelmente confusas e ambíguas grande parte das pesquisas de sociologia do estresse.

## Os estudos de George Brown sobre a depressão

O sociólogo britânico George Brown é possivelmente o mais importante pesquisador da depressão em todo o mundo. Seu trabalho teve mais influência na psiquiatria, especialmente na Grã-Bretanha, que o de qualquer outro cientista social. O modelo social da depressão desenvolvido por Brown justifica perfeitamente sua influência. Sua abordagem inclui uma rara combinação de atenção a significados subjetivos sutis que influenciam estados emocionais e estratégias metodológicas sofisticadas de medições quantitativas e qualitativas. Seu trabalho é um exemplo de um tipo de pesquisa sociológica absolutamente raro que une a exploração do significado humano a uma metodologia cuidadosa e uma teoria perspicaz.

Dito isso, passamos a enfocar algo que, em nossa opinião, consiste em uma limitação no trabalho de Brown: sua ambiguidade quanto à distinção entre normalidade e transtorno. De fato, não fica muito claro que estados seu modelo explica ou pretende explicar. A maioria dos casos considerados transtornos depressivos parece ser casos de tristeza normal, embora alguns provavelmente sejam transtornos genuínos. Ao não fazer uma distinção adequada entre casos de tristeza normal e de transtorno depressivo, Brown, desnecessariamente, restringe a utilidade de seu modelo de depressão e, sem querer, contribui para a confusão que domina as abordagens atuais do diagnóstico de transtorno depressivo.

O grande mérito de Brown foi desenvolver uma metodologia eficaz para medir as causas sociais das reações à perda. A maior parte das pesquisas sobre a relação entre circunstâncias estressantes e sintomas depressivos se apoia em relatos de entrevistados sobre as circunstâncias estressantes que vivenciaram e sobre até que ponto elas eram estressantes. Desse modo, não é de surpreender que esses estudos encontrem relações entre o nível de estresse dos acontecimentos (segundo os entrevistados) e a intensidade dos sintomas (também segundo os entrevistados). O entrevistado tenderá a se lembrar dos acontecimentos como muito estressantes ao recordar que estes o levaram a sintomas intensos. O sistema de Brown, ao contrário, usa classificações independentes e objetivas feitas por observadores (que podem ser realizadas cegamente, sem conhecimento dos sintomas subsequentes dos entrevistados) acerca do grau de sofrimento que se espera que um indivíduo apresente, dados o contexto e a natureza das circunstâncias da vida que ele vivencia, incluindo seus vários significados prováveis (por exemplo, humilhação ou coação). Com isso, a classificação do nível de estresse das circunstâncias consideradas não depende do estado psicológico ou da avaliação dos entrevistados. Brown, portanto, separa claramente a medição de circunstâncias estressantes da medição de suas consequências e, ao mesmo tempo, inclui diversas variáveis biográficas e contextuais na avaliação objetiva das circunstâncias da vida. Esse tipo de cuidado e atenção metodológica às sutilezas do significado associadas com várias circunstâncias da vida não tem precedentes na pesquisa sobre depressão.

De nosso ponto de vista, o sistema de Brown é valioso porque permite que os pesquisadores comparem a proporcionalidade das reações de tristeza com classificações independentes da gravidade dos estressores que desencadearam tais reações. É disso exatamente que se precisa para começar a esclarecer a noção de reação "proporcional" e, assim, determinar a diferença entre estados depressivos normais e patológicos. Mas, infelizmente, o trabalho de Brown não trilhou esse caminho, e ele não fez tal distinção.

Ao contrário, apresentou seu trabalho como um estudo do transtorno depressivo na comunidade. Sua medição da depressão é o Present State Exam (PSE), uma entrevista clínica estruturada desenvolvida no início dos anos 1970. O PSE produz diagnósticos de depressão muito similares àqueles produzidos pelos critérios do *DSM*, requerendo a presença de humor deprimido no ano anterior, assim como ao menos quatro dos seguintes sintomas: desesperança, ideias ou ações suicidas, perda de peso, despertar mais cedo que de costume, dificuldade para dormir, pouca concentração, ruminação, perda de interesse, autodepreciação e anergia (incapacidade de reagir, falta de energia). Brown às vezes usa apenas os critérios de humor deprimido e mais um sintoma do PSE para medir o que ele chama de casos *limítrofes* de depressão, que são análogos à depressão subclínica ou depressão menor.[41] A principal diferença entre o PSE e as entrevistas estruturadas baseadas nos critérios do *DSM* é que o primeiro não verifica o histórico da depressão em toda a vida do entrevistado; Brown examina exclusivamente os episódios depressivos do ano anterior.

Os estudos de Brown revelam, nas amostras comunitárias, índices de depressão ainda mais altos que os dos estudos americanos. Por exemplo, considerando-se um período de doze meses, cerca de 15% das mulheres da classe trabalhadora de Londres têm o que Brown chama de *depressão clínica*.[42] Ao somar o índice de sintomas limítrofes de depressão e ansiedade com os casos que atendem a todos os critérios, ele considera que cerca de metade dos indivíduos da comunidade estudada tem um transtorno.[43] Usando a mesma metodologia transposta para outras culturas, Brown descobre que os índices de depressão no ano anterior oscilam imensamente de uma sociedade para outra, variando (conforme observado no Capítulo 2) de um pico de 30% em áreas urbanas do Zimbábue a cerca de apenas 3% nas áreas rurais da Espanha basca.[44] Essa enorme variação leva Brown a concluir que fatores psicossociais, e não biológicos, explicam a maioria dos casos de depressão clínica.

As pesquisas iniciais de Brown se concentraram na relação entre situações de perda e o surgimento de depressão em mulheres urbanas da classe trabalhadora. Ele descobriu que acontecimentos graves na vida de mulheres que haviam perdido a mãe durante a infância, que viviam com três filhos ou mais, que não tinham relacionamentos íntimos e de confiança com maridos ou namorados e não estavam empregadas explicavam a associação entre classe social e depressão.[45] Essa pesquisa indicou que acontecimentos muito ameaçadores precederam o início de um episódio depressivo em 67% a 90% dos casos.[46] A maioria desses acontecimentos estava associada a dificuldades interpessoais, incluindo situações como o marido afirmar que a esposa não é uma boa mãe, o namorado decidir que não quer um relacionamento sério ou um filho sair da casa da mãe para morar com outros parentes.[47]

Os trabalhos seguintes de Brown enfocaram a natureza particular das perdas. Aquelas ligadas a funções essenciais, planos importantes e ambiciosos ou idealizações sobre si mesmo ou sobre uma pessoa querida têm mais probabilidade de levar à depressão.[48] Duas características em particular estão relacionadas com o aparecimento da depressão em pessoas que sofreram esses tipos de perda:[49] a *humilhação*, quando a situação de perda leva à desvalorização do indivíduo, destrói sua autoestima e resulta em subordinação; e a *coação*, quando o indivíduo não tem meios de escapar daquele contexto. Brown descobriu que cerca de 50% das mulheres que vivenciaram situações consideradas humilhantes e constrangedoras tinham reações depressivas; elas apresentavam três vezes mais probabilidade de vir a ter depressão que aquelas que sofreram alguma situação de perda não associada com tais características.[50]

Os tipos de acontecimento indicam não só quais mulheres têm depressão, como também quais se recuperam dela. O que Brown chama de "recomeços", como arrumar um novo namorado, conseguir um emprego melhor ou se mudar para uma casa maior, afeta a cronicidade dos episódios depressivos.[51] A recuperação ou a melhora são explicadas pela diminuição no nível de estresse do ambiente ou por acontecimentos positivos vivenciados. O transcurso da depressão é, assim, a imagem espelhada de seu início: certos tipos de circunstância predizem seu surgimento e duração.

A abordagem de Brown à maioria das reações depressivas que descreve é, ao que parece, muito compatível com a conceituação de tristeza normal que este livro apresenta. Ele vê a depressão como enraizada numa natureza humana comum, refletindo o fato de que o cérebro humano se desenvolveu para lidar com situações estressantes.[52] Portanto, a capacidade de ter reações depressivas é universal.[53] Brown também enfatiza o papel de determinados tipos de perda como desencadeadores da maioria dos casos depressivos. Também considera que as cognições associadas com os estados depressivos, tais como a desesperança e a impotência, não são descabidas e sim totalmente compreensíveis num contexto de condições sociais adversas.[54] Além disso, indica que "nós, humanos, temos uma tendência fantástica a nos adaptar à adversidade e à privação" e ressalta que muitas reações à perda cessam quando mudam as condições externas.[55] A ênfase de Brown nas revelações de que certos tipos de perda precedem o início da depressão e de que determinados tipos de mudança social positiva predizem a recuperação dos indivíduos parece indicar que ele está estudando a tristeza normal, e não o transtorno depressivo.

A caracterização dos casos que Brown estuda, entretanto, torna claro que ele os considera sendo de transtorno depressivo, e não de tristeza normal. Ele de fato distingue uma pequena minoria de casos totalmente endógenos da maioria de estados depressivos que analisa: "Os estados depressivos melancólicos/psicóticos como um todo provavelmente não passam de um décimo do total de casos clinicamente relevantes de depressão".[56] Mas Brown se refere aos 90% restantes como *transtorno depressivo*, *depressão clinicamente relevante* ou *depressão neurótica*, independentemente de suas características complementares. Ele igualmente afirma que suas amostras comunitárias sofrem dos mesmos *transtornos psiquiátricos* encontrados em populações de pacientes e enfatiza que os casos que estudou nos membros da comunidade são comparáveis aos de pacientes psiquiátricos tratados.[57] Sua justificativa para essa afirmação é que seus estudos que comparam populações da comunidade com pacientes tratados revelam que a grande maioria dos casos em ambos os grupos é precedida por acontecimentos desencadeadores.[58] Da mesma maneira, Brown descobre que, em sua maioria, os membros da comunidade e os pacientes compartilham sintomas comuns. Admitido que as duas populações são similares nesses aspectos, vimos que essa similaridade, isoladamente, não garante que ambos os grupos padeçam de transtorno. Reações normais e anormais ao estresse podem manifestar sintomas similares, e algumas reações a estressores graves podem ser proporcionais e vinculadas à presença contínua do estressor, enquanto outras podem ser desproporcionais ou persistir mesmo depois que as circunstâncias mudam. Além disso, é perfeitamente possível que o grupo de pacientes tratados em consultórios psiquiátricos contenha um número considerável de indivíduos sem transtorno reagindo normalmente a perdas extremas. O problema é que Brown não esclarece quais membros de cada um desses grupos têm um transtorno e quais não têm.

Num artigo, Brown pergunta explicitamente se os casos que estuda são exemplos de *sofrimento* ou *doença*, e pode-se esperar encontrar aqui algum esclarecimento sobre a distinção entre transtorno e normalidade.[59] Ele descobre que os casos na comunidade que atendem aos critérios do PSE são comparáveis a casos encontrados no tratamento clínico. Com exceção dos 10% de casos que são "melancólicos/psicóticos", determinados tipos de perda normalmente precedem a depressão considerando-se tanto os membros da comunidade quanto os pacientes psiquiátricos, e ambos os grupos têm sintomas de intensidade e duração similares. Brown, portanto, rejeita a noção de que os membros da comunidade padecem de sofrimento normal enquanto os pacientes psiquiátricos têm uma doença, e conclui que em ambos os grupos "a depressão é basicamente uma reação ao sofrimento".[60] Mas essas afirmações não abordam o status de transtorno desses estados porque nenhum dos termos de Brown corresponde a transtorno ou normalidade. Por *doença*, Brown quer dizer estados endógenos ou biológicos que não são desencadeados socialmente. No entanto, conforme vimos, um estressor pode causar uma reação patológica ou uma reação que, no início, é normal, mas finalmente se transforma numa disfunção depressiva de duração ou intensidade desproporcionais. Assim, o que Brown chama de "sofrimento" engloba reações normais e patológicas à perda. Portanto, sua demonstração de que a maioria dos casos, tanto na amostra de pacientes quanto na de membros da comunidade, é de sofrimento, e não de doença, não consegue tratar da distinção entre reações normais e disfuncionais. De fato, o próprio Brown considera que sua comparação é entre dois tipos de transtorno depressivo (mais ou menos correspondentes às categorias tradicionais de depressão "endógena" e "reativa"); ele chama ambos os casos que atendem aos critérios do PSE de *transtornos psiquiátricos*. O estudo de Brown, assim, esclarece os obstáculos terminológicos à interpretação da literatura atual, cuja metodologia não se apoia em uma distinção convincente entre transtorno e normalidade.

As evidências, de fato, sugerem que os estudos de Brown agrupam indivíduos que têm um transtorno e indivíduos normais com sintomas depressivos e que, provavelmente, a maioria dos casos reflete tristeza normal. A maior parte deles não só surge em reação a certos tipos de situação de perda, como também persiste com intensidade proporcional às circunstâncias sociais e cessa quando estas mudam. Poucos casos nos estudos de Brown, entretanto, duram mais que as circunstâncias que os causaram e não reagem a mudanças positivas no ambiente. Cerca de um terço dos indivíduos das amostras comunitárias que vivenciam melhoras significativas nas condições de vida continua deprimido.[61] Embora o trabalho de Brown enfoque, de forma louvável, estados desencadeados por situações sociais cuidadosamente especificadas, negligencia estados depressivos que se desvinculam dos contextos externos e parecem ser mantidos por alguma disfunção interna, o que indica serem prováveis transtornos.

Portanto, acreditamos que o grande mérito de Brown foi medir e caracterizar com precisão a natureza e as causas da tristeza intensa – e, na maioria dos casos, normal –, mesmo sem lhe dar esse nome. Além disso, ele desenvolveu a teoria mais completa sobre determinadas características das situações de perda – gravidade, humilhação e coação – que provocam tristeza normal e documentou como esses estados só persistem enquanto os estressores externos continuam presentes. Embora Brown apresente sua pesquisa como um estudo do transtorno depressivo, parece ser, ao contrário, uma contribuição sem precedentes ao estudo da tristeza normal em circunstâncias sociais extremamente adversas e, muitas vezes, injustas. Seu excelente trabalho ilustra como até mesmo os melhores estudos científicos tenderam a aceitar e corroborar, em vez de questionar, a crescente confusão dentro da psiquiatria sobre a distinção entre transtorno e emoções negativas normais.

## Conclusão

Os estudos antropológicos e sociológicos ajudaram a perpetuar a confusão entre tristeza normal e transtorno depressivo. Uma vez que rejeitam a possibilidade de elaborar quaisquer conceitos de depressão que transcendam as interpretações locais, os antropólogos não têm embasamento para afirmar que as definições da psiquiatria ocidental poderiam ser aprimoradas. Os sociólogos usam termos como "sofrimento" e "depressão" de forma equivalente, o que implica que todas as reações de tristeza são variações de transtornos mentais. Assim, eles também são incapazes de questionar a definição de transtorno depressivo da psiquiatria, demasiado abrangente. George Brown construiu uma teoria sofisticada sobre as circunstâncias em que surge a tristeza, mas não distingue os estados depressivos que decorrem de disfunções daqueles que são reações normais. Parte do motivo pelo qual uma distinção adequada entre tristeza e normalidade nos escapa é o fracasso das disciplinas das ciências sociais que estudam a depressão em adotar um ponto de vista crítico e independente e questionar os critérios diagnósticos baseados em sintomas do *DSM*.

# 11 CONCLUSÃO

Neste capítulo final, esclarecemos alguns pontos de nosso raciocínio. Primeiro, consideramos a pergunta: se as falhas nos critérios diagnósticos atuais são tão evidentes quanto argumentamos, por que estes não foram – ou não podem ser facilmente – modificados? Ao abordar essa questão, passamos da lógica do diagnóstico à dos grandes grupos e interesses privados que vêm à tona quando se adota uma definição de transtorno. Em seguida, retomamos a perspectiva revolucionária sobre transtorno que apresentamos nos dois primeiros capítulos e serve de base para grande parte de nossa argumentação. A literatura especializada faz muitas objeções a essa visão. Nós analisamos algumas das objeções mais interessantes e explicamos sucintamente por que acreditamos que nenhuma delas coloca em dúvida a compreensão evolutiva do funcionamento humano normal. Por fim, este livro é essencialmente uma análise e uma crítica. No entanto, muitos leitores estarão se perguntando quais seriam as soluções para os problemas que identificamos. Por isso, apresentamos algumas reflexões iniciais sobre as estratégias por meio das quais a abordagem ao diagnóstico de Transtorno Depressivo Maior pode ser modificada para se tornar mais precisa.

## Os partidários do conceito atual de Transtorno Depressivo

Argumentamos que existe um problema lógico evidente com a atual definição de Transtorno Depressivo Maior do *DSM*. Provamos que esse problema se disseminou por todos os tratamentos e pesquisas de saúde mental, bem como na área das políticas públicas, ampliando o domínio do transtorno depressivo. Mas a definição é resistente; sobreviveu a três revisões do *Manual* e há poucos indícios de que uma mudança nos critérios para Transtorno Depressivo Maior esteja entre as prioridades da próxima edição, o *DSM-V*. Presumindo que nossa crítica tem mérito, parece razoável perguntar: o que impede que essa definição seja simplesmente modificada a fim de corrigir uma falha lógica?

A TRISTEZA PERDIDA **245**

Em condições normais, há razões legítimas para ser conservador com relação a uma mudança nos critérios diagnósticos. Talvez a principal seja que os estudos que usam critérios diferentes para a seleção de amostras não podem facilmente ser comparados em termos científicos e contribuir com o acúmulo de conhecimento, esvaziando, assim, o próprio propósito de adotar padrões confiáveis e cientificamente respeitáveis. Também é verdade que existem muitas propostas para mudar os critérios na direção preferida por um ou outro grupo, mas elas raramente se baseiam no acúmulo de evidências científicas que justificariam a mudança. Assim, transformar os critérios pode ser uma questão política, e não científica.

No entanto, nada é ordinário quando se trata do problema que delineamos; existe uma importante, clara e contundente violação de validade que pode ser identificada em bases conceituais e teóricas e deve ser corrigida. Não faz sentido defender a continuidade desse modelo diagnóstico para fins de pesquisa quando se sabe que o que está sendo preservado é inválido e, portanto, inútil para a investigação científica. Então, se as razões costumeiras para a resistência à mudança não se aplicam a esse caso, por que os critérios não são mudados?

Esse assunto nos leva da esfera das definições conceituais à das relações de poder entre as instituições. Para que possamos criticar a exploração de um conceito com objetivos de controle, precisamos entender como esse conceito pode ser usado de forma legítima. Desse modo, é necessário compreender sua estrutura lógica, que foi objeto de nossa análise. Mas são os fatores sociais, mais que questões puramente lógicas, que determinam como um conceito é realmente explorado e utilizado – mesmo que, às vezes, de forma falaciosa – para servir a interesses mais amplos.[1] Por exemplo, o conceito de depressão, conforme analisamos, seleciona casos patentes de tristeza normal e de transtorno depressivo; mas também contém um alto grau de indeterminação, ambiguidade e imprecisão, o que permite que diferentes grupos o explorem de formas que se adaptem a seus interesses. Muitos grupos consideraram vantajoso um conceito de depressão baseado em sintomas que gere um índice elevado de patologia.

A medicina, de modo geral, e a psiquiatria, em particular, têm sido importantes promotores e beneficiários de uma definição que lhes permite rotular e tratar como transtornos problemas que até então não eram clínicos. Todas as profissões se esforçam para ampliar o domínio dos fenômenos sujeitos a seu controle, e sempre que o rótulo de doença é atribuído a um estado a medicina tem direito primário de jurisdição sobre ela.[2] Assim, os conceitos de transtorno mental baseados em sintomas aumentam a gama de casos que podem ser objetos legítimos da psiquiatria.[3] Pegando carona em práticas defensáveis de controle psiquiátrico dirigidas a transtornos mentais, as emoções humanas normais, uma vez classificadas como transtornos, são geralmente submetidas a medicamentos psicotrópicos ou psicoterapia, que se disseminaram dos hospitais ou clínicas psiquiátricas ao consultório do clínico geral, à sala de aula e aos sites de autoajuda na internet.

Para os profissionais de saúde mental, as medições de depressão baseadas em sintomas justificam o reembolso pago pelos seguros-saúde para o tratamento de uma ampla gama de pacientes que, não fosse por isso, possivelmente não teriam direito de recebê-lo, visto que os seguros pagam o tratamento de transtornos, mas não de problemas existenciais. Diariamente, os médicos deparam com pacientes que procuram ajuda para estados que parecem ser tristeza normal intensa, mas satisfazem os critérios do *DSM* para o diagnóstico de transtorno. Muitos médicos admitirão prontamente que vários de seus inúmeros casos de "depressão" consistem em indivíduos que são psiquiatricamente normais, mas estão passando por circunstâncias estressantes. A consequência é uma estranha situação em que dois "erros" parecem resultar em um "acerto": o *DSM* fornece critérios falhos que não diferenciam adequadamente transtorno de patologia; os médicos, que não podem ser culpados por aplicar os critérios diagnósticos oficiais do *DSM*, classificam – de forma consciente ou não – alguns casos normais como transtornos. Esses dois erros levam o paciente a obter o tratamento que queria, pelo qual o terapeuta é reembolsado. O diagnóstico baseado em sintomas permite aos médicos ponderar tais decisões quando a alternativa é a recusa de tratamento àqueles que estão sofrendo.

Os pesquisadores também têm muito a ganhar com diagnósticos baseados em sintomas. A combinação de tristeza normal com transtorno depressivo legitima uma interpretação abrangente do domínio a cargo do Instituto Nacional de Saúde Mental dos Estados Unidos, o principal patrocinador de pesquisas na área. Uma definição ampla possibilita defender de forma mais persuasiva um financiamento maior, com a justificativa de que o transtorno depressivo prolifera na população. Além disso, ao contrário do que ocorria nos anos 1960, quando o Instituto estava preocupado com as consequências psicológicas de problemas sociais como pobreza, racismo e discriminação, no clima político de hoje é mais provável que o apoio venha de uma instituição dedicada a prevenir e curar uma doença disseminada que de uma que confronta problemas sociais controversos.[4]

Os pesquisadores de saúde mental também têm muito a perder se os critérios baseados em sintomas da depressão forem alterados, pois eles são relativamente fáceis de usar, reduzem o custo e a complexidade das pesquisas e aumentam a produtividade. Maior confiabilidade também confere maior prestígio científico. Além disso, os critérios do *DSM* são usados em praticamente todos os milhares de estudos de depressão com base nos quais os pesquisadores construíram sua carreira, e qualquer redefinição significativa de critérios diagnósticos colocaria em dúvida o valor das pesquisas anteriores. Uma distinção adequada entre tristeza normal e transtorno depressivo também poderia diminuir o financiamento de pesquisas, principalmente se o Instituto Nacional de Saúde Mental optasse por dirigir seus esforços a transtornos genuínos. Entretanto, os pesquisadores certamente percebem que, para alcançar o objetivo de compreender a etiologia e o tratamento adequado da depressão, é preciso, enfim, usar definições válidas de transtorno ao selecionar as amostras para seus estudos.

As definições baseadas em sintomas também são úteis para fazer estimativas dos custos sociais e econômicos da depressão, aparentemente gigantescos – o que, por sua vez, pode justificar a destinação de mais recursos para o tratamento e a prevenção da doença. A Organização Mundial da Saúde (OMS) é o principal grupo responsável pela propagação das definições de depressão do *DSM* dos Estados Unidos para o resto do mundo. Sua preocupação tem sido divulgar os custos enormes da depressão. A maior parte da literatura sobre a doença cita as projeções da OMS de que em 2020 esta será a segunda principal causa de incapacitação no mundo, atrás apenas de doenças cardíacas, e de que já é a principal causa de incapacitação entre pessoas de meia-idade e entre mulheres de todas as faixas etárias.[5] Isso confere um senso de urgência aos programas que visam fornecer uma solução para o transtorno depressivo. Peter Kramer, ao analisar o estudo da OMS, declara: "A doença que mais causa incapacitação! A mais custosa!" Segundo Kramer, "a depressão é o flagelo da humanidade".[6] De fato, a pretensa calamidade dessa afirmação e suas hábeis qualidades retóricas decorrem do fracasso em distinguir transtorno depressivo de tristeza normal.

Os cálculos da OMS com relação ao ônus da doença são extremamente complexos, mas resultam de dois componentes essenciais: o número de indivíduos que sofrem do transtorno e a quantidade de casos de incapacitação e morte prematura causados por ele. O primeiro componente, a frequência do transtorno, deriva de definições baseadas em sintomas que estimam que 9,5% das mulheres e 5,8% dos homens sofrem de depressão no período de um ano. O segundo, a incapacitação, é classificado em sete níveis de gravidade, com base no tempo que o indivíduo esteve doente e ponderado pela gravidade da doença. As pontuações de gravidade provêm de avaliações consensuais de trabalhadores saudáveis do mundo todo que são aplicadas a todos os casos da doença. A depressão é colocada na segunda categoria mais grave de doença, atrás apenas de estados extremamente incapacitantes e ininterruptos, como psicose ativa, demência e tetraplegia, sendo considerada comparável à paraplegia e à cegueira. É tida como mais grave que, por exemplo, síndrome de Down, surdez, amputação abaixo do joelho e angina. Esse grau extremo de gravidade presume que todos os casos de depressão compartilham a profundidade, a cronicidade e a recorrência características dos casos que os trabalhadores saudáveis presenciam em seu ofício. Mas, diferentemente da gravidade dos casos tratados, uma grande proporção dos indivíduos que atendem aos critérios baseados em sintomas nos estudos comunitários – nos quais se baseiam as estimativas de frequência da depressão – tem episódios graves com pouco comprometimento que remitem após um breve período.[7] Desse modo, as classificações de gravidade da OMS ignoram a grande heterogeneidade no grau de comprometimento observado em casos de depressão e aplica a classificação mais grave a todos os casos.

A confusão entre tristeza normal e transtorno depressivo leva a superestimar tanto os componentes de gravidade quanto os de prevalência dos índices de incapacitação, o que explica os números altíssimos da OMS. Os defensores, por sua vez, usam essas evidências aparentemente científicas de que a depressão é um problema massivo de saúde pública para clamar por muito mais recursos ao combate da doença.

As organizações de apoio a familiares, como a Aliança Nacional pelos Doentes Mentais (Nami, na sigla em inglês), que se tornou um influente movimento político durante os anos 1980, são outro grupo de peso que defende as definições de depressão baseadas em sintomas. Eles têm como prioridade acabar com a estigmatização do transtorno mental e obter equiparação de reembolso para doenças mentais. Os diagnósticos baseados em sintomas ampliam a noção de transtorno mental em tal medida que abarcam uma grande parte da população. Isso diminui as fronteiras entre normalidade e anormalidade e aparentemente pode contribuir para uma maior aceitação do transtorno mental na sociedade. Além disso, os grupos defensores argumentam que os transtornos mentais, incluindo a depressão, são biológicos, assim como os transtornos físicos, e merecem ser tratados da mesma maneira no que concerne ao reembolso. Admitir que os atuais critérios do *DSM* são incapazes de distinguir transtornos depressivos genuínos de reações de tristeza normal certamente obscureceria esse argumento e parece ir contra a pauta desses grupos.

As empresas farmacêuticas, que têm lucros exorbitantes com a transformação da tristeza em transtorno depressivo, são possivelmente os beneficiários mais visíveis do diagnóstico baseado em sintomas do *DSM*. Em consequência, essas empresas são hoje os principais financiadores das atividades da psiquiatria e dos grupos defensores, os quais, em troca, enfatizam os benefícios do uso de medicação como tratamento de primeira linha para a depressão.[8] Em toda parte, as propagandas de antidepressivos, usando os critérios do *DSM*, enfatizam que indivíduos com sintomas comuns como tristeza, fadiga, perturbações no sono ou perda de apetite devem consultar um médico para saber se têm um transtorno depressivo, e essas campanhas têm muito sucesso.[9] Assim como os médicos, as empresas farmacêuticas podem dar a justificativa legítima de que estão simplesmente usando os critérios sancionados pela psiquiatria, mesmo quando sua propaganda tende a confundir o público quanto à fronteira entre normalidade e transtorno.

Finalmente, talvez os maiores interessados nas definições medicalizadas do sofrimento sejam os próprios indivíduos aflitos, que acreditam que, ao reconhecer que seus sintomas são manifestações de doenças tratáveis, podem obter auxílio médico mais facilmente e, assim, regular suas emoções dolorosas. As propagandas e outras mensagens da mídia reforçam uma imagem de consumidores que desfrutam de estilos de vida desejáveis porque usam medicamentos psicotrópicos, diminuindo a lacuna entre o sofrimento real e a normalidade almejada. Esses indivíduos podem realmente se beneficiar da medicação ou de outro tipo de tratamento e, ao definir a si mesmos como vítimas de uma doença, obtêm uma explicação socialmente aceitável para seus problemas e se livram de parte da responsabilidade.

Portanto, diversos grupos de interesse – incluindo profissionais, pesquisadores, defensores da saúde mental e empresas farmacêuticas –, assim como muitos indivíduos que desejam ter controle sobre sua dor emocional, têm interesse em manter os critérios atuais para o diagnóstico da depressão, o que torna problemático mudá-los. Entretanto, é difícil imaginar que qualquer empreendimento que afirme ser fundamentado em princípios científicos possa continuar se baseando em critérios nitidamente inválidos como os que existem atualmente para Transtorno Depressivo Maior. Ao mesclar indivíduos com tristeza normal e com transtorno depressivo nas amostras de pesquisa, tais critérios confusos também dificultam a compreensão da etiologia do transtorno e da melhor forma de tratá-lo. Definições demasiado amplas de transtorno psicológico também têm os custos potenciais de estigmatizar os afetados como doentes mentais, substituindo as políticas sociais por tratamento médico injustificado e criando um discurso público unidimensional que pode minar a capacidade de fazer distinções políticas e morais.

A própria magnitude dos números sobre a prevalência do transtorno depressivo, apesar de sua utilidade retórica, pode paralisar a intenção de solucionar um problema aparentemente tão grande. Hoje, alguns críticos são contra a equiparação de reembolso para os cuidados com a saúde mental porque, ao permitir que todo caso de tristeza normal tenha direito a tratamento, os cofres da saúde quebrariam. Uma discussão mais honesta sobre casos normais e anormais e o direito de reembolso pode ajudar a lidar com cada uma dessas objeções. Além disso, as vantagens de tratar indivíduos com tristeza normal como se tivessem transtorno depressivo podem ser anuladas pelas desvantagens de colocá-los em situação de vítimas, diminuindo seu senso de responsabilidade pessoal e criando uma visão de si mesmos como padecedores passivos de deficiências bioquímicas.[10] Finalmente, a transformação de tristeza em transtorno depressivo tem o efeito questionável de restringir a gama de emoções normais e expandir a patologia a domínios cada vez mais amplos da existência humana.

## Objeções a nosso ponto de vista

Grande parte de nossa crítica se apoia na distinção de transtorno e normalidade de acordo com critérios evolutivos que definem como os seres humanos são projetados biologicamente para se comportar. A abordagem decorrente reflete a tradição dominante na história da psiquiatria, conforme documentamos no Capítulo 3. Mas é possível que nossa distinção entre transtorno e tristeza normal seja, entretanto, simplesmente errada? De fato, foram feitas muitas objeções a vários aspectos de nosso ponto de vista. Os debates sobre o conceito de transtorno são comuns em muitas disciplinas; portanto, nossa consideração de tais objeções não pretende, de forma alguma, ser exaustiva.

Algumas objeções afirmam que *transtorno* é, inerentemente, apenas um termo carregado de valor que denota estados mentais ou comportamentais indesejáveis, sem nenhum componente factual que possa ter um referente real na natureza humana. Nessa perspectiva, é impossível fazer distinções objetivas entre transtorno e normalidade.[11] Concordamos que "transtorno" é, em parte, um juízo de valor; um estado que não causa nenhum dano não pode ser considerado transtorno, e a noção de dano tem um componente de valor intrínseco. Além disso, como vimos, grupos diferentes manipulam esse conceito para adequá-lo a seus interesses. No entanto, ainda que possa parecer atraente equiparar transtorno com tudo que é negativo, os transtornos são apenas um tipo negativo de estado de saúde. Embora comum, a afirmação de que "transtorno" é apenas um juízo de valor não faz sentido simplesmente porque há muitos estados mentais avaliados negativamente que ninguém considera transtornos – de ignorância e falta de talento a atração sexual por parceiros extraconjugais e agressividade masculina, sem mencionar o gosto por comidas gordurosas e açucaradas, que pode ser nocivo atualmente.

Assim, deve haver algo além do juízo de valor, especificamente algum critério factual, que distinga transtornos dos outros incontáveis estados mentais e comportamentais que são avaliados negativamente mas não são considerados patológicos. Esse critério parece ser se os mecanismos biológicos do indivíduo estão funcionando da forma como foram moldados pela natureza para funcionar. Se, nesse sentido, o estado pertence à natureza humana, então – mesmo que atualmente seja prejudicial – não é um transtorno.

Uma objeção correlata é que chamarmos certo estado de *transtorno mental* é provavelmente impulsivo e até mesmo vago, visto não existirem fronteiras naturais nítidas entre estados normais e patológicos.[12] Ao contrário, a normalidade e a anormalidade encontram-se num continuum. Daí decorre – segundo se afirma – que as tentativas de distinguir estados disfuncionais de normais são arbitrárias e devem se apoiar em valores sociais.[13]

É equivocado pensar que um conceito científico de transtorno deva estabelecer tais fronteiras precisas. O que é essencial é que o conceito e seu oposto possam ser aplicados com clareza a uma gama de casos significativos; a imprecisão em torno da fronteira não é crítica e é, de fato, esperada, porque as próprias características que a definem têm limites vagos. As distribuições contínuas na natureza são completamente compatíveis com conceitos objetivos, embora seja verdade que a confusão do conceito significa que estabelecer uma fronteira precisa para fins práticos provavelmente dependerá mais de valores e convenções sociais que de fatos objetivos. Por exemplo, há diferenças reais, ancoradas em fatos biológicos, entre crianças e adultos, entre estar dormindo e estar acordado, entre pressão sanguínea normal e alta, e entre as cores branca e preta, mas em cada um desses exemplos existem casos intermediários que criam indistinção ou um continuum.

Outra crítica comum é que as definições de transtorno devem se apoiar exclusivamente nas práticas sociais concretas de uma comunidade. Essa objeção afirma que conceitos de transtorno são relativos a tempos e lugares específicos e não podem ser universalmente válidos. Por exemplo, os antropólogos Laurence Kirmayer e Alan Young argumentam que

> a inadequação tem muito mais que ver com normas e circunstâncias definidas socialmente que com aquelas definidas em termos evolutivos. A noção do que é inadequado, que distingue reações normais de patológicas ou disfuncionais, é reconhecida e definida de acordo com o contexto social; decidir o que é inadequado é fazer um julgamento social.[14]

Como vimos, há alguma verdade na visão cultural da depressão. Os valores e práticas culturais locais de fato ajudam a definir os significados dos acontecimentos e, assim, que circunstâncias serão percebidas como pertencentes a uma das categorias que desencadeiam a tristeza. Mas essa relatividade cultural é totalmente condizente com o fato de que processos biológicos universais estão por trás de reações de tristeza e moldam sua sensibilidade a certos tipos de significado.

A principal falha nessa objeção é que o conceito de *circunstâncias inadequadas*, fundamental para a distinção entre reações normais e patológicas, não é um julgamento determinado exclusivamente pelo contexto social, e sim um conceito baseado, em parte, na evolução humana. As reações à perda são selecionadas pela natureza para reagir a uma gama específica de estímulos, e não fora dessa gama; elas são projetadas para não reagir aos estímulos errados tanto quanto o são para reagir aos certos. Os valores culturais de fato ajudam a definir quais perdas específicas se encontram dentro ou fora dessa gama de estímulos e podem indicar padrões para a intensidade de uma reação de tristeza socialmente aceitável. Mas as *categorias* que desencadeiam as reações de tristeza – perda de vínculos afetivos, status social baixo ou em declínio ou fracasso em alcançar objetivos – são universais.

Além disso, quando os conceitos de transtorno são equiparados com quaisquer estados chamados de *transtorno* em determinado grupo, perde-se a possibilidade de avaliar e criticar cientificamente esses conceitos. Também se perde a compreensão comum de que uma cultura pode estar *errada* em seus julgamentos sobre transtorno. Por exemplo, os ingleses da era vitoriana estavam errados ao acreditar que a masturbação e o orgasmo feminino eram transtornos, e, antes da Guerra de Secessão americana, alguns sulistas estavam errados ao afirmar que escravos fugidos eram doentes mentais. Mas, se um transtorno é apenas um estado determinado culturalmente, não podemos explicar por que esses julgamentos estavam errados, pois os diagnósticos de fato expressavam os valores de sua época.

O motivo pelo qual eles podiam estar errados é que há uma afirmação adicional, factual, quando alguém declara que certo estado de saúde é um transtorno: a afirmação de que tal estado decorre de uma falha no projeto biológico humano (isto é, as mulheres são projetadas para não ter orgasmo ou os escravos, para ser subservientes), e essa afirmação factual se revela absolutamente falsa. Ou seja, os diagnósticos se baseavam em teorias incorretas sobre a natureza humana. Ao situar questões de julgamento diagnóstico fora do escopo da ciência, a visão cultural não deixa espaço para afirmar que uma definição de depressão é melhor ou pior que outra. Essa perspectiva, portanto, é não só errada como contraproducente, porque elimina a possibilidade de fazer críticas construtivas a fim de aprimorar o diagnóstico psiquiátrico. Nossa abordagem, ao contrário, visa ajudar a psiquiatria a desenvolver conceitos mais úteis, que não definam toda consequência indesejável de tristeza como transtorno.

Outras objeções rejeitam o critério evolutivo específico que usamos para verificar o status de transtorno. Uma das críticas aceita uma abordagem biológica que determina se um comportamento é saudável com base em suas funções adaptativas, mas objeta que é sua capacidade adaptativa no presente, e não aquela para a qual o mecanismo foi selecionado no passado, que determina o status de transtorno.[15] De acordo com esse ponto de vista, os critérios para o diagnóstico de condições patológicas devem se apoiar em estados não adaptativos no meio atual, e não em padrões tirados do funcionamento evolutivo. Mas o passado é relevante porque, ao explicar como viemos a ser da forma que somos, determina quais de nossas características foram biologicamente selecionadas e, portanto, são parte da natureza humana. Se um mecanismo é adaptativo atualmente ou parte do projeto biológico são duas questões distintas. A incompatibilidade entre o que é parte da natureza humana e o que é desejado socialmente – como adultério, agressividade masculina ou tristeza em reação a perdas – não é, por si só, um transtorno. Por exemplo, em nossa cultura, pode ser adaptativo não gostar de gordura e açúcar, mas isso não significa que as pessoas que gostam têm um transtorno; foi assim que fomos projetados para ser, devido a condições que existiram enquanto evoluíamos. A função explicativa do conceito de transtorno é tal que disfunções de mecanismos psicológicos são definidas corretamente com base em padrões evolutivos, e não contemporâneos.

No entanto, em certas ocasiões, condições ambientais muito diferentes do esperado podem produzir transtornos depressivos reais porque as pessoas não foram selecionadas naturalmente para funcionar nesses contextos. As guerras modernas, por exemplo, levam muitos soldados a ter transtornos mentais, que persistem muito além da situação imediata de combate porque o cérebro humano não foi criado para funcionar em tais condições. Mais comumente, entretanto, reações problemáticas num novo ambiente não são transtornos; ao contrário, os mecanismos em questão estão reagindo conforme foram projetados para fazê-lo diante de novos tipos de perda.[16]

Outra crítica é que a depressão não serve a nenhuma função evolutiva; ao contrário, é, nos termos de Steven Jay Gould, um tímpano ou exaptação.[17] O termo "tímpano" deriva dos espaços triangulares abaixo das cúpulas de catedrais góticas que não eram planejados, mas necessariamente resultavam da forma como a cúpula é montada em arcos adjacentes. Tímpanos são acidentes evolutivos que não são selecionados, e sim consequências não intencionais sem vantagem evolutiva. Quando, posteriormente, os tímpanos são postos em uso – como quando os pintores das catedrais os decoraram com imagens dos apóstolos –, tornam-se exaptações que colocam a estrutura acidental a serviço de algum propósito. A depressão, de acordo com essa hipótese, é um tímpano que nunca teve nenhum benefício óbvio ou oculto, nem passado nem no presente.[18]

A ideia de que a depressão nunca foi selecionada por seus benefícios evolutivos contém várias confusões. Em primeiro lugar, não acreditamos que *transtornos depressivos* alguma vez tenham sido adaptativos. Eles são disfunções de mecanismos de reação à perda e, portanto, nunca foram selecionados no decorrer da evolução – nem como adaptações nem como exaptações. O argumento de que os sintomas devem ter sido selecionados por suas qualidades adaptativas em algum momento da história evolutiva se aplica apenas à tristeza normal, e não ao transtorno depressivo. Em segundo lugar, qualquer função adaptativa que a tristeza intensa em reação à perda possa ter tido na história evolutiva não precisa estar visível no presente. As críticas de que os sintomas similares aos da depressão não são adaptativos atualmente são irrelevantes para sabermos se foram selecionados para se manifestar em circunstâncias adequadas em algum momento do passado distante.

Conforme argumentamos no Capítulo 2, ao menos algumas formas de tristeza em reação a certos desencadeadores foram selecionadas pela natureza, como parece evidente na universalidade intercultural de tais emoções, bem como em sua expressão em bebês e em primatas não humanos. Mas, sabidamente, a universalidade por si só não explica o projeto biológico específico de uma reação em particular, pelo simples motivo de que os tímpanos podem ser universais se são subprodutos invariáveis de características projetadas universais. Para citar um exemplo biológico, a dor durante o parto pode ser uma característica universal que é um efeito colateral da seleção do tamanho aumentado do crânio de bebês e, possivelmente, não tem função alguma. O filósofo Dominick Murphy e o psicólogo Robert Woolfolk, citando o queixo, supostamente um tímpano universal, argumentam que tímpanos mentais podem existir e causar patologia sem a presença de uma disfunção:

> O queixo humano é um famoso tímpano. Não tem função em si mesmo; é simplesmente um subproduto dos requisitos de engenharia da fala, mastigação e respiração. Se existem tímpanos mentais, então há mecanismos mentais que são subprodutos da evolução e, em si mesmos, nunca tiveram função adaptativa (no sentido evolutivo de Wakefield); portanto, não têm como funcionar mal. Esses mecanismos, entretanto, podem produzir comportamento patológico.[19]

Talvez o argumento mais comum sobre a depressão a esse respeito seja que as reações de tristeza intensa foram selecionadas especificamente para os vínculos durante a infância, sendo todas as outras reações desse tipo efeitos colaterais similares a tímpanos, sem função alguma.[20]

De fato, há evidências de que as reações de tristeza não são todas similares e sim adequadas para tipos específicos de perda, o que indica que foram selecionadas pela natureza e não são um subproduto acidental.[21] Por exemplo, o pessimismo, a fadiga e a anedonia estão associados com o fracasso em alcançar objetivos importantes, ao passo que o choro e a dor emocional estão ligados à perda de vínculos afetivos. Além disso, parece inexplicável que os tipos de reação de tristeza normalmente vistos em humanos e outros primatas diante da perda de vínculos e de status, respectivamente, sejam resquícios da seleção natural, porque os desencadeadores num caso e no outro são muito diferentes. Até que se forneça uma explicação mais persuasiva baseada na noção de tímpano, a onipresença da tristeza diante de tipos específicos de perda é evidência em primeira instância de que essa emoção está realizando alguma função selecionada pela natureza, ainda que só possamos especular sobre qual possa ter sido essa função.

Uma última crítica a nosso ponto de vista é que ele tem consequências negativas para o tratamento. Muitas pessoas temem que o uso de critérios evolutivos para determinar transtornos psicológicos levaria a padrões desnecessariamente rígidos para o direito a tratamento – o que impediria os sofredores necessitados de obter auxílio profissional. "Tal critério conceitual para transtorno", de acordo com o psiquiatra John Sadler, "seria usado de forma burocrática para excluir os indivíduos de cuidados que podem ser realmente necessários."[22]

Tais receios derivam da crença de que existe uma relação unívoca entre disfunções e casos passíveis de tratamento, de modo que apenas as disfunções seriam reembolsáveis.[23] A questão de quem deve ser tratado, entretanto, não se resume a quais estados são transtornos. Os médicos frequentemente tratam casos e realizam procedimentos que não têm nada que ver com transtornos (por exemplo, parto e contracepção). Essa é, em parte, uma questão política com relação ao reembolso autorizado por serviços e, em parte, uma questão empírica ligada ao que pode ajudar as pessoas. É verdade que nossa análise encoraja a priorizar o tratamento de casos reconhecidos de depressão em detrimento das tentativas de chegar àqueles não identificados e não tratados de tristeza. Também nos leva a ser céticos sobre os benefícios dos programas disseminados de detecção ou da propaganda direta ao consumidor que encoraja indivíduos com sintomas comuns a iniciar tratamento porque seus sintomas têm mais probabilidade de indicar tristeza normal que transtorno depressivo.

Mas também é verdade que a tristeza não patológica pode causar enorme sofrimento e que a medicação ou o aconselhamento psicológico são capazes de aliviar muitos casos de tristeza dolorosa, mas normal – embora o caráter geralmente transitório das reações normais, que tendem a remitir sem necessidade de intervenção, dificulte a decisão de tratá-los ou não. Quando as pessoas desejam ajuda profissional para tais dores emocionais agudas, merecem atendimento médico por uma questão de justiça e compaixão. No entanto, assim como receitar analgésicos durante o parto não faz desse processo um transtorno, a medicação ou o aconselhamento psicológico de indivíduos com tristeza normal não devem ser confundidos com o tratamento de um transtorno.

## Alguns caminhos para a solução do problema

Este livro se dedicou a criticar as atuais definições demasiado abrangentes de depressão. Tentamos esclarecer a confusão conceitual que permeia a psiquiatria e as ciências sociais no estudo da depressão. Uma vez que se reconheça esse problema, essas áreas podem criar os métodos necessários para distinguir casos normais de anormais. Embora não faça parte do escopo deste livro desenvolver tais métodos em detalhe, convém delinear alguns caminhos promissores a seguir. Nesta seção, damos algumas sugestões preliminares de como os critérios poderiam ser aprimorados para distinguir transtorno depressivo de tristeza normal. Cada sugestão depende do uso de critérios contextuais, assim como da presença de sintomas, para tomar decisões diagnósticas. As formas específicas pelas quais esses critérios são incorporados dependerão dos contextos em que os diagnósticos são feitos, tais como a prática médica, programas de detecção ou estudos comunitários.

A definição de Transtorno Depressivo Maior do *DSM* é primordialmente projetada para uso na prática médica. A exclusão presente no *Manual*, segundo a qual "os sintomas não devem estar associados com o luto", fornece um modelo para critérios válidos em contextos clínicos.[24] Não há motivo por que não ampliar essa cláusula para uma situação mais geral, como "luto ou algum outro estressor importante", ou fornecer outros exemplos específicos, como "luto, fim do casamento, perda do emprego etc.". Com uma cláusula de exclusão dessa natureza, caberia ao médico decidir se o paciente apresenta tristeza normal ou transtorno depressivo. Uma vez que o diagnóstico clínico atual é feito para pacientes que já avaliaram a si mesmos e julgam precisar de tratamento psiquiátrico, as ampliações nessa cláusula de exclusão provavelmente não teriam efeito significativo na decisão diagnóstica. No entanto, essas mudanças aumentariam a validade e a integridade dos diagnósticos do *DSM*. Além disso, a lista de "códigos V", discutida no Capítulo 5, poderia ser ampliada para conter estados excluídos dos diagnósticos de Transtorno Depressivo Maior que são casos "normais, mas tratáveis".

As ferramentas de detecção de depressão na prática da clínica geral são aplicadas em contextos em que o tempo é escasso, devendo, por isso, ser muito breves. Portanto, a incorporação de critérios contextuais a essas ferramentas é um desafio. De um lado, muitos pacientes de clínica geral provavelmente têm tristeza normal decorrente de situações estressantes, como uma doença física. De outro, as ferramentas de detecção que usam critérios contextuais consumirão mais tempo e podem ser menos confiáveis que as ferramentas atuais, o que talvez não as torne tão práticas.

Os critérios contextuais poderiam ser incorporados nessas ferramentas em dois níveis; nas perguntas usadas nas ferramentas de autodiagnóstico e nas instruções para que os médicos interpretem os resultados. Incluir uma instrução simples nos questionários de autodetecção – por exemplo, "Esses sintomas surgiram depois de situações particularmente estressantes, tais como..." – poderia sugerir aos entrevistados que os sintomas de tristeza normal não necessariamente indicam um transtorno depressivo. De fato, os primeiros estudos comunitários usavam perguntas – por exemplo, se as palpitações surgiam "quando você não está se exercitando ou trabalhando duro" – que contextualizavam as reações a determinados sintomas.[25]

Além disso, as instruções aos médicos sobre como interpretar os resultados dos questionários poderiam mencionar explicitamente a necessidade de atentar para o contexto dos sintomas relatados e avaliar se eles refletem um estado físico ou o impacto da medicação ou de situações estressantes, em vez de um transtorno depressivo. Os médicos também deveriam ser alertados explicitamente a usar seu bom-senso diagnóstico, em vez de não questionar as escalas de sintomas ao estilo do *DSM*. Também poderiam ser encorajados, em determinados casos, a adotar a "espera alerta" diante de detecções positivas associadas com desencadeadores contextuais, em vez de recorrer imediatamente à medicação. Todas essas medidas poderiam diminuir o número de detecções falsos-positivas sem tomar muito mais tempo do médico.

Considerando-se os riscos específicos de medicar em excesso os adolescentes, as ferramentas de detecção em escolas devem ser especialmente sensíveis à natureza contextual de muitos dos sintomas. A detecção nesse contexto não está sujeita às pressões de tempo características de um consultório médico. O uso de apresentações audiovisuais de casos com problemas normais de adaptação e casos de transtorno depressivo antes das medições poderia ajudar os adolescentes a enquadrar suas respostas. Tais técnicas poderiam reduzir o número de falsos-positivos nas escolas, onde potencialmente teriam as consequências mais nocivas.

Incorporar critérios contextuais aos estudos comunitários implica questões diferentes daquelas que se apresentam na prática médica, na clínica geral ou nas escolas. Diferentemente dos médicos, que podem usar o discernimento para distinguir sintomas culturalmente esperados de disfunções internas, os epidemiologistas e sociólogos devem trabalhar com escalas padronizadas. Usar o discernimento médico para distinguir reações proporcionais e esperadas de reações desproporcionais e patológicas não é prático e afetaria a confiabilidade das avaliações dos entrevistadores, necessárias para obter estimativas válidas de índices de transtorno nas populações comunitárias. No entanto, deve ser possível desenvolver escalas padronizadas e ao mesmo tempo contextuais que associem o nível de estresse na vida das pessoas com o consequente número de sintomas que elas relatam.

A chave para distinguir corretamente se os sintomas informados nas entrevistas indicam sofrimento ou transtorno é examinar se são *proporcionais* à gravidade e à duração da situação de estresse na vida do indivíduo. Conforme observamos, George Brown desenvolveu medições objetivas do nível de estresse que usam o contexto e o significado dos acontecimentos para determinar quanto sofrimento uma pessoa normal provavelmente vivenciaria em dadas circunstâncias.[26] Recentemente, os pesquisadores se apoiaram na abordagem de Brown para criar escalas padronizadas que atribuem uma pontuação quantitativa ao conteúdo, à gravidade e ao nível de ameaça de acontecimentos estressantes.[27] Essa pontuação pode ser usada para medir o nível de sofrimento provável que um entrevistado médio deve apresentar em determinada situação. Pode-se presumir que aqueles com sintomas desproporcionalmente mais intensos que o esperado, considerando-se o nível de estresse da situação vivenciada, têm mais probabilidade de ter um transtorno depressivo. Embora os critérios contextuais fossem usados de forma diferente nos estudos comunitários e na prática médica, em ambos eles devem resultar em menos diagnósticos falsos-positivos e em estimativas mais válidas de transtorno depressivo.

Apesar das dificuldades, um processo sério de tentativa e erro no desenvolvimento de critérios contextuais para o diagnóstico de Transtorno Depressivo Maior em contextos clínicos e de pesquisa deve, muito provavelmente, produzir critérios satisfatórios de precisão e validade. Qualquer que seja a solução adotada, resolver esse problema é crucial para o futuro das pesquisas sobre depressão. Com base nos dados apresentados no Capítulo 2 e em outros argumentos secundários, fica claro que o problema dos falsos-positivos para o diagnóstico de Transtorno Depressivo Maior é relativamente grande. Mas ninguém é capaz de dimensioná-lo com exatidão simplesmente porque nenhuma das ferramentas diagnósticas usadas pelos médicos e pesquisadores distingue corretamente a tristeza normal da patológica e, portanto, nenhuma pesquisa aborda a questão.[28] Somente com o desenvolvimento de critérios diagnósticos válidos e ferramentas de pesquisa igualmente precisas conheceremos a magnitude e as consequências do problema atual dos falsos-positivos. As pesquisas sobre depressão, inclusive aquelas sobre tratamento, entrarão assim numa nova era – em que as perguntas e respostas sobre transtorno depressivo e tristeza normal serão apresentadas de forma mais sofisticada que hoje.

## Conclusão

A psiquiatria fez avanços gigantescos nas últimas décadas e hoje tem muitas técnicas eficazes à disposição para descobrir as causas dos transtornos depressivos. Além disso, os tratamentos disponíveis para depressão são muito melhores que em qualquer momento anterior da história humana. Mas o esforço de identificar transtornos, determinar suas causas e fornecer tratamentos eficazes é prejudicado pela falta de uma definição válida de transtorno depressivo. Quando o *DSM-III* foi redigido, o desafio era justificar que a psiquiatria poderia ser parte legítima da medicina, e não um mero instrumento de controle social. Mas os tempos mudaram. Hoje, é amplamente aceito que existem transtornos mentais genuínos; o problema é entender os limites do conceito de transtorno de modo que este não inclua todos os problemas que a vida apresenta. O desenvolvimento de critérios adequados que distingam transtorno de tristeza normal deve ser uma das principais prioridades dos estudiosos da depressão.

A tristeza é parte inerente da condição humana, mas não o transtorno mental. Assim, confrontar a definição psiquiátrica inválida de transtorno depressivo é também considerar um ponto doloroso mas importante que tendemos a colocar de lado com a atual medicalização dos problemas humanos. Quando a ciência nos permitir obter mais controle sobre nossos estados emocionais, inevitavelmente teremos de avaliar se a tristeza normal tem características reparadoras ou deve ser banida da nossa vida. Tal questão científica grave e moral não deve ser resolvida de forma ilegítima usando uma confusão no *DSM* que, equivocadamente, inclui estados de tristeza intensa na categoria médica de transtorno. Só podemos enfrentar as complexas e importantes questões aí envolvidas se diferenciarmos claramente tristeza normal de transtorno depressivo. Esperamos que, ao examinar as consequências do atual fracasso em fazer tal distinção, este livro encoraje os profissionais de saúde mental a agir e a dialogar entre si e com seus pacientes de forma mais rica, que permita maior compreensão e tratamentos melhores.

# NOTAS

## Capítulo 1

1. Auden, 1947/1994.
2. Klerman, 1988; Blazer, 2005.
3. Miller, 1949/1996.
4. Dohrenwend, 2000.
5. McKinley, 1999.
6. Blazer *et al.*, 1994; Kessler *et al.*, 2003a.
7. Kessler *et al.*, 2003a.
8. Roberts *et al.*, 1990; Lavretsky e Kumar, 2002; Lewinsohn *et al.*, 2004.
9. Klerman, 1988; Klerman e Weissman, 1989; Hagnell *et al.*, 1982.
10. Murphy *et al.*, 2000; Kessler *et al.*, 2005; Blazer, 2005, p. 114-5.
11. Olfson *et al.*, 2002a.
12. Olfson *et al.*, 2002b.
13. Kessler *et al.*, 2003a.
14. Crystal *et al.*, 2003.
15. Horwitz, 2002, p. 4.
16. Pear, 2004.
17. Pear, 2004.
18. Croghan, 2001.
19. Murray e Lopez, 1996.
20. Greenberg *et al.*, 1993.
21. Veja também Blazer, 2005, p. 28-9; McPherson e Armstrong, 2006. Os números/as cifras da citação provêm de pesquisas no Medline [base de dados internacional da área médica].
22. Jackson, 1986.
23. Kirk e Kutchins, 1992; Horwitz, 2002.
24. Regier *et al.*, 1998; Narrow *et al.*, 2002.
25. American Psychiatric Association (APA), 2000.
26. APA, 2000, p. 356.
27. APA, 2000, p. 356.
28. Watson, 2006.
29. Dobbs, 2006, p. 51-2.
30. Solomon, 2001, p. 18.
31. Styron, 1990, p. 17-8; p. 62.
32. Karp, 1996, p. 3-6.
33. APA, 2000, p. xxxi.
34. APA, 2000, p. xxxi.
35. Wakefield, 1992.

36. Veja, por exemplo, Klein, 1978; Spitzer, 1999.
37. Veja, por exemplo, Fodor, 1983; Buss, 1999; Pinker, 1997.
38. Keller e Nesse, 2005.
39. Young, 2003.
40. Wakefield, 1992.
41. Buss, 1999.
42. Beck, 1967.
43. Post, 1992.
44. Veja, por exemplo, Jackson, 1986, Capítulo 9; Mendels e Cochrane, 1968; Kendell, 1968.
45. Dohrenwend, 2000; Kirkpatrick *et al.*, 2003; Marshall *et al.*, 2005.
46. Szasz, 1961; Scheff, 1966; Kirmayer e Young, 1999.
47. Archer, 1999.
48. Klerman, 1974; Coyne, 1976; Gilbert, 1992.
49. Goodwin e Guze, 1996.
50. Post, 1992.
51. Coyne *et al.*, 2000; Nesse, 2005.
52. Kramer, 2005.
53. Horwitz e Wakefield, 2006.
54. Murray e Lopez, 1996.
55. U. S. Department of Health & Human Services (USDHHS), 2001; World Health Organization (WHO), 2004.
56. Nesse, 2000.

## Capítulo 2

1. Shelley, 1824/1986.
2. Coleridge, 1805/1986.
3. Keller e Nesse, 2006.
4. Nesse, 2006.
5. Brown, 2002; Dohrenwend, 2000.
6. Veja, por exemplo, Turner, Wheaton e Lloyd, 1995; Wheaton, 1999.
7. Grinker e Spiegel, 1945.
8. Kendler, Karkowski e Prescott, 1999.
9. Veja, por exemplo, Coyne, 1992; Oatley e Bolton, 1985; Gilbert, 1992.
10. Turner, 2000.
11. Brown, 1993.

12. Homer, 1990, p. 468.
13. Kovacs, 1989, p. 70-1; 84-5.
14. Clayton, 1982.
15. Clayton, 1998.
16. Clayton e Darvish, 1979; Zisook e Shuchter, 1991.
17. Bruce *et al.*, 1990; Zisook *et al.*, 1997; Zisook e Shuchter, 1991.
18. Leahy, 1992-1993; Sanders, 1979-1980.
19. Harris, 1991.
20. DeVries *et al.*, 1997.
21. Bonanno, *et al.*, 2002; Aneshensel, Botticello e Yamamoto-Mitani, 2004.
22. Wortman e Silver, 1989; Parkes e Weiss, 1983; Zisook e Shuchter, 1991.
23. Clayton e Darvish, 1979; Hays, Kasl e Jacobs, 1994.
24. Archer, 1989; Carr *et al.*, 2000; Nesse, 2005.
25. Wortman, Silver e Kessler, 1993.
26. Bonanno *et al.*, 2002; Carr *et al.*, 2001.
27. Schulz *et al.*, 2001.
28. Mancini, Pressman e Bonanno, 2005.
29. Wortman e Silver, 1989; Lopata, 1973; Mancini *et al.*, 2005.
30. Umberson, Wortman e Kessler, 1992; Wortman *et al.*, 1993.
31. Carr, 2004.
32. Zisook e Shuchter, 1991; Gallagher *et al.*, 1983; Archer, 1999, p. 98-100; Bonanno *et al.*, 2002.
33. Clayton, 1982.
34. Zisook e Schuchter, 1991; Bonanno e Kaltman, 2001; Bonanno *et al.*, 2002.
35. Clayton, 1982.
36. Bonanno *et al.*, 2002.
37. Jackson, 1986.
38. Nesse, 2005.
39. Neimeyer, 2000; Schut *et al.*, 2001.
40. Sloman, Gilbert e Hasey, 2003.
41. Nesse, 2005.
42. APA, 2000, p. xxxi (grifos nossos).
43. Kitson, Babri e Roach, 1985; Ross, Mirowsky e Goldstein, 1990; Waite, 1995.
44. Kessler *et al.*, 1994; Simon, 2002.
45. Bruce *et al.*, 1990.
46. Bruce, 1998.
47. Bruce, 1998, p. 228.
48. Radloff, 1977; Sweeney e Horwitz, 2001.
49. Wheaton, 1990.
50. Brown, 2002.
51. Brown, Harris e Hepworth, 1995.
52. Myers, Lindenthal e Pepper, 1971; Bloom, Asher e White, 1978.
53. Booth e Amato, 1991.
54. Booth e Amato, 1991.
55. Veja, por exemplo, Gerstel, Reissman e Rosenfield, 1985; Menaghan e Lieberman, 1986; Ross, 1995.
56. Brown, 1993; Simon, 2002.
57. Wade e Pevalin, 2004.
58. Dew, Bromet e Schulberg, 1987; Kessler, House e Turner, 1987; Tausig e Fenwick, 1999; Dooley, Prause e Ham-Rowbottom, 2000; Grzywacz e Dooley, 2003.
59. Fenwick e Tausig, 1994; Kessler *et al.*, 1987; Turner, 1995; Dew, Bromet e Penkower, 1992; Dooley, Catalano e Wilson, 1994.
60. Angel *et al.*, 2003.
61. Ganzini, McFarland e Cutler, 1990.
62. Wheaton, 1990; Reynolds, 1997.
63. Kasl e Cobb, 1979; Dew *et al.*, 1986.
64. Horwitz, 1984; Turner, 1995.
65. Kessler, Turner e House, 1989; Price, Choi e Vinokur, 2002; Dooley *et al.*, 2000.
66. Cobb e Kasl, 1977; Kasl e Cobb, 1979.
67. Brooke, 2003.
68. Zaun, 2004.
69. Durkheim, 1897/1951.
70. Lee, 1999.
71. Merton, 1938/1968; Heckhausen e Schultz, 1995; Sloman *et al.*, 2003.
72. Nesse, 2000.
73. Keller e Nesse, 2005.
74. Carr, 1997.
75. McEwan, Costello e Taylor, 1987.
76. Cuisinier *et al.*, 1996; Heckhausen, Wrosch e Fleeson, 2001.
77. Mollica, Poole e Tor, 1998; Mollica *et al.*, 1999; Marshall *et al.*, 2005.
78. Clymer, 2002.
79. Dohrenwend, 1973.
80. Turner *et al.*, 1995; McLeod e Nonnemaker, 1999.
81. Turner e Lloyd, 1999.
82. Ritsher *et al.*, 2001; Johnson *et al.*, 1999; Lorant *et al.*, 2003; Dohrenwend *et al.*, 1992.
83. Costello *et al.*, 2003, Tabela 3.
84. Dearing, Taylor e McCartney, 2005; veja também Epstein, 2003.
85. Veja, por exemplo, Kirmayer, 1994.
86. Darwin, 1872/1998.
87. Willner, 1991.
88. Harlow e Suomi, 1974; McKinney, 1986; Gilmer e McKinney, 2003.
89. Mineka e Suomi, 1978.
90. Harlow, Harlow e Suomi, 1971; Harlow e Suomi, 1974; Suomi, 1991.
91. Kaufman e Rosenblum, 1966.
92. Sloman *et al.*, 2003.
93. Harlow e Suomi, 1974; Gilmer e McKinney, 2003.
94. Shively, 1998.
95. Sapolsky, 1989.
96. Sapolsky, 1992; Price *et al.*, 1994.
97. McGuire, Raleigh e Johnson, 1983; Raleigh *et al.*, 1984.
98. Shively, Laber-Laird e Anton, 1997.

99. Berman, Rasmussen e Suomi, 1994.

100. Sapolsky, 1989.

101. Sapolsky, 2005.

102. Bowlby, 1969/1982, 1973, 1980.

103. Harlow e Suomi, 1974.

104. Darwin, 1872/1998, p. 185.

105. Darwin, 1872/1998, p. 177.

106. Ekman e Friesen, 1971.

107. Ekman, 1973.

108. Ekman et al., 1987.

109. Ekman e Friesen, 1971.

110. Turner, 2000.

111. Pinker, 1997.

112. Brown, 2002.

113. Carr e Vitaliano, 1985, p. 255.

114. Broadhead e Abas, 1998.

115. Desjarlais et al., 1995.

116. Schieffelin, 1985.

117. Manson, 1995.

118. Miller e Schoenfeld, 1973.

119. Archer, 1999.

120. Good, Good e Moradi, 1985, p. 386.

121. Wikan, 1988, 1990.

122. Wikan, 1988, 1990.

123. Veja, por exemplo, Lutz, 1985; Schieffelin, 1985; Kleinman, 1986.

124. Kleinman, 1986.

125. Cheung, 1982.

126. Kleinman, 1986.

127. Veja, por exemplo, Kirmayer e Young, 1999; Kleinman e Good, 1985; Murphy e Woolfolk, 2001.

128. Veja, por exemplo, Brown e Harris, 1978; Pearlin, 1989; Aneshensel, 1992; Turner e Lloyd, 1999.

129. Brown, 2002.

130. Gaminde et al., 1993.

131. Broadhead e Abas, 1998.

132. Veja, por exemplo, House, Landis e Umberson, 1988; Turner, 1999.

133. Schieffelin, 1985.

134. Deuteronômio, 25:5; Stroebe e Stroebe, 1987.

135. Veja, por exemplo, Kirmayer, 1994.

136. Veja, por exemplo, Mernissi, 1987; Jones, 2006.

137. Nesse e Williams, 1994.

138. Nesse e Williams, 1994.

139. Tooby e Cosmides, 1990.

140. Lewis, 1934.

141. Turner, 2000.

142. Hagen, 1999, 2002.

143. Klerman, 1974; Coyne, 1976; Gilbert, 1992.

144. Archer, 1999.

145. Bowlby, 1973; Price et al., 1994; Turner, 2000.

146. Darwin, 1872/1998, p. 347.

147. Bowlby, 1980.

148. Archer, 1999.

149. Price et al., 1994.

150. Price et al., 1994; Stevens e Price, 2000; Sloman, Gilbert e Hasey, 2004.

151. Price e Sloman, 1987; Stevens e Price, 2000.

152. Gilbert e Allan, 1998; Sloman et al., 2003.

153. Wenegrat, 1995.

154. Nesse, 2006.

155. Klinger, 1975; Gut, 1989; Nesse, 2000; Wrosch et al., 2003.

156. Watson e Andrews, 2002.

157. Nesse, 2000, p. 17.

158. Keller e Nesse, 2005; Keller e Nesse, 2006.

159. Murphy e Stich, 2000.

160. Nesse, 2000.

161. Merton, 1938/1968.

## Capítulo 3

1. Jackson, 1986, p. ix.

2. Kendell, 1968.

3. Radden, 2000.

4. Merikangas e Angst, 1995; Kessler, Abelson e Zhao, 1998.

5. Hipócrates, 1923-1931, vol. 1, p. 263.

6. Hipócrates, 1923-1931, vol. 4, p. 185.

7. Roccatagliata, 1986, p. 163-4.

8. Jackson, 1986, p. 32.

9. Aristóteles, 2000, p. 59.

10. Aristóteles, 2000, p. 57.

11. Aristóteles, 1931, vol. 7, p. 954.

12. Jackson, 1986.

13. Aristóteles, 2000, p. 60.

14. Aristóteles, 2000, p. 59.

15. Jackson, 1986, p. 33.

16. Jackson, 1986, p. 33.

17. Jackson, 1986, p. 33.

18. Jackson, 1986, p. 34.

19. Jackson, 1986, p. 39.

20. Jackson, 1986, p. 40.

21. Jackson, 1986, p. 40.

22. Jackson, 1986, p. 39.

23. Jackson, 1986, p. 41.

24. Jackson, 1986, p. 42.

25. Jackson, 1986, p. 42.

26. Lewis, 1934.

27. Jackson, 1986, p. 315.

28. Jackson, 1986, p. 57.

29. Jackson, 1986, p. 60, 61.

30. Avicena, 2000, p. 77.

31. Jackson, 1986, p. 87.

32. Hildegarda de Bingen, 2000, p. 81.

33. Bright, 1586/2000, p. 120.

34. Jackson, 1986, p. 85-6.

35. Jackson, 1986, p. 84.

36. Jackson, 1986, p. 91.

37. Burton, 1621/2001, p. 331.

38. Burton, 1621/2001, p. 143-4.
39. Burton, 1621/2001, p. 137.
40. Burton, 1621/1948, p. 331.
41. Burton, 1621/2000, p. 132.
42. Burton, 1621/2001, p. 145-6.
43. Burton, 1621/2001, p. 357-8.
44. Burton, 1621/2001, p. 358-9.
45. MacDonald, 1981, p. 159.
46. MacDonald, 1981, p. 159.
47. MacDonald, 1981, p. 159.
48. MacDonald, 1981, p. 149.
49. MacDonald, 1981, p. 78.
50. Jackson, 1986, p. 136.
51. Jackson, 1986, p. 136.
52. Jackson, 1986, p. 316.
53. Jackson, 1986, p. 130 (grifos nossos).
54. Johnson, 1755/1805; Radden, 2000, p. 5.
55. Jackson, 1986, p. 118.
56. Jackson, 1986, p. 124.
57. Mather, 1724/2000, p. 163.
58. Kant, 1793/2000, p. 201.
59. Pinel, 1801/2000, p. 205.
60. Pinel, 1801/2000, p. 209.
61. Jackson, 1986, p. 153.
62. Rush, 1812/2000, p. 213.
63. Maudsley, 1868/2000, p. 252.
64. Maudsley, 1868/2000, p. 253.
65. Griesinger, 1867/2000, p. 226.
66. Griesinger, 1867/2000, p. 226.
67. Griesinger, 1867, p. 213; *apud* Jackson, 1986, p. 161.
68. Griesinger, 1867, p. 168-9; *apud* Jackson, 1986, p. 165.
69. Jackson, 1986, p. 166.
70. Jackson, 1986, p. 166-7.
71. Jackson, 1986, p. 166.
72. Jackson, 1986, p. 167-8.
73. Jackson, 1986, p. 169.
74. Jackson, 1986, p. 167.
75. Jackson, 1986, p. 167.
76. Jackson, 1986, p. 167.
77. Jackson, 1986, p. 180.
78. Jackson, 1986, p. 181.
79. Jackson, 1986, p. 182.
80. Jackson, 1986, p. 184.
81. Jackson, 1986, p. 184.
82. Jackson, 1986, p. 179.
83. Jackson, 1986, p. 180.
84. Jackson, 1986, p. 174.
85. Jackson, 1986, p. 174-5.
86. Jackson, 1986, p. 176-7.

## Capítulo 4

1. Wilson, 1993.
2. Fenichel, 1945/1996.
3. Abraham, 1911.
4. Freud, 1917/1957.

5. Veja, por exemplo, Blashfield, 1982; Klerman, 1978.
6. Shorter, 1997, p. 100.
7. Shorter, 1997.
8. Veja, por exemplo, Grob, 1973; Scull, Mackenzie e Hervey, 1997.
9. Shorter, 1992.
10. Grob, 1991b.
11. Dohrenwend e Dohrenwend, 1982.
12. Ghaemi, 2003.
13. Kraepelin, 1921/1976, p. 1.
14. Kraepelin, 1921/1976, p. 1.
15. Kraepelin, 1921/1976, p. 181.
16. Kraepelin, 1921/1976, p. 180.
17. Spitzer, 1982.
18. Kraepelin, 1907/1915, p. 68.
19. Kraepelin, 1904/1917, p. 4-5.
20. Kraepelin, 1904/1917, p. 199-200.
21. Kraepelin, 1904/1917, p. 7.
22. Kraepelin, 1904/1917, p. 65.
23. Jackson, 1986, p. 198.
24. Jackson, 1986, p. 198.
25. Jackson, 1986, p. 198.
26. Jackson, 1976, p. 201.
27. Grob, 1985.
28. Grob, 1991b.
29. APA, 1942, p. 41-2.
30. APA, 1952.
31. Grob, 1991b.
32. APA, 1952, p. 25.
33. APA, 1952, p. 33-4.
34. APA, 1968, p. 40.
35. Lewis, 1934.
36. Curran e Mallinson, 1941; Tredgold, 1941; Kendell, 1968.
37. Veja, por exemplo, Kiloh e Garside, 1963; Mendels e Cochrane, 1968; Eysenck, 1970; Paykel, 1971; Kiloh *et al.*, 1972; Klein, 1974; Akiskal *et al.*, 1978.
38. Veja, por exemplo, Kiloh e Garside, 1963; Overall *et al.*, 1966; Klein, 1974.
39. Akiskal *et al.*, 1978.
40. Kiloh e Garside, 1963.
41. Overall *et al.*, 1966; Hamilton e White, 1959; Paykel, 1971; Raskin e Crook, 1976.
42. Kiloh *et al.*, 1972; Everitt, Gourlay e Kendell, 1971.
43. Veja, por exemplo, Kiloh e Garside, 1963; Kendell, 1968.
44. Lewis, 1934.
45. Kadushin, 1969; Grob, 1991a; Lunbeck, 1994.
46. Akiskal *et al.*, 1978, p. 757.
47. Andreason e Winokur, 1979.
48. Callahan e Berrios, 2005, p. 115.
49. Feighner *et al.*, 1972.
50. Feighner *et al.*, 1972, p. 57.
51. Woodruff, Goodwin e Guze, 1974, p. 6.
52. Klerman, 1983; Spitzer, Williams e Skodol, 1980.
53. Rosenthal, 1968, p. 32.

54. Mendels e Cochrane, 1968, p. 10; veja também Mendels, 1968, p. 1353.
55. Lehmann, 1959, p. S3.
56. Woodruff, Goodwin e Guze, 1974.
57. Woodruff, Goodwin e Guze, 1974, p. 16.
58. Clayton, Halikas e Maurice, 1971; 1972.
59. Goodwin e Guze, 1996.
60. Feighner, 1989.
61. Spitzer, Endicott e Robins, 1978; Endicott e Spitzer, 1978.
62. Endicott e Spitzer, 1979.
63. Spitzer, Endicott e Robins, 1978.
64. Spitzer *et al.*, 1978.
65. Spitzer, Endicott e Robins, 1975.
66. Spitzer *et al.*, 1978.
67. Spitzer *et al.*, 1978, p. 781; Spitzer *et al.*, 1980, p. 154.
68. Klerman, 1983; Kendell, 1983; Wilson, 1993.
69. Spiegel, 2005.
70. Spitzer *et al.*, 1975, p. 1190; Skodol e Spitzer, 1982.
71. Eysenck, Wakefield e Friedman, 1983.
72. Szasz, 1961; Scheff, 1966.
73. Mayes e Horwitz, 2005.
74. Spitzer, 1978; Bayer e Spitzer, 1985.
75. Spitzer e Fleiss, 1974; Kirk e Kutchins, 1992.
76. Cooper *et al.*, 1972, p. 100.
77. Veja, por exemplo, Temerlin, 1968.
78. Rosenhan, 1973, p. 250.
79. Spitzer, 1975.
80. Skodol e Spitzer, 1982; Spitzer e Fleiss, 1974.
81. Kirk e Kutchins, 1992.
82. Spitzer e Williams, 1988; Kirk e Kutchins, 1992, p. 121-31.
83. Zimmerman, 1990, p. 974.
84. Clayton e Darvish, 1979.
85. Robert Spitzer, depoimento aos autores concedido em 13 de dezembro de 2005.
86. Woodruff *et al.*, 1974.
87. Klein, 1974.
88. Healy, 2004.

## Capítulo 5

1. APA, 2000, p. 375.
2. APA, 2000, p. 356.
3. APA, 2000, p. 356.
4. Nesse, 2000.
5. Zimmerman, Chelminski e Young, 2004.
6. APA, 2000, p. xxxi (grifos nossos).
7. Wakefield, 1992.
8. APA, 2000, p. 96-7.
9. APA, 2000, p. 355-6.
10. APA, 2000, p. 740-1.
11. APA, 2000, p. 679.
12. APA, 2000, p. 679.

13. APA, 2000, p. 683.
14. Pesquisa realizada no Medline.
15. APA, 1994, p. 720-1.
16. APA, 2000, p. 381.
17. APA, 2000, p. 5.
18. APA, 2000, p. 4.
19. Bayer e Spitzer, 1985.
20. Zimmerman e Spitzer, 1989.
21. Zimmerman, Coryell e Pfohl, 1986; Zimmerman e Spitzer, 1989.

## Capítulo 6

1. Karp, 1996.
2. Grob, 1985.
3. Plunkett e Gordon, 1960.
4. Grob, 1991a, p. 13.
5. Appel e Beebe, 1946, p. 1471.
6. Grob, 1991a.
7. Grinker e Spiegel, 1945, p. 115.
8. Jones, 2000, p. 9.
9. Brill e Beebe, 1955; Shephard, 2000.
10. Grob, 1991a.
11. Menninger, 1948.
12. Herman, 1995.
13. Grinker e Spiegel, 1945.
14. Veja, por exemplo, Holmes e Rahe, 1967.
15. Grob, 1991a.
16. Menninger, 1948.
17. Grob, 1991a.
18. Srole *et al.*, 1962/1978.
19. Leighton *et al.*, 1963.
20. Lapouse, 1967.
21. Dohrenwend e Dohrenwend, 1982.
22. APA, 1952, p. 133.
23. Murphy, 1986.
24. Srole *et al.*, 1962/1978; Leighton *et al.*, 1963; Plunkett e Gordon, 1960.
25. Veja, por exemplo, Langner, 1962; Macmillan, 1957.
26. Srole *et al.*, 1962/1978, p. 197.
27. Leighton *et al.*, 1963, p. 121.
28. Lapouse, 1967, p. 952.
29. Srole *et al.*, 1962/1978, p. 478.
30. Dohrenwend e Dohrenwend, 1982.
31. Horwitz, 2002.
32. Bayer e Spitzer, 1985.
33. Robins e Regier, 1991.
34. Robins *et al.*, 1984, p. 952.
35. Leaf, Myers e McEvoy, 1991, p. 12.
36. Eaton e Kessler, 1985; Robins e Regier, 1991.
37. Kessler *et al.*, 1994.
38. APA, 1987; Blazer *et al.*, 1994.
39. Blazer *et al.*, 1994.
40. Blazer *et al.*, 1994; Kessler *et al.*, 1994.
41. Weissman e Myers, 1978.

42. Robins *et al.*, 1984.
43. Regier *et al.*, 1998.
44. Karp, 1996, p. 112-3.
45. Brugha, Bebbington e Jenkins, 1999.
46. Wittchen, 1994; Wittchen, Ustun e Kessler, 1999.
47. Wakefield, 1999.
48. Anthony *et al.*, 1985; Helzer *et al.*, 1985.
49. Wakefield, 1999.
50. Veja, por exemplo, Greenberg *et al.*, 1993; Hirschfeld *et al.*, 1997; USDHHS, 1999.
51. Frances, 1998; Kendler e Gardner, 1998; Lavretsky e Kumar, 2002.
52. APA, 1994, p. 350.
53. Coyne, 1994.
54. Kendler e Gardner, 1998.
55. Judd, Akiskal e Paulus, 1997.
56. Coyne, 1994.
57. Kessler *et al.*, 2003b.
58. Kramer, 2005.
59. Wells *et al.*, 1989.
60. Kessler *et al.*, 1997; Mojtabai, 2001.
61. Kramer, 2005, p. 171.
62. Judd *et al.*, 1994; Kessler *et al.*, 1997.
63. Broadhead *et al.*, 1990.
64. Judd *et al.*, 1994.
65. Judd e Akiskal, 2000, p. 5.
66. Kramer, 2005.
67. Kendler e Gardner, 1998.
68. Judd *et al.*, 1996.
69. Kessler *et al.*, 1997; Mojtabai, 2001.
70. Kessler *et al.*, 1997, p. 28.
71. Kessler *et al.*, 2003b.
72. Judd *et al.*, 1997.
73. Horwath *et al.*, 1992.
74. Horwath *et al.*, 1992, p. 821.
75. Kessler *et al.*, 2003b.
76. Kessler *et al.*, 2003b, p. 1121.
77. Judd *et al.*, 1997.
78. Judd *et al.*, 1994.
79. Kessler *et al.*, 1997.
80. Lavretsky e Kumar, 2002.
81. Judd *et al.*, 1994, p. 226.
82. Mirowsky e Ross, 1989.
83. Judd *et al.*, 1994.
84. Eaton *et al.*, 1997, p. 996.
85. Eaton *et al.*, 2000.
86. Lapouse, 1967, p. 952.
87. Wakefield e Spitzer, 2002.
88. Horvath *et al.*, 1992; Kessler *et al.*, 1997; Insel e Fenton, 2005.
89. Judd *et al.*, 1997.
90. Broadhead *et al.*, 1990.
91. Katon *et al.*, 1995.
92. Eaton *et al.*, 1997.
93. Grob, 1991a.
94. Mechanic, 2003.
95. Mechanic, 2003.
96. Coyne *et al.*, 2000, p. 107.
97. Lapouse, 1967, p. 953.

## Capítulo 7

1. Santora e Carey, 2005; Spitzer, Kroenke e Williams, 1999.
2. New Freedom Commission on Mental Health, 2003.
3. Kessler *et al.*, 2003b.
4. USDHHS, 1999.
5. Katon e Von Korff, 1990; Katon *et al.*, 1997.
6. Donohue *et al.*, 2004.
7. Pescosolido *et al.*, 2000.
8. Burnam e Wells, 1990.
9. Burnam e Wells, 1990.
10. Mulrow *et al.*, 1995.
11. Henkel *et al.*, 2004.
12. Hough, Landsverk e Jacobson, 1990.
13. Henkel *et al.*, 2004.
14. Health United States, 2003.
15. Katon *et al.*, 1997.
16. Wells *et al.*, 1989; Katon *et al.*, 1997.
17. Kessler *et al.*, 2003b.
18. Wells *et al.*, 1999; Katon e Schulberg, 1992; Wang *et al.*, 2005.
19. Hirschfeld *et al.*, 1997.
20. Schulberg *et al.*, 1985; Katon *et al.*, 1997; Lowe *et al.*, 2004; Schwenk, Klinkman e Coyne, 1998; Wells *et al.*, 1989.
21. Hirschfeld *et al.*, 1997; Wells *et al.*, 1999; Kessler *et al.*, 2003a.
22. Katon *et al.*, 1997.
23. Cleary, 1990; Spitzer *et al.*, 1999.
24. Regier *et al.*, 1988.
25. Attkisson e Zich, 1990.
26. Schulberg, 1990, p. 276.
27. Schulberg *et al.*, 1985; Hough *et al.*, 1990; Cleary, 1990.
28. Attkisson e Zich, 1990.
29. Hough *et al.*, 1990, p. 151.
30. Veja, por exemplo, Tufts Health Plan, 2005; U. S. Preventive Services Task Force, 2002.
31. Sartorius, 1997.
32. U. S. Preventive Services Task Force, 2002.
33. WHO, 1998; Henkel *et al.*, 2003.
34. Wells *et al.*, 1989; Whooley *et al.*, 1997; Henkel *et al.*, 2004.
35. Coyne, Fechner-Bates e Schwenk, 1994.
36. Rost *et al.*, 2000.
37. Spitzer *et al.*, 1994.
38. Spitzer *et al.*, 1994.
39. Spitzer *et al.*, 1999; Kroenke, Spitzer e Williams, 2001.

A TRISTEZA PERDIDA **265**

40. Health United States, 2003, p. 235, Tabela 70.
41. Spitzer *et al.*, 1999.
42. Russell, 1994.
43. Callahan e Berrios, 2005.
44. Schwenk, Coyne e Fechner-Bates, 1996.
45. Edlund, Unutzer e Wells, 2004.
46. Edlund *et al.*, 2004.
47. Williams *et al.*, 1999.
48. Olfson *et al.*, 2002b.
49. Coyne *et al.*, 2000; Moncrieff, Wessely e Hardy, 2004.
50. Katon, Unutzer e Simon, 2004, p. 1154.
51. Olfson *et al.*, 2002.
52. Rost *et al.*, 2001.
53. Pyne *et al.*, 2004.
54. Coyne *et al.*, 2000.
55. Katon *et al.*, 2001; Rost *et al.*, 2001; Pyne *et al.*, 2004.
56. Katon *et al.*, 2004.
57. Katon *et al.*, 1997; Coyne *et al.*, 2000.
58. Coyne *et al.*, 1997.
59. Lewinsohn *et al.*, 2000.
60. Shugart e Lopez, 2002.
61. New Freedom Commission on Mental Health, 2003.
62. Peterson *et al.*, 1993, p. 162.
63. New Freedom Commission on Mental Health, 2003.
64. Pringle, 2005.
65. Roberts, Attkisson e Rosenblatt, 1998.
66. Lewinsohn *et al.*, 1993.
67. Lewinsohn *et al.*, 2004.
68. Petersen *et al.*, 1993, p. 164.
69. Larson, Clore e Wood, 1999; Monroe *et al.*, 1999.
70. Joyner e Udry, 2000.
71. Coyne, 1994, p. 34.
72. Roberts *et al.*, 1990.
73. Rushton, Forcier e Schectman, 2002.
74. Lucas, 2001, p. 448.
75. Pringle, 2005.
76. Shaffer *et al.*, 2004.
77. Shaffer *et al.*, 2004, p. 77.
78. Jensen e Weisz, 2002; Lewczyk *et al.*, 2003.
79. Shaffer *et al.*, 2004, p. 77.
80. Columbia University TeenScreen Program, 2003.
81. Shaffer *et al.*, 2004, p. 78.
82. Fisher e Fisher, 1996; Vitiello e Swedo, 2004.
83. Ambrosini, 2000.
84. Treatment for Adolescents with Depression Study Team, 2004.
85. U. S. Preventive Services Task Force, 2002.
86. Healy, 2004.
87. Keller *et al.*, 2001; Vitiello e Swedo, 2004; Whittington *et al.*, 2004; Treatment for Adolescents with Depression Study Team, 2004.
88. Davey e Harris, 2005.

## Capítulo 8

1. Luhrmann, 2000; Blazer, 2005.
2. Bouchard *et al.*, 1990; Alford, Funck e Hibbing, 2005.
3. Archer, 1999.
4. Mayberg *et al.*, 1999.
5. Mayberg *et al.*, 1999.
6. Kendler *et al.*, 1986; Kendler *et al.*, 1995; McGuffin, Katz e Rutherford, 1991; Sullivan, Neale e Kendler, 2000.
7. Cadoret, 1978.
8. Cadoret *et al.*, 1985; von Knorring *et al.*, 1983.
9. Sullivan *et al.*, 2000.
10. Bouchard *et al.*, 1990: DiLalla *et al.*, 1996; Bouchard e Loehlin, 2001.
11. Schildkraut, 1965.
12. Lacasse e Leo, 2005.
13. Healy, 1997, p. 156.
14. Schildkraut, 1965, p. 509.
15. Schidkraut, 1965, p. 517.
16. Valenstein, 1998, p. 99.
17. Valenstein, 1998, p. 101.
18. Schildkraut, 1965.
19. Valenstein, 1998; Lacasse e Leo, 2005.
20. McGuire, Raleigh e Johnson, 1983; Raleigh *et al.*, 1984.
21. Engh *et al.*, 2006.
22. Gold, Goodwin e Chrousos, 1988.
23. Anisman e Zacharko, 1992.
24. Valenstein, 1998, p. 135.
25. Sadock e Sadock, 2003.
26. Caspi *et al.*, 2003.
27. Vedantam, 2003, p. A1.
28. Holden, 2003, p. 291.
29. Horwitz, 2005.
30. Monroe e Simons, 1991.
31. French, Old e Healy, 2001.
32. Turner, 2003.
33. Caspi *et al.*, 2003, p. 389.
34. Kendler *et al.*, 2005; Eley *et al.*, 2004; Gillespie *et al.*, 2004; Surtees *et al.*, 2006.
35. Mayberg *et al.*, 1999.
36. Sapolsky, 2001.
37. Davidson, 2003.
38. Everdell, 1997, p. 131.
39. Davidson, 2003.
40. Rajkowska *et al.*, 1999.
41. Kramer, 2005, p. 61.
42. Videbech e Ravnkilde, 2004.
43. Cotter *et al.*, 2001.
44. Liotti *et al.*, 2002.
45. Van Elst, Ebert e Trimble, 2001; Davidson, 2003.
46. Kramer, 2005.
47. Sapolsky, 2001; Schatzberg, 2002; Davidson, 2003.

48. Rajkowska *et al.*, 1999.
49. Rajkowska *et al.*, 1999; Liotti *et al.*, 2002.
50. Kramer, 2005, p. 7.
51. Kendler e Gardner, 1998.
52. Kramer, 2005, p. 171.
53. Valenstein, 1998.
54. Mayberg *et al.*, 1999.
55. Mayberg *et al.*, 1999, p. 679.

## Capítulo 9

1. Jackson, 1986.
2. MacDonald, 1983, p. 190.
3. Shorter, 1997.
4. Shorter, 1997, p. 316.
5. Grob, 1991a, p. 149; Shorter, 1997, p. 316.
6. Parry *et al.*, 1973; Smith, 1985, p. 46-7.
7. Shapiro e Baron, 1961; Raynes, 1979; Cooperstock e Leonard, 1979.
8. Cooperstock, 1978; Smith, 1985; Olfson e Klerman, 1993.
9. Jagger e Richards, 1967.
10. Metzl, 2003.
11. Healy, 1997, p. 226.
12. Gardner, 1971.
13. Smith, 1985, p. 179.
14. Smith, 1985, p. 187.
15. Smith, 1985, p. 189.
16. Smith, 1985, p. 127.
17. Shorter, 1997, p. 319.
18. Smith, 1985, p. 210.
19. Smith, 1985, p. 81.
20. Smith, 1985, p. 31-2; Olfson e Klerman, 1993.
21. Smith, 1985, p. 32.
22. Healy, 1997.
23. Horwitz, 2002.
24. Merikangas, Prusoff e Weissman, 1988.
25. Horwitz, 2002.
26. Healy, 1991; Olfson *et al.*, 2002b.
27. Shorter, 1997.
28. Kramer, 1993, p. 64.
29. Kramer, 1993.
30. Healy, 1991.
31. Zuvekas, 2005.
32. Kramer, 1993, p. 176.
33. Shorter, 1997, p. 323.
34. Pincus *et al.*, 1998.
35. Elliott, 2004a; Squier, 2004.
36. Mann, 2005.
37. Metzl, 2003.
38. Mechanic, 1998.
39. Wang *et al.*, 2005.
40. Luhrmann, 2000.
41. Cutler, 2004.

42. Cutler, 2004.
43. Olfson, Marcus e Pincus, 1999, p. 451.
44. Olfson *et al.*, 2002b; Zuvekas, 2005.
45. Crystal *et al.*, 2003.
46. Zuvekas, 2005.
47. Conrad, 2005.
48. Shorter, 1997, p. 314.
49. Elliott, 2003, p. 102.
50. Olfson *et al.*, 2002b.
51. Kessler *et al.*, 2005.
52. Kessler *et al.*, 2005, p. 2521.
53. Donohue *et al.*, 2004.
54. Kravitz *et al.*, 2005.
55. Olfson *et al.*, 2002b.
56. Zuvekas, 2005.
57. Crystal *et al.*, 2003; Thomas *et al.*, 2006.
58. Zuvekas, 2005.
59. Elliott, 2004a, p. 5.
60. Croghan *et al.*, 2003.
61. Shorter, 1997.
62. Clarke *et al.*, 2003.
63. Healy, 2004.
64. Knutson *et al.*, 1998; Kramer, 1993.
65. Zisook *et al.*, 2001.
66. Kramer, 1993, p. 247.
67. USDHHS, 1999, p. 262.
68. Olfson e Klerman, 1993.
69. Greenberg *et al.*, 1993; Frank, Busch e Berndt, 1998.
70. Kessler *et al.*, 2003b; Kramer, 2005.
71. Hirschfeld *et al.*, 1997.
72. Hirschfeld *et al.*, 1997.
73. Klerman *apud* Smith, 1985, p. 89.
74. Kramer, 1993.
75. Dworkin, 2001.
76. Elliott, 2004b, p. 129.
77. Conrad, 1992.
78. Furedi, 2004.
79. Smith, 1985, p. 73.
80. Furedi, 2004.
81. Glenmullen, 2000.
82. Healy, 2004.
83. Mann, 2005, p. 1827.
84. Moncrieff e Kirsch, 2005, p. 156.
85. Moncrieff e Kirsch, 2005, p. 158.
86. ISDHHS, 1999, p. 262.
87. Kessler *et al.*, 2005, p. 2520.
88. Moncrieff *et al.*, 2004.
89. Hamburg, 2000.
90. Trivedi *et al.*, 2006.
91. Conrad, 2005.
92. Cutler, 2004.
93. Smith, 1985; Elliott, 2003, p. xv-xvi.
94. Conrad, 2007.

## Capítulo 10

1. Benedict, 1934.
2. Kirmayer e Young, 1999.
3. Kirmayer, 1994, p. 19.
4. Kleinman, 1988.
5. Kirmayer, 1994; Kirmayer e Young, 1999.
6. Obeyesekere, 1985.
7. Obeyesekere, 1985, p. 136, grifos do autor.
8. Lutz, 1985, p. 85.
9. Lutz, 1985, p. 86.
10. Lutz, 1985, p. 92.
11. Kleinman, 1977, p. 3.
12. Kleinman, 1988.
13. Kleinman, 1986.
14. Kleinman, 1987, p. 450.
15. Cheung, 1982.
16. Cheung, 1982.
17. Kleinman, 1986.
18. Pearlin, 1989; Aneshensel, 1992.
19. Veja, por exemplo, Aneshensel e Phelan, 1999; Horwitz e Scheid, 1999.
20. Horwitz, 2007.
21. Aneshensel, 1992; McLeod e Nonnemaker, 1999; Mirowsky e Ross, 2003; Turner e Lloyd, 1999; Turner, Wheaton e Lloyd, 1995.
22. Veja, por exemplo, Dohrenwend et al., 1992; Ritsher et al., 2001; Johnson et al., 1999; Lorant et al., 2003.
23. Holmes e Rahe, 1967.
24. Radloff, 1977.
25. Nesse, 2000.
26. Carr, 1997.
27. McEwan, Costello e Taylor, 1987.
28. Turner e Lloyd, 1999; Turner, 2003; Turner e Avison, 2003.
29. Pearlin, 1999.
30. Radloff, 1977; Radloff e Locke, 1986.
31. Radloff, 1977.
32. Roberts et al., 1990; Roberts, Lewinsohn e Seeley, 1991; Roberts, Roberts e Chen, 1997.
33. Roberts et al., 1990.
34. Roberts et al., 1990.
35. Rushton et al., 2002.
36. Coyne, 1994.
37. Veja, por exemplo, Mollica, Poole e Tor, 1998; Mollica et al., 1999; Marshall et al., 2005; Dohrenwend, 2000; Schwartz, Dohrenwend e Levav, 1994.
38. Seligman, 1975; Sapolsky, 1998.
39. APA, 1994, p. xxi.
40. Price et al., 1994; Bowlby, 1980; Nesse, 2000.
41. Brown, 1993.
42. Brown, 2002.
43. Brown, Craig e Harris, 1985, p. 616.
44. Brown, 2002.
45. Brown e Harris, 1978.
46. Brown, Bifulco e Harris, 1987; Brown, 1998.
47. Brown, Harris e Hepworth, 1995.
48. Brown, 2002.
49. Brown et al., 1987, p. 34.
50. Brown et al., 1995.
51. Brown, Adler e Bifulco, 1988.
52. Brown, 1998, p. 368.
53. Brown, 2002.
54. Brown, 1998, p. 367.
55. Brown, 1998, p. 366.
56. Brown, 1998, p. 361.
57. Brown et al., 1994.
58. Brown et al., 1995.
59. Brown et al., 1985.
60. Brown et al., 1985, p. 620.
61. Brown et al., 1988, p. 492.

## Capítulo 11

1. Foucault, 1965, 1979.
2. Friedson, 1970; Abbott, 1988; Conrad, 2004.
3. Horwitz, 2002.
4. Kirk, 1999.
5. Murray e Lopez, 1996.
6. Kramer, 2005, p. 155, 153.
7. Blazer, 2005, p. 31; Spijker et al., 2003.
8. Valenstein, 1998.
9. Donohue et al., 2004.
10. Karp, 1996.
11. Veja, por exemplo, Campbell-Sills e Stein, 2005; Richters e Hinshaw, 1999.
12. Lilienfeld e Marino, 1999, p. 401.
13. Kirmayer e Young, 1999.
14. Kirmayer e Young, 1999, p. 450.
15. Lilienfeld e Moreno, 1995; Richters e Hinshaw, 1999.
16. Cosmides e Tooby, 1999.
17. Gould e Lewontin, 1979.
18. Kramer, 2005.
19. Murphy e Woolfolk, 2001.
20. Archer, 1999.
21. Keller e Nesse, 2005.
22. Sadler, 1999, p. 436.
23. Cosmides e Tooby, 1999.
24. APA, 2000, p. 356.
25. Langner, 1962.
26. Brown, 2002.
27. Almeida, Wethington e Kessler, 2002; Coyne, Thompson e Pepper, 2004; Wethington e Serido, 2004.
28. Veja, porém, Wakefield et al., 2008.

# REFERÊNCIAS BIBLIOGRÁFICAS

ABBOTT, A. *The system of the professions*. Chicago: University of Chicago Press, 1988.

ABRAHAM, K. "Notes on the psycho-analytical investigation and treatment of maniac- depressive insanity and allied conditions". In: *Selected papers of Karl Abraham*. Londres: Hogarth Press, 1953, p. 137-56. (Publicado originalmente em 1911.)

AKISKAL, H. S. *et al.* "The nosological status of neurotic depression". *Archives of General Psychiatry*, 35,1978, p. 756-66.

ALFORD, J. R.; FUNCK, C. L.; HIBBING, J. R. "Are political orientations genetically transmitted?" *American Political Science Review*, 99, 2005, p. 153-67.

ALMEIDA, D. M.; WETHINGTON, E.; KESSLER, R. C. "The daily inventory of stressful events: an interview-based approach for measuring daily stressors". *Assessment*, 9, 2002, p. 41-55.

AMBROSINI, P. "A review of pharmacotherapy of major depression in children and adolescent". *Psychiatric Services*, 51, 2000, p. 627-33.

AMERICAN PSYCHIATRIC ASSOCIATION. *Statistical manual for the use of hospitals for mental diseases*. Utica: State Hospitals Press, 1942.

_____. *Diagnostic and statistical manual of mental disorders*. Washington: APA, 1952.

_____. *Diagnostic and statistical manual of mental disorders*. 2. ed. Washington: APA, 1968.

_____. *Diagnostic and statistical manual of mental disorders*. 3. ed. Washington: APA, 1980.

_____. *Diagnostic and statistical manual of mental disorders*. 3. ed. rev. Washington: APA, 1987.

_____. *Diagnostic and statistical manual of mental disorders*. 4. ed. Washington: APA, 1994.

_____. *Diagnostic and statistical manual of mental disorders*. 4. ed. rev. Washington: APA, 2000.

ANDREASON, N. C.; WINOKUR, G. "Newer experimental methods for classifying depression". *Archives of General Psychiatry*, 36, 1979, p. 447-52.

ANESHENSEL, C. S. "Social stress: theory and research". *Annual Review of Sociology*, 18, 1992, p. 15-38.

ANESHENSEL, C. S.; BOTTICELLO, A. L.; Yamamoto-Mitani, N. "When caregiving ends: the course of depressive symptoms after bereavement". *Journal of Health and Social Behavior*, 45, 2004, p. 422-41.

ANESHENSEL, C. S.; PHELAN, J. C. (orgs.). *Handbook of the sociology of mental health*. Nova York: Kluwer/Plenum, 1999.

ANGEL, R. J. *et al.* "Financial strain and health among elderly Mexican-origin individuals". *Journal of Health and Social Behavior*, 44, 2003, p. 536-51.

ANISMAN, H.; ZACHARKO, R. M. "Depression as a consequent of inadequate neurochemical adaptation in response to stressors". *British Journal of Psychiatry*, 160, 1992, p. 36-43.

ANTHONY, J. C. *et. al.* "Comparison of lay diagnostic interview schedule and a standardized psychiatric diagnosis". *Archives of General Psychiatry*, 42, 1985, p. 667-75.

APPEL, J. W.; BEEBE, G. W. "Preventive psychiatry". *Journal of the American Medical Association*, 131, 1946, p. 1469-75.

ARCHER, J. "Why help friends when you can help sisters and brothers?" *Behavioral and Brain Sciences*, 12, 1989, p. 519-20.

_____. "The nature of grief. The evolution and psychology of reactions to loss". Nova York: Routledge, 1999.

ARISTÓTELES. *Problemata*. In: SMITH, J. A.; ROSS, W. D. (orgs.). *The works of Aristotle translated into English*. v. 7. Oxford: Clarendon Press, 1931.

_____. "Brilliance and melancholy". In: RADDEN, J. (org.). *The nature of melancholy: from Aristotle to Kristeva*. Nova York: Oxford University Press, 2000, p. 55-60.

ATTKISSON, C. C.; ZICH, J. M. (orgs.). *Depression in primary care: screening and detection*. Nova York: Routledge, 1990.

AUDEN, W. H. *The age of anxiety*. Cutchoque: Buccaneer Books, 1994. (Publicado originalmente em 1947.)

AVICENA. "Black bile and melancholia". In: RADDEN, J. (org.). *The nature of melancholy: from Aristotle to Kristeva*. Nova York: Oxford University Press, 2000, p. 75-8.

BAYER, R.; SPITZER, R. L. "Neurosis, psychodynamics, and DSM-III: history of the controversy". *Archives of General Psychiatry*, 42, 1985, p. 187-96.

BECK, A. T. *Depression: causes and treatment*. Filadélfia: University of Pennsylvania Press, 1967.

BENEDICT, R. "Anthropology and the abnormal". *Journal of General Psychology*, 10, 1934, p. 59-80.

BERMAN, C. M.; RASMUSSEN, K. L. R.; SUOMI, S. J. "Responses of free-ranging rhesus monkeys to a natural form of social separation". *Child Development*, 65, 1994, p. 1028-41.

BLAZER, D. G. *The age of melancholy: major depression and its social origins*. Nova York: Routledge, 2005.

BLAZER, D. G. *et al.* "The prevalence and distribution of major depression in a national community sample: the National Comorbidity Survey". *American Journal of Psychiatry*, 151, 1994, p. 979-86.

BLASHFIELD, R. K. "Feighner et al., invisible colleges, and the Matthew effect". *Schizophrenia Bulletin*, 8, 1982, p. 1-8.

BLOOM, B. L.; ASHER, S. J.; WHITE, S. W. "Marital disruption as a stressor: a review and analysis". *Psychological Bulletin*, 85, 1978, p. 867-94.

BONANNO, G. A.; KALTMAN, S. "The varieties of grief experience". *Clinical Psychology Review*, 21, 2001, p. 705-34.

BONANNO, G. A. *et al.* "Resilience to loss and chronic grief: a prospective study from preloss to 18 months post loss". *Journal of Personality and Social Psychology*, 83, 2002, p. 1150-64.

BOOTH, A.; AMATO, P. "Divorce and psychological stress". *Journal of Health and Social Behavior*, 32, 1991, p. 396-407.

BOUCHARD, T. J.; LOEHLIN, J. C. "Genes, evolution, and personality". *Behavior Genetics*, 31, 2001, p. 243-73.

BOUCHARD, T. J. *et al.* "Sources of human psychological differences: the Minnesota study of identical twins reared apart". *Science*, 250, 1990, p. 223-8.

BOWLBY, J. *Attachment and loss: v. 2. Separation: anxiety and anger*. Nova York: Basic Books, 1973.

_____. *Attachment and loss: v. 3. Loss: sadness and depression*. Londres: Hogarth Press, 1980.

_____. *Attachment and loss: v 1. Attachment*. Nova York: Basic Books, 1982. (Publicado originalmente em 1969.)

BRIGHT, T. "Melancholy". In: RADDEN, J. (org.). *The nature of melancholy: from Aristotle to Kristeva*. Nova York: Oxford University Press, 2000, p. 119-28.

BRILL, N. Q.; BEEBE, G. W. *A follow-up study of war neuroses*. Washington: U. S. Veterans Administration, 1955.

BROADHEAD, J.; ABAS, M. "Life events, difficulties, and depression amongst women in an urban setting in Zimbabwe". *Psychological Medicine*, 28, 1998, p. 39-50.

BROADHEAD, W. E. *et al.* "Depression, disability days, and days lost from work in a prospective epidemiologic survey". *Journal of the American Medical Association*, 264, 1990, p. 2524-8.

BROOKE, J. "Indicted Hyundai executive plunges to death in Seoul". *The New York Times*, 4 ago. 2003, p. A6.

BROWN, G. W. "Life events and affective disorder: replications and limitations". *Psychosomatic Medicine*, 55, 1993, p. 248-59.

_____. "Loss and depressive disorders". In: DOHRENWEND, B. P. (org.). *Adversity, stress, and psychopathology*. Nova York: Oxford University Press, 1998, p. 358-70.

_____. "Social roles, context and evolution in the origins of depression". *Journal of Health and Social Behavior*, 43, 2002, p. 255-76.

BROWN, G. W.; ADLER, Z.; BIFULCO, A. "Life events, difficulties and recovery from chronic depression". *British Journal of Psychiatry*, 152, 1988, p. 487-98.

BROWN, G. W.; BIFULCO, A.; HARRIS, T. O. "Life events, vulnerability and onset of depression: some refinements". *British Journal of Psychiatry*, 150, 1987, p. 30-42.

BROWN, G. W.; CRAIG, T. K. J.; HARRIS, T. O. "Depression: distress or disease? Some epidemiological considerations". *British Journal of Psychiatry*, 147, 1985, p. 612-22.

BROWN, G. W.; HARRIS, T. O. *The social origins of depression*. Londres: Tavistock, 1978.

BROWN, G. W.; HARRIS, T. O.; HEPWORTH, C. "Loss, humiliation, and entrapment among women developing depression". *Psychological Medicine*, 25, 1995, p. 7-21.

BROWN, G. W. *et al.* "Clinical and psychosocial origins of chronic depressive episodes: II. A patient enquiry". *British Journal of Psychiatry*, 165, 1994, p. 457-65.

BRUCE, M. L. "Divorce and psychopathology". In: DOHRENWEND, B. P. (org.). *Adversity, stress, and psychopathology*. Nova York: Oxford University Press, 1998, p. 219-32.

BRUCE, M. L. *et al.* "Depressive episodes and dysphoria resulting from conjugal bereavement in a prospective community sample". *American Journal of Psychiatry*, 157, 1990, p. 608-11.

BRUGHA, T. S.; BEBBINGTON, P. E.; JENKINS, R. "A difference that matters: comparisons of structured and semi--structured psychiatric diagnostic interviews in the general population". *Psychological Medicine*, 29, 1999, p. 1013-20.

BURNAM, M. A.; WELLS, K. B. "Use of a two-stage procedure to identify depression: the Medical Outcomes Study". In: ATTKISSON, C.; ZICH, J. (orgs.). *Depression in primary care: screening and detection*. Nova York: Routledge, 1991, p. 98-116.

BURTON, R. *The anatomy of melancholy*. Nova York: Tudor, 1948. (Publicado originalmente em 1621.)

_____. *The anatomy of melancholy*. In: RADDEN, J. (org.). *The nature of melancholy: from Aristotle to Kristeva*. Nova York: Oxford University Press, 2000, p. 131-55. (Publicado originalmente em 1621.)

_____. *The anatomy of melancholy*. Nova York: New York Review Books, 2001. (Publicado originalmente em 1621.)

BUSS, D. M. *Evolutionary psychology: the new science of mind*. Boston: Allyn & Bacon, 1999.

CADORET, R. J. "Evident for genetic inheritance of primary affective disorder in adoptees". *American Journal of Psychiatry*, 135, 1978, p. 463-6.

CADORET, R. J. *et al.* "Genetic and environmental factors in major depression". *Journal of Affective Disorders*, 9, 1985, p. 155-64.

CALLAHAN, C.; BERRIOS, G. E. *Reinventing depression: a history of the treatment of depression in primary care, 1940-2004*. Nova York: Oxford University Press, 2005.

CAMPBELL-SILLS, L.; STEIN, M. B. "Justifying the diagnostic status of social phobia: a reply to Wakefield and others". *Canadian Journal of Psychiatry*, 50, 2005, p. 320-3.

CARR, D. S. "The fulfillment of career dreams at midlife: does it matter for women's mental health?" *Journal of Health and Social Behavior*, 38, 1997, p. 331-44.

_____. "Gender, pre-loss marital dependent and older adults' adjustment to widowhood". *Journal of Marriage and the Family*, 66, 2004, p. 220-35.

CARR, D. S. *et al.* "Marital quality and psychological adjustment to widowhood among older adults: a longitudinal analysis". *Journal of Gerontology: Social Sciences*, 55B (4), 2000, S197-S207.

CARR, D. S. *et al.* "Psychological adjustment to sudden and anticipated spousal death among the older widowed". *Journal of Gerontology: Social Sciences*, 56B, 2001, S237-S248.

CARR, J. E.; VITALIANO, P. P. "The theoretical implications of converging research on depression and the culture--bound syndromes". In: KLEINMAN, A.; GOOD, B. (orgs.). *Culture and depression*. Berkeley: University of California Press, 1985, p. 244-66.

CASPI, A. *et al.* "Influence of life stress on depression: moderation by a polymorphism in the 5-HTT gene". *Science*, 301, 2003, p. 386-9.

CHEUNG, F. M. "Psychological symptoms among Chinese in urban Hong Kong". *Social Science and Medicine*, 16, 1982, p. 1339-44.

CLARKE, A. E. *et al.* "Biomedicalization: technoscientific transformations of health, illness, and U.S. biomedicine". *American Sociological Review*, 68, 2003, p. 161-95.

CLAYTON, P. J. "Bereavement". In: PAYKEL, E. S. (org.). *Handbook of affective disorders*. Londres: Churchill Livingstone, 1982, p. 15-46.

_____. "The model of stress: the bereavement reaction". In: DOHRENWEND, B. P. (org.). *Adversity, stress, and psychopathology*. Nova York: Oxford University Press, 1998, p. 96-110.

CLAYTON, P. J.; DARVISH, H. S. "Course of depressive symptoms following the stress of bereavement". In: BARRETT, J. E.; ROSE, R. M.; KLERMAN, G. (orgs.). *Stress and mental disorder*. Nova York: Raven Press, 1979, p. 121-36.

CLAYTON, P. J.; HALIKAS, J. A.; MAURICE, W. L. "The bereavement of the widowed". *Diseases of the Nervous System*, 32, 1971, p. 597-604.

_____. "The depression of widowhood". *British Journal of Psychiatry*, 120, 1972, p. 71-8.

CLEARY, P. D. "Methodological issues associated with the use of depression screening scales in primary care settings". In: ATTKISSON, C.; ZICH, J. (orgs.). *Depression in primary care: screening and detection*. Nova York: Routledge, 1990, p. 169-80.

CLYMER, A. "Emotional ups and downs after 9/11 traced in report". *The New York Times*, 19 maio 2002, p. A35.

COBB, S.; KASL, S. *Termination: the consequences of job loss*. Cincinnati: National Institute of Occupational Safety and Health, 1977.

COLERIDGE, S. T. "Dejection: an ode". In: ABRAMS, M. H. *et al.* (orgs.). *Norton anthology of English literature*. 5. ed. Nova York: Norton, 1986, p. 374-80. (Publicado originalmente em 1805.)

COLUMBIA UNIVERSITY TEENSCREEN PROGRAM. *Getting started guide.* Nova York: Columbia University, 2003.

CONRAD, P. "Medicalization and social control". *Annual Review of Sociology*, 18, 1992, p. 209-32.

_____. "The shifting engines of medicalization". *Journal of Health and Social Behavior*, 46, 2005, p. 3-14.

_____. *The medicalization of society.* Baltimore: Johns Hopkins University Press, 2007.

COOPER, J. *et al. Psychiatric diagnosis in New York and London.* Londres: Oxford University Press, 1972.

COOPERSTOCK, R. "Sex differences in psychotropic drug use". *Social Science and Medicine*, 12B, 1978, p. 179-86.

COOPERSTOCK, R.; LEONARD, H. "Some social meanings of tranquillizer use". *Sociology of Health and Illness*, 1, 1979, p. 331-47.

COSMIDES, L.; TOOBY, J. "Toward an evolutionary taxonomy of treatable conditions". *Journal of Abnormal Psychology*, 108, 1999, p. 453-64.

COSTELLO, E. J. *et al.* "Relationships between poverty and psychopathology: a natural experiment". *Journal of the American Medical Association*, 290, 2003, p. 2023-9.

COTTER, D. *et al.* "Reduced glial cell density and neuronal size in the anterior cingulate cortex in major depressive disorder". *Archives of General Psychiatry*, 58, 2001, p. 545-53.

COYNE, J. C. "Depression and the response of others". *Journal of Abnormal Psychology*, 85, 1976, p. 186-93.

_____. "A critique of cognitions as causal entities with particular reference to depression". *Cognitive Therapy and Research*, 6, 1992, p. 3-13.

_____. "Self-reported distress: analog or ersatz depression?" *Psychological Bulletin*, 116, 1994, p. 29-45.

COYNE, J. C.; FECHNER-BATES, S.; SCHWENK, T. L. "Prevalence, nature, and comorbidity of depressive disorders in primary care". *General Hospital Psychiatry*, 16, 1994, p. 267-76.

COYNE, J. C.; THOMPSON, R.; PEPPER, C. M. "The role of life events in depression in primary medical care versus psychiatric settings". *Journal of Affective Disorders*, 82, 2004, p. 353-61.

COYNE, J. C. *et al.* "Short-term outcomes of detected and undetected depressed primary care patients and depressed psychiatric patients". *General Hospital Psychiatry*, 19, 1997, p. 333-43.

_____. "Should we screen for depression? Caveats and potential pitfalls". *Applied and Preventive Psychology*, 9, 2000, p. 101-21.

CROGHAN, T. W. "The controversy over increasing spending for antidepressants". *Health Affairs*, 20, 2001, p. 129-35.

CROGHAN, T. W. *et al.* "American attitudes toward and willingness to use psychiatric medications". *Journal of Nervous and Mental Disease*, 191, 2003, p. 166-74.

CRYSTAL, S. *et al.* "Diagnosis and treatment of depression in the elderly Medicare population: predictors, disparities, and trends". *Journal of the American Geriatric Society*, 51, 2003, p. 1718-28.

CUISINIER, M. *et al.* "Pregnancy following miscarriage: course of grief and some determining factors". *Journal of Psychosomatic Obstetrics and Gynecology*, 17, 1996, p. 168-74.

CURRAN, D.; MALLINSON, W. P. "Depressive states in war". *British Medical Journal*, 1, 1941, p. 305-9.

CUTLER, D. M. *Your money or your life: strong medicine for America's health care system.* Nova York: Oxford University Press, 2004.

DARWIN, C. R. *The expression of the emotions in man and animals.* Londres: HarperCollins, 1998. (Publicado originalmente em 1872.)

DAVEY, M.; HARRIS, G. "Family wonders if Prozac prompted school shootings". *The New York Times*, 26 mar. 2005, p. A7.

DAVIDSON, R. J. "Darwin and the neural bases of emotion and affective style". *Annals of the New York Academy of Sciences*, 1000, 2003, p. 316-36.

DEARING, E.; TAYLOR, B. A.; MCCARTNEY, K. "Implications of family income dynamics for women's depressive symptoms three years after childbirth". *American Journal of Public Health*, 94, 2005, p. 1372-7.

DE FLEURY, M. *Medicine and the mind.* Londres: Downey, 1900.

DESJARLAIS, R. *et al. World mental health: problems and priorities in low-income countries.* Nova York: Oxford University Press, 1995.

DEVRIES, B. *et al.* "Long-term psychological and somatic consequences of later life parental bereavement". *Omega*, 35, 1997, p. 97-117.

DEW, M. A.; BROMET, E. J.; PENKOWER, L. "Mental health effects of job loss in women". *Psychological Medicine*, 22, 1992, p. 751-64.

DEW, M. A.; BROMET, E. J.; SCHULBERG, H. C. "A comparative analysis of two community stressors: long-term mental health effects". *American Journal of Community Psychology*, 15, 1987, p. 167-84.

DILALLA, D. L. *et al.* "Heritability of MMPI personality indicators of psychopathology in twins reared apart". *Journal of Abnormal Psychology*, 105, 1996, p. 491-9.

DOBBS, D. "A depression switch?" *The New York Times Magazine*, 2 abr. 2006, p. 50-5.

DOHRENWEND, B. P. "The role of adversity and stress in psychopathology: some evidence and its implications for theory and research". *Journal of Health and Social Behavior*, 41, 2000, p. 1-19.

DOHRENWEND, B. P.; DOHRENWEND, B. S. "Perspectives on the past and future of psychiatric epidemiology". *American Journal of Public Health*, 72, 1982, p. 1271-9.

DOHRENWEND, B. P. *et al.* "Socioeconomic status and psychiatric disorders: the causation-selection issue". *Science*, 255, 1992, p. 946-52.

DOHRENWEND, B. S. "Life events as stressors: a methodological inquiry". *Journal of Health and Social Behavior*, 14, 1973, p. 167-75.

DONOHUE, J. M. *et al.* "Effects of pharmaceutical promotion on adherence to the treatment guidelines for depression". *Medical Care*, 42, 2004, p. 1176-85.

DOOLEY, D.; CATALANO, R.; WILSON, G. "Depression and unemployment: panel findings from the Epidemiologic Catchment Area study". *American Journal of Community Psychology*, 22, 1994, p. 745-65.

DOOLEY, D.; PRAUSE, J.; Ham-Rowbottom, K. A. "Underemployment and depression: longitudinal relationships". *Journal of Health and Social Behavior*, 41, 2000, p. 421-37.

DURKHEIM, E. *Suicide: a study in sociology*. Nova York: Free Press, 1951. (Publicado originalmente em 1897.)

DWORKIN, R. W. "The medicalization of unhappiness". *Public Interest*, 144, 2001, p. 85-101.

EATON, W. W.; KESSLER, L. G. *Epidemiological field methods in psychiatry: the NIMH Epidemiologic Catchment Area project*. Orlando: Academic Press, 1985.

EATON, W. W. *et al.* "A comparison of self-report and clinical diagnostic interviews for depression: DIS and Scan in the Baltimore ECA follow up". *Archives of General Psychiatry*, 57, 2000, p. 217-22.

EATON, W. W. *et al.* "Natural history of diagnostic interview schedule / DSM-IV major depression". *Archives of General Psychiatry*, 1997, 54, p. 993-9.

EDLUND, M. J.; UNUTZER, J.; WELLS, K. B. "Clinician screening and treatment of alcohol, drug, and mental problems in primary care: results from Healthcare for Communities". *Medical Care*, 42, 2004, p. 1158-66.

EKMAN, P. *Darwin and facial expression: a century of research*. San Diego: Academic Press, 1973.

EKMAN, P.; FRIESEN, W. V. "Constants across cultures in the face and emotion". *Journal of Personality and Social Psychology*, 17, 1971, p. 124-9.

EKMAN, P. *et al.* "Universal and cultural differences in the judgments of facial expressions of emotion". *Journal of Personality and Social Psychology*, 53, 1987, p. 712-7.

ELEY, T. C. *et al.* "Gene-environment interaction analysis of serotonin system markers with adolescent depression". *Molecular Psychiatry*, 9, 2004, p. 908-15.

ELLIOTT, C. *Better than well: American medicine meets the American dream*. Nova York: Norton, 2003.

_____. "Introduction". In: ELLIOTT, C.; CHAMBERS, T. (orgs.). *Prozac as a way of* life. Chapel Hill: University of North Carolina Press, 2004a, p. 1-20.

_____. "Pursued by happiness and beaten senseless: Prozac and the American dream". In: ELLIOTT, C.; CHAMBERS, T. (orgs.). *Prozac as a way of* life. Chapel Hill: University of North Carolina Press, 2004b, p. 127-42.

ENDICOTT, J.; SPITZER, R. L. "A diagnostic interview: the Schedule for Affective Disorders and Schizophrenia". *Archives of General Psychiatry*, 35, 1978, p. 837-44.

_____. "Use of the research diagnostic criteria and the Schedule for Active Disorders and Schizophrenia to study affective disorders". *American Journal of Psychiatry*, 136, 1979, p. 52-6.

ENGH, A. E. *et al.* "Behavioural and hormonal responses to predation in female chacma baboons (*Papio hamadryas ursinus*)". *Proceedings of the Royal Society of London. Series B, Biological Sciences*, 273, 2006, p. 707-12.

EPSTEIN, H. "Enough to make you sick?" *The New York Times* Magazine, 12 out. 2003, p. 74-81.

EVERDELL, W. R. *The first moderns*. Chicago: University of Chicago Press, 1997.

EVERITT, B. S.; GOURLAY, A. J.; KENDELL, R. E. "An attempt at validation of traditional psychiatric syndromes by cluster analysis". *British Journal of Psychiatry*, 119, 1971, p. 399-412.

EYSENCK, H. "The classification of depressive illness". *British Journal of Psychiatry*, 117, 1970, p. 241-50.

EYSENCK, H.; WAKEFIELD, J.; FRIEDMAN, A. "Diagnosis and clinical assessment: the DSM- III". *Annual Review of Psychology*, 34, 1983, p. 167-93.

FEIGHNER, J. P. "The advent of the 'Feighner Criteria'". *Citation Classics*, 43, 23 out. 1989, p. 14.

FEIGHNER, J. P. *et al.* "Diagnostic criteria for use in psychiatric research". Archives *of* General Psychiatry, 26, 1972, p. 57-63.

FENICHEL, O. M. *The psychoanalytic theory of neurosis*. Nova York: Norton, 1996. (Publicado originalmente em 1945.)

FENWICK, R.; TAUSIG, M. "The macroeconomic context of job stress". *Journal of Health and Social Behavior*, 35, 1994, p. 266-82.

FISHER, R. L.; FISHER, S. "Antidepressants for children: is scientific support necessary?" *Journal of Nervous and Mental Disease*, 184, 1996, p. 99-108.

FODOR, J. A. *The modularity of mind*. Cambridge: MIT Press, 1983.

FOUCAULT, M. *Madness and civilization: a history of insanity in the Age of Reason*. Nova York: Pantheon, 1965.

_____. *Discipline and punish: the birth of the prison*. Nova York: Vintage, 1979.

FRANCES, A. "Problems in defining clinical significance in epidemiological studies". *Archives of General Psychiatry*, 55, 1998, p. 119.

FRANK, R. G.; BUSH, S. H.; BERNDT, E. R. "Measuring prices and quantities of treatment for depression". *American Economic Review*, 88, 1998, p. 106-11.

FREIDSON, E. *Profession of medicine: a study of the sociology of applied knowledge*. Nova York: Harper, 1970.

FRENCH, S.; OLD, A.; HEALY, J. *Health care systems in transition: New Zealand*. Copenhague: Organização Mundial da Saúde, 2001.

FREUD, S. "Mourning and melancholia". In: STRACHEY, J. (org. e trad.). *Standard edition of the complete works of Sigmund Freud*. V. 14. Londres: Hogarth Press, 1957, p. 237-58. (Publicado originalmente em 1917.)

FULFORD, K. W. M. "Nine variations and a coda on the theme of an evolutionary definition of dysfunction". *Journal of Abnormal Psychology*, 108, 1999, p. 412-21.

FUREDI, F. *Therapy culture*. Nova York: Routledge, 2004.

GALLAGHER, D. E. *et al.* "Effects of bereavement on indicators of mental health in elderly widows and widowers". *Journal of Gerontology*, 38, 1983, p. 565-71.

GAMINDE, L. *et al.* "Depression in three populations in the Basque Country: a comparison with Britain". *Social Psychiatry and Psychiatric Epidemiology*, 28, 1993, p. 243-51.

GANZINI, L.; MCFARLAND, B. H.; CUTLER, D. "Prevalence of mental disorders after catastrophic financial loss". *Journal of Nervous and Mental Disease*, 178, 1990, p. 680-5.

GARDNER, E. "Psychoactive drug utilization". *Journal of Drug Issues*, 1, 1971, p. 295-300.

GERSTEL, N.; REISSMAN, C. K.; ROSENFIELD, S. "Explaining the symptomatology of separated and divorced women and men". *Social Forces*, 64, 1985, p. 84-101.

GHAEMI, S. N. *The concepts of psychiatry: a pluralist approach to the mind and mental illness*. Baltimore: Johns Hopkins University Press, 2003.

GILBERT, E. *Depression: the evolution of powerlessness*. Nova York: Guilford Press, 1992.

GILBERT, E.; ALLAN, S. "The role of defeat and entrapment (arrested flight) in depression: an exploration of an evolutionary view". *Psychological Medicine*, 28, 1998, p. 585-98.

GILLESPIE, N. A. *et al.* "The relationship between stress life events, the serotonin transporter (5-HTTLPR) genotype and major depression". *Psychological Medicine*, 35, 2004, p. 101-11.

GILMER, W. S.; MCKINNEY, W. T. "Early experience and depressive disorders: human and non-human primate studies". *Journal of Affective Disorders*, 7, 2003, p. 97-113.

GLENMULLEN, J. *Prozac backlash*. Nova York: Simon & Schuster, 2000.

GOLD, P. W.; GOODWIN, F. K.; CHROUSOS, G. P. "Clinical and biochemical manifestations of depression: relation to the neurobiology of stress". *New England Journal of Medicine*, 319, 1988, p. 413-20.

GOOD, B.; GOOD, M. J.; MORADI, R. "The interpretation of Iranian depressive illness". In: KLEINMAN, A.; GOOD, B. (orgs.). *Culture and depression*. Berkeley: University of California Press, 1985, p. 369-428.

GOODWIN, D. W.; GUZE, S. B. *Psychiatric diagnosis*. 5. ed. Nova York: Oxford University Press, 1996.

GOULD, S. J.; LEWONTIN, R. C. "The spandrels of San Marco and the Panglossian paradigm: a critique of the adaptations paradigm". *Proceedings of the Royal Society of London. Series B, Biological Sciences*, 205, 1979, p. 581-98.

GREENBERG, P. E. *et al.* "The economic burden of depression in 1990". *Journal of Clinical Psychiatry*, 54, 1993, p. 405-18.

GRIESINGER, W. "Hypochondriasis and melancholia". In: RADDEN, J. (org.). *The nature of melancholy: from Aristotle to Kristeva*. Nova York: Oxford University Press, 2000, p. 223-9. (Publicado originalmente em 1867.)

GRINKER, R. R.; SPIEGEL, J. P. *War neuroses*. Filadélfia: Blakiston, 1945.

GROB, G. N. *Mental institutions in America: social policy to 1875*. Nova York: Free Press, 1973.

_____. "The origins of American psychiatric epidemiology". *American Journal of Public Health*, 75, 1985, p. 229-36.

_____. *From asylum to community: mental health policy in modern America*. Princeton: Princeton University Press, 1991a.

_____. "Origins of DSM-I: a study of appearance and reality". *American Journal of Psychiatry*, 148, 1991b, p. 421-31.

GRZYWACZ, J. G.; DOOLEY, D. "'Good jobs' to 'bad jobs': replicated evidence of an employment continuum from two large surveys". *Social Science and Medicine*, 56, 2003, p. 1749-60.

GUT, E. *Productive and unproductive depression*. Nova York: Basic Books, 1989.

HAGEN, E. H. "The functions of postpartum depression". *Evolution and Human Behavior*, 20, 1999, p. 325-59.

_____. "Depression as bargaining: the case postpartum". *Evolution and Human Behavior*, 23, 2002, p. 323-36.

HAGNELL, O. *et al.* "Are we entering an age of melancholy?" *Psychology and Medicine*, 12, 1982, p. 279-89.

HAMBURG, S. R. "Antidepressants are not placebos". *American Psychologist*, 55, 2000, p. 761-2.

HAMILTON, M.; WHITE, J. M. "Clinical syndromes in depressive states". *Journal of Mental Science*, 105, 1959, p. 985-8.

HARLOW, H. E.; HARLOW, M. K.; SUOMI, S. J. "From thought to therapy: lessons from a primate laboratory". *American Scientist*, 59, 1971, p. 538-49.

HARLOW, H. E.; SUOMI, S. J. "Induced depression in monkeys". *Behavioral Biology*, 12, 1974, p. 273-96.

HARRIS, E. S. "Adolescent bereavement following the death of a parent: an exploratory study". *Child Psychiatry and Human Development*, 21, 1991, 267-81.

HAYS, J. C.; KASL, S. V.; JACOBS, S. C. "The course of psychological distress following threatened and actual conjugal bereavement". *Psychological Medicine*, 24, 1994, p. 917-27.

HEALTH UNITED STATES. Washington: National Center for Health Statistics, 2003.

HEALY, D. "The marketing of 5-Hydroxytryptamine: depression or anxiety?" *British Journal of Psychiatry*, 158, 1991, p. 737-42.

_____. *The anti-depressant era*. Cambridge: Harvard University Press, 1997.

_____. *Let them eat Prozac*. Nova York: New York University Press, 2004.

HECKHAUSEN, J.; SCHULZ, R. "A life-span theory of control". *Psychological Review*, 102, 1995, p. 284-304.

HECKHAUSEN, J.; WROSCH, C.; FLEESON, W. "Developmental regulation before and after a developmental deadline: the sample case of 'biological clock' for child-bearing". *Psychology and Aging*, 16, 2001, p. 400-13.

HELZER, J. E. *et al.* "A comparison of clinical and diagnostic interview schedule diagnoses: reexamination of lay--interviewed cases in the general population". *Archives of General Psychiatry*, 42, 1985, p. 657-66.

HENKEL, V. *et al.* "Identifying depression in primary care: a comparison of different methods in a prospective cohort study". *British Medical Journal*, 326, 2003, p. 200-1.

HENKEL, V. *et al.* "Screening for depression in primary care: will one or two items suffice?" *European Archives of Psychiatry and Clinical Neuroscience*, 254, 2004, p. 215-23.

HERMAN, E. *The romance of American psychology: political culture in the age of experts*. Berkeley: University of California Press, 1995.

HILDEGARDA DE BINGEN. "Melancholia in men and women". In: RADDEN, J. (org.). *The nature of melancholy: from Aristotle to Kristeva*. Nova York: Oxford University Press, 2000, p. 81-5.

HIPÓCRATES. *Works of Hippocrates*. V. 1 a 4. Cambridge: Harvard University Press, 1923-1931.

HIRSCHFELD, R. M. *et al.* "The National Depressive and Manic-Depressive Association consensus statement on the undertreatment of depression". *Journal of the American Medical Association*, 277, 1997, p. 333-40.

HOLDEN, C. "Getting the short end of the allele". *Science*, 301, 2003, p. 291-3.

HOLMES, T. H.; RAHE, R. H. "The social readjustment rating scale". *Journal of Psychosomatic Research*, 11, 1967, p. 213-8.

Homero. *The Iliad* [A Ilíada]. Nova York: Viking, 1990.

HORWATH, E. *et al.* "Depressive symptoms as relative and attributable risk factors for first-onset major depression". *Archives of General Psychiatry*, 49,1992, p. 817-23.

HORWITZ, A. V. "The economy and social pathology". *Annual Review of Sociology*, 10, 1984, p. 95-119.

_____. *Creating mental illness*. Chicago: University of Chicago Press, 2002.

_____. "Media portrayals and health inequalities: a case study of characterizations of gene x environment interactions". *Journal of Gerontology*, 60B, 2005, p. 48-52.

_____. "Classical sociological theory, evolutionary theory, and mental health". In: PESCOSOLIDO, B.; AVISON, W.; MCLEOD, J. (orgs.). *Mental health/social mirror*. Nova York: Springer, 2007, p. 67-93.

HORWITZ, A. V.; SCHEID, T. L. (orgs.). *A handbook for the study of mental health: social contexts, theories, and systems*. Nova York: Cambridge University Press, 1999.

HORWITZ, A. V.; WAKEFIELD, J. C. "The epidemic of mental illness: clinical fact or survey artifact?" *Contexts*, 5, 2006, p. 19-23.

HOUGH, R. L.; LANDSVERK, J. A.; JACOBSON, G. F. "The use of psychiatric screening scales to detect depression in primary care patients". In: ATTKISSON, C.; ZICH, J. (orgs.). *Depression in primary care: screening and detection*. Nova York: Routledge, 1990, p. 139-54.

HOUSE, J. S.; LANDIS, K. R.; UMBERSON, D. "Social relationships and health". *Science*, 241, 1988, p. 540-5.

INSEL, T. R.; FENTON, W. S. "Psychiatric epidemiology: it's not just about counting anymore". *Archives of General Psychiatry*, 62, 2005, p. 590-2.

JACKSON, S. W. *Melancholia and depression: from Hippocrates times to modern times*. New Haven: Yale University Press, 1986.

JAGGER, M.; RICHARDS, K. "Mother's little helper" [Gravado pelos Rolling Stones]. Disco *On Flowers*. Nova York: ABKCO, 1967.

JAMISON, K. R. *An unquiet mind*. Nova York: Vintage Books, 1996.

JENSEN, A. L.; WEISZ, J. R. "Assessing match and mismatch between practitioner-generated and standardized interview-generated diagnoses for clinic-referred children and adolescents". *Journal of Counseling and Clinical Psychology*, 70, 2002, p. 158-68.

JOHNSON, J. G. *et al.* "A longitudinal investigation of social causation and social selection processes involved in the association between socioeconomic status and psychiatric disorders". *Journal of Abnormal Psychology*, 108, 1999, p. 490-9.

JOHNSON, S. *Dictionary of the English language in which the words are deduced from their originals, and illustrated in their different significations by examples from the best writers*. 9. ed. V. 1 a 4. Londres: Longman, Hurst, Rees, & Orme, 1805. (Publicado originalmente em 1755.)

JONES, A. *Kabul in winter: life without peace in Afghanistan*. Nova York: Metropolitan Books, 2006.

JONES, F. D. "Military psychiatry since World War II". In: MENNINGER, R. W.; NEMIAH, J. C. (orgs.). *American psychiatry after World War II: 1944-1994*. Washington: American Psychiatric Press, 2000, p. 3-36.

JOYNER, K.; UDRY, J. R. "You don't bring me anything but down: adolescent romance and depression". *Journal of Health and Social Behavior*, 41, 2000, p. 369-91.

JUDD, L. J.; AKISKAL, H. S. "Delineating the longitudinal structure of depressive illness: beyond thresholds and subtypes". *Pharmacopsychiatry*, 33, 2000, p. 3-7.

JUDD, L. J.; AKISKAL, H. S.; PAULUS, M. P. "The role and clinical significance of subsyndromal depressive symptoms (SSD) in unipolar major depressive disorder". *Journal of Affective Disorders*, 45, 1997, p. 5-18.

JUDD, L. J. *et al.* "Subsyndromal symptomatic depression: a new mood disorder?" *Journal of Clinical Psychiatry*, 55, 1994, p. 18-28.

JUDD, L. J. *et al.* "Socioeconomic burden of subsyndromal depressive symptoms and major depression in a sample of the general population". *American Journal of Psychiatry*, 153, 1996, p. 1411-7.

KADUSHIN, C. *Why people go to psychiatrists*. Nova York: Atherton Press, 1969.

KANT, I. "Illnesses of the cognitive faculties". In: RADDEN, J. (org.). *The nature of melancholy: from Aristotle to Kristeva*. Nova York: Oxford University Press, 2000, p. 197-201. (Publicado originalmente em 1793.)

KARP, D. A. *Speaking of sadness*. Nova York: Oxford University Press, 1996.

KASL, S. V.; COBB, S. "Some mental health consequences of plant closing and job loss". In: FERMAN, L. A.; GORDUS, J. P. (orgs.). *Mental health and the economy*. Kalamazoo: Upjohn, 1979, p. 255-300.

KATON, W.; VON KORFF, M. "Caseness criteria for major depression: the primary care clinician and the psychiatric epidemiologist". In: ATTKISSON, C.; ZICH, J. (orgs.). *Depression in primary care: screening and detection*. Nova York: Routledge, 1990, p. 43-61.

KATON, W.; SCHULBERG, H. "Epidemiology of depression in primary care". *General Hospital Psychiatry*, 14, 1992, p. 237-47.

KATON, W.; UNUTZER, J.; SIMON, G. "Treatment of depression in primary care: where we are, where we can go". *Medical Care*, 42, 2004, p. 1153-7.

KATON, W. *et al.* "Collaborative management to achieve treatment guidelines: impact on depression in primary care". *Journal of the American Medical Association*, 273, 1995, p. 1026-31.

KATON, W. *et al.* "Population-based care of depression: effective disease management strategies to decrease prevalence". *General Hospital Psychiatry*, 19, 1997, p. 169-78.

KATON, W. *et al.* "A randomized trial of relapse prevention of depression in primary care". *Archives of General Psychiatry*, 58, 2001, p. 241-7.

KAUFMAN, I. C.; ROSENBLUM, L. A. "A behavioral taxonomy for M. Nemistrinet and M. Radiata: based on longitudinal observations of family groups in the laboratory". *Primates*, 7, 1966, p. 205-58.

KELLER, M. B. *et al.* "Efficacy of paroxetine in the treatment of adolescent major depression". *Journal of the American Academy of Child and Adolescent Psychiatry*, 40, 2001, p. 762-72.

KELLER, M. C.; NESSE, R. M. "Is low mood an adaptation? Evidence for subtypes with symptoms that match precipitants". *Journal of Affective Disorders*, 86, 2005, p. 27-35.

KELLER, M. C.; NESSE, R. M. "The evolutionary significance of depressive symptoms: different adverse situations lead to different depressive symptoms patterns". *Journal of Personality and Social Psychology*, 91, 2006, p. 316-30.

KENDELL, R. E. *The classification of depressive illness*. Londres: Oxford University Press, 1968.

_____. "DSM-III: a major advance in psychiatric nosology". In: SPITZER, R. L.; WILLIAMS, J. B.; SKODOL, A. E. (orgs.). *International perspectives on DSM-III*. Washington: American Psychiatric Press, 1983, p. 55-68.

KENDLER, K. S.; GARDNER, C. O. "Boundaries of major depression: an evaluation of DSM-IV criteria". *American Journal of Psychiatry*, 155, 1998, p. 172-7.

KENDLER, K. S.; KARKOWSKI, L. M.; PRESCOTT, C. A. "Causal relationship between stressful life events and the onset of major depression". *American Journal of Psychiatry*, 156, 1999, p. 837-41.

KENDLER, K. S. *et al.* "Symptoms of anxiety and depression in a volunteer twin population: the etiological role of genetic and environmental factors". *Archives of General Psychiatry*, 43, 1986, p. 213-21.

KENDLER, K. S. *et al.* "Stressful life events, genetic liability, and onset of an episode of major depression in women". *American Journal of Psychiatry*, 152, 1995, p. 833-42.

KENDLER, K. S. *et al.* "The interaction of stressful life events and a serotonin transporter polymorphism in the prediction of episodes of major depression: a replication". *Archives of General Psychiatry*, 62, 2005, p. 529-35.

KESSLER, R. C.; ABELSON, J. M.; ZHAO, S. "The epidemiology of mental disorders". In: WILLIAMS, J. B. W.; ELL, K. (orgs.). *Advances in mental health research: implications for practice*. Washington: NASW Press, 1998, p. 3-24.

KESSLER, R. C.; TURNER, J. B.; HOUSE, J. S. "Unemployment and health in a community sample". *Journal of Health and Social Behavior*, 28, 1987, p. 51-9.

_____. "Unemployment, reemployment, and emotional functioning in a community sample". *American Sociological Review*, 54, 1989, p. 648-57.

KESSLER, R. C. *et al.* "Lifetime and 12-month prevalence of DSM-III-R psychiatric disorders in the United States". *Archives of General Psychiatry*, 51, 1994, p. 8-19.

KESSLER, R. C. *et al.* "Prevalence, correlates, and course of minor depression and major depression in the National Comorbidity Survey". *Journal of Affective Disorders*, 45, 1997, p. 19-30.

KESSLER, R. C. *et al.* "The epidemiology of major depressive disorder: results from the National Comorbidity Survey replication". *Journal of the American Medical Association*, 289, 2003a, p. 3095-105.

KESSLER, R. C. *et al.* "Mild disorders should not be eliminated from the DSM-V". *Archives of General Psychiatry*, 60, 2003b, p. 1117-22.

KESSLER, R. C. *et al.* "Prevalence and treatment of mental disorders, 1990-2003". *New England Journal of Medicine*, 352, 2005, p. 2515-23.

KILOH, L. G.; GARSIDE, R. E. "The independence of neurotic depression and endogenous depression". *British Journal of Psychiatry*, 109, 1963, p. 451-63.

KILOH, L. G. *et al.* "The relationship of the syndromes called endogenous and neurotic depression". *British Journal of Psychiatry*, 121, 1972, p. 183-96.

KIRK, S. A. "Instituting madness: the evolution of a federal agency". In: ANESHENSEL, C. A.; PHELAN, J. C. *Handbook of the sociology of mental health*. Nova York: Plenum, 1999, p. 539-62.

KIRK, S. A.; KUTCHINS, H. *The selling of DSM: the rhetoric of science in psychiatry*. Nova York: Aldine de Gruyter, 1992.

KIRKPATRICK, D. G. *et al.* "Violence and risk of PTSD, major depression, substance abuse/dependence, and comorbidity: results from the National Survey of Adolescents". *Journal of Consulting and Clinical Psychology*, 71, 2003, p. 692-700.

KIRMAYER, L. J. "Rejoinder to Professor Wakefield". In: KIRK, S. A.; EINBINDER, S. D. (orgs.). *Controversial issues in mental health*. Boston: Allyn & Bacon, 1994, p. 7-20.

KIRMAYER, L. J.; YOUNG, A. "Culture and context in the evolutionary concept of mental disorder". *Journal of Abnormal Psychology*, 108, 1999, p. 446-52.

KITSON, G. C.; BABRI, K. B.; ROACH, M. J. "Who divorces and why: a review". *Journal of Family Issues*, 6, 1985, 255-93.

KLEIN, D. F. "Endogenomorphic depression". *Archives of General Psychiatry*, 31, 1974, p. 447-54.

_____. "A proposed definition of mental illness". In: SPITZER, R.; KLEIN, D. F. (orgs.). *Critical issues in psychiatric diagnosis*. Nova York: Raven Press, 1978, p. 41-71.

KLEINMAN, A. "Depression, somatization and the new cross-cultural psychiatry". *Social Science and Medicine*, 11, 1977, p. 3-10.

_____. *Social origins of distress and disease: depression, neurasthenia and pain in modern China*. New Haven: Yale University Press, 1986.

_____. "Anthropology and psychiatry". *British Journal of Psychiatry*, 1987, 151, p. 447-54.

KLEINMAN, A. *Rethinking psychiatry: from cultural category to personal experience.* Nova York: Free Press, 1988.

KLEINMAN, A.; GOOD, B. "Introduction: culture and depression". In: KLEINMAN, A.; GOOD, B. (orgs.). *Culture and depression.* Berkeley: University of California Press, 1985, p. 1-33.

KLERMAN, G. L. "A reaffirmation of the efficacy of psychoactive drugs". *Journal of Drug Issues,* 1, 1971, p. 312-20.

_____. "Depression and adaptation". In: FRIEDMAN, R. J.; KATZ, M. M. (orgs.). *The psychology of depression.* Washington: Winston, 1974, p. 127-45.

_____. "The evolution of a scientific nosology". In: SHERSHOW, J. C. (org.). *Schizophrenia: science and practice.* Cambridge: Harvard University Press, 1978, p. 99-121.

_____. "The significance of DSM–III in American psychiatry". In: SPITZER, R. L.; WILLIAMS, J. B.; SKODOL, A. E. (orgs.). *International perspectives on DSM–III.* Washington: American Psychiatric Press, 1983, p. 3-24.

_____. "The current age of youthful melancholia: evidence for increase in depression among adolescents and young adults". *British Journal of Psychiatry,* 152, 1988, p. 4-14.

KLERMAN, G. L.; WEISSMAN, M. M. "Increasing rates of depression". *Journal of the American Medical Association,* 261, 1989, p. 2229-35.

KLINGER, E. "Consequences of commitment to and disengagement from incentives". *Psychological Review,* 82, 1975, p. 1-25.

KNUTSON, B. *et al.* "Selective alteration of personality and social behavior by serotonergic intervention". *American Journal of Psychiatry,* 155, 1998, 373-9.

KOVACS, M. G. (trad.). *The epic of Gilgamesh.* Stanford: Stanford University Press, 1989.

KRAEPELIN, E. *Clinical psychiatry: a textbook for students and physicians abstracted and adapted from the seventh German edition of Kraepelin's* Lehrbuch der Psychiatrie. 2. ed. Nova York: Macmillan, 1915. (Publicado originalmente em 1907.)

_____. *Lectures on clinical psychiatry.* 3. ed. Nova York: Wood, 1917. (Publicado originalmente em 1904.)

_____. *Manic-depressive insanity and paranoia.* Nova York: Arno Press, 1976. (Publicado originalmente em 1921.)

KRAMER, P. D. *Listening to Prozac: a psychiatrist explores antidepressant drugs and the remaking of the self.* Nova York: Viking, 1993.

_____. *Against depression.* Nova York: Viking, 2005.

KRAVITZ, R. L. *et al.* "Influence of patients' requests for direct-to-consumer advertised antidepressants: a randomized controlled trial". *Journal of the American Medical Association,* 293, 2005, p. 1995-2002.

KROENKE, K.; SPITZER, R. L.; WILLIAMS, J. B. W. "The PHO-9: validity of a brief depression severity measure". *Journal of General Internal Medicine,* 16, 2001, p. 606-13.

KUHN, R. "The treatment of depressive states with G22355" (imipramine hydrochloride)". *American Journal of Psychiatry,* 115, 1958, p. 459-64.

LACASSE, J. R.; LEO, J. "Serotonin and depression: a disconnect between the advertisements and the scientific literature". *PLoS Medicine,* 2, 2005, e392.

LANGNER, T. S. "A twenty-two item screening score of psychiatric symptoms indicating impairment". *Journal of Health and Social Behavior* 3, 1962, p. 269-76.

LAPOUSE, R. "Problems in studying the prevalence of psychiatric disorder". *American Journal of Public Health,* 57, 1967, p. 947-54.

LARSON, R. W.; CLORE, G. L.; WOOD, G. A. "The emotions of romantic relationships: do they wreak havoc on adolescents". In: FURMAN, W.; BROWN, B. B.; FEIRING, C. (orgs.). *The development of romantic relationships in adolescence.* Nova York: Cambridge University Press, 1999, p. 19-49.

LAVRETSKY, H.; KUMAR, A. "Clinically significant non-major depression: old concepts, new insights". *American Journal of Geriatric Psychiatry,* 20, 2002, p. 239-55.

LEAF, P. J.; MYERS, J. K.; McEVOY, L. T. "Procedures used in the Epidemiologic Catchment Area study". In: ROBINS, L.; REGIER, D. (orgs.). *Psychiatric disorders in America.* Nova York: Free Press, 1991, p. 11-32.

LEAHY, J. M. "A comparison of depression in women bereaved of a spouse, child, or a parent". *Omega,* 26, 1992/1993, p. 207-17.

LEE, S. "Diagnosis postponed: Shenjing Shuairuo and the transformation of psychiatry in post-Mao China". *Culture, Medicine, and Psychiatry,* 23, 1999, p. 349-80.

LEHMANN, H. E. "Psychiatric concepts of depression: nomenclature and classification". *Canadian Psychiatric Association Journal,* 4, 1959, p. S1-S12.

LEIGHTON, D. C. *et al. The character of danger.* Nova York: Basic Books, 1963.

LEWCZYK, C. M. *et al.* "Comparing DISC-IV and clinical diagnoses among youths receiving public mental health services". *Journal of the American Academy of Child and Adolescent Psychiatry,* 42, 2003, p. 349-56.

LEWINSOHN, P. M. *et al.* "Adolescent psychopathology: I. Prevalence and incident of depression and other DSM-III-R disorders in high school students". *Journal of Abnormal Psychology*, 102, 1933, p. 133-44.

LEWINSOHN, P. M. *et al.* "Natural course of adolescent major depressive disorder in a community sample". *American Journal of Psychiatry*, 157, 2000, 1584-91.

LEWINSOHN, P. M. *et al.* "The prevalence and co-morbidity of subthreshold psychiatric conditions". *Psychological Medicine*, 34, 2004, 613-22.

LEWIS, A. J. "Melancholia: a clinical survey of depressive states". *Journal of Mental Science*, 80, 1934, p. 1-43.

_____. "Melancholia: a historical review". In: *The state of psychiatry: essays and addresses.* Londres: Routledge / Kegan Paul, 1967, p. 71-110.

LILIENFELD, S. O.; MARINO, L. "Mental disorder as a Roschian concept: a critique of Wakefield's 'harmful dysfunction' analysis". *Journal of Abnormal Psychology*, 104, 1995, p. 411-20.

_____. "Essentialism revisited: evolutionary theory and the concept of mental disorder". *Journal of Abnormal Psychology*, 108, 1999, p. 400-11.

LIOTTI, M. *et al.* "Unmasking disease-specific cerebral blood flow abnormalities: mood challenge in patients with remitted unipolar depression". *American Journal of Psychiatry*, 159, 2002, p. 1830-40.

LOPATA, H. Z. *Widowhood in an American city.* Cambridge: Schenkman, 1973.

LORANT, V. *et al.* "Socioeconomic inequalities in depression: a meta-analysis". *American Journal of Epidemiology*, 157, 2003, p. 98-112.

LOWE, B. *et al.* "Comparative validity of three screening questionnaires for DSM-IV depressive disorders and physicians' diagnoses". *Journal of Affective Disorders*, 78, 2004, p. 131-40.

LUCAS, C. P. *et al.* "The DISC Predictive Scales (DPS): efficiently screening for diagnoses". *Journal of the American Academy of Child and Adolescent Psychiatry*, 40, 2004, p. 443-9.

LUHRMANN, T. M. *Of 2 minds: the growing disorder in American psychiatry.* Nova York: Alfred A. Knopf, 2000.

LUNBECK, E. *The psychiatric persuasion: knowledge, gender, and power in modern America.* Princeton: Princeton University Press, 1994.

LUTZ, C. "Depression and the translation of emotional worlds". In: KLEINMAN, A.; GOOD, B. (orgs.). *Culture and depression.* Berkeley: University of California Press, 1985, p. 63-100.

MACDONALD, M. *Mystical bedlam: madness, anxiety, and healing in seventeenth-century England.* Nova York: Cambridge University Press, 1981.

MACMILLAN, A. M. "The Health Opinion Survey: technique for estimating prevalence of psychoneurotic and related types of disorder in communities". *Psychological Reports*, 3, 1957, p. 325-39.

MANCINI, A.; PRESSMAN, D.; BONANNO, G. A. "Clinical interventions with the bereaved: what clinicians and counselors can learn from the CLOC study". In: CARR, D. S.; NESSE, R. M.; WORTMAN, C. B. (orgs.). *Late life widowhood in the United States.* Nova York: Springer, 2005, p. 255-78.

MANN, J. J. "The medical management of depression". *New England Journal of Medicine*, 353, 2005, p. 1819-34.

MANSON, S. M. "Culture and major depression: current challenges in the diagnoses of mood disorders". *Psychiatric Clinics of North America*, 18, 1995, p. 487-501.

MARSHALL, G. N. *et al.* "Mental health of Cambodian refugees two decades after resettlement in the United States". *Journal of the American Medical Association*, 294, 2005, p. 571-9.

MATHER, C. "How to help melancholic". In: RADDEN, J. (org.). *The nature of melancholy: from Aristotle to Kristeva.* Nova York: Oxford University Press, 2000, p. 161-5. (Publicado originalmente em 1724.)

MAUDSLEY, H. "Affectivity in mental disorder". In: RADDEN, J. (org.). *The nature of melancholy: from Aristotle to Kristeva.* Nova York: Oxford University Press, 2000, p. 239-58. (Publicado originalmente em 1868.)

MAYBERG, H. S. *et al.* "Reciprocal limbic-cortical function and negative mood: converging PET findings in depression and normal sadness". *American Journal of Psychiatry*, 156, 1999, p. 675-82.

MAYES, R.; HORWITZ, A. V. "DSM-III and the revolution in the classification in mental illness". *Journal of the History of Behavioral Sciences*, 41, 2005, p. 249-67.

MCEWAN, K. L.; COSTELLO, C. G.; TAYLOR, P. J. "Adjustment to infertility". *Journal of Abnormal Psychology*, 96, 1987, p. 108-16.

MCGUFFIN, P.; KATZ, R.; RUTHERFORD, J. "Nature, nurture and depression: a twin study". *Psychological Medicine*, 21, 1991, p. 329-35.

MCGUIRE, M.; RALEIGH, M. J.; JOHNSON, C. "Social dominance in adult male vervet monkeys: general considerations". *Social Science Information*, 22, 1983, p. 89-123.

MCKINLEY, J. "Get that man some Prozac". *The New York Times*, 28 fev. 1999, p. E5.

MCKINNEY, W. T. "Primate separation studies: relevance to bereavement". *Psychiatric Annals*, 16, 1986, p. 281-7.

McLeod, J. D.; Nonnemaker, J. M. "Social stratification and inequality". In: Aneshensel, C. S.; Phelan, J. C. *Handbook of the sociology of mental health*. Nova York: Kluwer/Plenum, 1999, p. 321-44.

McPherson, S.; Armstrong, D. "Social determinants of diagnostic labels in depression". *Social Science and Medicine*, 62, 2006, p. 50-8.

Mechanic, D. "Emerging trends in mental health policy and practice". *Health Affairs*, 17, 1998, p. 82-98.

_____. "Policy challenges in improving mental health services: some lessons from the past". *Psychiatric Services*, 54, 2003, p. 1227-32.

Menaghan, E. G.; Lieberman, M. A. "Changes in depression following divorce: a panel study". *Journal of Marriage and the Family*, 48, 1986, p. 319-28.

Mendels, J. "Depression: the distinction between syndrome and symptom". *American Journal of Psychiatry*, 114, 1968, p. 1349-54.

Mendels, J.; Cochrane, C. "The nosology of depression: the endogenous reactive concept". *American Journal of Psychiatry*, 124, 1978, p. 1-11.

Menninger, W. C. *Psychiatry in a troubled world: yesterday's war and today's challenge*. Nova York: Macmillan, 1948.

Merikangas, K. R.; Angst, J. "Comorbidity and social phobia: evidence from clinical, epidemiological, and genetic studies". *European Archives of Psychiatry and Clinical Neurosciences*, 244, 1995, p. 297-303.

Merikangas, K. R.; Prusoff, B. A.; Weissman, M. M. "Parental concordance for affective disorders: psychopathology in offspring". *Journal of Affective Disorders*, 15, 1988, p. 279-90.

Mernissi, F. *Beyond the veil: male-female dynamics in modern Muslim society*. Ed. rev. Bloomington: Indiana University Press, 1987.

Merton, R. K. "Social structure and anomie". In: *Social theory and social structure*. Nova York: Free Press, 1968, p. 185-214. (Publicado originalmente em 1938.)

Metzl, J. M. *Prozac on the couch: prescribing gender in the era of wonder drugs*. Durham: Duke University Press, 2003.

Miller, A. *Death of a salesman*. Nova York: Penguin, 1996. (Publicado originalmente em 1949.)

Miller, S. I.; Schoenfeld, L. "Grief in the Navajo: psychodynamics and culture". *International Journal of Social Psychiatry*, 19, 1973, p. 187-91.

Mineka, S.; Suomi, S. J. "Social separation in monkeys". *Psychological Bulletin*, 85, 1978, p. 1376-400.

Mirowsky, J.; Ross, C. E. "Psychiatric diagnosis as reified measurement". *Journal of Health and Social Behavior*, 30, 1989, p. 11-24.

_____. *Social causes of psychological distress*. 2. ed. Nova York: Aldine de Gruyter, 2003.

Mojtabai, R. "Impairment in major depression: implications for diagnosis". *Comprehensive Psychiatry*, 42, 2001, p. 206-12.

Mollica, R. F.; Poole, C.; Tor, S. "Symptoms, functioning and health problems in a massively traumatized population". In: Dohrenwend, B. P. (org.). *Adversity, stress, and psychopathology*. Nova York: Oxford University Press, 1998, p. 34-51.

Mollica, R. E. et al. "Disability associated with psychiatric comorbidity and health status in Bosnian refugees living in Croatia". *Journal of the American Medical Association*, 282, 1999, p. 433-9.

Moncrieff, J.; Kirsch, I. "Efficacy of antidepressants in adults". *British Medical Journal*, 331, 2005, p. 155-9.

Moncrieff, J.; Wessely, S.; Hardy, R. "Active placebos versus antidepressants for depression". *Cochrane Database of Systematic Reviews*, 1, 2004.

Monroe, S. M.; Simons, A. D. "Diathesis-stress theories in the context of life stress research: implications for the depressive disorders". *Psychological Bulletin*, 110, 1991, p. 406-25.

Monroe, S. M. et al. "Life events and depression in adolescence: relationship loss as a prospective risk factor for first onset of major depressive disorder". *Journal of Abnormal Psychology*, 108, 1999, p. 606-14.

Mulrow, C. D. et al. "Case-finding instruments for depression in primary care settings". *Annals of Internal Medicine*, 122, 1995, p. 913-21.

Muncie, W. *Psychobiology and psychiatry: a textbook of normal and abnormal behavior*. St. Louis: Mosby, 1939.

Murphy D.; Stich, S. "Darwin in the madhouse: evolutionary psychology and the classification of mental disorders". In: Caruthers, P.; Chamberlain, A. (orgs.). *Evolution and cognition*. Cambridge: Cambridge University Press, 2000, p. 62-92.

Murphy, D.; Woolfolk, R. L. "The harmful dysfunction analysis of mental disorder". *Philosophy, Psychiatry, and Psychology*, 7, 2001, p. 241-52.

Murphy, J. M. "The Stirling County study". In: Weissman, M. M.; Myers, J. K.; Ross, C. E. (orgs.). *Community surveys of psychiatric disorders*. New Brunswick: Rutgers University Press, 1986, p. 133-54.

MURPHY, J. M. *et al.* "A 40-year perspective on the prevalence of depression: the Stirling County study". *Archives of General Psychiatry*, 57, 2000, p. 209-15.

MURRAY, C. J. L.; LOPEZ, A. D. (orgs.). *The global burden of disease*. Cambridge: World Health Organization, 1996.

MYERS, J. K.; LINDENTHAL, J. J.; PEPPER, M. P. "Life events and psychiatric impairment". *Journal of Nervous and Mental Disease*, 152, 1971, p. 149-57.

NARROW, W. E. *et al.* "Revised prevalence estimates of mental disorders in the United States: using a clinical significance criterion to reconcile 2 surveys' estimates". *American Journal of Psychiatry*, 59, 2002, p. 115-23.

NEIMEYER, R. A. "Searching for the meaning of meaning: grief therapy and the process of reconstruction". *Death Studies*, 24, 2000, p. 541-58.

NESSE, R. M. "Is depression an adaptation?" *Archives of General Psychiatry*, 57, 2000, p. 14-20.

_____. "An evolutionary framework for understanding grief". In: CARR, D. S.; NESSE, R. M.; WORTMAN, C. B. (orgs.). *Late life widowhood in the United States*. Nova York: Springer, 2005, p. 195-226.

_____. "Evolutionary explanations for mood and mood disorders". In: STEIN, D. J.; KUPFER, D. J.; SCHATZBERG, A. F. (orgs.). *American Psychiatric Publishing textbook of mental disorders*. Washington: American Psychiatric Publishing, 2006, p. 159-75.

NESSE, R. M.; WILLIAMS, G. C. *Why we get sick*. Nova York: Random House, 1994.

NEW FREEDOM COMMISSION ON MENTAL HEALTH. *Achieving the promise: transforming mental health core in America* (DHHS Publication n. SMA-03-3832). Rockville: U. S. Department of Health and Human Services, 2003.

OATLEY, K.; BOLTON, W. "A social theory of depression in reaction to life events". *Psychological Review*, 92, 1985, p. 372-88.

OBEYESEKERE, G. "Depression, Buddhism and the work of culture in Sri Lanka". In: KLEINMAN, A.; GOOD, B. (orgs.). *Culture and depression*. Berkeley: University of California Press, 1985, p. 134-52.

OLFSON, M.; KLERMAN, G. R. "Trends in the prescription of anti-depressants by office-based psychiatrists". *American Journal of Psychiatry*, 150, 1993, p. 571-7.

OLFSON, M.; MARCUS, S. C.; PINCUS, H. A. "Trends in office-based psychiatric practice". *American Journal of Psychiatry*, 156, 1999, p. 451-7.

OLFSON, M. *et al.* "National trends in the outpatient treatment of depression". *Journal of the American Medical Association*, 287, 2002a, p. 203-9.

OLFSON, M. *et al.* "National trends in the use of outpatient psychotherapy". *American Journal of Psychiatry*, 159, 2002b, p. 1914-20.

OVERALL, J. E. *et al.* "Nosology of depression and differential response to drugs". *Journal of the American Medical Association*, 195, 1966, p. 162-4.

PARKES, C. M.; WEISS, R. S. *Recovery from bereavement*. Nova York: Basic Books, 1983.

PARRY, H. *et al.* "National patterns of psychotherapeutic drug use". *Archives of General Psychiatry*, 28, 1973, p. 769--83.

PAYKEL, E. S. "Classification of depressed patients: a cluster analysis derived grouping". *British Journal of Psychiatry*, 118, 1971, p. 275-88.

PEAR, R. "Americans relying more on prescription drugs, report says". *The New York Times*, 3 dez. 2004, p. A22.

PEARLIN, L. I. "The sociological study of stress". *Journal of Health and Social Behavior*, 30, 1989, p. 241-57.

_____. "Stress and mental health: a conceptual overview". In: HORWITZ, A. V.; SCHEID, T. L. (orgs.). *A handbook for the study of mental health: social contexts, theories, and systems*. Nova York: Cambridge University Press, 1999, p. 161-75.

PESCOSOLIDO, B. A. *et al. Americans' views of mental health and illness at century's end: continuity and change*. Bloomington: Indiana Consortium for Mental Health Services Research, 2000.

PETERSON, A. C. *et al.* "Depression in adolescence". *American Psychologist*, 48, 1993, p. 155-68.

PINCUS, H. A. *et al.* "Prescribing trends in psychotropic medications: primary care, psychiatry, and other medical specialities". *Journal of the American Medical Association*, 279, 1998, p. 526-31.

PINEL, P. "Melancholia". In: RADDEN, J. (org.). *The nature of melancholy: from Aristotle to Kristeva*. Nova York: Oxford University Press, 2000, p. 203-10. (Publicado originalmente em 1801.)

PINKER, S. *How the mind works*. Nova York: Norton, 1997.

PLUNKETT, R. J.; GORDON, J. E. *Epidemiology and mental illness*. Nova York: Basic Books, 1960.

POST, R. M. "Transduction of psychosocial stress into the neurobiology of recurrent affective disorder". *American Journal of Psychiatry*, 149, 1992, p. 999-1010.

PRICE, J. S.; SLOMAN, L. "Depression as yielding behavior: an animal model based upon Schjelderup-Ebbe's pecking order". *Ethology and Sociobiology*, 8, 1987, p. 85s-98s.

PRICE, J. S. *et al.* "The social competition hypothesis of depression". *British Journal of Psychiatry,* 164, 1994, p. 309-35.

PRICE, R. H.; CHOI, J. N.; VINOKUR, A. D. "Links in the chain of adversity following job loss". *Journal of Occupational Health Psychology,* 7, 2002, p. 302-12.

PRINGLE, E. "TeenScreen: angel of mercy or pill-pusher". Disponível em: <http://www.opednews.com/pringleEvelyn_041405_teenscreen.htm>. Acesso em 22 dez. 2005.

PYNE, J. M. *et al.* "One size fits some: the impact of patient treatment attitudes on the cost- effectiveness of a depression primary-care intervention". *Psychological Medicine,* 34, 2004, p. 1-16.

RADDEN, J. (org.). *The nature of melancholy: from Aristotle to Kristeva.* Nova York: Oxford University Press, 2000.

RADLOFF, L. S. "The CES-D scale: a self-report depression scale for research in the general population". *Applied Psychological Measurement,* 3, 1977, p. 249-65.

RADLOFF, L. S.; LOCKE, B. Z. "The Community Mental Health Assessment Survey and the CES-D scale". In: WEISSMAN, M. M.; MYERS, J. K.; ROSS, C. E. (orgs.). *Community surveys of psychiatric disorders.* New Brunswick: Rutgers University Press, 1986, p. 177-89.

RAJKOWSKA, G. *et al.* "Morphometric evidence for neuronal and glial prefrontal cell pathology in major depression". *Biological Psychiatry,* 45, 1999, p. 1085-98.

RALEIGH, M. J. *et al.* "Social and environmental influences on blood serotonin concentrations in monkeys". *Archives of General Psychiatry,* 41, 1984, p. 405-10.

RASKIN, A.; CROOK, T. H. "The endogenous-neurotic distinction as a predictor of response to antidepressant drugs". *Psychological Medicine,* 6, 1976, p. 59-70.

RAYNES, N. "Factors affecting the prescribing of psychotropic drugs in general practice consultations". *Psychological Medicine,* 9, 1979, p. 671-9.

REGIER, D. A. *et al.* "The NIMH Depression Awareness, Recognition, and Treatment program: structure, aims, and scientific basis". *American Journal of Psychiatry,* 145, 1988, p. 1351-7.

REGIER, D. A. *et al.* "Limitations of diagnostic criteria and assessment instruments for mental disorders". *Archives of General Psychiatry,* 55, 1998, p. 109-15.

REYNOLDS, J. R. "The effects of industrial employment conditions on job-related distress". *Journal of Health and Social Behavior,* 38, 1997, p. 105-16.

RICHTERS, J. E.; HINSHAW, S. P. "The abduction of disorder in psychiatry". *Journal of Abnormal Psychology,* 108, 1999, p. 438-46.

RITSHER, J. E. B. *et al.* "Intergenerational longitudinal study of social class and depression: a test of social causation and social selection models". *British Journal of Psychiatry,* 178, 2001, p. S84-S90.

ROBERTS, R. E.; ATTKISSON, C. C.; ROSENBLATT, A. "Prevalence of psychopathology among children and adolescents". *American Journal of Psychiatry,* 155, 1998, p. 715-25.

ROBERTS, R. E.; LEWINSOHN, P. M.; SEELEY, J. R. "Screening for adolescent depression: a comparison of depression scales". *Journal of the Academy of Child and Adolescent Psychiatry,* 30, 1991, p. 58-66.

ROBERTS, R. E.; ROBERTS, C. R.; CHEN, Y. R. "Ethnocultural differences in prevalence of adolescent depression". *American Journal of Community Psychology,* 25, 1997, p. 95-110.

ROBERTS, R. E. *et al.* "Assessment of depression in adolescents using the Center for Epidemiologic Studies Depression scale". *Psychological Assessment: a Journal of Consulting and Clinical Psychology,* 2, 1990, p. 122-8.

ROBINS, L. N. *et al.* "Lifetime prevalence of specific psychiatric disorders in three sites". *Archives of General Psychiatry,* 41, 1984, p. 949-56.

ROBINS, L. N.; REGIER, D. A. (orgs.). *Psychiatric disorders in America: the Epidemiological Catchments Area study.* Nova York: Free Press, 1991.

ROCCATAGLIATA, G. *A history of ancient psychiatry.* Westport: Greenwood Press, 1986.

ROGERS, T. *A discourse concerning trouble of mind, and the disease of melancholy.* Londres: Parkhurst, Cockerill, 1691.

ROSENHAN, D. L. "On being sane in insane places". *Science,* 179, 1973, p. 250-8.

ROSENTHAL, S. H. "The involutional depressive syndrome". *American Journal of Psychiatry,* 124, 1968, p. 21-35.

ROSS, C. E. "Reconceptualizing marital status as a continuum of attachment". *Journal of Marriage and the Family,* 57, 1995, p. 129-40.

ROSS, C. E.; MIROWSKY, J.; GOLDSTEIN, K. "The impact of the family on health: the decade in review". *Journal of Marriage and the Family,* 52, 1990, p. 1059-78.

ROST, K. *et al.* "The role of competing demands in the treatment provided primary care patients with major depression". *Archives of Family Medicine,* 9, 2000, p. 150-4.

ROST, K. *et al.* "Improving depression outcomes in community primary care practice". *Journal of General Internal Medicine,* 16, 2001, p. 143-9.

RUSH, B. "Hypochondriasis or tristimania". In: RADDEN, J. (org.). *The nature of melancholy: from Aristotle to Kristeva*. Nova York: Oxford University Press, 2000, p. 211-7. (Publicado originalmente em 1812.)

RUSHTON, J. L.; FORCIER, M.; SCHECTMAN, R. M. "Epidemiology of depressive symptoms in the national longitudinal study of adolescent health". *Journal of the American Academy of Child and Adolescent Psychiatry*, 41, 2002, p. 199-205.

RUSSELL, L. B. *Educated guesses: making policy about medical screening tests*. Berkeley: University of California Press, 1994.

SADLER, J. Z. "Horsefeathers: a commentary on 'Evolutionary versus prototype analyses of the concept of disorder'". *Journal of Abnormal Psychology*, 108, 1999, p. 433-8.

SADOCK, B. J.; SADOCK, V. A. *Kaplan and Sadock's synopsis of psychiatry*. 9. ed. Filadélfia: Lippincott, Williams & Wilkins, 2003.

SANDERS, C. M. "A comparison of adult bereavement in the death of a spouse, child and parent". *Omega*, 10, 1979/1980, p. 303-22.

SANTORA, M.; CAREY, B. "Depressed? New York screens for people at risk". *The New York Times*, 13 abr. 2005, p. A1-A16.

SAPOLSKY R. M. "Hypercortisolism among socially subordinate wild baboons originates at the CNS level". *Archives of General Psychiatry*, 46, 1989, p. 1047-51.

_____. "Cortisol concentrations and the social significance of rank instability among wild baboons". *Psychoneuroendocrinology*, 17, 1992, p. 701-9.

_____. *Why zebras don't get ulcers: an updated guide to stress, stress- related disease and coping*. Nova York: Freeman, 1998.

_____. "Depression, antidepressants, and the shrinking hippocampus". *Proceedings of the National Academy of Sciences of the USA*, 98, 2001, p. 12320-2.

_____. "The influence of social hierarchy on primate health". *Science*, 308, 2005, p. 648-52.

SARTORIUS, N. "Psychiatry in the framework of primary health care: a threat or boost to psychiatry?" *American Journal of Psychiatry*, 154, 1997, p. 67-72.

SAVAGE, G. *Insanity and allied neuroses: practical and clinical*. Londres: Cassell, 1884.

SCHATZBERG, A. F. "Major depression: causes or effects?" *American Journal of Psychiatry*, 159, 2002, p. 1077-9.

SCHEFF, T. J. *Being mentally ill: a sociological theory*. Chicago: Aldine, 1966.

SCHIEFFELIN, E. J. "The cultural analysis of depressive affect: an example from New Guinea". In: KLEINMAN, A.; GOOD, B. (orgs.). *Culture and depression*. Berkeley: University of California Press, 1985, p. 101-33.

SCHILDKRAUT, J. J. "The catecholamine hypothesis of affective disorders: a review of supporting evident". *Journal of Neuropsychiatry and Clinical Neuroscience*, 7, 1965, p. 524-33.

SCHULBERG, H. C. "Screening for depression in primary care: guidelines for future practice and research". In: ATTKISSON, C.; Zich, J. (orgs.). *Depression in primary core: screening and detection*. Nova York: Routledge, 1990, p. 267-78.

SCHULBERG, H. C. *et al.* "Assessing depression in primary medical and psychiatric practice". *Archives of General Psychiatry*, 42, 1985, p. 1164-70.

SCHULZ, R. *et al.* "Involvement in caregiving and adjustment to death of a spouse: findings from the caregiver health effects study". *Journal of the American Medical Association*, 285, 2001, p. 3123-9.

SCHUT, H. *et al.* "The efficacy of bereavement interventions: determining who benefits". In: STROEBE, M. *et al.* (orgs.). *Handbook of bereavement research: consequences, coping, and care*. Washington: American Psychological Association, 2001, p. 705-37.

SCHWARTZ, S.; DOHRENWEND, B. P.; LEVAV, I. "Nongenetic familial transmission of psychiatric disorders? Evident from children of Holocaust survivors". *Journal of Health and Social Behavior*, 35, 1994, p. 385-403.

SCHWENK, T. L.; COYNE, J. C.; FECHNER-BATES, S. "Differences between detected and undetected patients in primary care and depressed psychiatric patients". *General Hospital Psychiatry*, 18, 1996, p. 407-15.

SCHWENK, T. L.; KLINKMAN, M. S.; COYNE, J. C. "Depression in the family physician's office: what the psychiatrist needs to know". *Journal of Clinical Psychiatry*, 59, 1998, p. 94-100.

SCULL, A. T.; MACKENZIE, C.; HERVEY, N. *Masters of Bedlam*. Princeton: Princeton University Press, 1997.

SELIGMAN, M. E. P. *Helplessness: on depression, development and death*. São Francisco: Freeman, 1975.

SHAFFER, D. *et al.* "The Columbia Suicide Screen: validity and reliability of a screen for youth suicide and depression". *Journal of the American Academy of Child and Adolescent Psychiatry*, 43, 2004, p. 71-9.

SHAPIRO, S.; BARON, S. "Prescriptions for psychotropic drugs in a noninstitutional population". *Public Health Reports*, 76, 1961, p. 481-8.

SHELLEY P. B. "A dirge". In: ABRAMS, M. H. *et al.* (orgs.). *Norton anthology of English literature.* 5. ed. Nova York: Norton, 1986, p. 755. (Publicado originalmente em 1824.)

SHEPHARD, B. *A war of nerves: soldiers and psychiatrists in the twentieth century.* Cambridge: Harvard University Press, 2000.

SHIVELY, C. A. "Social subordination stress, behavior, and central monoaminergic function in female Cynomolgus monkeys". *Biological Psychiatry,* 44, 1998, p. 882-91.

SHIVELY, C. A.; LABER-LAIRD, K.; ANTON, R. F. "Behavior and physiology of social stress and depression in female Cynomolgus monkeys". *Biological Psychiatry,* 41, 1997, p. 871-82.

SHORTER, E. *From paralysis to fatigue: a history of psychosomatic illness in the modern era.* Nova York: Free Press, 1992.

_____. *A history of psychiatry: from the era of the asylum to the age of Prozac.* Nova York: Wiley, 1997.

SHUGART, M. A.; LOPEZ, E. M. "Depression in children and adolescents". *Postgraduate Medicine,* 112, 2002, p. 53-9.

SIMON, R. W. "Revisiting the relationship among gender, marital status, and mental health". *American Journal of Sociology,* 107, 2002, p. 1065-96.

SKODOL, A. E.; SPITZER, R. L. "The development of reliable diagnostic criteria in psychiatry". *Annual Review of Medicine,* 33, 1982, p. 317-26.

SLOMAN, L.; GILBERT, P.; HASEY, G. "Evolved mechanisms in depression: the role and interaction of attachment and social rank in depression". *Journal of Affective Disorders,* 74, 2003, p. 107-21.

SMITH, M. C. *A social history of the rumor tranquillizers.* Nova York: Pharmaceutical Products Press, 1985.

SOLOMON, A. *The noonday demon: an atlas of depression.* Nova York: Scribner, 2001.

SORANO DE ÉFESO. *On acute diseases and or chronic diseases.* (Trad. I. E. Drabkin). Chicago: University of Chicago Press, 1950.

SPIEGEL, A. "The dictionary of disorder: how one man revolutionized psychiatry". *New Yorker,* 3 jan. 2005, p. 56-63.

SPIJKER, J. *et al.* "Duration of major depressive episodes in the general population: results from the Netherlands mental health survey and incidence study". *Acta Psychiatrica Scandinavica,* 106, 2003, p. 208-13.

SPITZER, R. L. "On pseudoscience in science, logic in remission and psychiatry diagnosis: a critique of Rosenhan's 'On being sane in insane places'". *Journal of Abnormal Psychology,* 84, 1975, p. 442-52.

_____. "The data-oriented revolution in psychiatry". *Man and Medicine,* 3, 1978, p. 193-4.

_____. "Feighner, *et al.,* invisible colleges, and the Matthew efect". *Schizophrenia Bulletin,* 8, 1982, p. 592.

_____. "Harmful dysfunction and the *DSM* definition of mental disorder". *Journal of Abnormal Psychology,* 108, 1999, p. 430-2.

SPITZER, R. L.; ENDICOTT, J.; ROBINS, E. "Clinical criteria for psychiatric diagnosis and DSM- III". *American Journal of Psychiatry,* 132, 1975, p. 1187-92.

_____. "Research Diagnostic Criteria: rationale and reliability". *Archives of General Psychiatry,* 35, 1978, p. 773-82.

SPITZER, R. L.; FLEISS, J. L. "A re-analysis of the reliability of psychiatric diagnosis". *American Journal of Psychiatry,* 125, 1974, p. 341-7.

SPITZER, R. L.; KROENKE, K.; WILLIAMS, J. B. W. "Validation and utility of a self-report version of Prime-MD". *Journal of the American Medical Association,* 282, 1999, p. 1737-44.

SPITZER, R. L.; WILLIAMS, J. B. W. "Having a dream: a research strategy for DSM-IV". *Archives of General Psychiatry,* 45, 1988, p. 871-4.

SPITZER, R. L.; WILLIAMS, J. B. W.; SKODOL, A. E. "DSM-III: the major achievements and an overview". *American Journal of Psychiatry,* 137, 1980, p. 151-64.

SPITZER, R. L. *et al.* "Utility of a new procedure for diagnosing mental disorders in primary care: the Prime-MD 1000 study". *Journal of the American Medical Association,* 272, 1994, p. 1749-56.

SQUIER, S. "The paradox of Prozac as an enhancement technology". In: ELLIOTT, C.; CHAMBERS, T. (orgs.). *Prozac as a way of life.* Chapel Hill: University of North Carolina Press, 2004, p. 143-63.

SROLE, L. *et al. Mental health in the metropolis: The Midtown Manhattan study.* Ed. revista e ampliada. Nova York: McGraw Hill, 1978. (Publicado originalmente em 1962.)

STEVENS, A.; PRICE, J. *Evolutionary psychiatry: a new beginning.* 2. ed. Londres: Routledge, 2000.

STROEBE, W.; STROEBE, M. S. *Bereavement and health.* Nova York: Cambridge University Press, 1987.

STYRON, W. *Darkness visible: a memoir of madness.* Londres: Cape, 1991.

SULLIVAN, P. F.; NEALE, M. C.; KENDLER, K. S. "Genetic epidemiology of major depression: review and meta--analysis". *American Journal of Psychiatry,* 157, 2000, p. 1552-62.

SUOMI, S. J. "Adolescent depression and depressive symptoms: insights from longitudinal studies with Rhesus monkeys". *Journal of Youth and Adolescence*, 20, 1991, p. 273-87.

SURTEES, P. G. *et al.* "Social adversity, the serotonin transporter (5-HTTLPR) polymorphism and depressive disorder". *Biological Psychiatry*, 59, 2006, p. 224-9.

SWEENEY, M.; HORWITZ, A. V. "Infidelity, initiation, and the emotional climate of divorce: are there implications for mental health?" *Journal of Health and Social Behavior*, 42, 2001, p. 295-310.

SZASZ, T. S. *The myth of mental illness.* Nova York: Hoeber-Harper, 1961.

TAUSIG, M.; FENWICK, R. "Recession and well-being". *Journal of Health and Social Behavior*, 40, 1999, p. 1-17.

TEMERLIN, M. K. "Suggestion effects in psychiatric diagnosis". *Journal of Nervous and Mental Disorders*, 147, 1968, p. 349-58.

THOMAS, C. P. *et al.* "Trends in the use of psychotropic medications among adolescents, 1994 to 2001". *Psychiatric Services*, 57, 2006, p. 63-9.

TOOBY, J.; COSMIDES, L. "The past explains the present: emotional adaptations and the structure of ancestral environments". *Ethology and Sociobiology*, 11, 1990, p. 375-424.

TREATMENT FOR ADOLESCENTS WITH DEPRESSION STUDY TEAM. "Fluoxetine, cognitive- behavioral therapy, and their combination for adolescents with depression". *Journal of the American Medical Association*, 292, 2004, p. 807-20.

TREDGOLD, R. F. "Depressive states in the soldier: their symptoms, causation, and prognosis". *British Medical Journal*, 2, 1941, p. 109-12.

TRIVEDI, M. H. *et al.* "Evaluation of outcomes with Catalopram for depression using measurement- based care in Star-D: implications for clinical practice". *American Journal of Psychiatry*, 163, 2006, p. 26-40.

TUFTS HEALTH PLAN. "Clinical guidelines for the treatment of depression in the primary care setting". Disponível em: <http://www.tuftshealthplan.com/providers/pdf/clinicalguidelines_depression>. Acesso em: 22 dez. 2005.

TURNER, J. B. "Economic context and the health effects of unemployment". *Journal of Health and Social Behavior*, 36, 1995, p. 213-30.

TURNER, J. H. *On the origins of human emotions: a sociological inquiry into the evolution of human affect.* Palo Alto: Stanford University Press, 2000.

TURNER, R. J. "Social support and coping". In: HORWITZ, A. V.; SCHEID, T. L. (orgs.). *A handbook for the study of mental health: social contexts, theories, and systems.* Nova York: Cambridge University Press, 1999, p. 198-210.

_____. "The pursuit of socially modifiable contingencies in mental health". *Journal of Health and Social Behavior*, 44, 2003, p. 1-18.

TURNER, R. J.; AVISON, W. R. "Status variations in stress exposure". *Journal of Health and Social Behavior*, 44, 2003, p. 488-505.

TURNER, R. J.; LLOYD, D. A. "The stress process and the social distribution of depression". *Journal of Health and Social Behavior*, 40, 1999, p. 374-404.

TURNER, R. J.; WHEATON, B.; LLOYD, D. A. "The epidemiology of stress". *American Sociological Review*, 60, 1995, p. 104-25.

ULLMAN, M. *Islamic medicine.* Edimburgo: Edinburgh University Press, 1978.

UMBERSON, D.; WORTMAN, C. B.; KESSLER, R. C. "Widowhood and depression: explaining long-term gender differences in vulnerability". *Journal of Health and Social Behavior*, 33, 1992, p. 10-24.

U. S. DEPARTMENT OF HEALTH AND HUMAN SERVICES. *Mental health: a report of the Surgeon General.* Rockville, 1999.

_____. *Mental health: culture and ethnicity: a supplement to mental health: a report of the Surgeon General.* Rockville, 2001.

U. S. PREVENTIVE SERVICES TASK FORCE. "Screening for depression: recommendations and rationales". *Internal Medicine*, 136, 2002, p. 760-4.

VALENSTEIN, E. S. *Blaming the brain.* Nova York: Free Press, 1998.

VAN ELST, L.; EBERT, D.; TRIMBLE, M. R. "Hippocampus and amygdala pathology in depression". *American Journal of Psychiatry*, 158, 2001, p. 652-3.

VEDANTAM, S. "Variation in one gene linked to depression". *The Washington Post*, 18 jul. 2003, p. A1.

VIDEBECH, P.; RAVNKILDE, B. "Hippocampal volume and depression: a meta-analysis of MRI studies". *American Journal of Psychiatry*, 161, 2004, p. 1957-66.

VITIELLO, B.; SWEDO, S. "Antidepressant medications in children". *New England Journal of Medicine*, 350, 2004, p. 1489-91.

VON KNORRING, A. *et al.* "An adoption study of depressive disorders and substance abuse". *Archives of General Psychiatry*, 40, 1983, p. 943-50.

VON KRAFFT-EBING, R. *Text-book of insanity*. Filadélfia: Davis, 1904.

WADE, T. J.; PEVALIN, D. J. "Marital transitions and mental health". *Journal of Health and Social Behavior*, 45, 2004, p. 155-70.

WAITE, L. J. "Does marriage matter?" *Demography*, 32, 1995, p. 483-501.

WAKEFIELD, J. C. "The concept of mental disorder: on the boundary between biological facts and social values". *American Psychologist*, 47, 1992, p. 373-88.

_____. "The measurement of mental disorder". In: HORWITZ, A. V.; SCHEID, T. L. (orgs.). *A handbook for the study of mental health: social contexts, theories, and systems*. Nova York: Cambridge University Press, 1999, p. 29-57.

WAKEFIELD, J. C.; SPITZER, R. L. "Lowered estimates – but of what?" *Archives of General Psychiatry*, 59, 2002, p. 129-30.

WAKEFIELD, J. C. *et al.* "Extending the bereavement exclusion for major depression to other losses: evidence from the National Comorbidity Survey". *American Journal of Psychiatry*, 165, 2008, p. 1373-5.

WANG, P. S. *et al.* "Twelve-month use of mental health services in the United States". *Archives of General Psychiatry*, 62, 2005, p. 629-40.

WATSON, D. "Rethinking the mood and anxiety disorders: a quantitative hierarchical model for DSM-V". *Journal of Abnormal Psychology*, 114, 2006, p. 522-36.

WATSON, P. J.; ANDREWS, P. W. "Toward a revised evolutionary adaptationist analysis of depression: the social navigation hypothesis". *Journal of Affective Disorders*, 72, 2002, p. 1-14.

WEISSMAN, M. M.; MYERS, J. K. "Rates and risks of depressive symptoms in a United States urban community". *Acta Psychiatrica Scandinavica*, 57, 1978, p. 219-31.

WELLS, K. B. *et al.* "The functioning and well-being of depressed patients: results from the Medical Outcomes Study". *Journal of the American Medical Association*, 262, 1989, p. 914-9.

WELLS, K. B. *et al.* "Quality of care for primary care patients with depression in managed care". *Archives of Family Medicine*, 8, 1999, p. 529-36.

WENEGRAT, B. *Illness and power: women's mental disorders and the battle between the sexes*. Nova York: New York University Press, 1995.

WETHINGTON, E.; SERIDO, J. "A case approach for coding and rating life events and difficulties using a standard survey interview". Trabalho apresentado na Conferência International de Pesquisa em Estresse Social. Montreal/Quebec, maio 2004.

WHEATON, B. "Life transitions, role histories, and mental health". *American Sociological Review*, 55, 1990, p. 209-23.

_____. The nature of stressors. In: HORWITZ, A. V.; SCHEID, T. L. (orgs.). *A handbook for the study of mental health: social contexts, theories, and systems*. Nova York: Cambridge University Press, 1999, p. 176-97.

WHITTINGTON, C. J. *et al.* "Selective serotonin reuptake inhibitors in childhood depression: systematic review of published versus unpublished data". *Lancet*, 363, 2004, p. 1341-5.

WHOOLEY, M. A. *et al.* "Case-finding instruments for depression: two questions are as good as many". *Journal of General Internal Medicine*, 12, 1997, p. 439-45.

WIKAN, U. "Bereavement and loss in two Muslim communities: Egypt and Bali compared". *Social Science and Medicine*, 27, 1988, p. 451-60.

_____. *Managing turbulent hearts: a Balinese formula for living*. Chicago: University of Chicago Press, 1990.

WILLIAMS, J. W. JR. *et al.* "Primary care physicians' approach to depressive disorders: effects of physician specialty and practice structure". *Archives of Family Medicine*, 8, 1999, p. 58-67.

WILLNER, P. "Animal models as research tools in depression". *International Journal of Geriatric Psychiatry*, 6, 1991, p. 469-76.

Wilson, M. (1993). "DSM-III and the transformation of American psychiatry: a history". *American Journal of Psychiatry*, 150, 1993, p. 399-410.

WITTCHEN, H. "Reliability and validity studies of the WHO-Composite International Diagnostic Interview (Cidi): a critical review". *Journal of Psychiatric Research*, 28, 1994, p. 57-84.

WITTCHEN, H.; USTUN, T. B.; KESSLER, R. C. "Diagnosing mental disorders in the community. A difference that matters?" *Psychological Medicine*, 29, 1999, p. 1021-7.

WOODRUFF, R. A.; GOODWIN, D. W.; GUZE, S. B. *Psychiatric diagnosis*. Nova York: Oxford University Press, 1974.

WORLD HEALTH ORGANIZATION. *Info package: mastering depression in primary care*. Frederiksborg: WHO Regional Office for Europe, Psychiatric Research Unit, 1998.

_____. "Prevalence, severity, and unmet need for treatment of mental disorders in the World Health Organization World Mental Health Surveys". *Journal of the American Medical Association*, 291, 2004, p. 2581-90.

WORTMAN, C. B.; SILVER, R. C. "The myths of coping with loss". *Journal of Consulting and Clinical Psychology*, 57, 1989, p. 349-57.

WORTMAN, C. B.; SILVER, R. C.; KESSLER, R. C. "The meaning of loss and adjustment to bereavement". In: STROEBE, M. S.; STROEBE, W.; HANSSON, R. O. (orgs.). *Handbook of bereavement: theory, research, and intervention*. Nova York: Cambridge University Press, 1993, p. 349-66.

WROSCH, C. *et al.* "The importance of goal disengagement in adaptive self-regulation: when giving up is beneficial". *Self and Identity*, 2, 2003, p. 1-20.

WURTZEL, E. *Prozac nation*. Nova York: Riverhead, 1995.

YOUNG, A. "Evolutionary narratives about mental disorders". *Anthropology and Medicine*, 10, 2003, p. 239-53.

ZAUN, T. "Head of farm in bird flu outbreak is found dead". *The New York Times*, 9 mar. 2004, p. W1.

ZIMMERMAN, M. "Is DSM-IV needed at all?" *Archives of General Psychiatry*, 47, 1990, p. 974-6.

ZIMMERMAN, M. CORYELL, W.; PFOHL, B. "Melancholic subtyping: a qualitative or quantitative distinction?" *American Journal of Psychiatry*, 143, 1986, p. 98-100.

ZIMMERMAN, M.; SPITZER, R. L. "Melancholia: from DSM-III to DSM-III-R". *American Journal of Psychiatry*, 146, 1989, p. 20-8.

ZIMMERMAN, M.; CHELMINSKI, I.; YOUNG, D. "On the threshold of disorder: a study of the impact of the DSM-IV clinical significance criterion on diagnosing depressive and anxiety disorders in clinical practice". *Journal of Clinical Psychiatry*, 65, 2004, p. 1400-5.

ZISOOK, S.; SHUCHTER, S. R. "Depression through the first year after the death of a spouse". *American Journal of Psychiatry*, 148, 1991, p. 1346-52.

ZISOOK, S. *et al.* "The many faces of depression following spousal bereavement". *Journal of Affective Disorders*, 45, 1997, p. 85-94.

ZISOOK, S. *et al.* "Bupropion sustained release for bereavement: results of an open trial". *Journal of Clinical Psychiatry*, 62, 2001, p. 227-30.

ZUVEKAS, S. H. "Prescription drugs and the changing patterns of treatment for mental disorders, 1996-2001". *Health Affairs*, 24, 2005, p. 195-205.

IMPRESSO NA
sumago gráfica editorial ltda
rua itauna, 789   vila maria
02111-031   são paulo  sp
telefax 11 **2955 5636**
**sumago**@**sumago**.com.br